中华当代学术著作辑要

世界体系论与中国

（修订本）

王正毅 著

商务印书馆
创于1897 The Commercial Press

图书在版编目（CIP）数据
世界体系论与中国 / 王正毅著. -- 修订本.
北京：商务印书馆，2024. --（中华当代学术著作辑要）.
--ISBN 978-7-100-24509-8
Ⅰ. D5；D822
中国国家版本馆CIP数据核字第2024DX9213号

中华当代学术著作辑要
世界体系论与中国
（修订本）
王正毅　著

商　务　印　书　馆　出　版
（北京王府井大街36号　邮政编码100710）
商　务　印　书　馆　发　行
北京市十月印刷有限公司印刷
ISBN 978-7-100-24509-8

2024年10月第1版　　开本 710×1000　1/16
2024年10月北京第1次印刷　　印张 26　插页 2
定价：128.00 元

作者（左）1996 年 12 月 6—7 日参加由纽约州立大学布罗代尔研究中心召开的“从世界历史的角度看东亚的兴起”国际研讨会，期间与沃勒斯坦教授（右）合影。

1994—1995 年，参加由伊曼纽尔·沃勒斯坦教授主持，由美国纽约州立大学和法国高等社会科学研究院联合举办的博士后训练和研究项目“国家、市场与社会：不同的逻辑还是同一个领域”的五位博士后与导师沃勒斯坦教授在纽约州立大学布罗代尔研究中心合影。前排左起艾郁普·厄兹韦伦（Y. Eyüp Özveren，土耳其）、王正毅（中国）；后排左起帕沙萨拉蒂·班纳吉（Parthasarathi Banerjee，印度）、唐娜·德沃斯特（Donna DeVoist，中心行政助理和《评论》执行编辑）、沃尔德玛·柴可夫斯基（Waldemar Czajkowski，波兰）、莱因哈德·布兰克纳（Reinhard Blänkner，德国）和伊曼纽尔·沃勒斯坦。

2016 年 11 月，沃勒斯坦教授应邀参加北京大学举办的“北京论坛”并做大会主旨发言“结构性危机：一次迥异的危机”。左起王正毅、沃勒斯坦、路爱国、许正康、沃勒斯坦夫人碧翠斯·沃勒斯坦（Beatrice Wallerstein）。

中华当代学术著作辑要

出 版 说 明

学术升降，代有沉浮。中华学术，继近现代大量吸纳西学、涤荡本土体系以来，至上世纪八十年代，因重开国门，迎来了学术发展的又一个高峰期。在中西文化的相互激荡之下，中华大地集中迸发出学术创新、思想创新、文化创新的强大力量，产生了一大批卓有影响的学术成果。这些出自新一代学人的著作，充分体现了当代学术精神，不仅与中国近现代学术成就先后辉映，也成为激荡未来社会发展的文化力量。

为展现改革开放以来中国学术所取得的标志性成就，我馆组织出版“中华当代学术著作辑要”，旨在系统整理当代学人的学术成果，展现当代中国学术的演进与突破，更立足于向世界展示中华学人立足本土、独立思考的思想结晶与学术智慧，使其不仅并立于世界学术之林，更成为滋养中国乃至人类文明的宝贵资源。

“中华当代学术著作辑要”主要收录改革开放以来中国大陆学者、兼及港澳台地区和海外华人学者的原创名著，涵盖语言、文学、历史、哲学、政治、经济、法律、社会学和文艺理论等众多学科。丛书选目遵循优中选精的原则，所收须为立意高远、见解独到，在相关学科领域具有重要影响的专著或论文集；须经历时间的积淀，具有定评，且侧重于首次出版十年以上的著作；须在当时具有广泛的学术影响，并至今仍富于生命力。

自 1897 年始创起，本馆以“昌明教育、开启民智”为己任，近年又确立了“服务教育，引领学术，担当文化，激动潮流”的出版宗旨，继上世纪八十年代以来系统出版“汉译世界学术名著丛书”后，近期又有“中华现代学术名著丛书”等大型学术经典丛书陆续推出，“中华当代学术著作辑要”为又一重要接续，冀彼此间相互辉映，促成域外经典、中华现代与当代经典的聚首，全景式展示世界学术发展的整体脉络。尤其寄望于这套丛书的出版，不仅仅服务于当下学术，更成为引领未来学术的基础，并让经典激发思想，激荡社会，推动文明滚滚向前。

商务印书馆编辑部

2016年1月

谨以此书纪念

伊曼纽尔·沃勒斯坦先生

（1930 年 9 月—2019 年 8 月）

目　录

第二编 世界体系论的理论观点与分析方法

第三编 世界体系论的影响及其争论

第四编 世界体系与中国

修订本前言

2019 年 8 月 31 日，世界体系理论的集大成者伊曼纽尔·沃勒斯坦（Immanuel Wallerstein）先生仙逝。2020 年 6 月 30 日，由沃勒斯坦和霍普金斯（Terence Hopkins）于 1976 年 9 月共同创立的蜚声国际学术界的纽约州立大学布罗代尔研究中心（Fernand Braudel Center for the Study of World Economies, Historical Systems and Civilizations，以下简称布罗代尔研究中心）正式宣布关闭，其富有广泛学术影响的杂志《评论》（*Review*）也随之停刊。在痛惜之余，有一个问题魂牵梦萦，难以割舍：作为一种独特的认知世界的方式，沃勒斯坦等人倡导的世界体系分析也会随之而去吗？

2021 年，商务印书馆决定将拙著《世界体系论与中国》（商务印书馆 2000 年版）列入"中华当代学术著作辑要"丛书，这让我有机会认真检视《世界体系论与中国》这部二十多年前出版的学术著作，也为纪念沃勒斯坦先生的学术贡献以及评价世界体系分析对当下中国的意义提供了难得的机会。在感谢商务印书馆的同时，我想就沃勒斯坦倡导的世界体系分析与我的学术生涯写几句话，作为《世界体系论与中国》修订本的前言。

一

初知世界体系论，始于 1989 年硕士研究生毕业留校任教并准备

“政治地理学”和“国际政治经济学”两门课。在当时学术信息极不发达的学校图书馆，通过图书卡片检索到两本相应的英文著作。一本是英国地理学家彼得·泰勒（Peter J. Taylor）的《政治地理学：世界经济、民族国家和地方》（*Political Geography: World-Economy, Nation-State and Locality*, 1985）；另一本是美国的国际关系学者罗伯特·吉尔平（Robert Gilpin）的《国际关系政治经济学》（*Political Economy of International Relations*, 1987）。前者将“世界体系论”作为一种分析框架，分析世界政治经济与区位空间的关系；后者将“世界体系论”与“二元经济论”和“霸权稳定论”一起并称为对国际关系进行政治经济分析的三大理论。

初识世界体系论则是1990—1993年撰写博士学位论文期间。为了提高《政治地理学》的教学质量，1990年9月我进入南开大学经济研究所经济地理专业，在经济地理学家鲍觉民先生的指导下在职攻读博士学位。当我对东南亚国家的发展产生浓厚兴趣并决定将其作为博士论文选题时，碰到的最大难题是关于发展的分析框架问题。关于东南亚国家的发展，无论是在经济学界和政治学界，还是在地理学界和历史学界，主要盛行两种分析框架：一种是以单一国家为分析单位，分析这些国家的政治发展（政治学界）、经济发展（经济学界）、历史发展（历史学界）、地理资源分布（地理学界）；另外一种是以与发展相关联的议题为分析对象，分析其在不同国家的不同表现，诸如政治制度（政治学界）、经济结构（经济学界）、历史演变（历史学界）、自然资源分布（地理学界）。这两种分析框架固然重要，但无法解释为什么同处于一个地区，东盟六个国家（泰国、马来西亚、印度尼西亚、菲律宾、新加坡和文莱）会出现相近的经济发展战略，印支四个国家（越南、老挝、柬埔寨和缅甸）也采取相同的经济发展战略，而东盟六国的经济发展战略与印支国家的完全不同。这个问题显然涉及东南亚国家所处的世界体系。为了解决这些难题，我决定尝试将东南亚地区 10 个国家作为一个整体置于资本主义世界体系之中，对各国的发展战略进行地缘政治分析。在仔细阅读了两本关于东南亚的历史经典著作［一本是英国学者D. G. E. 霍尔（D. G. E. Hall）的《东南亚史》（*History of South East Asia*）；另一本是美国学者约翰 · F. 卡迪（John F. Gady）的《东南亚历史发展》（*Southest Asia: Its Historical Development*）］和沃勒斯坦的《现代世界体系》（*The Modern World System*）第一卷之后，我确信"资本主义世界体系"能够为对东南亚地区的发展进行体系层次分析提供一个全新的分析框架。1993 年 5 月，我最终以《东南亚政治经济地理研究》为题完成博士学位论文。

二

而真正对世界体系论有深入的认识，则是入选沃勒斯坦于 1994—1995 年在美国纽约州立大学和法国高等社会科学院主持的博士后项目"国家、市场与社会：不同的逻辑还是同一个领域？"（States, Markets and Societies: Separate Logics or a Single Domain?）。1992 年，邓小平"南方谈话"之后，国内又放开了对留学的限制。在 1993 年 5 月完成博士学位论文答辩之后，一个偶然的机会，我在学校图书馆阅览室发现一张英文广告——沃勒斯坦正在全世界招收 5 名博士后。抱着试试看的态度，我将博士学位论文中自认为的主要创新和论文目录翻译成英文，并按照博士后项目的要求写了一个研究计划寄给了沃勒斯坦教授。1993 年底接到通知，我与来自德国、波兰、土耳其、印度的四位博士后研究人员有幸入选。

博士后训练项目每周有两项学术活动：一是读书研讨会，每周二下午一点开始，五点左右结束，内容是讨论沃勒斯坦指定的与世界体系论相关的书目。通常是每人就所读书目进行二十分钟左右的陈述，然后回答大家的提问，参加者除了我们五位博士后研究人员，通常还有过往的访问学者。二是专题讨论会，每周三下午一点开始，也是五点左右结束，内容是讨论每位博士后研究人员自选的与世界体系理论相关的研究论文。通常也是每人汇报自己的研究论文思路和进展，参与者或进行评论，或提出建议。作为博士后项目的一个重要组成部分，每位博士后研究人员的研究成果一旦通过答辩，将发表在布罗代尔研究中心的杂志《评论》上。

这两项高强度的学术活动对我帮助很大，并产生了三个相关的学术成果。一是我的博士学位论文中对东南亚的发展进行世界体系分析的意义得到了进一步肯定，并进一步扩展到东亚国际体系的整体研究中。其中与纽约州立大学社会学系马克·塞尔登（Mark Selden）教授和日本东京大学滨下武志教授的讨论对我影响极大，促使我对博士学位论文进行修改，并在回国以后以《边缘地带发展论：世界体系与东南亚的发展》为名于 1997 年由上海人民出版社正式出版。二是完成博士后研究论文 "Inherit or Transfer: A Dilemma in Reconstructing Chinese Social Reality" 的写作，该文最终如约于 1998 年发表在沃勒斯坦主编的杂志《评论》（Vol.21, No.3, 1998， pp. 327–384）上。三是比较深入而系统地学习了世界体系理论及其相关分析方法，向世界体系论的倡导者和追随者当面请教了相关问题，这为回国后写作《世界体系论与中国》奠定了基础。

之所以写作《世界体系论与中国》，与世界体系论的倡导者和追随者关于世界体系与中国的关系的争论密切相关。在世界体系理论的构建和发展过程中，中国一直是其关注的重点，这既可以从沃勒斯坦在其《现代世界体系》第一卷中关于葡萄牙和中国的历史对比中略见一斑，也可以从世界体系论后来受到的挑战中得以证实。这里主要涉及“世界体系”的起源的争论：一种是沃勒斯坦以资本主义世界经济（capitalist world-economy）界定的“世界体系”，其主要其起源于16世纪的欧洲并在之后向全球扩展；另外一种是以地区经济分工界定的“世界体系”，其起源于16世纪之前的很多地区，如美国西北大学的珍妮特·L.阿布-卢格霍德（Janet L. Abu-Lughod）在《欧洲霸权之前：1250—1350年的世界体系》中探讨了13世纪世界体系的主要参与者，其中既有大的农业社会中国和印度，也有地中海沿岸诸国，还有非洲和苏门答腊。这些争论告诉我们，如果从世界体系论的分析框架研究中国，深入了解世界体系论及其争论是非常必要的。然而，与世界体系论在国际学术界的状况相比较，在20世纪90年代的国内学术界，关于世界体系论，虽然也出现了一些零星的评介著述，例如田中明彦的《世界系统》（经济日报出版社1990年版），但对这一理论的认识依然是零碎的。在2000年之前的国内学术界还没有一本系统评析世界体系论的著作，更没有一本将世界体系分析作为一种分析方法分析中国与世界体系关系的著作。

三

如果从世界体系分析的角度研究中国，有三个重要议题一直是世界体系分析的倡导者和追随者们所关注的。

第一个议题是资本主义世界体系与中国的关系。这种研究其实就是将中国纳入世界体系分析框架之中。由于世界体系是基于资本主义生产方式和分工定义的，所以在这一议题下主要涉及两个学术问题：一个是资本主义生产方式的起源，代表作有沃勒斯坦的《现代世界体系》（第一卷）和《历史资本主义》（*Historical Capitalism*）、乔万尼·阿里吉（Giovanni Arrighi）的《漫长的20世纪：金钱、权力与我们时代的起源》（*The Long Twentieth Century: Money, Power and the Origins of Our Times*）；另一个是关于资本主义的未来，代表作有沃勒斯坦等所写的《资本主义还有未来吗？》（*Does Capitalism Have a Future*）、乔万尼·阿里吉的《亚当·斯密在北京：21 世纪的谱系》（*Adam Smith in Beijing: Lineages of the Twenty-First Centary*）。

第二个议题是东亚国际体系研究。这种研究主张将中国纳入东亚国际体系之中，探讨东亚国际体系的起源、动力、结构，以及历史演变的轨迹。这类研究主要涉及三个学术命题：一是朝贡体系的动力、结构和特征，代表作例如滨下武志的《朝贡体系与近代亚洲》（岩波书店 1997 年版）；二是朝贡体系与西方殖民体系的关系，如乔万尼·阿里吉、滨下武志、马克·塞尔登主编的《东亚的复兴：以 500 年、150 年和 50 年为视角》（*The Resurgence of East Asia: 500, 150 and 50 Year Perspectives*）；三是东亚国际体系与世界体系的关系，如彼得·卡赞斯坦（Peter J. katzenstein）的《地区构成的世界：美国帝权中的亚洲和欧洲》（*A World of Regions: Asia and Europe in the American Imperium*）。

第三个议题是世界体系的重构。这种研究主张将中国纳入全球历史视野之中，既要克服沃勒斯坦式的世界体系论具有的欧洲中心论色彩，也要克服中国中心论的民族主义倾向。其中最典型的代表作是珍妮特·L. 阿布–卢格霍德的《欧洲霸权之前：1250—1350 的世界体系》、贡德·弗兰克（Gunder Frank）的《白银资本：重视经济全球化中的东方》（*ReOrient: Global Economy in the Asian Age*）。

进入 21 世纪，随着世界体系论者的许多经典性著作逐渐被翻译成中文出版，世界体系论无论是作为一种理论还是作为一种分析方法，在国内学术界相关学科领域已广为人知。《世界体系论与中国》初版曾经为国内学术界系统了解世界体系论贡献了绵薄之力，唯愿本书的再版能进一步推动世界体系与中国关系的创新性研究。

王正毅

2023 年 8 月 13 日于北京大学

序

伊曼纽尔·沃勒斯坦

我很欢迎王正毅这本书的出版。在本书中，他努力寻求世界体系分析与当代中国的相关性。

世界体系分析作为一种知识分子运动仅起源于20世纪70年代早期，但正如作者所指出的那样，它根植于许多重要的知识思潮中：马克思主义，特别是马克思的原著，以及那些运用马克思主义来看待世界体系的学者们的著作；叙述历史事件的年鉴学派，特别是布罗代尔（Fernand Braudel）和他对长时段研究的重视；熊彼特、波兰尼和普雷维什，所有这些人都作为资本主义运行基础的制度性结构；以及康德拉捷耶夫关于长波的论述。

世界体系分析不是历史学，不是经济学，不是政治学，也不是社会学。世界体系分析否定与这些仍然框定我们大学体系的19世纪的范畴有任何知识的相关性。世界体系分析呼吁一种统一学科的历史社会科学。为了创造一种研究社会现实的单一的认识论方法，世界体系分析也呼吁超越结构和历史的矛盾。

最后，世界体系分析呼吁超越社会科学中的欧洲中心论倾向，建立一种面向21世纪的社会科学，那将是这个世界的所有地区的学者所组成的世界知识共同体的产品，而且在世界各地根深叶茂。这将使我们能够摒弃任何学者个人，甚至任何学者群体的著作中必然持有的各种偏见。中国,一个拥有 5000 年文明以及世界上近四分之一人口的国家,在建构 21 世纪的社会科学中肯定起核心作用。仅凭这本书不会达到这一目标,但是,我们希望这本中国学者的著作能在激励中国的学术工作方面起一种抛砖引玉的作用,不仅中国需要,而且全世界都需要。

50 年以后的世界将与现在的世界非常不同——无论是社会经济世界,还是知识世界。我们一定要努力奋斗,以便使未来的世界不只是与现在的世界不同,而是更好。

1999 年 11 月 8 日

王正毅　译

导　论

世界社会科学的主要断言之一，就是在人类历史上有过一些大的分水岭。这样的分水岭的标志之一是通常所说的新石器时代的革命或农业革命，尽管只有少数的社会科学家研究它；另一个大的分水岭就是现代世界的产生。

——伊曼纽尔·沃勒斯坦

一

世界体系理论（world system theory）作为一种理论和方法主要兴起于20世纪70年代的美国，其主要标志是沃勒斯坦于1974出版的《现代世界体系　第一卷：16世纪资本主义农业和欧洲世界体系的起源》（*Modern World-System I: Capitalist Agriculture and the Origins of the European World-Economy in the Sixteenth Century*）。这种理论和方法是国际学术界继20世纪五六十年代现代化理论之后出现的一种新理论和新方法，其影响遍及政治学、经济学、社会学、历史学以及地理学等主要社会科学领域。

作为一种理论，世界体系论力图从世界历史的角度，在政治、经济和文明三个层面重新建构世界秩序。用世界体系论者自己的话来说就是："我们的努力在于两个非常不同但相互联系的任务。一个就是重新书写现代历史和单一世界体系发展过程，这个过程需要解释，假如我们作为其中的参与者报着框定未来的目的，我们就必须解释什么发生过，什么正在发生，以及为什么。”①

这种理论认为，尽管在16世纪之前存在着许多帝国，而且在各个帝国之间也存在着远距离贸易，但世界体系作为一个历史体系，却起源于16世纪欧洲资本主义世界经济（European capitalist world-economy）的形成。资本主义世界体系包含三个层面：经济层面、政治层面和文明层面。

从经济层面来看，资本主义世界体系之所以能够成为一个体系，首先在于其生产方式，即资本主义生产方式，其核心特征是追求无休止的资本积累。资本主义生产方式通过劳动分工，首先在欧洲形成中心—半边缘—边缘的结构，中心和边缘之间通过不等价交换关系，使得欧洲资本主义世界经济得以运行；通过地理扩张，欧洲资本主义世界经济最终得以扩展成全球性的世界体系。

从政治层面来看，民族国家的形成以及由多个国家构成的国家体系的出现，是资本主义世界体系与以前具有单一政治结构的世界帝国之间区别的一个重要标志。处于国家体系之中的国家为了进行资本积累而展开竞争，在世界经济的核心区出现了强国，而在世界经济的边缘地区出现了弱国，强国之间相互竞争便形成了历史上的霸权国家，弱国对强国的不满便形成了资本主义世界体系内的“反帝国运动”和“反体系运动”。按照世界体系论的观点，从16世纪到20世纪，资本主义世界体系共出现了三个霸权国家：17世纪中叶的荷兰、19世纪中叶的英国和20世纪中叶的美国。霸权的存在是非常短暂的，也就是说，霸权

① Terence K. Hopkins, Immanuel Wallerstein (eds.), *World-System Analysis: Theory and Methodology*, Sage Publications, 1982, p. 7.

国家的兴起、发展和衰退也是有周期的，这种周期与资本主义世界经济的周期密切相关。

从文明层面来看，这个产生于16世纪欧洲的资本主义世界体系本来也是一种特殊的文明，但随着资本主义世界体系在随后的几个世纪向全球的扩展以及对世界其他国家和地区的征服，这种被西欧核心区国家创造的"特殊文明"通过两种机制——社会科学和意识形态——逐渐被普遍化，并越来越被认为是一种具有"普遍性"的文明。这种被认为是一种具有"普遍性"的文明的扩展使得几乎所有后发展国家的发展陷入一种两难境地：不情愿完全接受，不接受又很难发展，由此而导致了世界性的文明冲突。

作为一种分析方法，世界体系理论反对传统社会科学关于特殊的特殊分析（idiographic analysis of the specific）和关于一般的格式分析（nomothetic claims about the general）的认识论假定，也反对传统社会科学以单一"国家"和"社会"为单位的分析方法，用世界体系论者自己的话来说就是："从历史上看，世界体系分析与占统治地位的历史研究和社会科学理论的模式格格不入。自从19世纪中叶以来，许多讨论一直围绕关于特殊的特殊分析和关于一般的格式分析这样一个假定的认识论划分来进行。讨论的双方一直把国家或社会作为最基本的分析单位。世界体系论既反对这种认识论假定，也反对这些最基本的分析单位。"①

这种方法主张，对现代以来的社会变革和世界历史应该进行长时段（long-term）和大范围（large-scale）的研究，研究的单位应该是"世界体系"（world-system）。世界体系论作为一种分析方法，认为以往的

① Terence K. Hopkins, Immanuel Wallerstein (eds.), *World-System Analysis: Theory and Methodology*, p. 7.

社会科学在分析方法上大多注重对单一“国家”和“社会”的研究，这种研究方法很容易导致将整个世界分割的局面，并认为后发展国家要发展，就必须效仿发达国家。20世纪50—60年代世界范围内，特别是在西方国家兴起的“现代化”理论，正是本着这种研究方法对后发展国家的“发展”和“现代化”进行理论构建和经验分析的。世界体系论作为一种研究方法，则主张将世界作为一个“社会体系”进行整体性研究。这种整体性研究，既包括“长时段”的历史研究，因为这能够充分地显示世界体系这个社会体系的“社会时间”；也包括“大范围”的结构研究，因为这能够准确地反映世界体系这个社会体系的“地理空间”。只有将世界体系作为一个整体进行研究，才能真正理解处于资本主义世界体系核心地区的国家的经济发达和政治强盛，以及处于资本主义世界体系边缘地区的国家的经济贫穷和政治弱小。

世界体系论作为一种理论和分析方法产生以后，在国际学术界引起了很大的反响。不但在纽约州立大学宾汉姆顿分校有其研究中心，即布罗代尔研究中心，而且有其专门性杂志《评论》。它在政治学、经济学、社会学、历史学、地理学和文化人类学等领域都产生了广泛的影响，其代表人物伊曼纽尔·沃勒斯坦也于1994—1998年被选为国际社会学协会主席，2003年被美国社会学会授予终身杰出学术成就奖。其耗时37年完成的四卷本巨著《现代世界体系》（第一卷，1974年；第二卷，1980年；第三卷，1989年；第四卷，2011年）成为世界体系论的奠基性著作。

二

虽然从1990年我就开始关注世界体系论这一思潮，并在这一思潮的启发下完成了我的博士学位论文，但我并未想到写一本专门性著作来系统地评介这一思潮。这一方面是由于这一理论和方法本身确实宏大，它涉及政治学、经济学、社会学和历史学诸学科的知识，即使欧美学者们也觉得难以全面把握，因而对此思潮存在着许多误解；另一方面则是由于这一思潮主要立足西方的社会历史，特别是在欧洲的社会经济史的基础上构建的。但1994年以后发生的一些情况改变了我的看法，成为我集中研究世界体系论并力图对此进行全面而系统评介的动力。一是，世界体系论者们自20世纪90年代以来对东亚地区的兴起给予极大的关注①，出版了一系列富有影响的学术成果②。二是，世界体系论作为一种理论和方法经过多年的发展在西方国家已非常盛行③，但在我国的学术界，对这种理论和方法的介绍和研究起步较晚，这一理论的一些著作有的已翻译成中文，有的正在翻译之中，关于这方面的文章也开始多起来了。然而，与英语学术界相比，在汉语学术界还没有一本较为全面而系统地介绍和评价这一世界性思潮的专

---

① 事实上，20世纪80年代以来，西方学者，比如美国加州大学圣迭戈分校的彼得·古勒维奇（Peter Gourevitch）一直以东亚的兴起为依据批评世界体系论，认为世界体系论不能解释东亚的兴起。这也许是世界体系论者之所以关注东亚的一个主要原因。

② 例如，Ravi Arvind Palat(ed.), *Pacific-Asia and the Future of World-System*, Westport, Connecticut: Greewood Press, 1993; Giovanni Arrighi, "The Rise of East Asia: World-Systematic and Regional Aspects", *International Journal of Sociology and Social Policy*, Vol.16, No.7/8,1996。尤其值得一提的是，从1996年开始，由乔万尼·阿里吉、马克·塞尔登和滨下武志共同主持国际合作项目"The Rise of East Asia in World Historical Perspective"，该项目以《东亚的复兴：以500年、150年和50年为视角》[Giovanni Arrighi, Takeshi Hamashita and Mark Selden (eds.), *The Resurgence of East Asia: 500, 150 and 50 Year Perspective, Routledge, 2003*]的出版为最终成果。

③ 关于世界体系论的著述，在英语和法语世界中颇多（这当然与大多数世界体系论者精通英语和法语有关），日语和韩语译本也很多。在英语世界，出版了比较全面地介绍世界体系论的著作《世界体系论导论》（Thomas R. Shannon, *An Introduction to the World-System Perspective*, Westview Press, Inc., 1989）。在法语世界，法国高等科学研究院和纽约州立大学布罗代尔研究中心与英国剑桥大学出版社合作出版了一个关于"现代资本主义"（Etudes sur le capitalism moderne/Studies in Modern Capitalism）的系列丛书，这套丛书不但有英文版，而且有法文版。在日语世界，出版了田中明彦的《世界系统》（东京大学出版会1989年版；经济日报出版社于1990年出版中文版）。

著。[①] 三是，我有幸于 1994—1995 年赴布罗代尔研究中心和法国高等社会科学院，参加沃勒斯坦主持的博士后项目，专门接受这方面的学术训练，这为我系统而深入地理解世界体系理论及其相关研究提供了难得的机会。四是，从 1994 年起，我对中国与世界体系的关系产生了浓厚的兴趣。我认为，中国从 1840 年开始就一直关注与世界（准确地说，应该是资本主义世界体系）的关系，特别是 1978 年实行改革和开放政策以后，中国与世界的关系再一次被提上日程。为了避免狭隘的民族主义，也为了避免欧洲中心论，我认为很有必要重新在理论上探讨中国和世界体系的关系。

既然是研究和探讨，对世界体系论这一思潮的准确理解便变得必不可少，因而也是第一位的，不但要了解其产生的学术背景，还要了解其思想的本身。为此，本书的前三编主要是对世界体系论这一理论和方法本身的研究。既然是评论，就有必要提出自己的看法。为此，第四编主要是世界体系论的倡导者和追随者对中国和东亚的论述，以及我对中国与世界体系的现实历史进程以及思想历史进程的分析。

---

① 世界体系论进入国内学术界大致可以分为三个阶段。对世界体系论的介绍始于 20 世纪 80 年代末期，如王宁坤的《"世界体系" 理论浅析》（《国外社会科学》，1987 年第 1 期）；滨林正夫的《对沃勒斯坦 "世界体系论" 的批判》（《国外社会科学》，1989 年第 6 期）；顾云深的《沃勒斯坦与 "世界体系论" 》（《复旦学报》，1989 年第 6 期）。对世界体系论给予广泛关注则始于 20 世纪 90 年代，这主要归功于学者们对沃勒斯坦的著作和文章的翻译和评介，如王正毅的《世界体系理论分析——理论观点、分析方法及对我们的启示》[《中国书评》（香港），1996 年 5 月总第 10 期]；沃勒斯坦的《冷战后的世界体系》（《国外社会科学》，1993 年 8 月）；沃勒斯坦等人的《开放社会科学》（香港牛津大学出版社 1996 年版）；沃勒斯坦的《现代世界体系》（第一、二、三卷）简体中文版（高等教育出版社 1997 年版）和繁体中文版（台湾桂冠图书出版公司 1998 年）；沃勒斯坦的《历史资本主义》（社会科学文献出版社 1999 年版）。进入 21 世纪，随着诸如沃勒斯坦、阿明、弗兰克、阿里吉等世界体系论者的著作不断被翻译成中文，世界体系论无论是作为一种理论还是作为一种分析方法，均被中国的政治学界、社会学界、历史学界广泛熟知。

三

本书分为四编，各编主要内容如下：

第一编为“世界体系论的兴起”。在这一部分中，笔者对世界体系论产生的社会现实背景、学术思想背景、分析方法起源，以及主要代表人物作了比较详细的介绍。在笔者看来，世界体系理论并非几位学者的任意空想，而是有其深刻现实根源和思想根源的。从社会现实根源来看，它反映了战后国际政治、经济格局的变化，以及各国，特别是发展中国家的政治、经济和社会现实的变化；从学术思想来看，它反映了19世纪以来占主导地位的社会科学范式在新的历史面前所受到的挑战；就其方法根源来看，它继承了法国年鉴学派长时段、大范围和多学科综合的研究方法，尽管它也作了许多修改，但总的来说是该方法的延续。

第二编为“世界体系论的理论观点与分析方法”。在这一部分中，首先对世界体系论的概念框架及其理论体系作了比较系统的介绍。在此基础上，对世界体系的三个层面（政治层面、经济层面和文明层面）进行了比较系统的分析。在笔者看来，世界体系论作为一种理论和分析方法，其根本在于它将世界看作一个整体，将“世界体系”作为其分析单位。这种理论对世界体系所作的政治、经济和文明的分析，反映了世界体系论者力图对世界秩序进行历史的和结构的重建的努力。在对世界体系的经济分析中，他们将长时段的历史研究方法和结构分析方法结合起来，探讨了世界体系的起源、运作机制及其周期和趋向。在对世界体系所作的政治分析中，他们探讨了现代国家体系的形成及其在世界体系中的作用，分析了国家体系如何在霸权的主导下演变，以及这种国家体系又是如何受资本主义世界经济或资本主义生产方式影响的。在对世界体系所作的文明分析中，他们将文明与生产方式联系起来，探讨了文明在世界体系形成过程中的作用、文明与资本主义的关系、文明与发展的关系，以及文明在世界秩序重建过程中所起的作用。

第三编为“世界体系论的影响及其争论”。在这一部分中，详细介绍了世界体系论作为一种方法和理论对当代世界学术研究的影响，其中特别是对世界历史、国际政治（国际关系）、世界经济，以及社会结构研究的影响。在笔者看来，世界体系论对历史研究的影响主要集中在“世界历史”（world history）的研究上，其反对以往的历史学研究只集中于“国家”历史和地区历史，将一个个国家的历史割裂开来进行研究，而是主张将一个国家或一个地区放入整个世界体系之中来研究。世界体系论对政治学研究的影响主要集中于国际政治和政治地理的研究上，其主张，国际政治研究应该应用长时段和结构的研究方法，诸如研究战争的长时段，从多学科的角度研究世界秩序的历史演变和结构，而不应该只关注单个“事件”。世界体系论对世界经济研究的影响主要集中于资本主义生产方式的全球化和经济发展的长波的研究，主张资本主义生产方式的世界化是世界体系得以存在的基础，对世界经济的研究不应该局限于单个的国家和地区的相加，同时也不要只是集中于现在的经济分析，而应该将重点放在现在经济形成的历史中和世界结构中。世界体系论对社会学的影响主要集中在社会结构的分析上。在这一部分中，笔者还对世界体系理论目前在几个大的问题上的争论作了系统的分析。

第四编为“世界体系与中国”。在这一部分中，笔者根据自己这些年来学习的体会，对如何看待中国和世界的关系这一自 1800 年以来就一直困扰中国学者们的问题提出了一些不是很成熟的看法。在笔者看来，中国和世界的关系问题不但有其历史意义，而且具有现实意义，这对于我们无论是在学术研究上，还是在现实中融入国际社会、参与国际社会新秩序的重建都是必要的。最后，根据笔者对世界体系论的学习和研究，对中国文明的进路以及我们的知识系统的重建提出了一些粗浅的看法。

第一编　世界体系论的兴起

世界体系分析，从历史上讲，起源于对占统治地位的历史研究和社会科学理论的模式的不满。因为，自从19世纪中叶来，许多讨论一直围绕着关于特殊的特殊分析和关于一般的格式分析这样一个假定的认识论的划分来进行。讨论的双方一直把国家或社会作为最基本的分析单位。世界体系分析既反对这个认识论假定，也反对这个基本的分析单位。

——霍普金斯，沃勒斯坦

世界体系论作为一种理论和分析方法，主要兴起于 20 世纪 70 年代的美国，随后在欧洲和其他地区和国家得到广泛的传播。和任何一种理论的兴起一样，世界体系论的兴起也有其广泛的社会现实根源、学术思想根源和分析方法根源。这里首先介绍这一理论兴起的社会现实根源、学术思想根源和分析方法根源，并对这一理论的主要代表人物作一简略介绍。

第一章　世界体系论的社会现实起源

社会科学赖以建立和发展的首要基础就是现实变革。作为对现实变革的反应，社会科学家们依据不同的方法（实证的或思辨的）建立不同的范式，以期解释和预言现实的变革和变革的趋势。世界体系理论作为一种学术思潮之所以兴起于20世纪70年代的国际学术界，也是对当时社会现实变革的一种反应。

一、社会现实变革的历史溯源

从世界历史的角度来看，人类社会出现过许多具有历史意义的事件，但作为转折点的历史事件并不是很多。而从国际体系演变的角度来看，地理大发现和第二次世界大战则是两个重要转折点，前者是欧洲殖民体系的始点，而后者则是欧洲殖民体系的终结点。这两个历史事件对人类社会的现实变革都起到不可估量的作用。

（一）地理大发现与欧洲殖民体系的建立

15世纪以前，虽然也出现过许多文明古国，诸如中国、巴比伦王国、埃及、古希腊、罗马以及印度，但从世界的角度来看，这些文明古国在政治、经济和文明上各领风骚，来往较少。这些文明古国都形成了以自己的文明为中心的帝国体系，如在东亚形成了以中华文明为中心的东亚文明体系，在西欧形成了以希腊、罗马为中心的欧洲文明体系，在南亚形成了以印度为中心的文明体系，在西亚形成了以波斯帝国为中心的阿拉伯文明体系等。在这些文明体系中，中心和边缘地区的关系主要靠朝贡来维持，是一种依附关系。尽管这样的体系很多，但是充其量是一种“区域体系”。这时的国际体系的特征是：“区域”体系林立，相互来往不多。

“地理大发现”一直被看作人类历史上的一个伟大壮举。著名地理学家哈·麦金德（Halford J. Mackinder）认为其改变了欧亚关系，使人类进入一个新的时代，“[地理大发现]的主要的政治效果是把欧洲与亚洲的关系颠倒过来，因为在中世纪，欧洲被关在南面不可逾越的沙漠、西边无边莫测的大洋和北面、东北面冰或森林覆盖的荒原之间，而东面和东南面又经常受到骑马和骑骆驼民族的优势机动性的威胁。欧洲现在出现在世界上，它能到达的海域和沿海陆地增加了三十倍以上，它的势力包围着至今一直在威胁它本身生存的欧亚陆上强国”。[①] 这个所谓“新”时代实际上就是欧洲在世界范围内建立的殖民体系，这个体系对世界产生的影响集中在政治、经济和文明三个方面。

1. 国家体系的建立

在政治上，欧洲殖民体系对世界的重大影响就是“国家体系”的出现。1500年以后，欧洲国家间竞争更为激烈，这种竞争不仅表现在它们对欧洲本土霸权的争夺上，而且也表现在它们在领土扩张过程中对海外势力范围的争夺。虽然我们很难统计1500—1648年在欧洲大陆上到底发生过多少场战争，对欧洲人为什么进行扩张也存在着各种各样的解释，但有一点似乎是可以肯定的：这一时期欧洲国家之间的争夺既是欧洲性的，也是世界性的，它对“国家体系”的产生起了很大作用。

---

① 〔英〕哈·麦金德：《历史的地理枢纽》，林尔蔚、陈江译，商务印书馆1985年版，第58页。

正如美国的历史学家保罗·肯尼迪所指出的:“这150年中,欧洲各国争夺霸权的斗争,在程度上和类型上都不同于1500年以前的那些战争。以往几百年来,破坏欧洲和平的斗争都是局部性冲突。意大利各城邦之间的冲突。英国国王和法国国王之间的竞争,以及条顿武士反对立陶宛人和波兰人的战争,都是典型的例子。但是,进入16世纪后,欧洲的这些传统的地区性斗争都被纳入或者被掩盖在当代人称之为争夺欧洲大陆霸权的更大的斗争中。”① 长期而激烈的战争也使得欧洲人不得不考虑使用何种方式来达到和平,这最终导致1648年《威斯特伐里亚条约》的签订。这个条约实际上“承认神圣罗马帝国内部的宗教和政治均势,从而确认帝国的权利是有限制的”②。帝国这种组织形式的限制以及国家主权的确立为日后的国家体系奠定了基础,这一过程从1648年开始,一直到第二次世界大战结束后西方殖民地完成主权国家的建立为止。正是在这种意义上,学术界普遍认为,打破帝国体系,建立有主权的“国家体系”是欧洲殖民体系在政治上对世界历史的一大贡献。对于欧洲在世界范围内建立的殖民体系,一位美国学者曾作过形象的描述:

> 大片大片的地区,包括除利比里亚和埃塞俄比亚之外的整个非洲大陆和亚洲大部分地区在内,全都变成了欧洲列强的殖民地。在面积达1681.9万平方哩的亚洲地区,至少有944.3万平方哩的土地处于欧洲的统治之下。其中649.6万平方哩的土地由俄国统治,199.8万平方哩的土地归英国统治,58.7万平方哩的土地被荷兰统治,24.8万平方哩的土地由法国统治,11.4万平方哩的土地归美国统治,19.3平方哩的小块领土被德国统治。与这些辽阔的殖

① 〔美〕保罗·肯尼迪:《大国的兴衰》,王保存等译,求实出版社1988年版,第46—47页。
② 同上书,第57页。

民地领土形成鲜明对照，日本，这个 1914 年亚洲唯一真正独立的国家，仅有 16.1 万平方哩的土地。[①]

2. 资本主义世界经济的形成

欧洲殖民体系对人类历史的另一个影响就是资本主义世界经济的形成。正如卡尔·马克思所说，"美洲金银产地的发现，土著居民的被剿灭、被奴役和被埋藏于矿井，对东印度开始进行的征服和掠夺，非洲变成商业性地猎获黑人的场所：这一切标志着资本主义生产时代的曙光。这些田园诗式的过程是原始积累的主要因素。接踵而来的是欧洲各国以地球为战场而进行的商业战争。"[②] 从 1500 年开始，欧洲的资本主义生产方式伴随着殖民主义体系开始向全球扩展，有学者曾对这种扩展作过一个历史的统计，参见表 1：

表 1 宗主国中心与其依附地区之间的相互关系的演进

时期	中心地区	外缘地区
1400—1700 年	商业资本主义	殖民主义，多限于南北美洲
1770—1870 年	工业资本主	趋于衰落的殖民主义
1870—1914 年	垄断资本主义	世界范围的殖民主义
1914 年—	保护性垄断资本主义	革命、非殖民化和新殖民主义

资料来源：〔美〕斯塔夫里亚诺斯：《全球分裂：第三世界的历史进程》（上册），商务印书馆 1993 年版，第 19 页。

就这一时期欧洲殖民体系的财富而言，也有同样形象的描述：

> 1914 年时的欧洲霸权不仅在广度上，而且在深度上也是前所未有的，这一点能从欧洲实行的经济控制中觉察出来。欧洲已变

---

① 〔美〕斯塔夫里阿诺斯：《全球通史：1500 年以后的世界》，吴象婴、梁赤民译，上海社会科学院出版社 1992 年版，第 561 页。

② 《马克思恩格斯选集》（第二卷），人民出版社 1972 年版，第 255 页。

成世界的银行家……到 1914 年时，英国在海外的投资已达 40 亿英镑，占其全部国民财富的四分之一，法国的投资达 450 亿法郎，相当于其国民财富的六分之一，德国的投资达 222 至 250 亿马克，为其全部财富的十五分之一。欧洲不仅成了世界银行家，而且已成为世界的工业工厂。1870 年，欧洲的工业产量占世界工业总产量的 64.7%，而唯一的对手美国仅占 23.3%。到 1913 年时，虽然美国已向前发展，达到了 35.8%，但这一年欧洲工厂的产量仍占世界总产量的 47.7%。①

尽管这种资本积累的进程是以牺牲广大殖民地的利益为代价的，但整个世界经济无论是在工业化程度上，还是在贸易、金融方面都得到了飞速的发展。尤为重要的是，经济发展的规则和体制在全球逐渐建立起来。

3. 文明的冲突

欧洲殖民体系对世界历史的另一个影响便是世界范围内的文明冲突。这一冲突从殖民者向世界扩张之日起，一直延续到今天。尽管第二次世界大战以后，整个国际体系在政治上接受了西方的主权国家观念，在经济上接受了西方社会长期形成的货币、贸易和金融体制，但几乎所有的发展中国家和非西方国家并没有完全接受西方的文明，并一直对西方文明提出程度不同的挑战。

（二）殖民体系的解体与民族国家的独立

第二次世界大战结束是国际体系变动中的另一个转折点，这主要表现在以下两个方面。一是 16 世纪以来的欧洲殖民体系彻底解体，以前

① 〔美〕斯塔夫里阿诺斯：《全球通史：1500 年以后的世界》，第 562 页。

的殖民地成为有独立主权的国家，资本主义世界体系的中心第一次远离欧洲大陆而移到美国，美国成为继 17 世纪中叶的荷兰、19 世纪中叶的英国之后的第三个霸权国家。二是随着发展中国家的独立，发展问题成为首要问题。第二次世界大战结束以后，广大发展中国家纷纷从西欧殖民体系中脱离出来，开始了艰难的独立之路。这种独立不仅表现在形式上建立有独立主权的国家，而且表现在经济上真正独立于以前的西方宗主国，即发展中国家独立以后面临的首要问题是，如何在宣布成为有独立主权的国家以后真正保证政治上和经济上的独立。在长时期的殖民统治下，发展中国家无论在政治上还是在经济上都对西方殖民国家有一种依赖关系，尽管这些发展中国家对这种依赖关系从一开始就不是自愿的，但这种依赖关系确实存在，而且经过长达几个世纪的依赖，这种关系变得越来越强，所以，殖民体系的瓦解并不能马上改变发展中国家对发达国家的长期依赖关系。正是在这种背景下，发展中国家的发展和现代化问题成为西方学术界和政府决策部门关注的焦点。

二、现代化理论的崛起

正是在这种社会现实变革的背景下，围绕发展中国家的发展和现代化问题，从 20 世纪 50 年代开始，在西方学术界，特别是美国学术界，出现了一波研究这些新独立国家的发展和现代化的热潮。政治学家、经济学家和社会学家从不同的角度进行了研究，政治学出现了政治发展学说，经济学出现了发展经济学，社会学出现了专门研究发展问题的发展社会学。正如美国加州大学伯克利分校的迪恩・C. 蒂普斯所观察到的：

现代化理论的起源大致可以追溯到美国政治统治阶层和知识

分子对第二次世界大战以后国际环境的反应，特别是冷战的影响，以及在欧洲殖民帝国解体下第三世界社会的同时出现，并在世界政治舞台上成为杰出的角色，所有这些现象在同一个时期聚合在一起——而且确实是有史以来第一次——使知识界的兴趣和精力越过了美国甚至欧洲的界限，转向对亚洲、非洲和拉丁美洲的社会进行大量的研究。①

（一）帕森斯（Talcott Parsons）及其追随者的社会现代化理论

战后美国的社会学家都不会忘记塔尔科特·帕森斯，正是他将欧洲社会学引入美国学术界，对 20 世纪 50—60 年代美国的社会学产生了广泛而深远的影响。② 他基于行为体的行动而构建的社会系统理论，将“社会结构”“社会系统”“社会制度”“规范”“价值”以及“角色”等核心概念引入美国社会学研究，开创了社会现代化研究的结构-功能主义路径。

学术界一般认为，帕森斯的社会系统理论最早体现在其 1937 年出版的著作《社会行动的结构》（*The Structure of Social Action*）。在其 1951 年出版的两部著作，即《社会系统论》（*The Social System*）和与希尔斯（Edward Shils）合著的《关于行动的一般理论》（*Toward a General Theory of Action*）中，帕森斯对社会系统进行了高度理论化，并在 1969 年出版的《政治和社会结构》（*Politics and Social Structure*）中运用社会系统理论对传统社会和现代化社会进行了分析。帕森斯的社会系统理论包括以下几个主要观点。

---

① 〔美〕里西尔·E. 布莱克编：《比较现代化》，杨豫、陈祖州译，上海译文出版社 1996 年版，第 94 页。

② 参见：Scott Appelrouth, Laura D.Edles(eds.), *Classical and Contemporary Sociological Theory: Text and Readings*, 4th Edition, Sage Publications, 2021, pp. 344–376。

第一，社会系统是一个结构化的系统。社会系统是由行为体（actor）及其行动（action）构成的，帕森斯称其为单元行动（unit act）。与所有生命有机体一样，行为体的行为（behavior）通常具备四个基本特性：行为有目的性或目标倾向；行为发生在某种情境中；行为受到某些规范或条件的约束；行为是要耗能的。当行为体的行为具备上述四种特性时，行为就可以被称作行动。社会系统是一种行动者互动过程的系统，行动者之间的关系结构就是社会系统的一种基本结构。

任何行为体的行动彼此并非是毫不相关、杂乱无章的，而是在具有结构性特征的系统中通过互动或相互作用得以进行，所以行为体的行动总是社会行动。社会行动发生的系统是一个庞杂的系统，但依据行动的组织特征和属性，这个系统通常包括三个子系统，即社会系统（social system）、人格系统（personality system）和文化系统（cultural system）。社会系统将有目的行为体的行为通过某种集体目标或共同价值组织在一个相互关联的过程之中；人格系统将单个行为体的多种多样的需要、要求和行动选择融合在一个确定的组织之中；文化系统则是由一系列指导或限制行为体行为选择的规范、价值、信仰等构成的一个具有象征意义的系统。尽管这三个子系统都有各自的特征，相互独立作用，使得社会秩序通过组织得以结构化，但这些子系统又相互依存，共同形成一个有机的社会系统。

第二，社会系统是一个功能性系统。社会系统的稳定和发展需要必要的功能。无论是单个个体，还是一个群体或一个社会，其行为只有满足如下四种功能才能稳定和持续，否则社会系统就会消亡。这四种必备的功能分别是：适应（adaptation）主要是对环境的适应能力，能够确保从环境获得系统所需要的经济资源，并在系统内加以分配，所以适应主要涉及经济系统。目标达成（goal attainment）主要是指政府制定社会系统的目标和确立各种目标间的主次关系，并调动资源和引导社会成员去实现目标，所以目标达成主要涉及政治系统。整合（integration）主要是指通过合法的制度以及宗教将一个系统或者子系统的各部分协调为一个整体的能力，所以整合主要涉及文化系统的价值。潜在模式维系（latent pattern maintenance），主要是指通过家庭和教育维持共同的价值观并使之在系统内形成制度化的文化，所以潜在模式维系主要涉及社会系统的行为和互动。

第三，社会系统是一个有机的均衡系统。当社会系统的一个组成部分发生变化时，其他组成部分也会发生相应的变化，并最终达到一种均衡状态。帕森斯认为，社会系统的变革有五种模式。这五种模式变项将传统社会系统和现代社会系统区别开来。这五种模式变项分别是：1. 情感的（affectivity）和情感中立的（affective neutrality）。传统社会的社会关系主要是基于个人的、情感的和直接的，而现代社会的社会关系则是情感中立的，是非个人的、松散的和间接的。2. 特殊主义（particularism）与普遍主义（universalism）。传统社会依据熟人规则行事，而现代社会则倾向于根据普遍认可的规范行动。3. 集体倾向（collectivity-orientation）和自我倾向（self-orientation）。传统社会强调对家庭、部落或国家的集体责任，即使牺牲个人的利益也在所不惜，认为只有这样才能维持社会的稳定，而现代社会则鼓励发挥个人的才能和创造性，只有这样才能推动技术进步，提高社会的生产能力。4. 先天禀赋（ascription）和后天成就（achievement）。传统社会注重他人的某些先天禀赋，诸如年龄、性别、种族、种姓，而现代社会更注重他人的能力和成就。5. 特定性（specificity）和分散性（diffuseness）。在传统社会里，通常根据某种特定的标准或角色与他人互动，与他人的关系被限制在特定的具体范围里，而在现代社会里，与他人互动的标准通常是开放的，与他人的关系没有固定的范围。

在帕森斯的结构–功能主义影响下，美国的社会学家们围绕着社会结构的变革，对发展中国家的现代化进行了广泛而深入的研究，如威尔伯特·E. 穆尔（Wilbert E. Moore）的《社会变革》（*Social Change*, 1963）、列维（Marion J. Levy Jr.）的《现代化和社会结构》（*Modernization and the Structure of Society*, 1966）、丹尼尔·勒讷（Daniel Lerner）的《传统社会的消逝》（*The Passing of Traditional Society*, 1958）、艾森斯塔特（S. N. Eisenstadt）的《现代化：抗拒与变迁》（*Modernization: Protest and Change*, 1966）等。这些关注发展中国家的发展和现代化的社会学家普遍认为，现代化的过程就是从传统社会向现代社会转变的过程。根据社会结构及其功能，现代社会和传统社会的区别性特征主要表现在：在组织方面，现代社会的组织（政治组织、经济组织、教育组织等）专业化的程度高，自足性低，因而相互依存度高；而在传统社会中，亲属群体和临近共同体的自足性比较强，缺少功能的分化。在制度方面，现代社会有高度发达的科层组织，商品和服务在城乡之间的流动是双向的，形成发达的交换媒介和市场，家庭是向小家庭发展的，其功能也在缩小；而在传统社会中，即使有科层组织也是建立在个别的社会关系之上，商品和服务的流动是从农村单向流向城镇，交换媒介和市场还没有发展起来，家庭结构是多样化的，家庭功能也是多重的。在社会关系方面，现代社会强调理性，伦理具有普遍意义，功能是有限的，感情中立；而在传统社会，社会关系是传统的，伦理是个别的，功能是无限的，具有感情色彩的。在个人人格上，现代人渴望教育，愿意成为参与型公民；对个人的创造力和业绩抱有充分的信心；在处理个体事务上有高度的独立性和自主性。

尽管这一时期的社会学家们在关于“传统的”和“现代的”具体区别上观点有所不同，但都将现代化看作一个社会结构的分化、功能的专门化以及整合的过程。同时，他们将本来作为历史概念的现代化

（主要用来概括欧洲的现代化经验）作为一个具有普遍性的概念来对待（用来概括所有国家的现代化进程），这种学术倾向几乎成了这一时期关于现代化研究的主流。丹尼尔·勒讷对此作过明确的表述。他认为，他们的工作就是表明，“西方的现代化模式所包含的要素及其结果是全球性的”，“从本质上来看，同样基本的模式将再现在世界各大洲的所有的进行现代化的国家”。①

（二）阿尔蒙德（Gabriel A. Almond）和亨廷顿（Samuel P. Huntington）的政治现代化理论

这一时期的政治学家以同样的热情关注现代化理论的建设。正如政治学家亨廷顿后来所总结的：

> 20 世纪 50 年代比较政治学的新发展包括把关注的地理范围从西欧及其有关区域扩大到非西方的“发展中”国家。政治学家们不再忽视变革。确实，他们似乎在倾注全部精力去研究亚洲、非洲和拉丁美洲正在现代化的社会中所发生的许多变化。政治科学家们接受了现代化的理论，他们从现代化的背景来注视比较政治学。②

20 世纪 50—60 年代关于政治现代化富有影响的著作包括阿尔蒙德等人所著的《发展中地区的政治分析》③ 和《比较政治学》④、马丁·利

---

① Daniel Lerner, *The Passing of Traditional Society*: Modernizing the Middle East, The Free Press of Glencoe, 1958, p. 67.

② 〔美〕里西尔·E．布莱克编:《比较现代化》，第 41 页。

③ Gabriel A. Almond, James S. Coleman, *The Politics of Developing Areas*, Princeton University Press, 1960.

④ Gabriel A. Almond, G. Bingham Powell, *Comparative Politics: A Developmental Approach*, Little, Brown and Company, 1966.

普塞特的《政治人》[1]、阿布特的《现代化的政治分析》[2]、亨廷顿的《变动社会的政治秩序》[3] 等。

这一时期关注现代化的政治学者们普遍认为，传统政治体制与现代政治体制的差异来源于传统社会和现代社会的差异，而现代化的伟大进程就是从传统社会向现代社会转变的桥梁，但政治学家们并不认同将现代化等同于政治发展，而是试图构建政治发展理论。就像经济学家推出经济发展的概念，政治学家觉得在政治方面应当有一个与经济发展相对应的概念。按照亨廷顿的总结，有三种研究方法在当时政治发展的研究中非常盛行：[4]

第一种方法是体制–功能法。这种方法的特征和贡献就是发展了一套用以分析和比较政治体制类型的概念和范畴，其中心概念是"体制"和"功能"，其他重要概念还有结构、合法性、投入和产出、反馈、环境和均衡等。这种研究方法从政治体制概念出发，对不同类型的政治体制模式进行详细描述，从结构方面对不同类型的政治体制的基础进行区别，所以关注的重点是将政治行为同整个体制的结构相联系，使其等同于体制的内部功能，而不是藐视一种政治体制向另一种政治体制的变化。这种方法的特点是基于概念框架将不同类型的政治体制进行理论化。

第二种方法是社会过程法。这种方法不是从政治体制出发，而是从与现代化某个部分有关的社会过程出发，诸如工业化、城市化、商业化、文化扩散、职业流动性等。这种研究方法的重点在于过程，而不是

---

① Seymour M. Lipset, *Political Man*, Garden City, New York: Doubleday, 1960.

② David E. Apter, *The Poliics of Modernization*, The University of Chicago Press, 1965.

③ Samuel P. Huntington, *Political Order in Changing Societies*, Yale University Press, 1968.

④ 参见〔美〕塞缪尔 · P. 亨廷顿：《导致变化的变化：现代化、发展和政治》，载〔美〕里西尔 · E. 布莱克编，《比较现代化》，第 37—91 页。

体制。与体制–功能方法将一切归因于功能相比较，使用社会过程的学者把政治变化与社会过程联系起来。这种方法的特点在于更具有行为科学和经验论倾向。

第三种方法是比较历史法。这种方法的特征是，既不是从某种理论模式出发，也不是集中精力讨论两个或两个以上的变量因素之间的关系，而是对两个或两个以上的社会的演变进行比较，所以这种研究方法的重点在于社会。这种研究方法是按照一切社会都必须经历的一般阶段过程，或不同的社会可能经历的不同道路，对政治发展进行类型研究。这种研究方法的最大特点是关注社会的实际演变，并将这些演变归纳为若干类型，然后对导致类型差异的原因进行假设。

尽管这些研究方法有所不同，但这一时期研究政治发展的政治学家在以下两点上是相同的：

1. 将“传统性”和“现代性”的概念用于政治分析中。这一时期的政治学家们广泛接受了现代化理论，从现代化的背景来关注亚洲、非洲和拉丁美洲正在进行的现代化进程中出现的变化。无论是早期的阿尔蒙德等人关于政治机制的主张，还是后期的亨廷顿等人对政治发展的关注，都是从“传统性”和“现代性”两个核心概念出发来研究现代化进程的。不同的是，早期的学者们注重对传统政治机制和现代政治机制的静态描述，而后期的学者们转向对现代政治体制和传统政治体制的比较分析，对不同的现代化历史过程给予了更具体的关注。正如亨廷顿所总结的：

> 政治学家与社会科学家同样关注现代性和传统性之间的两极划分方法和现代化的伟大进程，从60年代开始他们更积极地对说法不一的政治现代化或政治发展过程发生兴趣并展开研究。传统性和现代性的概念是他们的出发点。这种方法基本上是注重比较

和静态的方法，最后转向对动态的和以发展为方向的内容给予更多的关心。这一转变可以明显地在50年代和60年代初期美国社会科学学会的比较政治学委员会所进行的研究工作中看出来，尤其可以从这个委员会的主席和知识界领袖加布里埃尔·阿尔蒙德的著作中看出来。[①]

2. 现代化和政治发展。构建政治发展理论是20世纪50—60年代关注现代化和政治发展的政治学家们的共同特征。尽管政治学家们对政治发展的理解不同——如阿尔蒙德认为，政治发展就是政治体制对其社会和国际环境的变化做出的反应，特别是对国家构成、民族构成、政治参与和权力分配等的挑战作出的反应，衡量政治发展有三个标准，即政治结构的分化、分支体制的自主性和文化的世俗化；[②] 而亨廷顿则以社会过程法中最主要关注的现代化（如城市化、工业化）为起点，从政治参与与政治制度化的关系入手，重点研究政治参与、政治不稳定和暴力对社会结构（流动机会）和政治结构（政治制度化）的影响，强调政治变化的重要性——[③] 但几乎所有的政治学家都将现代化作为其研究政治发展或政治变化的起点：

十年来［20世纪50—60年代］，政治学家的工作从着重概述政治体制转向对现代政治体制和传统政治体制的比较分析，对各不相同的现代化历史过程给予了更具体的关注，详细阐明政治发展的理论，现在回过头去在更高的抽象水平上转向研究政治变化

---

① 〔美〕塞缪尔·P. 亨廷顿:《导致变化的变化：现代化、发展和政治》，载〔美〕里西尔·E. 布莱克编，《比较现代化》，第59页。

② 参见同上书，第61页。

③ 参见同上书，第81页。

的一般理论。总之,从静态理论到动态理论的转变是通过研究现代化的历史现象来完成的。[①]

(三)罗斯托(Walt W. Rostow)的经济成长阶段论

在帕森斯从社会学的角度、阿尔蒙德从政治学的角度构建现代化理论时,罗斯托则从经济学的角度提出了著名的经济成长阶段论,并被誉为发展中国家发展经济的"圣经"。

关于提出经济成长阶段论的目的,罗斯托指出:"成长阶段论的目的是要解决很多种问题。传统的农业社会在何种力量的推动下开始现代化的过程?正常的成长在什么时候及如何成为每个社会的内在特征?何种力量推动持久的成长过程向前发展并决定它的轮廓?在每一阶段,我们可以看出成长过程有哪些共同的社会和政治特征?在每一阶段,每一个社会的特殊性是在哪些方面表现出来的?"[②] 在他看来,"我们可以按照社会的经济规模,把所有社会列入五类之一,这五类是:传统社会、为发动创造前提条件阶段、发动阶段、向成熟推进阶段和高额群众消费时代"[③]。

1. 传统社会。"传统社会是这样一个社会,它们的结构是在生产功能有限的情况下发展起来的,它是以牛顿以前的科学和技术以及牛顿以前的对物质世界的态度为基础的。"[④] 传统社会的特征是,依靠仅能维持生存的农业和部分手工业,社会等级森严,不把商业成功看作社会地位的标志。处在这一阶段的国家或地区包括:各个朝代的中国、中东和

---

① 〔美〕塞缪尔·P. 亨廷顿:《导致变化的变化:现代化、发展和政治》,载〔美〕里西尔·E. 布莱克编,《比较现代化》,第79页。

② 〔美〕罗斯托:《经济成长的阶段:非共产党宣言》,国际关系研究所编译室译,商务印书馆1962年版,第8页。

③ 同上书,第10页。

④ 同上。

地中海文明，以及中古欧洲世界。

2. 为发动创造前提条件阶段。这一阶段的动力来自社会的外部而不是内部。“现代化的较为普遍的情况却是，创造前提条件阶段不是从内部引起的，而是较为先进的社会的外来侵略所引起的。这种侵略——或是实际上的或是比喻性的——使传统社会受到震动并且开始或加速它们的崩溃；但是，外来侵略也推动了一些思想和感情，这些思想和感情引起了在旧文化基础上建立现代社会以代替传统社会的过程。”① 这一阶段最早开始于英国，其特征是鼓励有价值的当地初级产品的生产和出口，投资兴建铁路和公路等基础设施。

3. 发动阶段，也称起飞阶段。“发动阶段的最直接的力量主要（但不完全）是技术力量。比较普遍的情况是，发动阶段不仅要等到社会经营资本积累起来和在工业与农业方面技术有很大的发展以后，而且要等到一个愿意把经济现代化看作是一项严肃而重要的政治任务的集团取得政权以后。”② 发动阶段的特征是，在短时期内（20—30年）实现经济结构和生产方式的剧烈转变，现代新工业迅速发展，私营经济部门由于企业家愿意投资而迅速扩张，农业生产力出现革命性变化，如1783—1820年的英国、1830—1860年的法国、1843—1860年的美国、1850—1873年的德国、1878—1900年的日本、1890—1914年的俄国、1896—1914年的加拿大等③。

4. 向成熟推进阶段。“成熟阶段是一个社会已经把（当时的）现代技术有效地应用于它的大部分资源的时期。”④ 这一阶段通常要40年，其基本特征是，工业发展呈现多样化，新工业部门取代发动阶段的工

① 〔美〕罗斯托：《经济成长的阶段：非共产党宣言》，第12—13页。
② 同上书，第14页。
③ 参见同上书，第70页。
④ 同上书，第16页。

业成为主导部门，人口城市化更为普遍，受教育程度逐渐提高，社会不平等已开始下降。如1850年的英国、1900年的美国、1910年的德国和法国、1930年的瑞典、1940年的日本、1950年的俄国和加拿大等。[①]

5. 高额群众消费阶段。“从颇为技术性的意义来说，当社会快要达到成熟阶段时或者达到成熟阶段之后，社会的主要注意力就从供应转到需求，从生产问题转到消费问题和最广义的福利问题。”[②]这一阶段主要有三个基本特征：国家把更多的资源用于军事和外交政策，追求在国外的势力和影响；国家通过重新分配收入来提高社会福利以帮助实现个人的和社会的目标；大规模提高群众性消费水平，使之超越衣食住行等基本消费，享受耐用消费品和服务。如20世纪50—60年代的美国、西欧和日本。

关于这一时期的现代化理论还有很多，有学者曾对这一时期的现代化和发展理论以及代表人物作过一个总结，[③]尽管不是很全面，但仍能反映出这一时期西方学术界对发展或现代化研究的重视，参见表2：

表2　现代化和发展理论[④]

认识论 转化中的社会：整合				
	严格的进化论	单一	多重	不同的结果
社会学的： 分层 价值 趋向	Parsons Inkeles, Smith Almond, Coleman	Parsons Apler Deutsch	Lerner Riggs	Almond, Powell Bendix

① 参见〔美〕罗斯托：《经济成长的阶段：非共产党宣言》，第71页。

② 同上书，第86页。

③ 参见：Andrew C. Janos, *Politics and Paradigms: Changing Theories of Change in Social Science*, Stanford University Press,1986, pp. 58-64。

④ 因某些学者的中文译名目前国内学术界仍无统一，为读者查询方便起见，表中所列人物均使用外文原名。

续表

认识论 转化中的社会：整合				
	严格的进化论	单一	多重	不同的结果
经济的： 稀缺 积累	Rostow	Lipset	Gerschenkron Deutscher Heilbroner Schweinitz Apter	Huntington
历史的： 适应结果			Black	Pyc B. Moore

资料来源：Andrew C.Janos, *Politics and Paradigms: Changing Theories of Change in Social Science*, Stanford University Press, 1986, p. 60.

尽管这些发展和现代化理论侧重的角度不同，有的是从经济学，有的是从政治学和社会学，但仔细分析一下，则不难发现它们在方法论上的一些相似特征：第一个相似之处就是分析单位。分析单位是共同的，即都以单一"民族国家"为分析单位，分析国家的政治制度、经济战略和社会系统，并由此而认为，发展和现代化就是单个国家和单个社会的发展。由于将民族国家作为现代化最为基本的分析单位，因此，现代化和发展理论基本上属于民族国家转变的理论。正如对现代化理论持批判态度的蒂普斯观察到的：

虽然现代化的研究集中在许多不同的层次，即从个人、当地社区到国家和国际等单位，但是，占有某个疆域的民族国家才在理论上具有至关重要的意义，尽管这一点并没有明确地说出来。正是在国家这个层次上，现代化过程的各个方面才被看作是集合在一起的。然而，它可能被概念化，无论是工业化、经济增长、合理化、结构差异化、政治发展、社会动员，以及（或）世俗化，还有其他一些过程，都是如此。现代化过程中的每个组成部分都被看作是在国家这一层次上起作用的变化根源，虽然对这些组成部分的研究显然也可以在其他的各种层次上进行。[①]

第二个相似之处就是追求一个普遍的、一般的模式。这些理论均以一个假定为前提，即不论各个国家在历史、文化习俗、资源的禀赋上有何差异，都可以走一条普遍的发展道路，遵循一个普遍的发展模式，这个模式就是西方国家曾经走过的模式。所以，这些发展理论的共同结论便是，只要新独立的发展中国家或非西方国家遵循西方发达国家曾经走过的道路，就能成为现代化的国家。换句话说，发展中国家要想发展就必须走发达国家曾经走过的道路，只有效仿西方发达国家，才能最终达到发达国家的水平，从而成为政治、经济和社会都发达的国家。这样，作为历史概念的现代化就被西方学者当作普遍概念的现代化。

三、现代化理论面临的困境

然而，这些发展理论和现代化理论在20世纪60年代末、70年代初受到现实的强烈挑战。

第一，世界范围内的民族主义运动兴起，反对霸权、反对帝国主义和新殖民主义成为这一时期的主题。即使是在发达国家内部，也出现了反叛，如法国的“五月风暴”、美国的“知识分子运动”等。以美国霸权为核心的世界体系在政治上、经济上和知识体系上受到现实的强烈挑战表明，发展中国家并不以西方发达国家的发展经验为模版。

---

① 〔英〕迪恩·C. 蒂普斯:《现代化理论与社会比较研究》，载〔美〕里西尔·E. 布莱克编，《比较现代化》，第97页。

第二，地区一体化开始在局部地区出现，并大有发展之趋势。以欧洲经济共同体、东南亚国家联盟、石油输出国组织、北大西洋公约组织、华沙条约组织等为代表的国家之间的合作以及共同发展的趋势，对20世纪60年代提出的各种发展理论以单一国家为分析单位提出了强有力的挑战。

第三，冷战格局的形成。第二次世界大战以后，以美国为首的西方资本主义集团和以苏联为首的东方社会主义集团的对抗持续了近半个世纪，在20世纪60年代达到了顶峰，主宰着战后世界政治经济格局。这种局势表明，任何国家的发展和安全都离不开这两大主要集团。任何国家的发展都是在这种大的世界背景下的发展。这种特征也促使一些国家，尤其是那些小国及刚刚独立的国家为了各自的发展不得不加入某一地区联盟或集团。

第四，南北差距的加大。南北差距的加大表明，任何国家的发展决不是该国一国之事，每一个国家均处于世界体系这个整体之中。尽管这个整体的各个部分还存在差异，但是这种差异并没有大到使得各个国家能完全脱离世界体系这个整体之外。所以，发展不只是发展中国家的事业，也是发达国家的事业，"发展"这一问题使得发达国家和发展中国家变成一个整体。只要发展中国家不发展，发达国家的增长和发展也将受到严重的制约，因此，南北关系问题成为这一时期最为重要的问题。

这些来自现实的挑战使得20世纪50—60年代提出的各种现代化理论和发展理论面临着严重的考验。学者们又开始重新思考发展问题，重新在理论上建构发展和现代化理论，重新思考发达国家和发展中国家、世界秩序和发展中国家发展的关系。正是在这种现实面临挑战的背景下，20世纪60—70年代相继出现了著名的相互依存理论（interdependence theory）、霸权稳定理论（hegemonic stability）、依附理论（dependence theory），以及世界体系理论等。

与20世纪50—60年代的发展理论强调发展即一个国家的发展或单一社会的发展不同，20世纪60—70年代兴起的以上各种理论则强调，发展并非只是一个国家的行为，发展是一种“区域”行为或“世界”行为，应当将发展纳入“区域体系”或“世界体系”中。

将“区域体系”或“世界体系”作为分析单位，回应了20世纪60、70年代兴起的区域化思潮。虽然这些区域体系理论或世界体系理论都是以西方为中心来分析发展中国家的发展，过分强调西方国家体系在发展中国家发展过程中的重要性，诸如强调霸权带来的稳定的国际秩序，强调发展中国家对发达国家的资本和技术的依赖等，但较之20世纪50—60年代以国家为单位、寻求一种普遍的现代化和发展模式有了很大的进步。

第二章　世界体系论的学术思想起源

走出现代化理论的误区，重新思考发展中国家的发展，最早并不是沃勒斯坦所为。实际上，在现代化理论和发展理论鼎盛时期，一批西方的社会科学家开始放弃寻求“普遍模式”的努力，意识到发展道路的差异性，其中，最为突出的是本迪克斯（Reinhard Bendix）的《国家建设和公民权》（*National-Building and Citizenship*）、白鲁恂（Lucian W.Pye）的《政治发展的诸方面》、巴林顿·摩尔（Barrington Moore）的《民主和专制的社会起源》（*Social Origins of Dictatorship and Democracy*）[①]。但对世界体系论思想的形成起重大影响并直接成为世界体系论学术思想渊源的主要是如下三位社会科学家：熊彼特[②]、波兰

---

① 如摩尔在《民主和专制的社会起源》中认为，“任何一个特定的国家，理应开辟自己的前进道路，这很难用一种一般的理论去套。恰恰相反，热衷于理论往往会造成夸大某些与理论相吻合的事实的危险，以致使这些事实的重要性超越了国家的历史条件”。为此，他把现代化分为三种：一种是通过资产阶级革命来开辟的，他称之为“通向现代化的民主道路”，如英国、法国和美国所走的道路；第二种也是资本主义道路，方式是来自上层的革命和法西斯主义，他称之为“反动的资本主义道路”，如德国和日本所走的道路；第三种是通过共产主义来走向现代化社会，如中国和俄国所走的道路。（〔美〕巴林顿·摩尔：《民主和专制的社会起源》，拓夫等译，华夏出版社 1987 年版，第 3 页）

② 约瑟夫·熊彼特（Joseph A. Schumpeter, 1883—1950 年），美籍奥地利经济学家。他的一系列著作一直为世界社会科学家所称道，如《经济发展理论》（*The Theory of Economic Progress*, 1912）、《经济周期：资本主义过程之理论的、历史的和统计的分析》（*Business Circle: A Theoretical, Historical and Stalistical Analysis of the Capitalist Process*, 1939）、《资本主义、社会主义和民主》（1942）、《经济分析史》（*History of Economic Analysis*, 1954）。

尼[①]、普雷维什[②]。下面，我们将详细地分析一下这几位思想家在哪些方面对世界体系论的形成产生了影响。

一、资本主义是一个创造性毁灭过程：熊彼特的《资本主义、社会主义和民主》

在西方主流社会科学家们赞美西方发达国家的道路并把其作为一个普遍的模式应用于发展中国家的现代化和发展研究时，熊彼特却对资本主义社会进行了研究。他于1942年出版了著名的《资本主义、社会主义和民主》(*Capitalism, Socialism and Democracy*)一书，对资本主义社会进行了批判。

在他看来，资本主义社会自身目前正孕育着反资本主义的观点，这些观点将导致资本主义的失败。他从四个方面对此进行了详细的分析。

(一)企业创新是资本主义的本质特征，但资本主义经济发展自身破坏了创新功能

在熊彼特看来，资本主义经济之所以能够周而复始地"繁荣"和"衰退"，其根本原因就是企业家的不断创新，包括利用新发明、生产新商品、开辟新原料的来源、开辟产品的新销路，或重组产业等。比如早期的铁路建设、第一次世界大战前的电力生产、蒸汽机和钢铁、汽车以及殖民地冒险都是创新的结果。但现在出现了不适合这种创新的环境：

---

① 卡尔·波兰尼(Karl Polanyi, 1886—1964年)，奥地利经济学家。他的代表作是《大转型：我们时代的政治与经济起源》(*The Great Transformation: The Political and Economical Origin of Our Time*, 1943)。

② 劳尔·普雷维什(Paul Prebisch, 1901—1986年)，阿根廷经济学家，依附论的代表人物之一。主要著作有：《拉丁美洲的经济发展及其主要问题》(1950)、《变革与发展》(1965)、《外围资本主义》(*Capitalism Periferico*, 1980)。

一是革新本身现在被当作一种例行公事，技术成为一伙训练有素的专家的业务，这样，早期商业冒险的浪漫气息正被急剧地磨灭；二是周围的环境已经变得习惯于经济变革，把它当作一种自然之事，因此人格和意志力就变得不那么重要了。熊彼特由此得出结论："既然资本主义企业由于它自身的成就趋于使进步自动化，我们可以由此得出结论：它趋向于使自己成为多余的东西——它会被自己的成就压得粉碎。"①

（二）保护性阶层是资本主义制度机构的保障，而资本主义在破坏封建社会体制的同时破坏了自己的保障

资本主义摧毁了封建制度的社会体制，包括采邑、庄园和手工行会。表面看来，资产阶级丢掉了枷锁，建立了符合自己利益的社会秩序。但实际上，资产阶级在丢掉枷锁的同时也失去了自己的保护阶层。因为在熊彼特看来，随着资产阶级的兴起和民族国家的产生，在16、17、18世纪产生了一个两栖性质的社会结构，即一方面是资产阶级，另一方面是充斥国家机关的政策制定者，这些政策制定者作为统治阶级仍然按照前资本主义的模式行事。他们虽然考虑到资产阶级的利益，但总是小心地与资产阶级保持一定的距离。"这是两个阶层的积极共生，其中一个阶层无疑在经济上支持了另一个阶层，但在政治上反过来受到另一个阶层的支持。"② 对于这些与资产阶级共生的阶层所生存的社会制度，资产阶级却在资本主义过程中将其作为镣铐摧毁了它们。所以，熊彼特说："在破坏前资本主义的社会制度时，资本主义就这样不仅破坏了妨碍它前进的障碍，也拆掉了阻止它崩溃的临时支架。"③

---

① Joseph A.Schumpeter, *Capitalism, Socialism and Democracy*, Harper and Brothers, 1950, p. 134.

② Ibid., p. 136.

③ Ibid., p. 139.

（三）资本主义鼓励理性的、批评的态度，而这反过来成为反对资本主义社会体系的力量

在熊彼特看来，尽管理性思维发展的进程先于资本主义数千年，但资本主义给这种理性的发展注入了新的动力。“资本主义创造了一种思想批判的氛围，它在毁灭了那么多种制度的道德威信之后，最后回过头来反对自己的道德威信。资产阶级惊讶地发现，理性主义的态度不以打击国王和教皇的符玺为满足，还进而打击私有财产和资产阶级的整个价值图式。”[①]这种批判力量主要来自知识分子集团。

（四）长驱直入社会主义

尽管熊彼特并不完全同意马克思的观点，但在社会主义将取代资本主义这一点上他是同意马克思的。“在关于资本主义社会灭亡的方式的预言上，马克思是错误的，但在关于资本主义社会必然灭亡的预言上，他没有错。”[②]为此，他在 1949 年 12 月 30 日召开的“美国经济联合会”（American Economic Association）上作了题为“长驱直入社会主义”的开幕词，比较明确地阐述了他关于社会主义的观点。他将社会主义定义为“一种社会组织，在这种社会组织中，生产方式得以控制，关于如何生产、生产什么以及谁将得到什么，将由公共权力而不是私有的以及私人管理的公司来决定。而长驱直入社会主义则意味着人们的经济事务从私人转移到公共领域”。[③]

那么，为什么资本主义会自我毁灭，而社会主义会出现呢？熊彼特认为，主要有以下四点理由：第一，商业阶级的成功为所有的阶级创造

---

① Joseph A.Schumpeter, *Capitalism, Socialism and Democracy*, p. 143.

② Ibid., p. 425.

③ Ibid., p. 415.

了一种新的生活水平，而这反过来破坏了商业阶级的社会和经济地位。第二，资本家有“理性”的活动使得人们的活动理性化，这种理性化的活动破坏了以往的人们在合同中的那种忠诚和服从性。如今，人们的活动都被短期的功利目的所驱使。第三，商业阶级日益集中于工厂和办公室，这样便产生了一个政治系统和一个知识分子阶级，这个阶级逐渐产生了一种从商业阶级独立出来并对商业阶级的利益怀有敌意的情绪。第四，与资本主义经济成功有着因果联系的是，资本主义社会的价值不仅失去了它对大众的控制，而且也失去了它对“资本家”阶层自身的控制。

二、市场威胁着人、自然和社会：波兰尼的《大转型：我们时代的政治与经济起源》

在自由主义社会科学家为资本主义的工业革命和“自我调节的市场”（self-regulating market）高歌时，波兰尼却断言：“经济自由主义误解了工业革命的历史，因为它是从经济的角度来判断社会事件的”，而实际上，“在18世纪工业革命中，生产工具的提高伴随着普通人生活方式的灾难性的混乱”[①]。为此，波兰尼对工业革命和市场经济进行了仔细的分析。

在波兰尼看来，19世纪的文明主要基于如下四种制度：均势体系，它阻止了大国之间长期的和破坏性的战争；国际性的金本位制，它象征着一个独特的世界经济组织；自我调节的市场，它提供了前所未闻的物质财富；自由的国家。其中，最为根本的是自我调节的市场。现在，19世纪的文明崩溃了，其根本原因就是人们过于相信自我调节的市场的

① Karl Polanyi, *The Great Transformation: The Political and Economic Origins of Our Time*, Rinehart and Company, Inc., 1957, p. 33.

魔幻般的作用。事实上，19 世纪的文明崩溃正是由于自我调节的市场对人、自然以及社会的破坏。波兰尼从以下几个方面对此进行了考察。

（一）自我调节的市场是被创造出来的一种机制

与自由主义经济学家认为市场是自然而然产生的这一观点不同，波兰尼从经济史的角度对此进行了分析。在他看来，经济自由主义所说的自我调节的市场不是自然而然产生的。在古代社会，一直存在着三种贸易：一种是对外贸易（external trade），也就是远距离贸易（long distance trade）；一种是国内贸易（internal trade）；一种是地方贸易（local trade）。无论是对外贸易（不同气候区之间），还是地方贸易（城市和农村之间），都是地理上的原因而致，这些贸易并不意味着竞争，而是相互补充的，因而，这两种贸易并不一定产生市场。经济自由主义那种认为远距离贸易也包含市场的观点是不符合历史事实的，“人类团体似乎从来没有预想对外贸易，这种贸易并不一定包含市场。对外贸易，从起源上来看，更多地源于冒险、探索、猎取、海盗行为以及战争，而不是进行交换”①。所以，并不是由于有了市场才进行贸易，正好相反，正是由于有了贸易，才有了市场。在 19 世纪以前，市场并没有进入社会，即使是在重商主义的时代也是如此，“从 16 世纪开始，市场既是大量的，也是重要的。在重商主义制度下，市场事实上成为政府关心的事业。但仍然没有迹象表明市场控制了人类社会。相反，规则和范围比以前更为严格，自我调节的市场的观念并不存在”②。

自我调节的市场作为一种机制渗透到整个社会之中出现于 19 世纪，是由于政府的干预而被创造出来的，“西欧的国内贸易实际上由国

① Karl Polanyi, *The Great Transformation: The Political and Economic Origins of Our Time*, p. 59.

② Ibid., p. 55.

家干预而被创造出来的”[①]，它是伴随着国内贸易的产生而产生的。对外贸易和地方贸易并不一定意味着竞争，但与对外贸易和地方贸易有所不同的是，国内贸易从本质上来说是竞争性的贸易，即交换过程中会出现来自相同资源的同类产品的竞争，这样，竞争就会被看作贸易的一个一般的原则被接受。由于竞争会最终导致垄断，而垄断又会威胁人们的日常生活，所以国家进行干预并推出重商主义的国内贸易政策。[②]

（二）自我调节的市场对人、自然和社会是一种极大的破坏

由于国家的干预，自我调节的市场机制在19世纪被作为一个神话创造出来。一切都被设想为商品，包括人和自然。自我调节意味着所有的产品都是为了在市场买卖，而所有的收入都来源于这种买卖。这种买卖不仅包括物品，而且包括劳动力、土地和资本。由此形成的价格分别是工资（对劳动而言）、地租（对土地而言）和利息（对资本而言）。这样，经济自由主义者就将劳动、土地和资本这些工业化的必要要素完全市场化，由此构造了一个经济系统，并将这个经济系统社会化，于是社会就成为市场化的社会，“由此，人类社会便变成经济的附属物”[③]。英国的工业革命正是在这种思想的指导下，于18世纪通过“圈地运动”（Enclosure）、《斯品汉姆兰法》（Speenhamland Law）和《济贫法》（Poor Law）这些手段创造出“自我调节的市场”，并于19世纪向世界推广。波兰尼对19世纪的社会历史作了如下的总结：“19世纪的社会历史是一种双重运动的结果：关于真正的商品的市场组织的

① Karl Polanyi, *The Great Transformation: The Political and Economic Origins of Our Time*, p. 63.

② 参见：Ibid., pp. 66–67。

③ Ibid., p. 75.

扩展以及与之相伴的这些虚构的东西对市场组织的限制。一方面，市场向全球的所有角落扩展，其涉及的商品的数量增长到难以相信的地步，另一方面，人们将各种手段和政策变成强有力的制度，以此来检查与劳动力、土地和金钱相关的市场的作用。”[①]

但波兰尼认为，劳动力、土地和金钱本身并不是商品，劳动力不过是人类活动的另外一个名称，土地只是自然的另外一个名称，而金钱不过是人们购买力的一种象征，“他们之中没有一个是为了买卖而生产出来的，把劳动力、土地和金钱描述为商品完全是虚构的”[②]。正因为如此，“自我调节的市场”运动受到“社会自我保护”（self-protection of society）运动的反对。这种运动通过各种手段来阻止“自我调节的市场”运动对人和自然的本性的抹杀。这样，在19世纪的社会中，就出现了双重运动：[③]一种是经济自由主义运动，它在贸易阶级（trading classes）的支持下，将自由贸易作为其方法，其目的是建立一个自我调节的市场；一种是社会保护主义运动，它在工人阶级和农民阶级的支持下，运用保护性立法、限制性组织以及其他干预工具，其目的就是保护人、自然和生产组织。正是这种双重运动，破坏了近一个世纪的和平，促使19世纪的资本主义文明瓦解。

（三）重建文明首先是保证社会的自由

从以上的分析中，波兰尼得出一个结论：19世纪文明的崩溃不是由于内部或外部野蛮人的入侵，不是由于世界大战，也不是由于无产阶级的反抗，而是由于自我调节的市场对人、自然和社会的扭曲而导致。

---

① Karl Polanyi, *The Great Transformation: The Political and Economic Origins of Our Time*, p. 76.

② Ibid., p. 72.

③ 参见：Ibid., p. 132。

外在的战争只不过是加强了对它的破坏。

在波兰尼那里，对市场社会的批判并不意味着否定经济，因为任何社会都是以经济为基础，他所批判的是那种被认为有自律性的经济。在他看来，亚当·斯密所勾画的经济模型是现实社会中最不常见的一种模型，近代的文化人类学已拆穿了这种理性构造的真实性。“经济史表明，国内市场的出现完全不是经济领域逐渐地和自动地脱离政府控制的结果。相反，市场一直是政府有意识地，并且通常是粗暴地干预的结果，而在这种干预中，政府为了非经济的目的将市场组织强加于社会之中”，“19 世纪社会的先天性的弱点不是因为它是工业社会，而是因为它是一个市场社会”。①

在未来的社会中，无论采取什么形式，民主的还是贵族的，立宪的还是专制的，还是目前无法预见的任何形式，要重建文明，有一点是共同的，即不要相信自我调节的市场，将劳动力、土地和金钱从市场中解放出来。比如，不再将工资合同主要当作私人合同；将土地用于学校、教堂以及自然保护区；在将金钱看做商业金钱的同时，也要将其看做代币；等等。以此还劳动力和自然的自然本性，使社会成为一个自由的社会。用波拉尼自己的话来说，“事实上，统一的市场经济的解体就已经在产生各种各样的新的社会。同样，市场社会的终结并不意味着没有市场，市场仍然以各种形式来保证消费者的自由，标明需求的变化，影响生产者的收入，以及作为一种会计的功能发挥作用，但它停止作为经济自我调节的喉舌”。② 这就是未来一个自由社会（与市场社会相对）的图像。

---

① Karl Polanyi, *The Great Transformation: The Political and Economic Origins of Our Time*, p. 250.

② Ibid., p. 252.

三、国际体系的中心—外围性：普雷维什的《拉丁美洲的经济发展及其主要问题》

在熊彼特批判资本主义、波拉尼批判自我调节的市场时，阿根廷的经济学家普雷维什对资本主义的国际体系提出了与以往自由主义经济学家非常不同的看法，这就是著名的依附论。

“为什么我必须突然抛弃已经以为常的信仰？为什么国家要在发展中发挥积极作用？为什么在中心制定的政策到外围就不能实行？”[①]在西方社会科学家们纷纷为发展中国家的发展开列现代化理论处方的20世纪40—50年代，普雷维什从1943年开始就一直在思考以上这些问题，并提出了与自由主义经济学家不同的“中心—外围”理论。

（一）中心—外围的结构

尽管普雷维什的思想发展经历了不同的阶段（他自己概括为五个阶段），但他关于国际体系存在着一种中心—外围的结构的观点一直没有变。“事实上存在着一种‘经济星座’，其中心是工业国。由于受惠于这种地位和早期的技术进步，工业国组成了为他们利益服务的整个体系。生产出口原料的国家则以其资源的功能和中心发生联系，从而形成了以不同方式和不同程度结合在这个体系中的、一个广大的、参差不齐的外围。”[②]

在普雷维什看来，在这种中心—外围的结构中，存在着一种不平等

① 〔阿根廷〕劳尔·普雷维什：《我的发展思想的五阶段》，载于〔美〕什杰拉尔德·迈耶、达德利·西尔斯编：《发展经济学的先驱》，谭崇台等译，经济科学出版社1992年版，第178页。

② 同上书，第179页。

的关系，这种关系是发达国家之所以发达的根源，也是发展中国家不发达的根源，因而，探求这种不平等关系的性质、原因和动态，并研究它的表现，便成为普雷维什倡导的依附论的核心任务。

（二）外围资本主义的发展

因为在发达国家和发展中国家之间存在着很大的不平等，所以普雷维什强烈反对以往的外向型发展战略（出口导向战略），提出了一系列外围国家发展资本主义的战略。其中，工业化是普雷维什关心的主要目标。

> 我对拉美国家情况的判断，是在批评外向发展模式的基础之上作出的。我认为这些模式不能使这些国家充分发展。我提出的发展政策的目的在于建立能克服先前模式局限性的新发展模式，其主要目标是工业化。[①]

为此，普雷维什对外围国家的发展提出了一系列政策建议，主要集中在如下三个方面。一是工业化，由于中心国家的技术在向外围扩散时主要集中在那些和初级产品出口相关的活动上，而不是进入劳动力密集、生产效率低下的生产活动部门，因而发展中国家采取出口导向政策有很大的局限性。如果国内生产成本比进口工业品生产成本高，而且造成的收入损失低于出口收入因价格下跌造成的损失，扩大初级产品的出口还是有利的，但一旦超过这一点，就应该选择进口替代战略，这有利于纠正发展受外国约束的趋势。“由有节制、有选择的保护政策刺激起来的进口替代，是取得某些合意效果、经济上明智稳妥的好办

---

① 〔阿根廷〕劳尔·普雷维什：《我的发展思想的五阶段》，载于〔美〕什杰拉尔德·迈耶、达德利·西尔斯编：《发展经济学的先驱》，第179页。

法。”[1] 二是和中心的关系，中心国家应该放弃旧的国际分工观念，应该对其贸易政策作出重大变革，因为中心国家在坚持贸易许可制度的基础上实行互惠一般会损害外围国家的经济增长。外围国家可以在一定程度上实行保护措施。三是计划的必要性，为了减少外在的脆弱性，外围国家政府应合乎理性地并有远见地加强在基础设施方面的投资，并协调好工业、农业和其他部门的关系。

沃勒斯坦早期是以研究非洲问题而著名的。关心非洲的发展和现代化一直是他学术研究的焦点。在1974年他的成名作《现代世界体系》第一卷出版之前，他的五部著作中有四部是关于非洲的：《非洲独立的政治》（1961年）、《迈向独立之路：加纳和象牙海岸》（1964年）、《非洲：统一的政治》（1967年）、《非洲：传统与变革》（1972年）。通过对非洲的研究，他认识到，西方社会科学家们所开的现代化处方并不适合非洲，这促使他重新思考现代化理论，并把目光放在与非洲密切相关的起源于西欧的世界体系的考察上。[2] 而与现代化理论同时出现在西方学术界的，包括从学术上来反思资本主义经济的成功（熊彼特）、自我调节的市场（波兰尼）以及资本主义国际经济体系（普雷维什），对当时西方社会科学界普遍盛行的“现代化理论”无疑是一个重大的冲击，也为沃勒斯坦构建世界体系理论营造了学术氛围。

---

① 〔阿根廷〕劳尔·普雷维什：《我的发展思想的五阶段》，载于〔美〕什杰拉尔德·迈耶、达德利·西尔斯编：《发展经济学的先驱》，第181页。

② 关于这种学术思想上的转向，是沃勒斯坦于1995年在法国高等社会科学院给我们授课时回忆他的思想进程时所讲的。

第三章　世界体系论的分析方法起源

世界体系论的创始人霍普金斯和沃勒斯坦都开诚布公地宣布，他们在构造世界体系理论时吸收了法国年鉴学派的长时段和大范围研究方法、康德拉捷耶夫（Kondratieff）的经济周期分析方法以及马克思的资本积累理论。

一、法国年鉴学派：长时段和大范围

（一）法国年鉴学派与布罗代尔

年鉴学派是20世纪法国学术界出现的非常重要的历史学派，主要得名于法国历史学家吕西安·费弗尔（Lucien Febver, 1878—1956年）和马克·布洛赫（Marc Bloch, 1886—1944年）于1929年在斯特拉斯堡创办的《历史、经济和社会年鉴》杂志。其后，年鉴学派的发展大致经历了三个阶段。第一阶段（1929—1945年）是年鉴学派的创建阶段，其代表人物是费弗尔和布洛赫；第二阶段（1945—1968年）是年鉴学派的“制度化”阶段，其代表人物是费尔南·布罗代尔和夏尔·莫拉泽（Charles Moraze）；第三阶段（1968年—）是年鉴学派创立“新史学”阶段，其代表人物是毕尔吉埃尔（Adre Burguiere）、费罗（Marc Ferro）、勒高夫（Jacques Le Goff）等人。

法国年鉴学派也是20世纪欧美学术界颇具影响力的学派。法国学术界曾这样评价年鉴学派："在过去40年里，最重要和最富有刺激性的历史的一部分一直是由法国人来书写的，我说40年而不是30年或50年，是因为在40年前，1929年，在斯特拉斯堡，吕西安·费弗尔和马克·布洛赫编了一个新的历史性杂志《历史、经济和社会年鉴》，这本杂志于1946年成为著名的《年鉴：经济、社会和文明》（*Annales: Economies, Societies, Civilizations*）"。[①]

年鉴学派主张对全人类活动及其相互关系进行研究。布罗代尔是年鉴学派的第二代领袖。在他的成名作《地中海与菲利普二世时代的地中海世界》（*La Méditerranée et le Monde Méditerranéen à l'Epoque de Philippe Ⅱ*，1949年）以及随后出版的三卷本《15至18世纪的物质文明、经济和资本主义》（*Civilisation Matérielle, Economie et Capitalism, XVe-XVIIIe* Siècle，1979年）中，布罗代尔对以往的历史和社会科学进行了猛烈的抨击，提出一种新的书写历史的方法，即长时段研究方法。他认为，过去的历史著作只注重历史"事件"（event）的"短期"研究，这使得社会科学研究误入歧途。新的研究方法主要有两方面：一是在研究历史时，除了"短期"研究外，应加强对历史的长时段（long-term）研究；二是不但要研究政治"事件"，更要注重对日常生活（everyday life）的结构研究。[②] 布罗代尔的这种方法可以用表3简单表示如下：[③]

---

① Peter Burke (ed.), *Economy and Society in Early Modern Europe: Essays from Annales*, Harper and Row Publishers, 1972, p. 1.

② 参见：Ibid., pp.15–17。

③ 这是沃勒斯坦教授在给我们授课时讲到他与布罗代尔的联系和区别时所总结的。

表 3

	所使用的时段
结构(structure) 物质生活(material life)	长时段(long duree) 4000—5000 年 400—500 年
局势(conjuncture) 经济的活动(economic)	中期(moyen) 20—50 年
事件(event) 政治活动(political)	短期(court)

1. 历史和时段

在布罗代尔看来，人类社会存在三种不同的时间度量(time periods)：长时段、中时段和短时段。这三个时段在人类社会历史进程中的作用是非常不同的。

短时段是指传统历史学家们所集中研究的历史事件。这些事件是指报纸以及按照年代记述的日常生活中的事件，诸如一场大火、一场铁路交通事故、小麦的价格、一起犯罪事件、一场电影，或者一场洪水。这些事件涉及我们生活的各个方面，经济的、社会的、文字的、制度的、宗教的、地理的以及政治的。但在布罗代尔看来，“短时段是最为变幻莫测而且是极具欺骗性的一种时间形式”[①]。

> 任何历史著作或多或少地、有意地按照好恶来分析过去，并在年历体系中进行选择。传统的历史，都在注意短时段、单个人和事件，使得我们长时期以来习惯于突发性的、剧烈的和不间断的故事的记载。[②]

① Fernand Braudel, “History and the Social Sciences”, in Peter Burke (ed.), *Economy and Society in Early Modern Europe: Essays from Annales*, p. 15.

② Peter Burke (ed.), *Economy and Society in Early Modern Europe: Essays from Annales*, p. 13.

> 并不是说这些术语（指三个时段）是绝对清楚的。比如说“事件”，就个人而言，我愿意将其置于短时段：事件是爆发性的，它是新事物。事件用烟雾遮住了当代人的眼睛；但是，事件不能持久，而且它的光辉也几乎是看不到的。[①]

所谓中时段，是介于短时段和长时段之间，时间可以是10年、25年，也可以是康德拉捷耶夫所说的50年。布罗代尔用“局势”（conjuncture）一词来表示。这种“局势”包括价格波动、人口增长、工资变动、利率波动、生产预测，以及货币的分析等。

> 一种新的历史记述的方式出现了，我们可以称之为“局势”、周期，或者是“周而复始的周期”的“记述方式”；它为我们提供了一种可选择的时间——10年、25年，甚至是康德拉捷耶夫的50年的经典周期。[②]

所谓长时段，是指在一个相当长的时间内起作用的那些因素，诸如地理格局、气候变迁、生产率限度、社会组织、思维模式，以及文化形态等。长时段一般以几百年，甚至几千年为计算单位，它处于历史的最深层。以长时段来观察历史，历史似乎处于静止状态。但正是在这种似乎不动的历史中存在着一种相对稳定的“结构”，这种“结构”帮助我们看到人类社会的真谛。

> （结构）在长时段问题中居于首位。在考察社会问题时，“结构”是指社会现实和群众之间形成的一种有机的、严密的和相当

---

① Peter Burke (ed.), *Economy and Society in Early Modern Europe: Essays from Annales*, p. 14.

② Ibid., p.16.

固定的关系。对我们历史学家来说，结构无疑是建筑构件，但更是十分耐久的实在。有些结构因长期存在而成为世代相传、连绵不绝的恒在因素：它们妨碍着或左右着历史的进程，另外有一些结构较快地分化瓦解。但所有的结构全都具有促进和阻碍社会发展的作用。这些阻力表现为人及其经验几乎不可超越的限制（数学术语中的极限）。①

尽管布罗代尔也承认不同时段的重要性，但他最看好的是长时段：

对历史学家而言，接受长时段意味着风格和方式的变化。这意味着思想的变动以及（接受）一种新的关于社会生活的整体的概念。②

历史，就其本性而言，就是要求对时段以及容易打破时段的所有变化（或运动）给以特殊的、优先的关照。但是，就活动的整个领域而言，长时段，对我们而言，似乎是观察和思考的最有用的路径。这些轨迹是所有社会科学所共同追寻的。③

2. 历史和地理空间

除了强调长时段在人类社会历史进程中的地位以外，年鉴学派与以前历史学家研究和书写历史的另外一个不同就是，年鉴学派强调对历史进行大范围的研究。这种大范围的含义主要有两点：一是地理空间跨度大；二是覆盖层面范围广。比如布罗代尔的成名作《地中海与

① Fernand Braudel, "History and the Social Sciences", in Peter Burke (ed.), *Economy and Society in Early Modern Europe: Essays from Annales*, pp. 17–18.

② Ibid., p. 20.

③ Ibid., p. 38.

菲利普二世时代的地中海世界》及《15 至 18 世纪的物质文明、经济和资本主义》都体现了这一点。

在这里，我们单以《15 至 18 世纪的物质文明、经济和资本主义》为例。这部三卷本的著作探讨的问题的时间跨度是 15 世纪至 18 世纪，其中第一卷集中探讨这一时期的物质生活，第二卷讨论这一时期资本主义活动，第三卷集中于经济生活。在第一卷中，布罗代尔不但探讨了这一时期世界各地的面包、饮食（盐、奶品、鸡蛋、海鲜，以及各种各样的饮料）、住宅、服装和时尚，而且还探讨了这一时期世界范围内的能源、冶金、技术、货币和城市。第二卷对这一时期的欧洲以及欧洲以外的市场、国家及资本主义进行了系统的考察。第三卷则从更为宏观的角度对这一时期的经济世界以及资本主义进行了系统的论述。就地理范围而言，这部著作不仅局限于欧洲，而且还讨论了这一时期与欧洲密切相关的亚洲、非洲和拉丁美洲。就覆盖层面而言，这部著作涉及基本的物质生活、国家、民族、资本主义等各个方面。关于地理空间的包容性，布罗代尔曾给以精辟的概括："地域作为说明的本原，同时涉及历史的全部实在，涉及整体的所有组成部分：国家、社会、文化、经济等等。根据人们选择这些集合中的这个或那个集合，地域的意义和作用便有所变化，当然不是彻底的变化"。①

（二）世界体系论与法国年鉴学派

对于世界体系论与法国年鉴学派的关系，世界体系论的倡导者曾直言不讳："这种研究［指世界体系的研究］直接来源于以前关于过去、

① 〔法〕费尔南·布罗代尔：《15 至 18 世纪的物质文明、经济和资本主义》（第三卷：《世界的时间》），施康强、顾良译，生活·读书·新知三联书店 1993 年版，第 1 页。

现在和未来长时段、大范围的社会变化的研究。”[①]

沃勒斯坦并非布罗代尔的直系学生，他早年主要集中于非洲问题的研究。正是对非洲的研究才使得他对“现代化理论”产生了怀疑，并于20世纪60年代末期开始对现代化理论进行批判。据沃勒斯坦自己介绍，他很幸运，他于1971年开始写《现代世界体系》（第一卷）并将写好的章节寄给在学术界久负盛名的布罗代尔后，布罗代尔随即邀请他去法国高等社会科学院给学生授课。从1976开始，沃勒斯坦半年工作在美国，半年工作在法国，并与霍普金斯一起于1976年创办了“布罗代尔研究中心”，以示其创建的世界体系论与法国年鉴学派之关系。在学术上，沃勒斯坦同意布罗代尔用“长时段”书写历史的方法，也同意年鉴学派主张多学科相结合进行综合研究。但与布罗代尔稍有不同的是，他认为“局势”（conjuncture）是“结构”（structure）的一部分，并将布罗代尔的“结构”改为“历史体系”（historical system），在这个历史体系中，既有周期性规律（cyclical rhythm），又有长期的趋向（secular trends），他曾以图1显示他与布罗代尔的不同：[②]

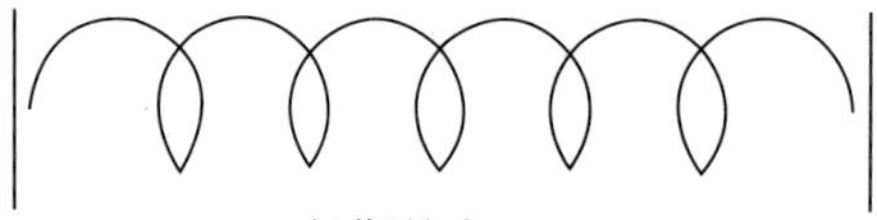

图 1

正是在这种方法的影响下，沃勒斯坦等人从政治、经济和文明三个层面来研究资本主义世界体系的历史演变、结构特征、运行规则及发展趋势。

---

① Terence K. Hopkins, Immanuel Wallerstein (eds.), *World-System Analysis: Theory and Methodology*, p. 9.

② 这种区别是沃勒斯坦教授给我们授课时讲的。

二、康德拉捷耶夫：经济周期和百年趋势

世界体系论的第二个方法论起源是康德拉捷耶夫周期以及比此更长的经济周期。世界体系论的两位主要倡导者霍普金斯和沃勒斯坦对此也直言不讳：

> 我们认为，资本主义世界经济增长有一个“周期性的”特征，这种周期性的模式是世界经济的根本。资本主义世界经济是这样一种经济，对积累的无休止的追求产生这样的矛盾，即它的增长不可能是不间断的，并且永远是资本主义。①

经济周期问题一直是经济史学家们和经济学家们关心和探讨的一个重要问题。为此，学者们提出了各种各样的经济周期理论和模型：就强调周期中的要素而言，有熊彼特和门什（Mensch）强调技术创新的经济周期理论，曼德尔（Mandel）和福里斯特（Forrester）强调资本的经济周期理论，费里曼（Freeman）的劳动理论，以及罗斯托和福德斯图福斯（Foodstuffs）强调原材料的经济周期理论等；② 就经济周期的时间而言，有 3—4 年的基钦（Kitchin）周期，有 6—8 年的朱格拉（Juglar）周期，有 10—12 年的拉布鲁斯（Labrousse）周期，有 20 年左右的库兹涅茨（Kuznets）周期。当然，最为著名的是认为经济周期时间为 40—60 年的康德拉捷耶夫周期。

---

① Terence K. Hopkins, Immanuel Wallerstein (eds.), *World-System Analysis: Theory and Methodology*, p. 106.

② 参见：Christopher Freeman (ed.), *Long Waves in the World Economy*, Butterworths & Co.(Publishers)Ltd., 1983, pp. 1-12。

在世界经济的发展过程中，增长和停滞的时代各占多长时间？从20世纪20年代起，这一问题一直是经济学家们探讨的问题。俄国经济学家康德拉捷耶夫在1926年的一篇论文里，首次论述了被学者们广泛运用的“康德拉捷耶夫周期”的思想。在其中，他详细考察了1780—1920年世界经济中生产和价格的变动，提出世界经济每隔50年会出现一次上升期和一次下降期的主张。在1780—1920年，他发现，世界经济经历了三个周期，出现了六次波动：①

1. 第一次周期的上升时期，时间是从1780年代的后期/1790年代的早期，到1810年/1817年前后，这就是后来所说的经济周期中的A1段；

2. 第一次周期的下降时期，时间是从1810年/1817年，到1844年/1851年前后，这就是后来所说的经济周期中的B1段；

3. 第二次周期的上升时期，时间是从1844年/1851年，到1870年/1875年前后，这就是后来所说的经济周期中的A2段；

4. 第二次周期的下降时期，时间是从1870年/1875年，到1890年/1896年前后，这就是后来所说的经济周期中的B2段；

5. 第三次周期的上升时期，时间是从1890年/1896年，到1914年/1920年前后，这就是后来所说的经济周期中的A3段；

6. 第三次周期可能的下降时期，时间是从1914年/1920年开始，进入了经济周期中的B3段。

那么，在经济周期的上升期和下降期会出现哪些现象呢？

按照康德拉捷耶夫的观察，主要会出现如下一些现象：②

1. 每次上升期前或上升过程中，社会经济结构会出现重大的变

---

① Nikolai Kondratieff, *The Long Wave Cycle,* Richardson and Snyder, 1984, p. 62. 关于对长周期的讨论，可参阅：Christopher Freeman, *Long Waves in the World Economy*。

② 参见：Nikolai Kondratieff, *The Long Wave Cycle,* pp. 64–80。

化，这突出地表现为技术的重要革新、新的国家加入世界经济行列、黄金生产的扩大，以及货币循环出现各种变化。

2. 每次上升期间都会发生无数次大的社会变动，特别是战争和革命。

3. 在每次经济下降期间，农业部门会发生长期的危机。

4. 在经济上升时期，其繁荣持续时间长，萧条时间短；而在经济下降时期，经济繁荣持续时间短，萧条时间则长。

康德拉捷耶夫对经济周期的探讨在 20 世纪 20 年代并未引起学者们的关注，但随之而来的资本主义世界经济危机（1929—1933 年）使得学者们对他所研究的周期刮目相看。特别是 1945—1967 年资本主义世界经济的飞速增长以及随后而来的经济萧条，促使许多经济学家们研究经济周期问题。其中，熊彼特立足于技术创新的周期理论（1939 年）、曼德尔立足于资本积累的周期理论（1975 年），以及罗斯托立足于粮食和原材料的周期理论（1978 年）对经济周期的贡献尤甚。

经济学家们对资本主义世界经济周期的探讨也引起了历史学家们的关注。其中，法国年鉴学派对经济周期的关注和接受最为引人注目。"一些历史学家发现，当分析工业化和农业发展时，长波概念是非常富有成效的。尤为重要的是布罗代尔和他的同事们所作的与《年鉴》杂志相关的工作。他们的分析框架使用了经济中长时段的结构变化（一个世纪或更长）和局势/周期（conjunctural/cyclical）变化，诸如康德拉捷耶夫周期。在这个框架内，短期的事件能被更好地解释和评价。"[①] 对于接受康德拉捷耶夫周期来分析资本主义世界经济，年鉴学派的第二代领袖布罗代尔是这样思考的：

---

① Christopher Freeman, *Long Waves in the World Economy*, p. 237.

如同空间一样，时间是可以划分的。问题是要通过历史学家所擅长的这些划分，更好地确定经济世界的时间位置，更好地理解这些历史的庞然大物。任务确实很不轻松，因为经济世界发展缓慢，在历史上只有日期；其次，扩张的确切年代可能有10至20年的出入，恐怕还不止这些；中心的确立或迁移有时经过一个多世纪方告完成：葡萄牙政府于1665年出让给英国人的孟买，直要等待一个多世纪以后，才取代苏拉特的商埠地位，苏拉特曾长期是印度西部活动的中心。我们面对放慢了节奏的历史，面对如此单调和如此漫长的旅行，实在很难再现其历程。这些几乎静止不动的庞然大物在向时间进行挑战：历史要花几个世纪才能去建设它们和破坏它们。[①]

……五十多年前，人文科学发现了这样一条真理，就是说，人类的全部生活随着无穷反复的周期运动而波动和摇摆。这些互相协调或互相冲突的运动使我们想起刚上学时学到的弧线或簧片的振动。[②]

布罗代尔曾以不容置疑的口气肯定康德拉捷耶夫周期在研究百年趋势中的作用：

再没有比百年趋势更长的周期运动了，百年趋势的问题确实还很少得到研究……。只要这个问题还没有被研究清楚，只要它的重要性还没有真正被认识，经济形势的历史仍是支离破碎，无论写出了多少著作，那也无济于事。[③]

---

① 〔法〕布罗代尔：《15至18世纪的物质文明经济和资本主义》（第三卷：《世界的时间》），第61—62页。

② 同上。

③ 同上书，第64页。

康德拉捷耶夫周期历时很久，每个“周期”大致等于半个多世纪，相当于两代人的时间，一代人遇到良好的经济形势，另一代人就赶上险恶的形势。如果把百年趋势和康德拉捷耶夫周期这两种运动结合在一起，我们就能听到有关长期形势的二重奏乐曲。这既使我们的最初观察复杂化，又使观察变得更加扎实。尤其是，同人们反复所说的相反，康德拉捷耶夫周期在欧洲舞台上的出现不是在1791年，而是在几个世纪以前。①

这里之所以大段地引述布罗代尔对康德拉捷耶夫周期的观点，是因为世界体系论者在接受年鉴学派重视历史的长时段研究这一方法时，也基本上同意年鉴学派对康德拉捷耶夫周期的评价（当然在一些具体细节上世界体系论者和年鉴学派也有不同，关于这一点，我们将在本书第三编第二章“世界体系论的争论”中作进一步的论述）。关于这一点，只要我们看一下沃勒斯坦本人对历史体系的基本观点就足以证明：

任何历史体系的通常功能既是周期性的（cyclical），也是长期的（secular），既是系统性的（因而存在着自身系统内的压力），也是历史性的（因而总是朝着一个远离平衡的方向前进）。就世界生产体系而言，最主要的周期性规律就是所谓的康德拉捷耶夫周期（平均时间是50—60年），这个周期体现了创造垄断（形成这个周期的A段）以及因新的供给而导致市场过剩而衰落（形成这个周期的B段）的过程。②

① 〔法〕布罗代尔：《15至18世纪的物质文明经济和资本主义》（第三卷：《世界的时间》），第73页。

② Immanuel Wallerstein, “The interstate structure of the Modern World-System”, prepared for volume edited by Steve Smith, Ken Booth, and Marysia Zalewski, *Fernand Braudel Center*, State University of New York at Binghamton, 1995, p. 21.

就我自己对世界体系论的研究所得而言，我认为，世界体系论在如下两个方面接受了康德拉捷耶夫周期：

一是，世界体系论者，特别是沃勒斯坦，将康德拉捷耶夫周期应用于16世纪以来开始形成的资本主义世界经济体系的发展之中，并将康德拉捷耶夫经济周期引入百年历史趋势研究之中，提出了上升阶段、下降阶段和标志着达到顶点的危急时刻（关于经济周期如何运行，作者将在本书的第二编第二章“世界体系的经济分析”中作详细的论述）。关于这一点，连布罗代尔本人也不得不赞同：“在上升、危机、下降这三种情况下，我们必须按照沃勒斯坦的三个圈进行分类，这样就能得出九种不同情形；由于我们又区分四种社会集团——经济、政治、文化、社会阶梯——我们就会遇到三十六种情形。最后，预见到正规的类型划分不会完全行得通，如果我们拥有适当的资料，那就还会区分许多特殊情况。”[①]

二是，世界体系论者将康德拉捷耶夫经济周期与国家体系中核心国家和边缘国家，以及国家体系中霸权国家的出现结合起来。霍普金斯和沃勒斯坦等人专门就康德拉捷耶夫经济周期和霸权国家以及核心国家之间的竞争作了细致的探讨（关于这一点，作者将在本书的第二编第二章“世界体系的经济分析”和第三章“世界体系的政治分析”中作系统论述）。

三、卡尔·马克思：资本积累

世界体系论的第三个方法论起源便是马克思的资本积累理论，正如世界体系论者自己所说的：“马克思关于资本主义的资本积累理论对

① 〔法〕布罗代尔：《15至18世纪的物质文明经济和资本主义》（第三卷：《世界的时间》），第79页。

我们来说是一个非常有用的出发点，其原因有二：一是它在现代世界体系发展中是一个中心主题；另一个就是他的视角：他的理论实际上是关于这一主题的唯一的理论，不是关于国内（或国际）发展，而是关于资本主义一般的发展，正如我们所解释的，关于世界范围内的资本主义发展的理论。”①

（一）马克思的资本积累理论

资本积累理论以及与此相关联的剩余价值理论和剥削理论是马克思论述资本主义经济的精髓。② 在马克思看来，存在着两类积累，一类是原始积累，一类是资本主义基础上的资本积累。原始积累就是强制劳动者同生产资料分离，它的结果便是在一极造成“自由的”无产者，在另一极造成货币所有者，即资本家。③ 资本积累则是建立在对剩余价值的剥夺上。

在劳动者除掉自己的劳动力，除掉劳动的手和头，再没有其他东西可出卖的时候，为了生存，劳动者只有出卖自己的劳动力。劳动力的价值和其他商品的价值一样，也是由维持或再生产它所必须的劳动量来决定的。货币的所有者按劳动力的价值购买劳动力，而劳动力的价值，和其他任何商品的价值一样，是由生产劳动力所需要的社会必要劳动时间（即由工人及其家属的生活费用的价值）决定的。货币所有者一旦购买了劳动力，就有权使用劳动力。这样，除了必要劳动时间内创造补偿劳动力生活费用的价值外，就出现了资本家不付任何报酬的剩余劳动时间创造的产品或价值，他可以通过延长工作日（绝对剩余价值）

---

① 参见：Terence K. Hopkins, Immanuel Wallerstein (eds.), *World-System Analysis: Theory and Methodology*, p. 14。

② 关于这方面的详细论述，参见：《马克思恩格斯选集》（第二卷），人民出版社 1972 年版，第 170—185 页；《列宁选集》，人民出版社 1972 年版，第 591—594 页。

③ 参见：《列宁选集》，第 593 页。

或缩短必要劳动时间（相对剩余价值）来获得这种价值。这些剩余价值为劳动者所创造，但为雇佣劳动者的资本家所拥有。

资本家在获得剩余价值之后，出于追求高额利润、扩大生产的需要，不是把它用来满足资本家的个人需要或奢欲，而是投入新的生产，这样，剩余价值就转变为资本了。随着这种剥夺剩余价值进行资本积累的过程的加剧，不但资本主义生产方式会在一个社会中站稳脚跟，而且资本主义制度会变得日益具有国际性。

> 靠自己劳动挣得的私有制，即以各个独立劳动者与其劳动条件相结合为基础的私有制，被资本主义私有制，即以剥削他人的但形式上是自由的劳动为基础的私有制所排挤。……一旦这一转化过程使旧社会在深度上和广度上充分瓦解，一旦劳动者转化为无产者，他们的劳动条件转化为资本，一旦资本主义生产方式站稳脚跟，劳动的进一步社会化，土地和其他生产资料的进一步转化为社会使用的即公共的生产资料，从而对私有者的进一步剥夺，就会采取新的形式。现在要剥夺的已经不再是独立经营的劳动者，而是剥削许多工人的资本家了。……这种剥夺是通过资本主义生产本身的内在规律的作用，即通过资本的集中进行的。一个资本家打倒许多资本家。随着这种集中或少数资本家对多数资本家的剥夺，规模不断扩大的劳动过程的协作形式日益发展，科学日益被自觉地应用于技术方面，土地日益被有计划地利用，劳动资料日益转化为只能共同使用的劳动资料，一切生产资料因作为结合的社会劳动的生产资料使用而日益节省，各国人民日益被卷入世界市场网，从而资本主义制度日益具有国际的性质。[①]

---

① 《马克思恩格斯选集》（第二卷），第266—267页。

（二）资本主义积累的历史趋势

在马克思看来，资本主义积累的历史趋势就是剥夺的加剧，最终的结果便是资本主义制度的灭亡。

> 随着那些掠夺和垄断这一转化过程的全部利益的资本巨头不断减少，贫困、压迫、奴役、退化和剥削的程度不断加剧，而日益壮大的、由资本主义生产过程本身的机构所训练、联合和组织起来的工人阶级的反抗也不断增长。资本的垄断成了与这种垄断一起并在这种垄断之下繁盛起来的生产方式的桎梏。生产资料的集中和劳动的社会化，达到了同它们的资本主义外壳不能相容的地步。这个外壳就要爆炸了。资本主义私有制的丧钟就要响了。剥夺者就要被剥夺了。[①]

（三）世界体系论与马克思

在20世纪50、60年代盛行的现代化理论中，一个暗含的逻辑前提是，发展和现代化是有一个可以遵循的普遍模式的，西方发达国家遵循这些模式，所以得到了发展。当代不发达国家之所以不发达，其主要原因是这些国家和地区本身的原因。所以，当代不发达的国家要想得到发展，就必须改变本国的政治体制、经济结构和教育系统，效仿发达国家已经走过的现代化道路。这种观点其实是所有自由主义者的共同观点。这种自由主义的观点在20世纪50、60年代的西方学术界非常盛行，而马克思主义在同时期受到冷落的原因是多方面的，但有两个原因却是不可忽视的[②]：一是这一时期的马克思主义理论与苏联的共产主义

---

① 《马克思恩格斯选集》（第二卷），第267页。

② 参见：Andrew C. Janos, *Politics and Paradigms: Changing Theories of Change in Social Science*, pp. 69–70。

联系在一起，而苏联式的共产主义在主导社会科学研究的美国学者眼里是一种集权主义并且是美国自由主义的一个主要的国际竞争对手；二是在战后的20年时间里，社会科学被整个西方工业社会的经济奇迹所笼罩，马克思的关于工人阶级生活条件不断恶化的信条以及列宁关于资本家之间的自我毁灭性的竞争的论断，都不为社会科学中占统治地位的新自由主义学者所信服。在这种背景下，拒绝接受或研究马克思以及马克思主义是很自然的。

20世纪60年代中、后期以来，随着发展和现代化在发展中国家的受挫，一些学者开始重新思考发展中国家的发展和现代化。其中，最为突出的是依附论和世界体系论。他们提出的共同问题是：发展中国家效仿西方发达国家的现代化道路却仍不能得到发展（以非洲和拉丁美洲为例），不发达国家不发达的原因到底是什么呢？依附论和世界体系论者的共同思路是开始把不发达国家的不发达和发达国家的发达放在一起加以考虑。经济学家贡德·弗兰克在研究拉丁美洲经济发展的基础上总结道：

> 经济发达和不发达是同一个钱币的两个方面……二者都是资本主义世界体系的必然结果以及矛盾在当代的表现……它们是单一的，但辨证地讲是矛盾的经济结构和过程的产物，[在这个过程中]，中心地区剥削附属地区的经济剩余并以此使其经济得以发展。①

沃勒斯坦则是在研究非洲国家发展的过程中发现了同一问题。1995年5月，在我们的博士后项目将近结束时的一次研讨会上，我提

① Andre Gunder Frank, *Capitalism and Underdevelopment in Latin America*, New York, 1967, p. 9.

出能不能请他谈一谈他为什么从非洲研究转向资本主义世界体系的研究。他说，他从事非洲研究多年，也曾按照现代化理论开列的药方帮助非洲国家制定过发展战略，但一切都不如想象的那么好。这种经验使得他确信，非洲国家的不发达决非只是非洲国家自己的行为所致，而是与16世纪以来起源于欧洲的资本主义世界体系密切相关。那么，世界体系论在哪些方面接受了马克思主义？归纳起来，主要集中在如下几个方面：

1. 剩余转让

在马克思那里，剩余价值是在资本家和工人之间转让的，剩余价值最终被转移给资本家进行资本积累。在沃勒斯坦这里，剩余价值是在中心区和边缘区之间转让的，即剩余价值是由边缘区转移到核心区。

2. 资本积累

在马克思那里，资本积累是资本家追求的目的，通过资本积累，资本家扩大了生产规模，获得了高额利润。在沃勒斯坦这里，资本积累是中心区和边缘区共同追求的目的，所不同的是，中心区资本积累的速度快，程度高，而边缘区资本积累的速度慢，程度低。所以，中心区和边缘区的交换是一种不等价交换，正是在这种不等价交换中体现了中心区对边缘区的剥削。

3. 工资水平

在马克思那里，工人的工资是由社会必要劳动时间决定的。资本家通过延长剩余劳动时间或通过缩短必要劳动时间来获得剩余价值。在沃勒斯坦这里，工资水平是受经济周期影响的。利润的高低以及高工资商品和低工资商品供求的变化决定了资本主义经济发展的周期。

4. 资本主义体系

在马克思那里，资本主义体系内部的双重矛盾（无产阶级和资产阶级、生产力和生产关系）及其发展决定了资本主义社会必然灭亡，最终为社会主义所取代。在沃勒斯坦这里，资本主义世界体系一旦产生便围绕着一种二分法运行：[①] 一是阶级，即无产阶级和资产阶级；二是经济专业化的空间等级，即中心地区和边缘地区。资本主义世界体系将在反体系运动的冲击下被一种更高的生产方式所替代，这就是社会主义。

对于沃勒斯坦的世界体系论对 20 世纪 70 年代西方社会科学的贡献，如下的评价似乎是很恰当的：

> 也许利用新马克思主义的剩余转移概念最有雄心的作品是伊曼纽尔·沃勒斯坦的关于资本主义世界经济的著作《现代世界体系》。通过总结大量的马克思主义和新马克思主义的观点，将国际收入的不平等放入历史的视野之中，伊曼纽尔·沃勒斯坦的研究是一个充满艰辛探索的典范，其中关于政治和经济的关系充满了真知灼见。[②]

四、世界体系论的主要代表人物

（一）伊曼纽尔·沃勒斯坦

1. 生平简历

伊曼纽尔·沃勒斯坦（Immanuel Wallerstein，1930—2019 年），社会学家，美国艺术和科学院院士，世界体系论的集大成者。1930 年 9 月生于美国纽约，1959 年在美国哥伦比亚大学获社会学博士学位。

① 参见：Immanuel Wallerstein, *The Capitalist World-Economy*, Cambridge University Press, 1979, p. 162。

② Andrew C. Janos, *Politics and Paradigms: Changing Theories of Change in Social Science*, p. 76.

1958年起任教于哥伦比亚大学社会学系，因参与哥伦比亚大学1968年知识分子运动，于1971年离开哥伦比亚大学前往加拿大麦吉尔大学（McGill University）社会学系任教。1976年起任教于美国纽约州立大学宾厄姆顿分校，担任该校新成立的布罗代尔研究中心主任，并创立《评论》杂志，1999年从纽约州立大学宾厄姆顿分校退休。2000年进入耶鲁大学社会学系任高级研究员，直到2019年8月去世。

沃勒斯坦的学术生涯大致可以分为三个阶段：

第一个阶段为任教于哥伦比亚大学和加拿大麦吉尔大学期间（1958—1974年），研究重点是非西方世界的政治，特别是非洲的民族主义和民族解放运动。1972—1973年任非洲研究联合会主席；1974—1975年任魁北克国际关系研究委员会主席；1974—1990年任国际社会学联合会民族运动和帝国主义研究会副主席。

第二阶段是任教于纽约州立大学宾厄姆顿分校期间（1976—1999年），也是他学术创新的巅峰时期。这一时期，沃勒斯坦主要对资本主义世界体系进行长时段和大范围的研究，并将其系统化和理论化，标志性成果是四卷本《世界体系论》出版了三卷（1974年、1980年、1989年）。这部著作引起了社会学、政治学、经济学、历史学、地理学等学科的广泛关注和争论，世界体系论或世界体系分析也因此成为国际学术界颇为盛行的一种理论和分析方法。1993—1995年任古金根社会科学重建委员会主席，1994—1998年任国际社会学联合会主席。

第三阶段是在耶鲁大学工作期间，研究重点是不断完善和捍卫他所倡导的世界体系论或世界体系分析。2011年《现代世界体系》（第四卷）出版。从1974年《现代世界体系》第一卷的出版算起，经过37年的努力，沃勒斯坦终于完成了对资本主义世界体系的系统化和理论化，这是其他世界体系论的倡导者们和追随者们无法相比的。正是在这种意义上，我们可以说，沃勒斯坦是世界体系论的集大成者。

为了表彰沃勒斯坦的学术贡献，美国社会学会 2003 年授予其“终生杰出贡献奖”；2005 年俄国自然科学院授予其“康德拉季耶夫金奖”；2014 年国际社会学会授予其“研究和实践突出贡献奖”。

2. 主要著述

沃勒斯坦一生著述颇丰，几乎涵盖资本主义世界体系的政治、经济和文明的各个层面，大致可以分为三类：第一类是关于资本主义世界体系理论的建构；第二类是关于资本主义世界体系理论的支柱性专题；第三类是关于世界体系分析的当代现实意义。

（1）资本主义世界体系理论的建构。这主要体现在以下著作中，这些著作均被翻译成多种文字并广泛传播：

《现代世界体系（第一卷）：资本主义农业和 16 世纪欧洲世界经济的起源》（*The Modern World-System Ⅰ: Capitalist Agriculture and the Origins of the European World-Economy in the Sixteenth Century,* New York/London: Academic Press, 1974）

《现代世界体系（第二卷）：重商主义和欧洲世界经济的巩固 1600—1750 年》（*The Modern World-System Ⅱ: Mercantilism and the Consolidation of the European World-Economy, l600-l750,* New York: Academic Press, l980）

《现代世界体系（第三卷）：资本主义世界经济第二次大扩展 1730—1840》（*The Modern World-System Ⅲ: The Second Great Expansion of the Capitalist World-Economy, 1730-1840's.*,San Diego: Academic Press, 1989）

《现代世界体系（第四卷）：自由主义中心论者的胜利 1789—1914》（*The Modern World-System Ⅳ: Centrist Liberalism Triumphant, 1789–1914*，Duke University Press, 2011）

《历史资本主义》（*Historical Capitalism,* London: Verso, 1983）

《历史资本主义与资本主义文明》（*Historical Capitalism, with Capitalist Civilization*, London: Verso, 1995）

《世界体系分析导论》（*World-System Analysis: An Introduction*, Duke University Press, 2004）

（2）资本主义世界体系理论的支柱性议题。从1974年《现代世界体系（第一卷）》的出版到2011年《现代世界体系（第四卷）》的出版，在构建关于资本主义世界体系理论的漫长的37年时间里，沃勒斯坦组织并参加与世界体系论相关的支柱性议题（参见本书第二编第一章中的“世界体系论的研究议题”）会议，与社会科学甚至自然科学（诸如化学家普利高津和地理学家皮特·泰勒）进行广泛交流，并且将参会的论文不定期地汇集成书出版。这类文章可以归纳为政治、经济和文明三个层面，文集出版后被翻译成多种文字，具有广泛的学术影响力：

《资本主义世界经济》（*The Capitalist World-Economy*, Cambridge University Press, 1979）

《世界体系分析》（*World-Systems Analysis: Theory and Methodology,* with Terence K. Hopkins, and Associates, Sage Publications, 1982）

《世界经济的政治分析》（*The Politics of the World-Economy: the States, the Movements and the Civilization*, Cambridge University Press,1984）

《非洲和现代世界》（*Africa and the Modern World,* Trenton:Africa World Press, 1986）

《反体系运动》（*Antisystemic Movements,* with Giovanni Arrighi and Terence K. Hopkins, London: Verso, 1989）

《地缘政治和地缘文化》（*Geopolitics and Geoculture: Essays on the Changing World-System,* Cambridge University Press, 1991）

《从社会科学中走出来：十九世纪范式的局限性》（*Unthinking*

Social Science: The Limits of Nineteenth Century Paradigms, Polity Press, 1991)

《种族、民族和阶级：模糊的认同》(*Race, Nation, Class : Ambiguous Identities,* with Etienne Balibar, London: Verso, 1991)

《自由主义之后》(*After Liberalism,* New York:New Press, 1995)

《我们所知世界的终结》(*The End of the World As We Know It: Social Science for the Twenty-first Century*, University of Minnesota Press, 1999)

《沃勒斯坦精粹》(*The Essential Wallerstein*, New York: The New Press, 2000)

《知识的不确定性》(*The Uncertainties of Knowledge,* Temple University Press, 2004)

(3)世界体系分析的当代现实意义。尽管沃勒斯坦通过继承法国年鉴学派书写历史的方法来构建其世界体系理论，但他更关注资本主义世界体系在当代的表现，特别是世界体系的结构性危机和发展趋势，这也是他更愿意将他的世界体系论称作为世界体系分析的原因。在他看来，只要资本主义世界体系还存在，世界体系分析就是必要的，只有运用世界体系分析才能理解资本主义世界体系的起源、结构和发展趋势。这类著述主要有：

《美国权力的衰退：混乱世界中的美国》(*Decline of American Power: The U.S. in a Chaotic World*, New York: New Press, 2003)

《别无选择：美国与世界的冲突》(*Alternatives: The U.S. Confronts the World*, Boulder: Paradigm Press, 2004)

《欧洲的普遍主义：华丽词藻背后的权力》(*European Universalism: The Rhetoric of Power,* New York: New Press, 2006)

《不确定的世界：变革时代的世界体系分析》(*Uncertain Worlds: World-Systems Analysis in Changing Times,* with Charles Lemert and

Carlos Antonio Aguirre Rojas, Paradigm Publishers, 2013)

《资本主义还有未来吗？》(*Does Capitalism Have a Future?, with Randall Collins,* Michael Mann, Georgi Derluguian and Craig Calhoun, Oxford University Press, 2013)

（二）特里斯·霍普金斯

1. 生平简历

特里斯·霍普金斯(Terence K. Hopkins, 1928—1997 年), 美国社会学家, 世界体系论的倡导者和推动者。他于 1952 年在纽约大学获学士学位；1959 年在哥伦比亚大学获博士学位。和沃勒斯坦相同, 他于 1958 年起任教于哥伦比亚大学社会学系, 由于参与哥伦比亚大学 1968 年知识分子运动, 当年不得不离开哥伦比亚大学到西印度大学任访问教授。1970 年起在纽约州立大学宾厄姆顿分校任教, 直到 1996 年退休。

在霍普金斯的学术生涯中, 有两件事一直为学术界和他的学生们称道。

一是, 他于 1970 年在纽约州立大学宾厄姆顿分校创建了社会学博士项目, 吸引了来自世界各地的学生。他的学生们在他去世后出版了文集《导师、方法和运动: 纪念特里斯·霍普金斯》(*Mentoring, Methods, and Movements: Colloquium in Honor of Terence K.Hopkins,* Blemont, MA: Okcir Press, 1998, 2017 second edition) 以纪念他的贡献。

二是, 他是布罗代尔研究中心的奠基者。霍普金斯曾在家里招待我们几位博士后研究人员, 给我们的印象是风度翩翩, 谈吐不凡, 思想活跃, 非常擅长社交, 不难想象他曾是哥伦比亚大学知识分子运动的领导者。根据沃勒斯坦介绍, 后来享誉全球的布罗代尔研究中心是霍普金斯最早动议并努力说服校方于 1976 年成立的, 而沃勒斯坦本人也是应霍普金斯之邀来纽约州立大学任教的。霍普金斯也一直是布罗代尔研究中心的核心成员，并一直担任《评论》的执行编委。

（2）霍普金斯也是世界体系论的倡导者和积极推动者，但其著作不是很多，而且主要是与沃勒斯坦合编或合著的：

《世界体系的过程》（*Processes of the World-system,* with Immanuel Wallerstein, Sage Publications, l980）

《世界体系分析：理论与方法》（*World-Systems Analysis: Theory and Methodology,* with Immanuel Wallerstein, Sage Publications, 1982）

《反体系运动》（*Antisystemic Movements*, with Immanuel Wallerstein and Giovanni Arrighi, London: Verso, 1989）

《转型的时代：世界体系的趋势 1945—2025》（*The Age of Transition: Trajectory of the World-System 1945–2025,* with Immanuel Wallerstein, London: Zed Press and Pluto Press Australia, 1996）

（三）乔万尼·阿里吉

1. 生平简历

乔万尼·阿里吉（Giovanni Arrighi, 1937—2009 年），意大利经济学家、社会学家，世界体系论的主要代表人物。1937 年出生在意大利的一个商人家庭，1960 年在米兰博科尼大学获经济学博士学位。阿里吉早年的学术活动主要在意大利及非洲的津巴布韦和坦桑尼亚进行，1963 年开始在非洲的罗得西亚和尼亚萨兰学院任教，主要研究殖民主义和民族解放运动。正是在非洲，他遇到了早期同样痴迷非洲政治经济的沃勒斯坦。1969 年，阿里吉从非洲返回意大利，在特兰托大学任教的同时，与其他人一起于 1970 年共同创办了“葛兰西小组”，参与都灵的工人运动。1979 年应沃勒斯坦之邀来到刚成立不久的布罗代尔研究中心，与沃勒斯坦、霍普金斯一起成为布罗代尔研究中心推动世界体系分析的三位核心成员，1998 年转入约翰·霍普金斯大学社会学系任教。

阿里吉生性活泼有趣，经常和研究中心的研究人员相互打趣，透过他的意大利式英语，你总能发现他睿智的思想。尽管在倡导世界体系分析上与沃勒斯坦一致，但他在许多具体研究议题上却独具创造性，特别是关于金融资本主义、东亚以及中国崛起对于世界体系的意义。其最具学术影响力的著作是《漫长的20世纪：金钱、权力和我们时代的起源》和《亚当·斯密在北京：21世纪的谱系》。

2. 主要著述

阿里吉的研究工作主要分为三个阶段，在各个阶段所关注的议题有所不同。

（1）1963—1979年为早期阶段，主要在意大利和非洲进行学术活动，研究议题主要集中于非洲的殖民主义、民族解放运动和意大利的工人阶级运动，主要著述有：

《罗得西亚的政治经济》（*The Political Economy of Rhodesia*, Mouton: The Hague, 1967）

《非洲政治经济》（*Essays on the Political Economy of Africa*, with John S. Saul, New York: Monthly Review Press, 1973）

《帝国主义的几何学》（*The Geometry of Imperialism*, New Left Books,1978）

（2）1979—1998年为巅峰阶段，加入布罗代尔研究中心推动世界体系分析，主要关注资本主义危机、反体系运动和全球资本主义的演变，其主要著述包括：

《全球危机的动力》（*Dynamics of Global Crisis*, with Samir Amin, Andre Gunder Frank and Immanuel Wallerstein，New York: Monthly Review Press, 1982）

《半边缘的发展：二十世纪南欧的政治》（*Semiperipheral Development:*

The Politics of Southern Europe in the Twentieth Century，Sage Publications, 1985）

《反体系运动》（*Antisystemic Movements*, with Immanuel Wallerstein, Terrence Hopkins, Verso, 1989）

《转型中的革命：社会运动和世界体系》（*Transforming the Revolution: Social Movements and the World System*, with Samir Amin, Andre Gunder Frank and Immanuel Wallerstein, New York: Monthly Review Press, 1990）

《漫长的20世纪：金钱、权力和我们时代的起源》（*The Long Twentieth Century: Money, Power, and the Origins of Our Times,* Verso, 1994）

《现代世界体系的失序与治理》（*Chaos and Governance in the Modern World System*, with Beverly J. Silver, University of Minnesota Press, 1999）

（3）1998年转入霍普金斯大学之后，继续推动世界体系分析，但研究重点转向东亚，特别是中国崛起对于世界体系的意义，主要著述有：

《东亚复兴：500年、150年和50年的视角》（*The Resurgence of East Asia: 500, 150 and 50 Year Perspectives*, with Takeshi Hamashita, Mark Selden, Routledge, 2003）

《亚当·斯密在北京：21世纪的谱系》（*Adam Smith in Beijing: Lineages of the Twenty-First Century*, Verso, 2007）

（四）萨米尔·阿明

1. 生平简历

萨米尔·阿明（Samir Amin，1931—2018年），埃及经济学家，依附论先驱，世界体系分析的倡导者。1931年9月生于开罗，其父亲是埃及人，母亲是法国人。他在埃及度过他的童年和小学时期，1947年前往法国接受高中教育，之后进入巴黎大学，1957年获经济学博士学位。1957 年返回埃及担任政府经济管理研究所的高级经济学家，1960—1963 年担任马里政府计划部技术顾问，1963—1970 年在联合国非洲经济发展规划所（达喀尔）从事研究，并创立了非洲社会科学发展委员会，同时任教于法国普瓦蒂埃大学、巴黎大学和塞内加尔达卡尔大学，1970—1980 年担任联合国非洲经济发展规划所所长，1980 年起担任第三世界论坛（达喀尔）主席。

阿明的一生是为第三世界鼓与呼的一生。政治倾向上备受万隆会议影响，热衷于第三世界不结盟运动；学术研究上关注欠发达经济，坚持全球历史唯物主义，反对欧洲中心主义；实践上积极投身于第三世界国家的经济发展，曾作为政府顾问为马里、阿尔及利亚、委内瑞拉、玻利维亚、中国、越南等国的发展献计献策。

2. 主要著述

阿明一生著述甚丰，主要关注非洲国家和阿拉伯世界的发展。虽然其著述多以法语发表，但大多被翻译成英语，影响巨大。非常有趣的是，尽管后来者都认为他是依附论和世界体系论的思想先驱，但当人们提及依附论时通常是与普雷维什相联系，而提及世界体系论时又总是与沃勒斯坦相联系。这主要与阿明更愿意将自己的观点概括为“全球历史唯物主义”（Global Historical Materialism）。阿明的著述主要是围绕构建“全球历史唯物主义”和反对“欧洲中心主义”两个方面展开的。

（1）全球历史唯物主义。阿明在许多著述中将自己的学术贡献概括为全球历史唯物主义，以此与普雷维什的依附论和沃勒斯坦的世界体系论相区别。他既不同意半边缘的概念，也反对资本主义的周期性概念，而是主张全球价值规律（law of worldwide value）才是资本主义世界体系的基本动力。这类著述主要有：

《世界规模的积累：低度发展理论批判》（两卷）（*Accumulation on*

a World Scale : A Critique of the Theory of Underdevelopment, Monthly Review Press, 1974）

《不平等的发展：边缘资本主义的社会构造》（*Unequal Development: An Essay on the Social Formations of Peripheral Capitalism*, New York: Monthly Review Press, 1976）

《帝国主义和不平等的发展》（*Imperialism and Unequal Development,* Monthly Review Press, 1977）

《价值规律和历史唯物主义》（*The Law of Value and Historical Materialism*, Monthly Review Press, 1977）

《历史和当代危机中的阶级和民族》（*Class and Nation, Historically and in the Current Crisis*, Monthly Review Press, 1980）

《混乱的帝国》（*Empire of Chaos*, Monthly Review Press , 1992）

《腐朽的资本主义：当代政治和全球失序》（*Obsolescent Capitalism: Contemporary Politics and Global Disorder*, Zed Books, 2003）

《世界性的价值规律》（*The Law of Worldwide Value*, New York: Monthly Review Pres, 2010）

《帝国主义和全球化》（*Imperialism and Globalization*, Monthly Review Press, 2011）

《当代资本主义的崩溃》（*The Implosion of Contemporary Capitalism*, Monthly Review Press, 2013）

《现代帝国主义、垄断金融资本与马克思的价值规律》（*Modern Imperialism, Monopoly Finance Capital, and Marx's Law of Value*, Monthly Review Press, 2018）

《全球南方的长期革命：迈向一种全新的反帝国主义国际运动》（*The Long Revolution of the Global South: Toward a New Anti-Imperialist International*, Monthly Review Press, 2019）

（2）反对欧洲中心主义。欧洲中心主义是阿明提出的一个富有创造性的学术概念，这种现象是伴随着欧洲殖民主义和资本主义的扩张而偶然产生的，因此对于第三世界国家，只有反对欧洲中心主义，才能真正得到发展。这方面的著述既包括理论构建方面的，也包括第三世界国家具体的案例：

《欧洲中心主义》（*Eurocentrism,* Monthly Review Press, 1988）

《欧洲中心主义：现代性、宗教和民主——对欧洲中心主义和文化主义的批判》（第二版）（*Eurocentrism*：*Modernity, Religion and Democracy: A Critique of Eurocentrism and Culturalism*, 2nd edition, Oxford: Pambazuka Press, 2010）

《自由的病毒：永久的战争和世界的美国化》（*The Liberal Virus: Permanent War and the Americanization of the World*, London:Pluto Press, 2004）

《超越美国霸权？对多极世界前景的评估》（*Beyond US Hegemony? Assessing the Prospects for a Multipolar World*, Beirut: World Book Publishing, 2006）

《我们希望看到的世界：21 世纪革命的目标》（*The World We Wish to See*：*Revolutionary Objectives in the Twenty-First Century*, with James Membrez, Monthly Review Press, 2008）

《全球史：一种南方的角度》（*Global History: A View from the South*, Oxford: Pambazuka Press, 2010）

《帝国主义和全球化》（*Imperialism and Globalization*, Monthly Review Press, 2011）

《畸形发展：全球失败的一种修辞》（第二版）（*Maldevelopment: Anatomy of a Global Failure*, 2nd edition, Oxford: Pambazuka Press, 2011）

（五）安德烈·冈德·弗兰克

1. 生平简历

安德烈·冈德·弗兰克（Andre Gunder Frank，1929—2005年），德国经济史学家，社会学家，依附论的推动者和世界体系论的追随者。1929年生于德国柏林，纳粹执政后随父母逃离德国，先在瑞士，后于1941年移居美国，并于1957年获芝加哥大学经济学博士学位。1962年赴拉丁美洲，任教于巴西巴西利亚大学和墨西哥国立大学，讲授社会学、文化人类学、经济发展和经济史。1968—1973年任教于智利大学社会学系和经济学部。由于参与阿连德政府的改革，在阿连德政府被军人推翻后，他前往欧洲，先后任教于比利时卢汶天主教大学、柏林自由大学、英国东安哥里大学等。1981年起在阿姆斯特丹大学任教，讲授发展经济学，直到1994年退休。

在弗兰克的学术生涯中，最为人津津乐道的是，他在芝加哥大学求学时期的博士论文指导教师是著名的新古典经济学家米尔顿·弗里德曼，而他一生都在批判新自由主义经济学。他通晓多种语言，曾在北美九所大学、拉丁美洲三所大学、欧洲五所大学任教，影响甚广。

2. 主要著述

弗兰克是一位高产的学者，纵观其学术影响，主要体现为两个阶段：20世纪60—70年代为其学术前期，以倡导依附论著称；20世纪80—90年代之后为其学术后期，以世界体系论者闻名。

（1）低度发展的发展。在20世纪60—70年代，弗兰克主要关注的是拉丁美洲的经济发展，通过考察欧洲和拉丁美洲国家之间的关系，认为拉丁美洲国家的低度发展与欧洲国家的发展密切相关，弗兰克加入当时颇为盛行的依附论行列，并于1967年出版了依附论的经典著作《资本主义和拉丁美洲的低度发展》。

《资本主义和拉丁美洲的低度发展》（*Capitalism and Underdevelopment in Latin America*, Monthly Review Press, 1967）

《拉丁美洲：低度发展还是革命》（*Latin America: Underdevelopment or Revolution*, Monthly Review Press, 1970）

《依附性积累和低度发展》（*Dependent Accumulation and Underdevelopment*, Monthly Review Press, 1978）

《世界积累：1492—1789》（*World Accumulation: 1492–1789*, Monthly Review Press, 1978）

《世界经济的危机》（*Crisis: In the World Economy*, New York: Holmes & Meier, 1980）

《第三世界的危机》（*Crisis: In the Third World*, New York: Holmes & Meier, 1981）

《世界经济危机的反思》（*Reflections on the World Economic Crisis*, Monthly Review Press, 1981）

《欧洲的挑战》（*The European Challenge*, Nottingham, UK: Spokesman, 1983）

（2）多个世界体系。20世纪80—90年代，随着世界体系论在国际学术界的广泛传播，弗兰克彻底转向世界体系论。与沃勒斯坦为代表的大多数世界体系论者所坚持的产生于1500年的资本主义世界体系不同，弗兰克不但认为在过去5000年存在着多个世界体系，而且还将亚洲，特别是中国置于1500年以来世界经济发展的中心地位，以此重构欧洲和亚洲的关系。这些观点主要体现在如下几部著作中：

《全球危机的动力》（*Dynamics of Global Crisis*, with S. Amin, G. Arrighi and I. Wallerstein, Monthly Review Press, 1982）

《世界体系：五百年还是五千年？》（*The World System: Five Hundred Years or Five Thousand?*, with Barry K. Gills, Routledge, 1996）

《重新思考亚洲时代的全球经济》(又译《白银资本：重视经济全球化中的东方》)(*Reorient: Global Economy in the Asian Age*, Berkeley: University of California Press, 1998)

《重新思考19世纪：亚洲时代持续中的全球经济》(*ReOrienting the 19th Century: Global Economy in the Continuing Asian Age*, with Robert A. Denemark, Paradigm Publishers, 2013)

(六)克里斯托弗·蔡思–邓恩

1. 生平简历

克里斯托弗·蔡思–邓恩(Christopher Chase-Dunn, 1944—),美国社会学家,世界体系论的积极推动者。1944年1月生于美国俄勒冈州,1975年在斯坦福大学社会学系获博士学位。1975—2000年在约翰·霍普金斯大学社会学系任教,2000年转入加州大学里河溪(弗赛德)分校任教,并创办了世界体系研究所(the Institute for Research on World-Systems)和《世界体系研究杂志》(*Journal of World-Systems Research*),后者是美国社会学会世界体系政治经济学分会的官方杂志。1982年担任美国社会学会世界体系政治经济分析分会主席,1984—1986年担任国际问题研究联合会国际政治经济学分会主席,2002—2006年担任国际社会学会经济与社会分会主席。

2. 主要著述

与阿明和弗兰克不同,蔡思–邓恩的学术生涯主要是追随、深化、拓展和完善世界体系论或世界体系分析。这不但体现在他的学术活动中,而且体现在他的学术研究中。蔡思–邓恩对世界体系论最为引人注目的学术贡献是,他不赞成沃勒斯坦的单一世界体系,而是认为存在着多个世界体系,而资本主义世界体系只是其中一个体系,这也是他在其研究所和杂志的命名中使用“体系”一词时用复数(world systems)

而不是单数（world system）的原因。蔡思–邓恩最为著名的著作是《全球的形成：世界经济的结构》（*Global Formation: Structures of The World-Economy*, New York: Basil Blackwell, 1991）和《全球社会变革：比较历史和世界历史的视角》（*Global Social Change: Historical and Comparative Perspectives*, with Salvatore Babones, Baltimore, Maryland: The Johns Hopkins University Press, 2006），其他还包括：

《世界体系中的社会主义国家》（*Socialist States in the World-System*, Beverly Hills: Sage Publications, 1982）

《跨国公司与欠发达》（*Transnational Corporations and Underdevelopment,* with Volker Bornschier, New York: Praeger, 1985）

《前资本主义世界中的中心和边缘关系》（*Core/Periphery Relations in the Precapitalist Worlds,* with Thomas D. Hall, Boulder: Westview Press, 1991）

《国际政治经济学的历史演进》（*The Historical Evolution of the International Political Economy in the Library of International Political Economy Series*, Cheltanham, UK: Edward Elgar, 1995）

《兴起与衰落：比较世界体系》（*Rise and Demise: Comparing World-Systems*, with Thomas D. Hall, Boulder, Colorado: Westview Press, 1997）

《未来全球冲突的未来》（*The Future of Global Conflict London*, with Volker Bornschier, Sage Publications, 1998）

《资本主义和社会主义的漩涡：迈向全球民主》（*The Spiral of Capitalism and Socialism: Toward Global Democracy,* with Terry Boswell, Boulder, CO.: Lynne Rienner, 2000）

《霸权衰退：现在和过去》（*Hegemonic Declines: Present and Past*, with Jonathan Friedman, Boulder, CO.: Paradigm Press, 2005）

《世界体系的历史演进》（*The Historical Evolution of World-Systems*,

London: Palgrave, 2005）

《社会变革：从石器时代到当代的全球化》（*Social Change: Globalization from the Stone Age to the Present*, with B. Lerro, London: Routledge, 2016）

《全球斗争与社会变革运动：从史前史到21世纪的世界革命》（*Global Struggle and Social Change Movements: From Prehistory to World Revolution in the 21st Century*, with Paul Almeida, Baltimore: Johns Hopkins University Press, 2020）

《全球左派团结起来：对阿明呼吁新国际的批判性反思》（*Unity on the Global Left: Critical Reflections on Samir Amin's Call for a New International*, London: Routledge, 2021）

第二编　世界体系论的理论观点与分析方法

我们的努力在于两个非常不同但又相互联系的任务。一个就是重新书写现代历史和单一世界体系发展过程，这个过程需要解释，假如我们作为其中的参与者报着框定未来的目的，我们就必须解释什么发生过，什么正在发生以及为什么；另一个就是对这个单一世界体系的理论与研究方法，有时可能是对探究的逻辑进行详尽的阐述，来回应知识界［肩负的］对现代社会变化进行解释以期改变其进程的任务。

——霍普金斯，沃勒斯坦

世界体系论无论作为一种理论还是作为一种方法，主要来源于对历史的分析，特别是对欧洲历史的分析。关于这一点，我们只要留意一下《现代世界体系》各卷的副标题就一目了然了。[①] 但如果依此就认为世界体系论只是一种描述欧洲历史事件的理论和方法，那就大错特错了。为了避免人们的误解，沃勒斯坦在其《现代世界体系》中曾开宗明义地指出："我试图在某种抽象中描述世界体系，即描述整个系统结构之进化。我对特殊事件感兴趣，只有当它们能作为某种机制的特殊事例来描述整个系统，或者当它们是某种主要制度变化的重要转折点"。[②] 那么，作为一种理论和方法，世界体系论的基本概念框架和理论体系是什么，这是我们在研究世界体系论时需要首先探讨的问题。

---

① 《现代世界体系》四卷的副标题分别是：第一卷《16 世纪资本主义农业和欧洲世界经济的起源》（1974 年）；第二卷《重商主义和欧洲世界经济的巩固：1600—1750》（1980 年）；第三卷《资本主义世界经济的第二次扩展：1600—1750》（1980 年）；第四卷《中庸的自由主义的胜利：1789—1914》（2011 年）。

② Immanuel Wallerstein, *The Modern World-System I: Capitalist Agriculture and the Origins of the European World-Economy in the Sixteenth Century*, New York: Academic Press, 1974, p. 8.

第一章　概念框架与理论体系

一、“世界体系”的定义、逻辑假设和特征

（一）世界体系的定义

与现代化理论以单个“国家”和“社会”为研究单位，并比较这些“国家”“社会”的政治、经济以及社会的现代化进程有所不同，世界体系论主张以“世界体系”为研究单位。尽管世界体系论者们对“世界体系”形成的具体时间（16 世纪还是 16 世纪以前）和具体地点（先在东方还是在西方）有分歧——如弗兰克主张世界体系形成于 1492 年的西欧，莫德尔斯基主张形成于 1494 年的西欧，沃勒斯坦主张形成于 1450 年的西欧，还有的学者如珍妮特·L. 阿布–卢格霍德认为世界体系形成于 1250 年的中国，到 1350 年才开始衰落——但所有学者在世界体系论是以“世界体系”而非单一“国家”和“社会”为研究单位这一点上是一致的。

何为世界体系？沃勒斯坦认为，世界体系是一个实体，这个实体具有单一的劳动分工和多元文化。“称之为‘世界’体系，并不是因为它包含整个世界，而是因为它比任何法律形式定义的政治单位都要大。”①

① Immanuel Wallerstein, *The Modern World System I: Capitalist Agriculture and the Origins of the European World-Economy in the Sixteenth Century*, p. 15.

沃勒斯坦这里所指的“政治单位”主要是指在16世纪以前出现的“帝国”“城市国家”及“民族国家”。

（二）世界体系的三个假设

将世界体系作为一个研究单位，在世界体系论者看来，主要是基于如下三个假设：①

假设一：资本主义是一个历史体系，也就是说，这个体系有其规则和结构，它的发展是一个历史的过程，有开始也有终结。

假设二：和任何其他体系相同，资本主义作为一个历史体系有其周期性。从短期来看，一些市场的参与者由于垄断而总是成功的，但从中期来看，由于没有占中心地位的政治结构以及单一的文化系统来维持已有的劳动分工，因而，在资本主义世界经济中，没有哪种垄断能够持续不断。垄断总是不断发生变化的。在资本主义世界经济中，这种周期性质的变化有三个：一个是中心区和边缘区不断发生变化；一个是康德拉捷耶夫长周期中的A段和B段不断变化；一个是霸权在国家体系和势力均衡中不断发生变化。

假设三：资本主义作为一个历史体系的趋向是衰退，即从长期来看，资本主义最终为其成功所毁灭。

（三）世界体系的六个特征

资本主义世界体系作为一个历史体系，主要有如下六个特征，这六个特征对于世界体系理论的结构是非常重要的：②

特征一：资本主义世界经济是通过集中地理上广泛的生产过程而

---

① 参见：Immanuel Wallerstein, *Geopolitics and Geoculture: Essays on the Changing World-System,* Cambridge University Press, 1991, pp. 38–39。

② 参见：Ibid., pp.162–165。

建成的，其特征可称之为单一的“劳动分工”。所有的历史体系都是建立在劳动分工上，但以前的历史体系没有哪一个像资本主义世界体系的劳动分工那样复杂、广泛、具体、一致。

特征二：和其他历史体系相同，资本主义世界经济是通过周期性的方式来运行的。最为明显也是最为重要的周期就是世界经济作为一个整体有规律地扩张和收缩的过程。

特征三：资本主义体系是一个建立在无休止的资本积累基础之上的体系。

特征四：资本主义作为一个体系要求运动和变化，这种变化通常是在两种标签下发生的：一种是经济创新；一种是国家的兴衰。

特征五：资本主义体系是一个“极化”体系，这不但体现在报酬上，而且还体现在人们不断地被迫起极化作用的程度上。

特征六：世界体系是一个历史社会体系。尽管世界体系在其出现以后有着内在的结构和发展趋向，但所有这一切都表明，世界体系是一个历史的社会体系。[①] 这不但决定了资本主义世界体系的本质，而且还决定了世界体系作为一种理论所研究的课题。沃勒斯坦对此作了精辟的概括：

> 资本主义世界经济是一个历史的社会体系，它的出现有一个过程，因而必须解释它的起源。它的存在是由某种模式——周期和趋向——决定的，这些模式也需要来澄清。有一天，资本主义世界经济极有可能不存在了（被转化为另一种历史社会体系），因而，我们还需要断言我们未来的历史的选择。[②]

---

① 关于世界体系是一个历史的社会体系，沃勒斯坦曾专门写过一部著作《历史资本主义》。在书中，他对世界体系这个历史的社会体系的方方面面作了简洁而明晰的论述。

② Immanuel Wallerstein, *The Politics of the World-Economy: The States, the Movements, and the Civilizations*, Cambridge University Press, 1984, p. 14.

但“世界体系”无论是作为一个分析单位，还是作为一种历史现实，其最为基本的特征就是“它是经济的，而不像帝国、城市国家和民族国家那样是一个政治实体”——沃勒斯坦有时将世界体系称为世界经济（world-economy），因为在他看来，“它［指世界体系］是一种世界经济，因为这个体系各个部分之间最基本的联系是经济的，尽管这种联系在某种程度上被文化联系以及最终被政治安排和联盟结构所加强”[①]。

二、世界体系理论的分析框架

世界体系论自 20 世纪 70 年代产生以来，尽管它的某些具体的结论受到各种各样的批评（关于这一点，我将在本书的第三编“世界体系论的影响及其争论”中作比较详细的分析），但世界体系论无论是作为一个比较完整的理论，还是作为一种比较系统的分析方法，一直受到学术界广泛而持久的关注。那么，这种理论的分析框架和具体内容是什么呢？

当以世界体系作为研究单位时，它的理论框架简单地说主要涉及两个问题：[②] 一是世界体系作为一个社会体系的结构问题；二是世界体系作为一个社会体系的发展问题。

（一）世界体系的结构

关于世界体系的结构，世界体系论者认为，与以前的世界帝国不

---

①　Immanuel Wallerstein, *The Politics of the World-Economy: The States, the Movements, and the Civilizations*, p. 15.

②　参见：Terence K.Hopkins, Immanuel Wallerstein(eds.), *World-System Analysis: Theory and Methodology*, pp. 11–13。

同，资本主义世界体系作为一个社会体系，主要涉及三个问题：[①] 一是一个不断扩展的单一的世界经济；二是多个国家并存的不断扩展的国家体系；三是资本和劳动力的关系。

1. 不断扩展的单一世界经济

世界体系最为根本的特征就是它以资本主义生产方式为基础。从人类历史来看，生产方式发生了三次变动，因而世界体系也相应发生了三次变动：一是相互联系的生产方式以及由此形成的小体系（reciprocal-lineage mode of production and mini-system）；二是重新分配朝贡的生产方式以及由此形成的世界帝国（redistributive-tributary mode of production and world empire）；三是资本主义生产方式以及由此形成的世界体系（capitalist mode of production and world system）。世界体系主要形成于 16 世纪的欧洲（关于这一点，我们将在第二编第二章“世界体系的经济分析”中作详细的分析），它与以前的封建经济最大的不同就在于与“国际贸易”相联系的劳动分工。这种劳动分工是通过资本积累过程形成的。在这里，世界体系论者们接受了马克思的资本积累理论。世界体系论者们认为，正是资本积累，才使得世界体系不断地由欧洲向整个世界扩张，用弗兰克等人的话来说就是：“我们的焦点是将剩余的积累或资本积累作为世界体系扩张及运动的推动力。”[②] 也正是在这种资本积累的过程中，形成了发达的核心地区（core）和欠发达的边缘地区（periphery）。

---

① 参见：Terence K.Hopkins, Immanuel Wallerstein(eds.), *World-System Analysis: Theory and Methodology*, pp. 222–223。有的学者对其做了比较明确的概括，认为资本主义世界体系的结构中主要有三个问题：一是单一的市场；二是多个国家并存的国家体系，三是多重的阶级结构。更为详细的解释，可参考：Colin Flint, Peter Taylor, *Political Geography: World-Economy, Nation-State and Locality*, Longman, 1993, pp. 9–10。

② Barry K.Gills, Andre Gunder Frank, “World System Cycles, Crisis and Hegemonial Shifts, 1700 BC to 1700 AD”, *Review*, Vol.15, No.4, 1992.

2. 多个国家并存的国家体系

与具有单一政治结构的“世界帝国”有所不同，世界体系论者主张，在资本主义世界体系或资本主义世界经济中有许多国家，因为假如一个国家控制了整个体系，那么，世界市场便完全被政治所控制，这样，整个体系便成为一个世界帝国。16 世纪以后产生的资本主义世界体系与以前的世界帝国在政治上的最大区别便在于世界帝国完全控制了经济，而资本主义世界体系却容许多个国家的存在，因此，多个国家共存所组成的国家体系是世界体系的一个必要组成部分。[①] 伴随着世界体系的产生，出现了一个双重过程，一方面是某些国家不断地扩展他们的管辖权；另一方面是融入国家体系（interstate system）的国家的数目不断地增加。这样，那些不断扩展其管辖权的国家利用他们在经济上的优势逐渐实现了对其他地区和人民的统治（imperium），而在那些被统治的地区便出现了“反帝国的运动”（anti-imperial movements）或“反体系运动”（anti-system movement）。

3. 资本–劳动力的关系

世界体系作为一个社会体系，它的结构中涉及的第三个问题便是资本和劳动力的关系问题。在这一点上，世界体系论者继承了马克思的观点，即认为社会阶级主要是由社会群体与生产资料的相互关系来决定的。在世界帝国中，社会阶级主要是由两部分人组成的，一部分是那些控制国家机器的人，一部分是那些没有或不能控制国家机器的人。而在资本主义世界经济中，社会阶级主要是由拥有生产资料和那些被剥夺了所有权的社会群体组成。这种资本和劳动力的关系决定了资本主义世界体系的社会–政治框架。这种框架通过各种形式不断地发展，

---

① 参见：Colin Flint, Peter Taylor, *Political Geography: World-Economy, Nation-State and Locality*, p. 10。

它不仅在组织生产之间的相互关系中发挥作用，而且在国家内部和国家之间的政治运行中发挥作用。所以，由资本和劳动力关系决定的这种社会阶级广泛地存在于资本主义世界体系之中，而不只是局限于某个特定的民族社会之中。正如世界体系论者自己所表达的："世界阶级结构是由资本家和没有财产的工人所组成的。这种阶级关系也包括那些控制他们自己的生产资料但并不雇佣其他的劳动力的小商品生产者，以及逐渐成长为中产阶级的有技术的以及/或者专业上信得过的工人。"[①] 这就是所谓的多重阶级结构，正是这种多重阶级结构的存在，使得资本主义世界体系两极分化的结构成为可能。

（二）世界体系的发展

世界体系作为一个社会体系，它的发展主要涉及两个问题：[②] 一个是"社会时间"问题，也被称作为世界体系的周期问题；一个是内在矛盾问题，它涉及世界体系的趋向问题。如果说，劳动分工以及由此带来的中心、边缘、半边缘的结构是"世界体系"的空间表现，那么周期和趋向则是"世界体系"在时间方面的体现。

1. 世界体系的周期

关于资本主义世界体系的周期，霍普金斯和沃勒斯坦曾明确指出，

> 我们认为，资本主义世界经济增长有一个"周期性的"特征，这种周期性的模式是世界经济的根本。资本主义世界经济是这样一种经济，对积累的无休止的追求产生这样的矛盾，即它的增长不

① Thomas R. Shannon, *An Introduction to the World-System Perspective*, p. 31.

② 参见：Terence K.Hopkins, *Immanuel Wallerstein(eds.), World-System Analysis: Theory and Methodology*, p. 12。

可能是不间断的，并且永远是资本主义。[①]

世界体系论者主要关心两种周期，一种是大家所熟悉的康德拉捷耶夫周期，一种是比康德拉捷耶夫周期更长的“特长周期”（logistics）（关于世界体系论者对资本主义世界体系中这两种周期的详细讨论，可以参阅第二编第二章“世界体系的经济分析”）。世界体系论者主要是从如下四个方面来探讨资本主义世界体系中这两种周期的：[②]

（1） 全球范围内资本自我扩张的条件的创造、增长以及相互之间的关系。也就是说，原始资本积累的过程不是一个单一的过程，而是世界经济中一个周而复始的过程，正是在这个过程中，世界经济在不断扩展。

（2） 劳动分工在世界经济中能有效地发挥作用。在经济扩展时期，会出现更大的专业化来对付更深度的相互依存；而在经济停滞时期，世界范围内的专业化分工将收缩。

（3） 政治机器在世界经济中能有效地发挥作用，它能有效地保证世界经济的运行。

（4） 坚持矛盾的相互促进，即经济衰退是经济复苏的必要条件，而经济扩张必然会导致经济衰退。

2. 世界体系的趋向

尽管资本主义世界体系在政治和经济上不断出现繁荣－平衡稳定－上升－衰退这样的周期，但在世界体系论者看来，资本主义世界体系自从其产生以来，其广度和深度一直在不断地扩展。就广度而言，资本主义世界体系在经过1450—1520年、1620—1660年、1750—1815年以及1880—1900年的扩展以后，在地理空间上终于从西欧一直扩展

① Terence K.Hopkins, Immanuel Wallerstein(eds.), *World-System Analysis: Theory and Methodology*, p. 106.

② 参见：Ibid., pp. 112−113。

到全球；就深度而言，资本主义世界体系的基本内容深入社会生活的各个方面，由此构成了资本主义世界体系的长期趋向。对于这些基本趋向，世界体系论者列出了如下五个方面：①

（1）商品化。资本主义世界体系使得越来越多的生产要素商品化，既可以买卖，也可以变成财产。其中最为突出的两种形式是土地和劳动商品化。劳动商品化使得越来越多的世界人口作为半无产阶级和无产阶级进入资本主义世界体系，这个过程就是"无产阶级化"过程，它是资本主义世界体系不等价交换的必要条件；土地商品化使得资本主义世界体系中的剥削成为可能。

（2）机械化，即以机器形式出现的资本的比例不断上升的趋向。这就促使资本家为了获得更大的利润而必须降低劳动成本，也促使资本家重视技术的作用。

（3）合同化，即越来越多的社会关系和经济关系是由正式的、精确的法律协定来决定，而不像以前主要是由习惯和地位来决定。这就要求以前那些基于革命、战争、殖民地以及帝国主义而形成的立法制度作出相应的改变。合同化一般采取保护产权的形式，当然，这也包括那些由合同而不是由习俗认定的集体产权。

（4）相互依存，即随着商品化程度的深入，劳动分工专业化也在不断加强，交换成为必不可少的，结果自然是越来越多的工人、组织、团体以及地区融入专业化生产之中，世界经济中一个地区的生产越来越多地依靠、融入世界经济中其他地区的生产过程。这样，贸易就不是以"奢侈品"贸易为主的贸易，而是以"必需品"或"日常生活品"为主的贸易，所以，贸易本身不是衡量相互依存的依据，只有"必需品"贸

---

① 参见：Terence K. Hopkins, Immanuel Wallerstein(eds.), *World-System Analysis: Theory and Methodology*, pp. 104–106；Immanuel Wallerstein, *Historical Capitalism*, London: Verso, 1983, pp. 13–47；Thomas R. Shannon, *An Introduction to the World-System Perspective*, pp. 127–131。

易才是衡量相互依存的依据。

（5）两极化，这主要是指，随着世界经济地区发展的不平衡，核心地区和边缘地区在社会福利和社会结构方面的差距越来越大。就社会福利而言，由于技术先进，世界资本越来越多地向核心地区流动，也由于不等价交换，边缘地区的剩余资本流向核心地区。这样，在核心地区，劳动力完全被商品化，工人的工资就变得很高；而在边缘地区，劳动力受到过度的剥削，因而，他们的生活水平逐渐下降。就社会结构而言，核心地区的劳动组织方式比较自由，政治上采取自由的民主的方式，这就使得工人对高工资的要求容易成功；而在边缘地区，劳动采取的是强制劳动方式，政治上采取的是更为专制的方式，这样就导致国家对社会资源垄断程度加强。

三、世界体系论的研究议题

作为一个完整的理论，世界体系论研究的议题主要涉及如下三个方面：一是世界经济或世界经济体系；二是政治帝国或其他国家体系；三是世界文明；即世界体系包括政治、经济、文明三个层次。关于这一点，只要看一下霍普金斯和沃勒斯坦等人在纽约州立大学创立的研究中心的副标题“费尔南·布罗代尔经济、历史体系和文明研究中心”便一目了然。

世界体系理论探讨的问题很多，沃勒斯坦在1991年所写的《关于费尔南·布罗代尔研究中心的报告》（Report on an Intellectual Project: The Fernand Braudel Center, 1976–1991）中，将其归纳为如下十个方面：[①]

① 参见：Immanuel Wallerstein, *Report on an Intellectual Project: The Fernand Braudel Center, 1976–1991*, Fernand Braudel Center, SUNY at Binghamton, 1991。这里关于世界体系论对十个论题研究状况的论述，主要来源于沃勒斯坦教授的报告。

（一）周期（cycles）和趋向（trends）

研究长时段的社会变化是世界体系论者关心的一个重要课题，这里涉及两个重要的概念，即世界体系作为一个历史体系，它的周期问题和趋势问题。在这一点上，沃勒斯坦等人继承了法国年鉴学派的长时段历史观察的方法以及经济学家康德拉捷耶夫的经济周期思想。世界体系论者主要关心 50—60 年的周期（康德拉捷耶夫周期）和 200—300 年的“特长周期”。

这方面的代表性著作有：

1.《现代世界体系发展的模式》（Terence K. Hopkins, Immanuel Wallerstein, *Patterns of Development of the Modern World-System*）

2.《长周期变动中的技术和社会要素》（M.di Matteo et al., eds., *Technological and Social Factors in Long-Term Fluctuations*）

3.《长波研究中的新发现》（A. Kleinknecht, E. Mandel and Immanuel Wallerstein, eds., *New Findings in Long Wave Research*）

4.《资本主义发展的长波：马克思主义的解释》（E. Mandel, *Long Waves of Capitalist Development :The Marxist Interpretation*）

5.《风有多快？ 1975—2000 年的南非》（S. Vieira, W. G. Martin and Immanuel Wallerstein, *How Fast the Wind? Southern Africa, 1975–2000*）

6.《长周期》（Joshua S.Goldstein, *Long Cycles*）

（二）商品链（commodity chain）

在沃勒斯坦等人看来，商品链这个概念是理解资本主义世界经济的核心，因为正是这个概念将世界体系联为一体。商品链反映在商品的制造过程中，制造商品的过程主要包括材料投入、机器和劳动力，而投入的材料是以某种方式生产的，机器也是生产出来的，劳动力则是招工来的，他们需要食物，这些食物也是生产出来的。这样，每当我们制造一个商品时，就会涉及一个商品链。

这方面的代表性著作有：

1.《世界社会结构中的劳动力》（Immanuel Wallerstein, ed., *Labor in the World Social Structure*）

（三）霸权（hegemony）和竞争（rivalry）

所谓霸权，是指在世界体系中，一个核心国家比其他所有的核心国家都强大，这个核心国家在世界体系中能以最小的代价独行其是，并且获得资本积累的最佳地点。所谓竞争则是指，在核心地区，权力的分布更趋于平衡，结果核心内部积累的资本的分配趋于平衡，这样，在核心区内部就出现了相互之间的竞争。

关于霸权和竞争的研究，意在验证世界体系论者们的两个假设：一是在现代世界体系的历史发展过程中只出现了三个霸权国家，即 17 世纪中叶的荷兰、19 世纪中叶的英国和 20 世纪中叶的美国；二是每一个霸权国家在其霸权期间都能建立某种世界秩序。研究的内容主要集中在金融、生产企业以及企业系统的组织、日常生活的结构，通过对这三个领域的探讨，意在表明三个霸权时代的相似性（周期）、资本主义世界经济发展的模式（趋向），以及资本主义世界经济过程的线性特征（holistic nature）。

这方面的代表性文章和著作有：

1.《资本主义世界经济历史中的三例霸权》（Immanuel Wallerstein, “The Three Instances of Hegemony in the History of the Capitalist World-Economy”）

2.《世界政治中的长周期》（George Modelski, *Long Cycles in World Politics*）

（四）区域性（regionality）和半边缘性（semiperiphery）

半边缘这个概念是指那些在世界体系三种形态中居中的国家。一个国家是否处于半边缘状态，主要是通过这些国家边界内的商品链"盒"来判断。假如某些国家的商品链盒是核心状（其特征是高利润）和边缘状（其特征是利润不是很高）的混合，而且核心状链盒和边缘状链盒完全相等，那么这些国家就可以被称作半边缘国家。这些半边缘国家的一个比较显著的特征就是，国家为了保护和提高该国内的公司和人民的经济地位而采取较高程度的国家干预经济政策。

世界体系论者们认为，这样的国家在20世纪主要有南非和南欧，他们代表了两种不同的关于半边缘国家的模式。东欧、中欧代表了第三种半边缘模式。苏联也是资本主义世界经济的一个半边缘国家。

这方面的代表性著述有：

1.《半边缘的发展：20世纪南欧的政治》（G.Arrighi, ed., *Semiperipheral Development: the Politics of Southern Europe in the Twentieth Century*）

2.《世界经济中的半边缘国家》（William G. Martin, ed., *Semiperipheral States in the World-Economy*）

3.《转变中的东欧和中欧》（Antoni Maczak, Henryk Samsonowicz and Peter Burke, eds., *East-Central Europe in Transition*）

4.《南非和世界经济特刊》（*Special Issue on Southern Africa and the World-Economy, Review,* Vol.7, No.2, 1984）

5.《作为半边缘的中欧、东欧地区特刊》（*Special Issue on East-Central Europe as a Region, Review,* Vol.5, No.1, 1981; Vol.6, No.1, 1982）

（五）融入（incorporation）和边缘化（peripheralization）

这两个概念起源于世界体系论者的两个假设：一个是，在16世纪，资本主义世界经济只存在于全球的一个部分，即西欧地区；另一个是，资本主义世界经济在结构上需要、在政治上有能力不断地（而不是连续地）扩展到其疆界之外的其他地区，并最终扩展到全球。融入和边缘化是一个过程的两个方面："融入"过程是指世界经济之外的国家和地区逐渐地被包容在世界经济中的过程；而"边缘化"则指世界体系不断包容新的国家和地区的过程。融入只是边缘化的第一步，随着边缘化过程的深入，被边缘化的国家和地区不断加入整个世界经济的商品链中。根据一个地区在融入之前政治结构强弱的不同，世界体系论者们主要研究三个案例：奥斯曼帝国（1750—1820年）、加勒比地区（1650—1700年）和南非（1870—1920年）。

这方面的代表性著作和文章主要有：

1.《融入世界经济：世界体系是如何扩展的》（*Incorporation into the World-Economy: How the World-System Expands*）

2.《南亚与世界资本主义》（Sugata Bose, ed., *South Asia and World Capitalism*）

3.《奥斯曼帝国和世界经济》（Huri Islamoglu-Inan, ed., *The Ottoman Empire and World-Economy*）

4.《奥斯曼帝国的经济生活：1660—1800年的税收、贸易和土地斗争》（Bruce McGowan, *Economic Life in Ottaman Europe: Taxation, Trade and the Struggle for the Land, 1660–1800*）

（六）反体系运动（antisystemic movements）

这是世界体系论者们提出的一个重要概念。它是指所有那些促使世界体系朝着更民主、更平等的方向转换的运动，具体来说包括劳工运动、民族主义和种族主义运动、妇女运动等。这方面的著作主要有：

1.《反体系运动》（Giovanni Arrighi, Terence K. Hopkins and Immanuel

Wallerstein, *Antisystemic Movements*）

2.《世界社会结构中的劳动》（Immanuel Wallerstein, ed., *Labor in the World Social Structure*）

3.《技术变化和劳工运动》（Melvyn Dubofsky, ed., *Technological Change and Worker's Movements*）

（七）家庭（households）

世界体系论者引进家庭这个概念主要是指，在资本主义世界经济中那些长期能不断积累收入（pool incomes）的小群体的人。这些人常常但并不总是有血缘关系，而且常常但并不总是共同居住。在世界体系论者看来，家庭将那些不同收入（工资、来源于小商品的收入、租金、财产转让以及生存产品）的人联系在一起。世界体系论者的研究表明，所有家庭的收入来源都是多方面的，但这些收入在世界经济的周期以及在核心—边缘的国家中是完全不同的。

这方面的代表性著述主要有：

1.《家庭和世界经济》（J. Smith, I. Wallerstein, and H. D. Evers, eds., *Households and the World-Economy*）

2.《家庭和规模农业单位》（*Households and Large-Scale Agricultural Unit, Review*, Vol.7, No.2, 1983）

3.《家庭的创造和转化：世界经济的压力》（J. Smith, I. Wallerstein, Coord., *Creating and Transforming Households: Constraints of the World-Economy*）

（八）种族主义（racism）和性别主义（sexism）

这也是世界体系论者着墨比较多的一个问题。在世界体系论者看来，种族主义和性别主义虽然不是非常主导的现象，但的确是资本主义世界经济中独特的组织劳动力的方式。每个人都认为对种族和性别的认同有其社会根源，但问题的关键在于种族和性别的认同在哪里、何时以及是如何在已经认同的社会过程中形成的。

这方面的代表著作主要有：

1.《奇卡诺劳动力和不平衡发展》（*Chicano Labor and Unequal Development, Review,* Vol.4, No.2, 1983）

2.《种族主义、性别主义和世界体系》（Joan Smith, Jane Collins, Terence K. Hopkins and Akbar Muhammad, eds., *Racism, Sexism, and the World-System*）

3.《种族、民族和阶级》（Immanuel Wallerstein, Etienne Balibar, *Race, Nation, Class*）

（九）科学（science）和知识（knowledge）

科学和知识是世界体系论者集中研究的一个问题。他们不但为此成立了一个“社会科学重建委员会”（The Gulbenkian Commission on the Restructuring of the Social Sciences），而且还和法国高等社会科学院共同组织了一个世界范围内的为期三年的博士后项目（Historical Social Science: Beyond Multidisciplinarity Towards Unidisciplinarity）。世界体系论者对科学和知识的关心主要基于这样一个假设：科学和知识结构的制度化是现代世界体系的支柱之一。世界体系论者反对19世纪主流社会科学那种假定存在一种普遍的、客观的、不受社会结构影响的知识，他们支持三种反对19世纪主流社会科学的思潮——德国的历史学派（Staatswissenschaften）、法国的年鉴学派（Annales）以及马克思主义（Marxism）——而反对社会科学中广泛存在的将知识普遍化的趋势。

这方面的代表性著作主要有：

1.《从社会科学走出来：19世纪社会科学范式的局限性》（Immanuel Wallerstein, *Unthinking Social Sciences: The Limits of Nineteenth Century Paradigms*）

2.《开放社会科学》（Immanuel Wallerstein, et al., *Open the Social Sciences: Report of The Gulbenkian Commission on the Restructuring of the Social Sciences*）

3.《知识的不确定性》（Immanuel Wallerstein, *The Uncertainties of Knowledge*）

4.《所知世界的终结》（Immanuel Wallerstein, *The End of the World as We Know It*）

（十）地缘文化（geoculture）和文明（civilization）

这也是世界体系论者集中研究的问题。他们认为，地缘文化是世界体系的整体文化框架。科学和知识的制度化是资本主义世界体系在地缘文化的一个主要组成部分，而文明则是指各个地区长久的和独特的文化遗产。文明通常是根据宗教和语言来定义的。资本主义单一的地缘文化和多种不断兴起的文明之间的冲突是世界经济的政治表现特征。这就是资本主义世界体系的文明层面。

这方面的代表性著述主要有：

1.《文明及其衰落》（Civilizations and Their Declines, *Review,* Vol.4, No. 1, 1980）

2.《地缘政治和地缘文化》（Immanuel Wallerstein, *Geopolitics and Geoculture: Essays on the Changing World-System*）

第二章　世界体系的经济分析

资本主义世界体系作为一个体系，首要特征就是以单一的世界经济作为其存在的基础，这是世界体系的经济层面，也是世界体系论者集中讨论的主题。它主要涉及如下三个问题：世界体系的起源和形成，世界体系的运作及其机制，世界体系的周期和基本趋向。正如沃勒斯坦所概括的那样："关于现代世界体系，有三个相互不同的问题可能被提及。第一个是起源的解释，即16世纪的欧洲世界体系如何得以生存，而以前的体系为什么不能。第二个问题是这个体系一旦巩固以后是如何运行的。第三个问题是这个资本主义体系的基本趋向，以及如何解释它作为一个社会体系的最终衰退。"[①] 下面，我们将从资本主义世界体系的起源和形成、资本主义世界体系的运行和机制以及资本主义世界体系的周期和趋向这三个方面对世界体系作一细致的分析。

一、世界体系的起源和形成

在沃勒斯坦看来，世界社会科学主要断言之一就是认为在人类历史上存在一些分水岭，这样的分水岭之一是农业革命，另一个就是现代世界的产生。[②] 资本主义世界体系（世界经济）作为一个体系正是在现

---

① Immanuel Wallerstein, *The Capitalist World-Economy*, pp. 160–161.

② 参见：Immanuel Wallerstein, *The Modern World System I: Capitalist Agriculture and the Origins of the European World-Economy in the Sixteen Century*, p. 3。

代世界形成的，所以沃勒斯坦称之为“现代世界体系”（modern world system）。这里的关键问题是，现代资本主义世界体系何时形成，首先在哪里形成，即关于世界体系起源的时间和空间问题。

> 我们一定要重新提出资本主义世界经济是如何产生的以及什么时候产生的；为什么这种转化发生在封建的欧洲而不是其他地方；为什么它发生在那个时候，而不是早一点或晚一点；为什么转化的早期努力都失败了。这不只是一个考古学上的重建，而是全面理解我们现在这个体系的本质的关键。[①]

沃勒斯坦等人主要从社会经济史的角度对此进行了详细的分析，这也是《现代世界体系》第一卷《16 世纪资本主义农业和欧洲世界经济的起源》[②] 的主要贡献。

关于资本主义世界体系起源的时间和空间问题，世界体系论的创始者沃勒斯坦教授提出的一个重要论断就是：世界体系起源和形成于 16 世纪的欧洲。那么，与这个重要论断相联系的另一个需要澄清的事实便是：为什么在 16 世纪以前的欧洲没有形成资本主义世界体系？换句话说，16 世纪以前的欧洲经济为什么没有形成世界经济？资本主义世界体系形成的标志是什么？沃勒斯坦在《现代世界体系》第一卷《16 世纪资本主义农业和欧洲世界经济的起源》中对这个问题进行了非常细致的讨论，特别是对欧洲封建经济和后来的欧洲资本主义世界经济的区别作了细致的解释。

---

① Immanuel Walerstein, *The Capitalist World-Economy*, p.135.

② 《现代世界体系》第一卷《16 世纪资本主义农业和欧洲世界经济的起源》由七部分及一篇导言组成，具体如下：导言：论社会变化的研究；1. 中世纪序曲；2. 1450—1640 年欧洲新的劳动分工；3. 专制君主制和国家主义；4. 从塞维利亚到阿姆斯特丹：帝国的失败；5. 强核心国家：阶级的形成和国际商业；6. 欧洲世界经济：边缘与外部区域；7. 理论重建。

（一）欧洲封建主义的危机（1150—1450年）

在沃勒斯坦看来，[①] 世界经济是现代世界的一种产物，但并不全是。在16世纪以前也有许多世界经济，如12世纪就存在五个世界经济：地中海是拜占庭、意大利城邦和北非的贸易集散地；印度洋—红海是第二个贸易集散地；中华帝国是第三个贸易集散地；蒙古国和俄罗斯是第四个贸易集散地；波罗的海地区形成第五个贸易集散地。但唯有欧洲在16世纪开始了其资本主义世界经济的发展道路，而这种资本主义世界经济的发展使得欧洲在随后几个世纪超过了其他世界经济，并最终扩展成为一种全球性的世界经济。[②] 为什么会产生这种结果，以及如何产生这种结果？沃勒斯坦主张回到1450年以前的三个世纪来解释这一现象。

1. 欧洲封建经济的扩张（1150—1300年）与远距离贸易

欧洲的封建经济从11世纪就开始不断地扩张，这种扩张不仅表现在地理上和商业上，而且也表现在人口规模上。欧洲封建经济的扩张与其性质有密切关系。欧洲封建经济既非类似同时期其他地区的自然经济（natural economy）或自给自足的经济（economy of self-subsistence），也不是当代经济学家所说的二元经济（dual economy），即城镇的市场经济和乡村的生存经济并存，而是一系列小的经济实体，在这些小的经济实体中，有地主和农民，但也有手工业者和商人：

---

① 参见：Immanuel Wallerstein, *The Modern World System I: Capitalist Agriculture and Origins of European World-Economy in the Sixteen Century*, pp. 16–17。

② 这里值得注意的是世界体系论者对“世界经济”（世界体系）的解释。当世界体系论者讨论世界经济或世界体系时，一般是指存在劳动分工的地区，这里所指的世界其实是地区，而不是全球性的世界。欧洲资本主义世界经济最后成为一种全球性的经济，是欧洲资本主义世界经济不断向世界其他地区扩张的结果。

> 当我们讨论西欧的封建主义时，我们应当设想的是一系列小的经济实体，其人口和生产是慢慢地增长，合法性的机制保证大量的剩余流向那些拥有高贵地位并且控制立法机构的地主那里。因为这些剩余的大部分是实物性质的，除非被销售出去，否则就很少有利益。城镇在增长，支持手工业者购买剩余并用来交换他们自己的产品。商业阶级有两个来源：一是地主的代理商——他们有时是独立的——和中等的农民——他们在付完地租之后将剩余在市场中销售；一是远距离贸易的居住代理商，他们利用落后的通讯以及地区差价，特别是当某个地区遭受自然灾害时，进行资本积累。[①]

商人的大量存在表明，欧洲的封建经济并不反对贸易。相反，在欧洲，封建主义和贸易扩张是同步进行的。这种贸易扩张从 11 世纪开始一直持续到 14 世纪。这里的问题是，为什么这一时期的贸易没有使得封建的欧洲形成一个世界经济。沃勒斯坦认为，这里的原因有两点：一是这一时期的远距离贸易主要是奢侈品贸易，而不是大宗产品贸易，这些贸易主要得意于地区的差价，并且取决于政治喜好；二是封建系统只能支持有限的远距离贸易。所以，在中世纪的晚期，“在欧洲，尽管存在着两个较小的世界经济，一是基于意大利北部城邦的中等规模的世界经济，一是基于佛兰德[②]和德国北部的城邦的世界经济，但欧洲的大部分并没有直接进入这些网络之中”。[③]

---

① Immanuel Wallerstein, *The Modern World System I: Capitalist Agriculture and Origins of European World-Economy in the Sixteen Century*, pp. 18–19.

② 指欧洲中世纪伯爵领地，包括现在比利时的东佛兰德省和西佛兰德省，以及法国北部部分地区。

③ Immanuel Wallerstein, *The Modern World System I: Capitalist Agriculture and Origins of European World-Economy in the Sixteen Century*, pp. 36–37.

2. 欧洲经济的萎缩和危机（1300—1450 年）

大约从 1300 年开始一直到 1450 年左右，欧洲封建经济的扩张开始停止，出现了经济萎缩和危机。关于这一时期出现的“危机”，曾出现过三种不同的解释：一种观点认为这本质上是周期性经济的产物，即在既定技术条件下，经济扩张到最大点后自然会出现收缩现象；一种观点认为这在本质上是长期趋向的结果，即在经过一千年封建剩余分配之后，经济的停滞点到来了；第三种解释是气候学的，即认为欧洲的气候条件降低了土壤的生产能力，同时增加了疾病。所以，这一时期欧洲的经济在地理上、商业上以及人口上出现了萎缩和危机。

沃勒斯坦认为，以上三种解释都存在不足。第一种和第三种解释不能解释如下这样一个事实，即在同样的周期和气候变化时，为什么其他地区没有采取一种资本主义世界经济来作为解决问题的一种方案？第二种解释看似不错，但却不能提供非常严肃的统计资料。在沃勒斯坦看来，封建主义的危机代表了长期趋向、周期性危机以及气候条件下降的一种态势。沃勒斯坦从生产组织、国家机器以及各种社会群体的关系这些社会结构探讨了西欧封建主义的危机。[①] 而这些危机正是西欧 16 世纪进行扩张和经济转化的序曲和动力。

（二）欧洲资本主义世界经济

世界体系论者提出的一个核心命题是，世界体系（世界经济）最初形成于 16 世纪的欧洲，其主要标志是一个资本主义世界经济在西欧的形成。这里有两点值得研究者们注意。[②] 一是 16 世纪的定义问题，即时间段落问题。这里的 16 世纪并不必然是那种完全按年代排列的。

---

① 参见：Immanuel Wallerstein, *The Modern World System I: Capitalist Agriculture and Origins of European World-Economy in the Sixteen Century*, p. 33。

② 参见：Ibid., pp. 67−68。

沃勒斯坦等人主要接受了法国历史学家布罗代尔的观点，认为欧洲资本主义世界经济产生的16世纪主要是指1450—1640年，也就是他们经常说的“漫长的16世纪”，具体又分为两个阶段，第一个阶段是从1450—1550年，第二个阶段是从1550—1640年。用沃勒斯坦自己的话来说就是：

> 然而，什么时候才算是16世纪？如果我们记得历史的世纪并不必然与年代学的世纪相同的话，这不是一个很容易回答的问题。这里我将完全采纳费尔南·布罗代尔的看法。因为他的看法建立在扎实的学术知识的基础上，也因为它似乎与我所见到的资料非常吻合。布罗代尔说道：“我怀疑……一个人们没有详细说明的16世纪，这个16世纪究竟是一个还是几个，人们在什么基础上理解它的统一性？我看‘我们的’16世纪被分成两个，如吕西安·费弗尔和我的杰出的老师亨利·豪泽所划分的。第一个16世纪开始于1450年，结束于1550年，第二个16世纪开始于同一年代而延续到1620年或1640年。”从不同国家的观点来看这个世纪，开始点和结束点是不一样的。然而，把欧洲的世界经济作为一个整体来看，我们认为1450—1640年是个富有意义的时间单位，在这段时间内，资本主义世界经济创立起来了。①

二是欧洲世界经济的定义问题，即欧洲的空间问题。这里的欧洲也并不完全是指自然地理概念。按照世界体系论者们的观点，欧洲世界经济中的欧洲不仅包括西欧、天主教地中海，而且也包括中欧和波罗

---

① Immanuel Wallerstein, *The Modern World System I: Capitalist Agriculture and Origins of European World-Economy in the Sixteen Century*, p. 68.

的海，同时还包括美洲的一些地区，即那些置于西班牙和葡萄牙控制之下的地区、大西洋的一些岛屿以及非洲海岸的一些飞地：

> 这个欧洲的世界经济到底在什么地方？这个问题也是难以回答的，因为历史的大陆与地理的大陆并不必然是一致的。在16世纪末，欧洲的世界经济不仅包括西北欧和地中海的基督教地区（包括伊比利亚），而且也包括中欧和波罗的海地区。它也包括南北美洲某些地区：新西班牙、安的列斯群岛、地峡地区、秘鲁、智利、巴西——或者不如说那些在西班牙或葡萄牙有效的行政控制下的美洲各个地区。大西洋岛屿和非洲海岸的少数几个飞地或许也包括在内。但不包括印度洋地区；不包括远东，除了某一时期的菲律宾部分地区；不包括奥斯曼帝国；不包括俄国，或者俄国至多是在一个短暂的时间内勉强包括在内。[①]

沃勒斯坦本人用了大量篇幅论述了16世纪资本主义世界经济形成的过程。在他看来，16世纪以前的欧洲经济是封建经济，尽管封建经济与贸易扩张是同步进行的，但封建系统只能支持有限的远距离贸易，在随后的两个世纪的危机过程中，出现了战争、疾病和经济停滞，这导致了统治者收入的下降。统治者为了提高其收入，开始考虑改变剩余分配的方式，即采取市场的形式，以此恢复其收入。于是，地理扩张、经济空间专业化以及专断的"国家"就产生了，这就是资本主义世

---

① 沃勒斯坦对此作过更为系统的论述："我想将16世纪的欧洲世界看作来源于以前两个不同的系统的联系最有意义，以意大利北部城市为中心的天主教地中海系统和北欧和西北欧的佛兰德–汉萨同盟贸易网络，以及附着于这种新的混合体的东埃尔比亚、波兰和东欧的一些地区为一方；大西洋岛屿和新世界的部分地区为另一方。"（Immanuel Wallerstein, *The Modern World System I: Capitalist Agriculture and Origins of European World-Economy in the Sixteen Century*, p. 68.）

界经济的雏形。用他自己的话来说就是：

> 有三件事对于这种资本主义世界经济的建立是非常必要的：世界本身在地理规模上的扩张；针对不同产品以及世界经济的不同地带而出现的劳动力控制方式多样化的发展；相对强的国家机器的出现，这样的国家成为资本主义世界经济的核心国家。[①]

下面，我们就这三件对资本主义世界经济的产生具有历史意义的事件作一简略的论述。

其一，地理扩张。

地理扩张在欧洲资本主义世界经济形成过程中起到非常大的作用，它不仅缓解了当时欧洲主要强国国内面临的问题，而且为欧洲资本主义世界体系的形成以及后来扩展为“全球性”的资本主义世界体系起到推波助澜的作用。

与 11—13 世纪西欧的扩张不同的是，在 1450 年以后的扩张中，远距离贸易的性质出现了很大的变化，即由封建时代的奢侈品贸易开始转向大宗产品贸易。而正是大宗产品贸易的需要使得欧洲在 14—15 世纪开始地理扩张。[②]

> 从长期的角度来看，大宗产品较之奢侈品更能说明人的经济需求。西欧在 14—15 世纪需要的是食品和燃料。向地中海和大

---

① Immanuel Wallerstein, *The Modern World System I: Capitalist Agriculture and Origins of European World-Economy in the Sixteen Century*, p. 38.

② 沃勒斯坦在《现代世界体系》第一卷《16 世纪资本主义农业和欧洲世界经济的起源》中用了大量篇幅对这一时期欧洲人进行的远距离贸易中的大宗产品进行了描述，如小麦、糖、鱼、肉和木材。这与以前（11—13 世纪的欧洲）的远距离贸易以珠宝和香料等奢侈品为主形成鲜明的对比。

> 西洋岛屿的扩张，然后向西非和北非以及穿过大西洋的扩张，还有向东欧、俄罗斯大平原以及最终向中亚的扩张，[为西欧]提供了食品和燃料。[①]

在这里，沃勒斯坦关心的一个核心问题是：为什么在这一时期是欧洲人而不是中国人扩张（关于这一问题，我们将在本书的第四编“世界体系与中国”中详细论述）？在欧洲人的扩张中，为什么首先是葡萄牙人而不是其他欧洲人？沃勒斯坦从动机和能力两个方面作了解释。

就动机而言，沃勒斯坦从国内社会阶层的需求解释了葡萄牙愿意扩张的原因：[②]

1. 对于葡萄牙这个国家而言，扩张是增加收入以及积累的最为可能的途径，而且葡萄牙是当时欧洲唯一没有因为内部冲突而分散注意力的国家，它达到中等程度政治稳定的时间至少比西班牙、法国和英国要早一个世纪；

2. 对于贵族而言，他们面临着和欧洲其他国家的贵族一样的财政困难，他们既不能通过自相残杀的战争来补充财政，也不希望通过国内殖民来恢复财政，所以他们同情向海外扩张的思想，以此来摆脱财政困难；

3. 对于商业资产阶级而言，地理扩张为他们提供了一次摆脱葡萄牙狭小市场的限制、积累资金的机会；

4. 对于城市半无产阶级而言，伴随地理扩张而来的探险和贸易潮流能够提供新的就业机会。这些半无产阶级从农村逃到城市，向海外的扩张使得潜在的内部骚乱又一次降到最低的程度。

就能力而言，葡萄牙有能力扩张的主要原因有：

---

① Immanuel Wallerstein, *The Modern World System I: Capitalist Agriculture and Origins of European World-Economy in the Sixteen Century*, p. 42.

② 参见：Ibid., pp. 51–52。

1. 葡萄牙在地理位置上紧靠大西洋，与非洲最为接近，在向大西洋诸海岛殖民以及向非洲西海岸探险方面，葡萄牙显然距离最近；

2. 与其他国家相比，葡萄牙有更多的进行远距离贸易的经验；

3. 葡萄牙在资本的储备上也有能力支持扩张；

4. 葡萄牙比较少地介入后来成为欧洲世界经济的地区，而是更多地与伊斯兰地中海地区相联系；

5. 葡萄牙有较强的国家机器，在这方面，15 世纪的葡萄牙与其他西欧国家大不相同。在其他国家内战不断时，葡萄牙却太平无事。

这样一来，强烈的意志、得天独厚的地理位置以及长期以来积累的能力，使得葡萄牙敢于冒险，并最终获得成功。对于地理扩张在资本主义世界经济形成中的作用，沃勒斯坦的评价是，“就 16 世纪而言，有四件令人注目的事情。欧洲人扩张到了美洲。这件事本身也许并不起决定性作用，但很重要。布罗代尔抓住了扩张这一关键事实：‘新世界的金银使得欧洲有能力在超出其财力的条件下生活，超出其储蓄进行投资。’”①

其二，劳动分工。

欧洲资本主义世界经济起源的第二个假设就是存在劳动分工：

> 世界经济基于这样一个假设：有三个地带，它们有不同的劳动控制方式，假如不是这样，就不可能保证剩余价值的流动，从而使得资本主义体系得以存在。②

在沃勒斯坦看来，16 世纪以后的欧洲资本主义世界经济与 16 世纪

---

① Immanuel Wallerstein, *The Modern World System I: Capitalist Agriculture and Origins of European World-Economy in the Sixteen Century*, p. 128.

② Ibid., p. 87.

以前的欧洲封建经济的最大区别就在于，16 世纪以后，在欧洲资本主义世界经济内形成了劳动分工。正是这种劳动分工使得资本主义世界经济由可能变成现实。

1450—1640 年这一时期，在欧洲世界经济内出现了不同的劳动者，大致有如下几个阶层：奴隶和封建主（feudalism）、佃农（tenant farmer）和雇佣劳动者（wage labour）（以上这些占这一时期欧洲经济人口的 90%—95%），也有自耕农（yeoman farmer）。除此之外，还有少量的中间人，如劳动监工、独立的手工业者和技术工人；最后是少量的统治阶级，包括贵族以及贵族资产阶级。这些不同的劳动者反映了不同的劳动控制方式。而这些不同的劳动控制方式出现在欧洲不同的地区。奴隶和封建主主要出现在边缘地区，即这一时期的东欧地区；雇佣劳动者和自由职业者出现在核心地区，即这一时期的西欧地区；而佃农则主要出现在半边缘地区，即这一时期的威尼斯。中间人和统治阶级在各个地区都存在。

对于世界体系论者而言，重要的不是指出这些事实，而是如何解释在同一时期的欧洲会出现不同的劳动控制方式，以及这些不同的劳动控制方式对欧洲资本主义世界经济产生的意义。沃勒斯坦本人主要是从农业以及农村劳动方式的变革来回答这一问题的，这也是他在《现代世界体系》（第一卷）中加入一个副标题“16 世纪资本主义农业和欧洲世界经济的起源”的主要原因。

1. 东欧作为边缘地区：强制性地从事销售农作物的劳动

根据世界体系论者们的观察，奴隶和封建制其实早在中世纪的欧洲就已经存在，东欧也不例外。在 12、13 世纪，东欧和西欧经历了同样的经济过程，即出于经济扩展的需要，对农民作出了很大的让步。但在 14、15 世纪的经济萧条中，西欧和东欧作出了不同的反应，在西欧是封建制的危机，而在东欧则是庄园主的反抗，由此在 16 世纪形成了“第二农奴制”和一个新的地主阶级。[①] 这样，在东欧地区以及西班牙美洲就出现了一种新的劳动控制方式，即强制性地从事销售性农作物的劳动（coerced cash-crop labour）。这种劳动方式“是一种农业劳动控制系统，在这个系统内，通过一些被国家强化的合法过程，农民被要求至少用一部分时间在一个大的生产领域从事劳动，生产销往世界市场上的产品。正常情况下，这个生产领域为个人所拥有，而且通常是国家指定的，但不一定是继承的财产。国家本身可以是这一领地的直接所有者，但是在这种情况下，存在一种转化劳动控制机制的趋向”[②]。

正是这种劳动方式的选择，使得16世纪的东欧和西班牙美洲成为欧洲世界经济的边缘地区。边缘区的技术都是劳动密集型。边缘区的经济活动主要有两项，一是为了金银的采矿业，这主要集中在西班牙的美洲，一是为了食物的农业，这主要集中在东欧地区。[③]

2. 西欧作为核心地区：雇佣劳动

在16世纪的西欧地区，劳动控制方式与同时期的东欧地区相比则完全不同，这就是出现了雇佣劳动。有两个因素对此发挥了重要的作用。首先是大规模牧场的出现。在英国和西班牙，政府当局鼓励圈地，把土地变成牧场和蔬菜农场。在这一政策的支持下，贵族把自己的土地转作利润率较高的牧场或者租给小农而坐收货币，从而把所得的利润投资于贸易、工业以及贵族的奢侈品的消费。而对于农民而言，由于越来越多的自营地变成出租地以及耕地变成牧场，耕地的变少意味着对劳动力质量要求的提高，这就促使人们从劳役地租向货币地租转移。

---

① 参见：Immanuel Wallerstein, *The Modern World System I: Capitalist Agriculture and Origins of European World-Economy in the Sixteenth Century,* p. 95。

② Ibid., p. 91.

③ 参见：Ibid., p 100。

这种土地所有者对土地使用的变化，以及土地对劳动力要求的提高，进一步促进了货币租佃的兴起以及与之有关的雇佣劳动者的兴起，从而导致西欧雇佣劳动的盛行。

另一个因素是人口的作用。世界体系论者认为，人口在自由劳动或较自由劳动制度形成过程中发挥了关键的作用。在西欧，人口的密度比同时期的东欧大得多，这就产生了两个结果：就农村而言，充足的劳动力使得地主无须像在东欧那样花费太多就能满足劳动力的需求，所以无须采用强制性劳动来限制劳动力的出走，这样一来就出现了自由的或较自由的劳动制度，所以劳动是契约性的，而不是强制性的，雇佣劳动和货币地租成了最为可行的办法；就城市而言，尽管人口在不断增加，城市面积也在不断扩大，但人口对土地资源的压力仍在不断上升。在同时期的东欧，一些人可以移居边疆，一些人可以从伊比利亚半岛移往南北美洲，另外一些人（先是犹太人后是摩尔人）则被驱逐到地中海的其他地区。但在西欧，情况非常不同，农村人口（包括因圈地运动而被排斥的劳动力和在收获季节从山区来到平原的季节工）以及流浪者大量增加，这些人为城市新兴工业提供了非熟练劳动力，这也为雇佣劳动在城市的盛行提供了一种催化剂。

3. 意大利北部作为半边缘地区：分成制

与边缘区（东欧和西属美洲）采用强迫劳动（奴隶制和强制性地从事销售农作物的劳动）和核心地区（西欧）采用工资制有所不同的是，在这一时期的意大利北部和法国南部，大力发展出了一种中间形式，即分成制（sharecropping）。分成制在13世纪就出现在意大利和普罗旺斯，在14世纪出现在法国南部，15—16世纪，分成制成为半边缘地区（正在向边缘化结构转变的以前的核心地区）居于首要地位的劳动控制方式。

沃勒斯坦试图解释为什么这些地区会采取这种“特殊”的方式。所谓“特殊”是指，如果这种选择是由于领主受到威胁的结果，那么领主为什么不要求国家像在东欧那样强迫农民留在土地上；如果这种选择是领主让步的结果，那么为什么采取分成制而不像西欧那样让小农买下土地或者付一笔固定的地租？沃勒斯坦不同意有的学者将其归为农民抵抗的强弱，他主张从空闲土地的多少和城镇资产阶级力量的大小这两个方面来解释。

就土地的空闲程度而言，如果有足够的土地，就可以像东欧那样选择强制性的农作物生产，从事粗放式的农业；如果没有足够的土地，就需要选择西欧精耕细作式的农业。分成制显然是介于二者之间。在土地不是很充足而劳动力又比较多的情况下，分成制尽管管理比较困难，但有提高劳动生产率的特点，它解决了劳动力比较过剩的问题，所以优于强制性的农作物生产；租佃制虽有利可图，但由于佃户有固定的契约，因而在市场强盛时，佃户获益很多，但在市场衰退时，佃户的损失也很大，而分成制的风险相对来说显然比较小，所以这是选择分成制而不是租佃制的一个主要原因。

就本地资产阶级而言，分成制使得他们既可以在经济衰退时有保全自己社会地位的土地所有权，又可以使他们在平时避免农业劳动之苦。沃勒斯坦认为，这比较符合半边缘地区资产阶级的状态，即他们不像核心地区的资产阶级那样完全放弃对土地的依赖，也不像边缘地区的庄园主那样完全依赖土地。

正是这种劳动分工的出现，才使得欧洲资本主义世界经济成为现实。沃勒斯坦对此的总结是：

> [16世纪]第三个引人注目的变化是农村劳动的形式——边缘地区强制的商品性农作物劳动和核心地区自耕农的兴起。……把自耕农称为封建制终结时的'原动力'，可能是夸大其词。但如果说没有自耕农也可以有资本主义制度，这却值得怀疑。如果没

> 有强制性的商品性农作物劳动，道理也一样。[1]

其三，国家机器。

欧洲资本主义世界经济起源的第三个假设就是相对强的国家机器的产生。

> 资本主义世界经济的最显著的特征就是，经济决策主要面向“世界经济”的领域；而政治决策主要面向“世界经济”内较小的有合法控制权的组织——国家（民族国家、城市国家以及帝国）。[2]

沃勒斯坦承认，在16世纪以前，世界经济也存在，而且覆盖面也很广，使这些世界经济成为可能主要是靠贸易（既有远距离贸易也有地方贸易）。但他强调，16世纪之前的世界经济都是单一的政治结构，即世界帝国，这种政治结构阻碍了经济的增长。从政治角度来看，16世纪的欧洲资本主义世界经济与以前的世界经济最大的区别就在于相对强的国家机器的产生，这些国家也随之成为资本主义世界经济的核心国家。

沃勒斯坦在研究欧洲社会经济史的基础上提出了一个命题：西欧君主专制的兴起与一个欧洲世界经济的出现在时间上是一致的。这里的问题是，为什么国家机器在16世纪能得以加强？这种加强对资本主义世界经济的产生起了什么样的作用？

沃勒斯坦通过研究发现，与以前相比，在16世纪，国王是国家机器的主要操作者。国王主要是通过如下四种途径来加强自身的：官僚化、军队的垄断、合法性的创造，以及人口的同化。

---

① Immanuel Wallerstein, *The Modern World-System I: Capitalist Agriculture and Origins of European World-Economy in the Sixteen Century*, p. 128.

② Ibid., p. 67.

1. 官僚化，即出卖官职。出卖官职无论对于国王权力的加强，还是对于国家经济干预能力的提高都有好处。对于国王而言，出卖官职给那些出身贫寒的人，使其成为领取薪水的专职官员，就可以使这些官员依附于国王，从而削弱贵族或有势力的家族对国王权力的制约。对于国家的经济能力而言，出卖官职可以增加国家的财政收入，虽然官僚的增加会导致国家对财政的进一步需求，但国家一方面通过征税、借款、发行国债等手段提高财政收入，另一方面利用这些增加的收入加强其强制能力。所以，“同以前的封建制度相比，出卖官职使得国家体系有可能占有相对高于一切的地位”①。

2. 军队的垄断。国王加强权力的第二个手段是对军队的垄断，这主要是通过“雇佣兵”来实现的。雇佣兵的招募对于政治稳定和经济发展起了重要的作用。就政治稳定而言，由于雇佣兵是一个非常危险的职业，所以并不是一般人都愿意选择这个职业。在 16 世纪以前，西欧的人口得到了飞速增长，在城市出现了大量的“流浪”人口，这对国家的政治稳定造成了比较大的威胁。所以，招募这些流浪者为雇佣兵，一方面可以解决这些“流氓无产者”的就业问题，另一方面可以用这些人去镇压另外一些人，这就为国王控制国家和贵族提供了新的武器。就经济发展而言，雇佣兵为三种人提供了经济发展的机会，一是如前面所说，它为穷人提供了就业机会；二是它为“军事承包人”提供了机会——当时的机制不允许国家直接招募雇佣兵，于是招募雇佣兵主要是由国家与企图谋利的“军事承包人”签订合同；三是为企业家提供了机会——军队的一切供给都由企业家来提供，这样就刺激了企业家生产的积极性。这样一来，国家的短期需求刺激了资本主义的扩张。

3. 合法性的创造。国王加强权力的第三个手段是创造王权的合法

---

① Immanuel Wallerstein, *The Modern World System I: Capitalist Agriculture and Origins of European World-Economy in the Sixteen Century*, p. 137.

性。所谓合法性，在沃勒斯坦看来，“它［王权的合法性］与老百姓无关，但与官僚有关。政治稳定这个问题意味着操纵国家机器的小集团能够使中央官员和地方豪强势力这个大集团在某种程度上相信，政体已经形成，并在他们相信的价值观念一致的基础上运行；而且正是为了这些官员的利益，这一政体继续运行而不会出现大乱。达到这种境况时，我们就可以说这一政体是‘合法的’”①。

但沃勒斯坦并不认为王权在这一时期具有绝对性。他认为，把这一时期的王权解释为不受任何限制的政体是不恰当的。说这一时期的王权是绝对的，主要有两种含义：一是它是相对于过去封建王权权力的分散而言的；二是指，当国内政策出现对抗时，它有压倒其他势力的可能。从这种意义上来说，这时的王权主要将国家利益与君主的利益联系在一起，这对于加强国家的地位无疑是有意义的，但与 17 世纪后期和 18 世纪将国家利益与资产阶级利益联系在一起并出现重商主义的状况相比，国家在经济发展中的地位是加强了，但还没有达到登峰造极的地步。

4. 人口的同化。这是这一时期国王加强国家机器的第四种手段，具体指宗教的统一。“中央集权化过程的一个主要成功标志和一个重要机制是：人口按某种方式被改造成具有文化同一性的集团的程度。这与一般民众的关联小于与广义上的骨干成分的关联（骨干指国王、国王的官僚和陪臣、农村的大地主和小地主、商人）。在 16 世纪，当中心国家的这些阶层正在朝着更大的‘民族’同一性方向变动时，边缘地区恰恰在向相反方向变动。”② 沃勒斯坦以东、西欧对犹太商人的态度的变化验证以上观点。

① Immanuel Wallerstein, *The Modern World System I: Capitalist Agriculture and Origins of European World-Economy in the Sixteen Century*, p. 144.

② Ibid., p. 147.

表 4　东、西欧对犹太商人的态度

时间	西欧的态度	东欧的态度
800—1200 年	有合法地位	有合法地位
13—14 世纪	开始排斥：英国在 1492 年，法国在 14 世纪末	地位有所削弱
16 世纪前后	几乎看不到犹太人	犹太人的数量不断增加

从表 4 可以发现，犹太人在 16 世纪前后的东、西欧的命运是完全不同的。在 16 世纪，西欧已经成为欧洲世界经济的核心地区，本地资产阶级在国家中的地位逐渐强大，由于担心犹太人对自己的经济利益造成挑战，所以排斥犹太人。而在东欧地区，当地地主之所以欢迎犹太人而不要当地资产阶级作为地方商人，主要原因是担心当地商业资产阶级一旦积蓄经济力量（他们有政治基础，而犹太人没有），就会威胁东欧地主的利益。这种出于经济利益而采取的人口同化政策，对东、西欧国家机器的加强起了促进作用。

通过官僚化、军队的垄断、合法性的创造以及人口的同化，国王加强了其对国家的控制。“尽管君主专制在 18 世纪才得以加强，但在 16 世纪，世界经济需要而且为这种不断加强的中央化创造了条件。”①

这样，由于西欧资本主义世界体系在地理规模上的扩张，由于在西欧资本主义世界体系内不同产品和不同地区的劳动的控制方式的发展，也由于西欧资本主义世界体系内相对强的国家机器的产生，大约在 16 世纪的西欧，资本主义世界体系就形成了。

（三）欧洲世界经济与世界体系

以上所论述的是欧洲资本主义世界经济的起源和形成的过程。但

① Immanuel Wallerstein, *The Modern World System I: Capitalist Agriculture and Origins of European World-Economy in the Sixteen Century*, p. 136.

这里仍然存在两个问题。一个是，在16世纪之前，是否存在世界经济？如果存在，依据什么将其与16世纪的欧洲世界经济相区别？另一个问题是，16世纪欧洲世界体系形成以后，是否还存在一些不在这个体系之内的地区，如果有，如何区别体系内的地区和体系外的地区？

对于第一个问题，世界体系论者主要是依据生产方式来区别的。在世界体系论者看来，在16世纪资本主义世界体系出现之前，根据生产方式的不同，人类历史上曾出现过不同的体系。在人类历史上，生产方式曾发生三次变动，因而体系也相应发生了三次变动，这三次变动分别是：①

1. 相互联系的生产方式以及由此形成的小体系，这主要发生在古代；

2. 重新分配朝贡的生产方式以及由此形成的世界帝国，这主要发生在16世纪以前；

3. 资本主义生产方式以及由此形成的世界体系，这主要发生在16世纪以后。

沃勒斯坦本人并不认为历史上出现的体系都是世界体系（在这一点上，世界体系论者内部是有很大分歧的，关于分歧的详细论述，参见本书第三编第二章中的“1500年以前的世界体系是否存在”）。这里有两点尤其值得我们研究者注意：一是世界体系的经济特征。世界体系论者都是基于劳动分工来区分历史上的社会体系的，在历史上的社会体系的基础是劳动分工这一点上，所有世界体系论者都是一致的。分歧在于，一些世界体系论者，如沃勒斯坦主张，历史上的小体系不是世界体系，历史上能够称为世界体系的只有两个，一个是世界帝国，一个是资本主义世界经济。另外一些世界体系论者，如弗兰克则认为，历史

① 参见：Immanuel Wallerstein, *The Capitalist World-Economy*, p. 136。

上的社会体系都是世界体系。二是世界体系的政治特征。作为世界体系，世界帝国和资本主义世界经济的区别除了劳动分工这一基础之外，另外一个重要区别就是政治特征。在世界帝国中，存在一个控制大片地域的单一政治体系，这是世界帝国极度不稳定的一个重要原因，而在资本主义世界经济这个世界体系中，存在着多个政治体系，并由此构成了国家体系，这种特征是资本主义世界体系存活 500 年并能够一直兴旺，没有转变成世界帝国的一个主要原因（关于资本主义世界体系的这种政治特征，我们将在第二编第三章“世界体系的政治分析”中作详细论述）。

一个社会体系如何才是一个完整的体系？在沃勒斯坦看来，这主要取决于这个体系的范围、结构、成员、合理规则和凝聚力，“表现为一个社会体系的特征是基于这样一个事实，即这个体系内的生活大体上是独立自足的，而且这个体系发展的原动力是内在的”[①]。符合这样一个准则的社会体系就构成了各种“世界”，“更精确地说，这些世界体系是由下述事实确定的，即作为一个物质经济实体，它们的自足是以广泛的劳动分工为基础的，而且在体系之内包含多种文化”[②]。

而在 16 世纪，在欧洲首先形成了一个与以前存在的世界帝国完全不同的经济世界——资本主义世界经济。资本主义经济和封建经济的显著区别就在于剩余转让的方式不同。沃勒斯坦曾对封建经济和资本主义经济作过如下比较：[③]

世界帝国：农业剩余以朝贡形式直接分配。

欧洲封建制：农业剩余以封建地租形式分配。

资本主义世界经济：有效的和扩大的生产（先是在农业部门然后

---

① Immanuel Wallerstein, *The Capitalist World-Economy*, p. 347.

② Ibid., p. 348.

③ 参见：Immanuel Wallerstein, *The Modern World System I : Capitalist Agriculture and Origins of European Word-Economy in the Sixteen Century*, pp. 37–38。

是工业部门）带来的剩余通过世界市场机制和国家机器来分配。

正是在依据生产方式来区别资本主义世界体系和以前的世界经济这种意义上，世界体系论者主张，资本主义世界体系就是资本主义世界经济，甚至可以说，世界体系就是世界经济。从这里，我们可以发现，沃勒斯坦等世界体系论者主要吸收了年鉴学派，特别是布罗代尔的观点[①]。

对于第二个问题，沃勒斯坦认为，这种区别的核心问题就是边缘地区与外部区域的区别。这种区别的重要标志主要有三个：贸易的性质，国家机器的力量与作用，本土城市资产阶级的力量和作用。

就贸易的性质而言，世界体系的边缘地区与世界体系的外部区域的最大区别就是贸易的数量以及大宗产品贸易和奢侈品贸易的区别。在16世纪，俄国以及东欧都与西欧有贸易关系，但俄国与西欧从事的贸易有两个显著特点：一个是，俄国与西欧贸易的数量远不如同时期与东方贸易的数量大；[②] 另一个是，16世纪的俄国主要出口多种用于海军补给品的原料和裘皮，进口奢侈品和金属品，[③] 换句话说，从事的是奢侈品贸易，而不是大宗产品贸易。

> 我们需要指出世界经济的边缘区与其外部区域之间的区别。世界经济中的边缘区是世界经济中主要生产低级商品（即生产这种商品的劳动得到较低的报酬）的地区。然而，这个部分是整个劳动分工体系中的一个组成部分，因为这些商品是日用必需品。世界经济的外部区域是由其他世界体系构成的。它们和某个特定

---

① 关于这一点，如果阅读过布罗代尔的著作《菲利普二世时代的地中海和地中海世界》，或者读一下《15至18世纪的物质文明、经济和资本主义》的第三卷（中译本第1—25页）中对沃勒斯坦的回应，自然会有切身的感受。

② 参见：Immanuel Wallerstein, *The Modern World System I: Capitalist Agriculture and Origins of European World-Economy in the Sixteen Century*, pp. 303–304。

③ 参见：Ibid., p. 306。

的世界经济有某种基本上建立在贵重物品交换上的贸易关系，这种交换有时被称为“奢侈品贸易”。[①]

就国家机器的力量与作用而言，国家的作用在16世纪的西欧、东欧边缘国家以及俄国的作用是很不相同的。在16世纪资本主义世界体系形成时期，国家的作用在西欧资本主义世界体系的中心地区显著加强。关于这一点，我们在前文已经讨论了国王是如何在这一时期加强国家力量的。在西欧国家力量上升时期，处于边缘地区的东欧却是国家力量相对下降的时期。这突出地表现在，西欧的国王可以通过收买官僚、雇佣军队、获得商业资产阶级和贵族的支持来加强其政治权力；而在东欧，随着贵族在有利可图的国际贸易中不断壮大，资产阶级在经济生活中不断变弱，国王没有足够的费用来支持军队。[②] 在同时期的俄国，君主专制的方式与西欧非常相似，而与东欧完全不同。这主要表现在，废除地区行政机关的邑地制度，而代之以部分以现金、部分以报酬的官僚制度，这一方面加强了中央官僚主义机构，另一方面创立了税收基础；地方政府的缙绅阶级得到沙皇的支持；沙皇谋求与商业资产阶级的合作（在波兰，从事贸易的主要是贵族）；沙皇还有自己的禁卫军；等等。[③]

就城市本地的资产阶级的作用而言，在东欧地区，城市、本国商人以及本地工业都衰落得很厉害，而在俄国，尽管本国商人遇到大地主以及沙皇本人的竞争，但是由于沙皇也需要商业资产阶级在财政上的支持，所以他们能够得以生存。对于手工业来说，俄国的手工业尽管受到激烈的竞争，但还是保留了大宗商品市场的绝大部分，甚至是优质商品

① Immanuel Wallerstein, *The Modern World System I: Capitalist Agriculture and Origins of European World-Economy in the Sixteen Century*, p. 302.

② 参见：Ibid., pp. 309–310。

③ 参见：Ibid., pp. 316–317。

市场的一部分。[①]

世界体系论者认为，对俄国的这种分析也同样适用于解释同时期的奥斯曼帝国、东印度群岛为什么不在西欧资本主义世界体系之内，而在资本主义世界体系之外。

在分析世界体系与域外地区关系的基础上，沃勒斯坦进一步对处于形成过程中的资本主义世界经济中的“世界”和“世界经济”作了比较明确的解释，他说：

> 称之为“世界”体系并不因为其包括整个世界，而是因为它比任何法律形式定义的单位要大，称之为‘世界经济’，因为这个系统各个部分的联系是经济的，尽管这种联系在某种程度上被文化联系而且最终被政治安排和联盟结构所加强。[②]

二、世界体系的运作和机制

沃勒斯坦认为，资本主义世界体系一旦建立起来，便围绕着两个二分法运行：一是阶级，即无产阶级和资产阶级；二是经济专业化的空间等级，即核心地区和边缘地区，其中“不等价交换”和“资本积累”是这个体系运行的动力。[③]资本积累过程中的不等价交换不仅存在于无产阶级和资产阶级之间，而且也存在于核心地区和边缘地区之间。关于资本主义世界经济中无产阶级和资产阶级之间的“不等价交换”运行机制，我们将在第二编第三章“世界体系的政治分析”的相关章节中进行系统的分析，这里重点分析资本主义世界体系中“核心区”和“边缘

① 参见：Immanuel Wallerstein, *The Modern World System I: Capitalist Agriculture and Origins of European World-Economy in the Sixteen Century*, pp. 323–324。

② Ibid., p. 15.

③ 参见：Immanuel Wallerstein, *The Capitalism World-Economy*, p. 162。

区”之间的“不等价交换”关系。

（一）劳动分工和“三个地带”

“劳动分工”一直是西方社会科学家探讨的主题，由此形成了亚当·斯密著名的“绝对利益学说”[①]和大卫·李嘉图的“比较利益学说”[②]——由此形成古典自由主义。他们主张，劳动分工有利于社会进步，有利于资源的合理分配，有利于各国财富的增长。这种主张在当代得到了进一步的发展，在关于世界范围内的经济关系以及政治关系方面，在20世纪70年代出现了人们所熟知的“相互依存理论”和“霸权稳定理论”。[③]这些理论相信，“贸易和经济交流是国际和平关系的一个源泉，因为国家之间的贸易以及扩大着的相互依存关系的互惠互利，将有助于巩固它们之间的合作关系。政治使人民分裂，而经济使得人民团结。随着互惠互利纽带的建立，一个自由主义的国际经济将对国际政治施加温和的影响，同时对维持国际现状提供了保证”[④]。

世界体系论者也将劳动分工用于世界范围内生产关系及其结构的分析上，但与自由主义者的主张不同的是，世界体系论者认为，劳动分工并不是如自由主义者所主张的那样有利于资源的合理配置，而是导致一部分地区的资本积累高于另一部分地区，进而导致世界范围内资本积累的不平衡，最终形成资本积累速度快的核心地区和资本积累速

---

① 亚当·斯密于1776年发表的《国民财富的性质和原因探究》（又译《国富论》）共分五个部分，其中第一个部分集中探讨分工问题。

② 大卫·李嘉图在《政治经济学及赋税原理》（*On the Principle of Political Economy and Taxation*）中所列举的布匹和葡萄酒的贸易使得英国和葡萄牙两国都能从中获得利益并使得世界财富增长的例子鼓舞了一代又一代的自由主义者。

③ 关于“相互依存理论”和“霸权稳定理论”比较详细的论述，可以参阅：George T. Crane, Abla Amawi (eds.), *The Theoretical Evolution of International Political Economy*, Oxford University Press, 1991, pp. 107–141, 233–263；〔美〕罗伯特·吉尔平：《国际关系政治经济学》，杨宇光等译经济科学出版社1992年版，第35—40页。

④ 〔美〕罗伯特·吉尔平：《国际关系政治经济学》，第39页。

度慢的边缘地区。

在世界体系论者看来，从 1640 年开始，欧洲地区范围内的劳动分工便将资本主义世界体系在地理空间上划分为三个地带，即核心区、半边缘区和边缘区，这是资本主义世界体系与以前的社会体系在地理空间上的根本不同。[①] 尽管欧洲资本主义世界体系在随后的 500 年向全球扩展，但核心区、边缘区以及半边缘区这种一般的空间结构一直没有变，发生变化的只是具体的核心区、边缘区以及半边缘区在不同历史时期内相互转化。[②]

所谓核心区，是指技术含量高、资本密集型以及高工资产品所在的地区。[③] 尽管世界体系论者在定义核心区经济活动的具体标准时稍有不同——如沃勒斯坦主张核心区的经济活动一般是高度资本密集型的生产以及由此带来的高额回报，而阿里吉则认为，核心区的经济活动一般有很高的回报率，但与其将其归之于资本密集度，不如将其归之于保护经济活动竞争性的总体能力——[④] 但不管运用什么标准，世界体系论者都一致认为，自从资本主义世界体系产生以来，只有有限数量的国家处于核心区，这包括 16—19 世纪西欧的一些国家、20 世纪的美国，以及后来的日本。

所谓边缘区，则是指技术含量低、劳动密集型以及低工资产品所在

---

① Immanuel Wallerstein, *The Capitalist World-Economy*, p.18.

② 关于核心区、半边缘区以及边缘区在漫长的 16 世纪的形成过程的详细论述，可参阅沃勒斯坦的《现代世界体系》（第一卷）；关于核心区、半边缘区以及边缘区在漫长的 16 世纪的形成过程的高度理论概括，可参阅：Immanuel Wallerstein, *The Capitalist World-Economy*, pp. 37–49；关于核心区、半边缘区以及边缘区在 16 世纪以来的不同历史时期在不同国家和地区转化的详细历史考察，可参阅：Immanuel Wallerstein, *The Capitalist World-Economy*, pp. 1–37。

③ 关于核心区的特征以及理论论述，可参阅：Terence K. Hopkins, Immanuel Wallerstein (eds.), *World-Systems Analysis: Theory and Methodology*, p. 11; Immanuel Wallerstein, *The Capitalist World-Economy*, pp. 1–37。关于当代核心区的详细考察，可参阅：Themas R.Shannon, *An Introduction to the World-System Perspective*, pp. 27–29, 85–92。

④ Themas R.Shannon, *An Introduction to the World-System Perspective*, p. 28.

的地区。[①] 世界体系论者认为，在边缘区形成过程中，至少有四个特征值得我们注意，这四个特征包括：[②]

第一，通过“融入”过程（关于融入的具体特征，我们将在下文作较详细的讨论）而成为资本主义世界体系的边缘区。一些在结构上处于资本主义世界体系之外的地区和人民，在经济上不断加入资本主义世界体系的劳动分工，成为资本主义世界体系生产过程的一个部分；在政治上不断融入国家体系的统治过程之中。第二，专业化生产。成为边缘区的地区出现了生产专业化特征，即边缘区的生产加入特定的、世界性的劳动分工的特殊生产链之中，专门生产核心区所需求的大宗产品或工资产品，从而在世界市场上销售。第三，边缘区的工人都直接或间接地处于劳动-资本关系之中。第四，边缘区出现一个简单的资本再生产过程，即边缘区不但有一个在规模、技术劳动分工或资本的技术含量上没有变化的简单再生产过程（如机器的维持以及更换），而且还有一个在技术劳动分工，特别是在资本的技术含量没有多大变化，但在现存生产单位上以及生产规模上有所扩大的简单扩大再生产过程。所以，在边缘区，生产程序变成了一种惯例；工人的任务变成了一种习惯；劳动强度仍然保持在长时间这样一个水平上；生产工具或组织在技术提高方面很小，没有结构性的变化，这些就是边缘区的总体特征。

关于半边缘地区，世界体系论者认为，在资本主义世界经济中，有一些地区或国家无法直接纳入核心区或边缘区这两个范畴之中，而是介于二者之间，这样区域可以称之为“半边缘区”。他们认为，半边缘区主要是指那些处于核心和边缘之间的地区：对邻近的核心区而言，它呈

---

① 关于世界体系论者对边缘区的详细理论论述，可参阅：Terence K. Hopkins, Immanuel Wallerstein(eds.), *World-Systems Analysis: Theory and Methodology*, pp. 125–128。关于当代边缘区的详细考察，可参阅：Themas R.Shannon, *An Introduction to the World-System Perspective*, pp. 27–29, 92–108。

② 参见：Terence K.Hopkins, Immanuel Wallerstein (eds.), *World-Systems Analysis: Theory and Methodology*, p. 125。

现一种边缘化过程，但相对于邻近的边缘区而言，它又呈现一种核心过程。[①] 用沃勒斯坦自己的话来说就是：

> 就定义而言，半边缘似乎是一个形容词，你可以［将其］用于那些与核心和边缘不同的国家。一个半边缘国家是其活动一半类似核心一半类似边缘的国家。这当然有重要的政治后果。半边缘国家这种模式主要是指将世界体系的边缘国家的产品进口到核心国家，同时将核心国家的产品进口到边缘地区，并且是以大致同样的程度来进行这两种活动的。[②]

半边缘区在资本主义世界经济中起着一种非常特殊的作用。就其在资本主义世界体系的国家体系中所起的作用而言，许多半边缘国家在其所处的区域中实际上主导着那个地区的边缘区，诸如巴西、阿根廷和墨西哥在拉丁美洲起着主导作用。就其在世界劳动分工中所起的作用而言，半边缘国家也不可被低估，这突出地表现在20世纪60年代以后出现的“新兴工业化国家”，诸如巴西、韩国、新加坡、墨西哥、泰国以及马来西亚。这些处于半边缘区的国家的产品并不完全是出口到核心地区，而是也出口到边缘国家，它们和边缘国家的经济关系就像核心国家和边缘国家的关系一样。出口到核心国家的传统产品在半边缘地区的经济中仍然占有重要的地位，当然与以前相比，其重要性有所下降，而且半边缘地区的新型工业是核心地区的老的、正在下降的工业，但这些并不影响半边缘区在世界经济中所起的重要作用。

---

① 关于世界体系论者对半边缘区的详细理论论述，可参阅：Terence K. Hopkins, Immanuel Wallerstein (eds.), *World-Systems Analysis: Theory and Methodology*, p. 47, 93。关于当代半边缘区的状况以及所面临问题的详细考察，可参阅：Immanuel Wallerstein, *The Capitalist World-Economy*, pp. 95–119；Themas R.Shannon, *An Introduction to the World-System Perspective*, pp. 108–117。

② Terence K. Hopkins, Immanuel Wallerstein (eds.), *World-Systems Analysis: Theory and Methodology*, p. 93.

对于核心区、半边缘区和边缘区的关系也应从历史的角度分析，即核心和边缘并非固定的，它们的形成和发展是彼此相连的。这种关系在世界体系形成和发展过程中被不断重新做出安排，如以前的核心地区经过一定时期的发展可能成为边缘地区，而以前的边缘区经过竞争而成为核心地区，这主要根据其资本积累的速度和程度。在资本主义世界经济中，核心区、半边缘区和边缘区的相互关系可以用下图表示（参见图2“资本主义世界经济中的关系”）[①]：

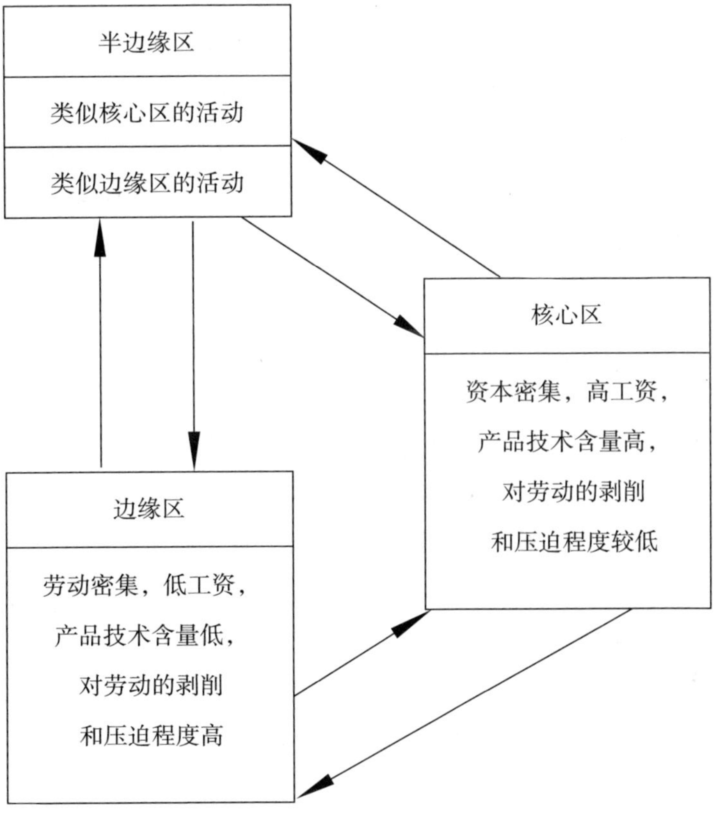

图2　资本主义世界经济中的关系

① 参见：Themas R.Shannon, *An Introduction to the World-System Perspective*, p. 33。

（二）不等价交换

资本主义世界体系自16世纪形成以来，便一直存在着核心区、半边缘区和边缘区这种空间结构。尽管具体的核心区、半边缘区和边缘区有所变化——如美国和日本在19世纪以前曾处于资本主义世界体系的边缘区，而进入20世纪便进入世界体系的核心区；西班牙在历史上曾是世界体系的核心区，进入20世纪成为世界体系的半边缘区；巴西、韩国、马来西亚等在长期的殖民地历史中一直处于世界体系的边缘区，但进入20世纪70年代成为世界体系的半边缘区等——但世界体系的核心、边缘、半边缘这种空间等级结构并没有变。在世界体系论者看来，资本主义世界经济自从产生以来出现的核心区、半边缘区以及边缘区这种空间结构之所以能够一直存在，其动力就在于核心区和边缘区之间存在着“不等价交换”。

“不等价交换”（unequal exchange）是马克思主义经济学理论的一个重要概念，这个概念在依附论和世界体系论中得到了广泛的应用。世界体系论对“不等价交换”这个概念的使用主要是基于社会学家阿里吉·伊曼纽尔（Arrighi Emmanuel）的理论。阿里吉·伊曼纽尔关于“不等价交换”理论的基本观点是①：边缘区工人所得的报酬远低于核心区工人所得的报酬，所以用边缘区的低工资产品和来自核心区的高工资产品进行交换的过程本质上就是不等价的。核心区很容易得到来自边缘区的便宜的产品，假如核心区自己生产这些产品，由于核心区的高工资，那么生产出来的产品的价格就远高于从边缘区购买的同样产品的价格。相反，边缘区如果购买来自核心区的产品，因为核心区的高

① 伊曼纽尔对不等价交换的阐述主要集中在他于1972年出版的著作中：*Unequal Exchange*, New York: Monthly Review Press, 1972。有一个事实值得注意，大多数世界体系论者在谈到不等价交换时都引用他的观点，但很少对其作过分详细的评论。

工资，边缘区所付的价格就必须远高于边缘区自己生产同样产品的价格。交换的结果自然是，边缘区工人创造的剩余价值通过交换就流入核心区高工资产品的生产商手中。所以，核心区和边缘区的交换是一种“不等价交换”，国际贸易的过程并不像李嘉图所说的那样对贸易双方都有利。

世界体系论者接受了“不等价交换”学说，并将其运用的范围进行扩展，即不仅将其用于跨国界的交换中，而且将其用于国家之内的地区之间的贸易交换中。沃勒斯坦曾坦言道：“阿里吉·伊曼纽尔的解释部分基于这样一个事实，即交换是跨越国家边界的，这也许是必要的，也许不是。对于我来说，情况似乎不是这样，事实上，我们可以认为，在国家内部的城市和农村地区之间的贸易也是一种不等价交换贸易。”[①] 这种“不等价交换”可以通过许多机制进行，诸如通过殖民垄断贸易（东印度公司），或通过当代跨国公司内部转换，或通过一种或多种商品交换形成世界性的市场或国家间双边或多边贸易协定等。[②]

除了将“不等价交换”的范围扩大到一个国家内部以及用工资率来解释不等价交换之外，世界体系论者还联系另外三个要素（权力集团的形成、国家的形成以及阶级斗争）来解释边缘区被剥削的过程。[③] 权力集团主要是指在一个国家占主宰地位的从事各种经济活动的资本家的联合。在核心地区，这些资本家从商业、金融以及工业来支持国家的政策，包括发达国家产业政策的持续发展以及对边缘地区的剥削。而在边缘地区，占主宰地位的统治集团依靠对低工资劳动力的剥削来生产廉价产品向核心区出口，这种权力集团对边缘区的统治实际上阻

---

① Terence K. Hopkins, Immanuel Wallerstein (eds.), *World-System Analysis: Theory and Methodology*, p. 93.

② 参见：Ibid., pp. 47–48。

③ 参见：Themas R. Shannon, *An Introduction to the World-System Perspective*, p. 35。

碍了边缘区的经济发展。而边缘区形成的国家一般是比较软弱的国家，这也反映了占统治地位的权力集团的利益，因为这些权力集团主要依靠向核心区出口低工资产品来获得利益。就世界体系的阶级斗争而言，由于阶级斗争一般都变成了为单个国家的权力而斗争，而不是世界性的阶级之间的斗争，这样，世界范围内的被剥削的工人阶级反对世界性的资产阶级的斗争要么联合不起来，要么支持个别国家的民族资产阶级。这三者结合起来进一步促进了核心区和边缘区之间的不等价交换。

对于“不等价交换”以及由此造成的对边缘区的剥削在资本主义世界体系运行过程中所起的作用，世界体系论者另一位代表蔡斯-邓恩曾作过精辟的总结：

> 也许从来没有这种情况……更多的剩余产品是从边缘区榨取来的而不是在核心区生产的。核心区积累的剩余价值大多是由核心区的工人运用相对更先进的生产工具生产出来的。然而，从边缘区榨取来的剩余产品，在促使核心区的扩大再生产过程相对顺利地进行方面一直起着非常重要的作用。这一直是以如下三种方式进行的：(1)通过降低核心区国家中主要资本家之间的冲突和竞争；(2)通过调整核心区国家之间的权力关系而不破坏国家体系；(3)通过促进核心区的资本和劳动之间关系的相对融洽。[①]

(三)融入和边缘化

“融入”(incorporation)和“边缘化”(peripheralization)是世界体系论者论述资本主义世界体系的运行机制时经常运用的另外两个重要范畴。这两个范畴实际上表达了资本主义世界体系运行过程中体系内

① William R. Thompson (ed.), *Contending Approaches in World-System Analysis*, Sage Publications, 1983, p. 75.

的国家和地区与体系外的国家和地区的相互关系。在世界体系论者看来，已经进入世界体系的国家和地区有经济上的"核心区"和政治上的"核心地位/国家"（core status/state）或"霸权国家"，以及经济上的"边缘区"和政治上的"边缘地位/国家"（periphery status/state）之分，[①] 核心区和边缘区之间依靠"不等价交换"来运行。但是，由于资本主义世界经济在一开始只占据全球的一部分（即西欧），因此还有很多国家在 19 世纪以前没有进入起源于 16 世纪的西欧资本主义世界体系。这样，资本主义世界体系的运行就有一个"融入"和"边缘化"的过程。

资本主义世界体系在 16 世纪的欧洲产生以后，出于资本积累的需要，便开始了向全球的地理扩张和经济掠夺。这一过程开始于 1500 年，到 19 世纪末资本主义世界体系在全球建立，完成了现代世界体系向全球的扩展过程。

在世界体系向全球扩展的过程中，资本主义世界体系和未进入世界体系的国家以及地区之间存在着一种"融入"和"边缘化"关系。"融入"和"边缘化"是一个过程的两个方面："融入"是指世界体系之外的国家和地区不断进入世界体系的过程，而"边缘化"则指世界体系不断包容新的国家和地区的过程。"融入"只是边缘化的第一步，随着边缘化过程的深入，被边缘化的国家和地区不断加入整个世界经济的"商品链"中。

那么，融入过程和边缘化过程有哪些具体特征呢？世界体系论者认为，世界体系之外的地区融入世界体系，一般包括两种基本关系网络的建立：一种是生产过程的相互交融，这主要包括工人直接或间接地转入劳资关系中，从而导致强制性劳动的广泛增强以及人民大众生活福

---

① 参见：Terence K. Hopkins, Immanuel Wallerstein (eds.), *World-System Analysis: Theory and Methodology*, p. 47, 99。

利的普遍下降；另一种是统治过程的相互交融，这主要是指融入使得世界经济的国家体系的扩展成为必要。域外国家或地区在融入作为世界体系重要组成部分的国家体系之后，其统治主要表现为三个特征，即这些域外国家或地区融入国家体系后的每一个重要主张，都或多或少地对一个特定的地缘政治区域以及这个区域的人民负责；每一个重要主张都与地方或国内力量相联系，并有很强的力量来保证货物、人口以及货币跨越地理政治界限的流动并进入其他同样的地区，特别是进入核心区；与核心区的统治相比，这些域外国家或地区没有足够的能力来阻止货物、人口以及货币的流动。[①] 而边缘化过程主要两个特征：一是边缘化的深度，即一旦核心过程和边缘过程有了关系，这种关系就会向更为不平等的方向发展；一是边缘化的广度，即涵盖以前没有进入正在运行的世界经济的单位或地区的数量。[②]

这里存在一个历史界限问题，即在历史上哪一点或哪一时期才能说世界其他地区和国家进入世界体系之中。沃勒斯坦等人认为这涉及平等和不平等的贸易以及奢侈品问题。[③] 如果进行贸易的产品是奢侈品，就不能认为是资本主义世界经济的组成部分。例如印度，在 1750 年或 1765 年以前，尽管它也同欧洲进行贸易，但由于从事的主要是奢侈品贸易，因此不能说印度是资本主义世界经济的组成部分，但 19 世纪印度和英国的贸易却是资本主义世界经济的组成部分，也就是说，边缘化过程使得印度从一个外在于资本主义世界体系的区域融入资本主义世界体系，进而成为世界体系的边缘区。沃勒斯坦等人发现，同样的

---

① 更为详细的论述，可参阅：Terence K. Hopkins, Immanuel Wallerstein(eds.), *World-Systems Analysis: Theory and Methodology*, pp. 128–133。

② 详细论述，可参阅：Terrence K. Hopkins, Immanuel Wallerstein (eds.), *World-System Analysis: Theory and Methodology*, p. 99。

③ 参见：Terrance K. Hopkins, Immanuel Wallerstein (eds.), *World-System Analysis: Theory and Methodology*, pp. 99–100。

情况出现于1650—1700年的加勒比、1750—1820年的奥斯曼帝国，以及1870—1920年的南部非洲。

三、世界体系的周期和趋向

（一）世界体系的周期

周期和趋向是世界体系论者关心的另一重点（他们又称之为周期性规律和长期的趋向），这是他们接受法国年鉴学派倡导的"长时段（long duree）研究"方法的最重要体现。沃勒斯坦认为，在资本主义世界体系的历史中，有两种主要的经济周期：一种是康德拉捷耶夫周期；一种是比康德拉捷耶夫周期更长的周期，他称之为"特长周期"。正如沃勒斯坦所说的那样，"在某种程度上我们关心长时段社会变化，我们的兴趣主要是较长的周期（longer cycles），即那些平均50—60年、通常被称作康德拉捷耶夫周期的周期，以及更长一些（200—300年）的周期，有时也被称为'特长周期'。"①。如果说劳动分工以及由此带来的核心、边缘、半边缘是资本主义世界体系［世界经济］的空间表现，那么周期和趋向则是资本主义世界体系［世界经济］在时间方面的表现。

1. 两种周期

世界经济周期问题一直是经济史学家们，特别是那些研究欧洲经济史的学者们探讨的热点，并由此出现了各种各样的主张。例如，美国经济学家基钦提出的周期（3—4年）、法国经济学家朱格拉提出的经济周期（9—11年）、俄国经济学家康德拉季耶夫提出的周期（40—60

① Immanuel Wallerstein, *Report on an intellectual Project: The Fernand Braudel Center 1976–1991*, p. 2.

年），以及美国经济学家库兹涅茨提出的周期（20 年）。如前所述，世界体系论者关心的并不是短周期，而是康德拉季耶夫周期以及比此更长的 200—300 年的周期。他们的理由是，分析家们一般注意 40—60 年周期，而很少注意 200—300 年这样的周期，如何解释世界经济发展中出现的这种长周期成为他们关注的焦点。

康德拉季耶夫曾根据技术发明、世界市场的扩展以及资金供应的上涨来解释世界经济的周期运动，曼德尔也是用技术革命来解释，罗斯托则是根据增长的动态平衡来解释。与此不同，布罗代尔和斯维齐（Paul Sweezy）则认为，以前关于周期的解释过分集中于资本积累的抽象模型上。在他们看来，资本主义赖以运行的社会结构其实包括多种积累方式，而不只是资本。沃勒斯坦等人接受了布罗代尔的观点，主张从“政治的”和“经济的”过程来解释资本主义世界经济周期。

康德拉捷耶夫是俄国的经济学家，他于 20 世纪 20 年代率先提出世界经济发展的周期问题。在他看来，世界经济平均每 40—60 年就会出现增长和衰退这样一个完整的周期，周期如下：①

1780/1790	（上升）	1810/1817—1844/1851	（下降）
1844/1845—1870/1875	（上升）	1870/1875—1890/1896	（下降）
1890/1896—1914/1920	（上升）	1914/1920—	（下降）

沃勒斯坦等世界体系论者同意康德拉捷耶夫关于世界经济平均每 50 年出现停滞和扩张相互交替的过程的主张。他们也注意到，许多经济史学家将康德拉捷耶夫周期应用于各自研究的地区，比如布罗代尔通过对意大利 15—17 世纪经济状况的研究，得出了如下的周期：②

① 参见：N.D.Kondratieff, “The long waves of economic life” , *Review,* Vol.2, 1979, pp. 519-562。

② 参见：Terence K.Hopkins, Immanuel (eds.), *World-Systems Analysis: Theory and Methodology*, p. 120。

A	B
1460—1483	1483—1509
1509—1529	1529—1539
1539—1559	1559—1575
1575—1595	1595—1621
1621—1650	

世界体系论者接受了康德拉捷耶夫周期，并将其用于对资本主义世界体系的分析之中，他们将经济增长的时期称之为A段，而将经济衰退的时期称之为B段。

与此同时，世界体系论者非常赞同应用比康德拉捷耶夫周期更长的周期来分析资本主义世界体系，这个周期一般是200—300年，他们将其称为"特长周期"。[①] 在世界体系论者看来，"特长周期"与康德拉捷耶夫周期最大的区别就在于，"特长周期"除了重视A段和B段以外，还重视"T"（过渡）阶段，即"特长周期"表现出的周期用"A—T—B"表示更为准确。

> 几乎所有的分析都假设A—B模式。康德拉捷耶夫周期与"特长周期"都有一个A—T—B这样一个模式，其中，与A和B不同的是，T表示的不是生产和价格的共时运动，而是一种相反的运动，[这]是否可能？T时段的存在对于康德拉捷耶夫周期也许

---

① 这个周期最早是由弗朗索瓦·西米昂（Francois Simiand）提出来的，卡梅隆（Rondo Cameron）在1973年将其系统化，并称之为"特长周期"。他提出了四个特长周期：（1）9、10世纪到15世纪中叶（12世纪达到高峰）；（2）15世纪中叶到18世纪中叶（16世纪晚期达到高峰）；（3）18世纪中叶到20世纪中叶；（4）1945年之后。详细内容，可参见：Rondo Cameron, "The Logistics of European Economic Growth: A Note on Historical Periodization", *Journal of European Economic History,* Vol.2, Iss. 1, 1973, pp. 145–148; Terence K. Hopkins, Immanuel Wallerstein (eds.), *World-Systems Analysis: Theory and Methodology*, pp. 104–120; Thomas R. Shannon, *An Introduction to the World-System Perspective*, pp. 135–136。

是不重要的，但在分析“特长周期”时可能是非常不同的。[①]

问题的关键是如何解释这些周期？也就是说，是什么导致资本主义世界体系存在这两种周期？

2. 周期的解释

对于资本主义世界经济周期，一般都注重短期的“商业周期”，即使解释长周期，也是着眼于资本积累过程中的矛盾。与此不同的是，世界体系论者则主张立足于如下四个方面来考察和解释资本主义世界经济中的周期。[②]

（1）全球范围内资本自我扩张的条件的创造、增长以及相互之间的关系。也就是说，原始资本积累的过程不是一个单一的过程，而是世界经济中一个周而复始的过程，正是在这个过程中，世界经济在不断地扩展。

（2）劳动分工在世界经济中能有效地发挥作用。在经济扩展时期，会出现更强的专业化来对付更深度的相互依存；而在经济停滞时期，世界范围内的专业化分工将收缩。

（3）政治机器在世界经济中能有效地发挥作用，它能有效地保证世界社会经济的运行。

（4）坚持矛盾的相互促进，即经济衰退是经济复苏的必要条件，而经济扩张必然会导致经济衰退。

对于资本主义世界体系中的康德拉捷耶夫周期，世界体系论者主要是根据生产、价格、资金的供给等要素来解释。沃勒斯坦等世界体系

① Terence K. Hopkins, Immanuel Wallerstein (eds.), *World-Systems Analysis: Theory and Methodology*, p. 109.

② 参见：Ibid., pp. 112–113。

论者的详细解释是，经济扩展主要基于新的经济活动和生产技术的发明，这些新的经济活动和生产技术在开始阶段有广阔的市场，这就为产品的高价格提供了保证，并为那些从事这些新的经济活动和新的生产技术公司提供了获得高额利润的机会，比如钢材生产和蒸汽机的新技术使得 19 世纪 40 年代、50 年代和 60 年代掀起了一个铁路建设的高潮。这些新的行业刺激了经济的其他方面，这样就出现了经济的增长阶段，即 A 段。高额的利润和不断增长的需求吸引大量新公司进入市场，但由于在特定的阶段人们的收入以及财富是相对固定的，市场本身的规模是有限的。因此，随着更多的新的公司加入，就会出现生产过剩和供给过剩，于是新的产业不能再为经济提供刺激，经济就进入到衰退阶段，即 B 段。比如 1870 年以后，当英国的制造业耗尽了国内市场而且面临着来自德国和美国的竞争时，钢铁制造和铁路建设的高潮就消退了。经济停滞为新一轮的经济扩张奠定了基础，因为经济停滞对核心地区的资本家产生了很大的压力，这就促使他们一方面通过兼并小公司来重组经济，以此提高经济的集中性；另一方面促使核心地区的资本家为了维持或提高利润的边际效用而到边缘地区寻求廉价的原材料和劳动力，其结果便是发现了新的剩余资源来支持下一个经济周期中的 A 段。

世界体系论者认为，在经济周期中，一般是停滞（B 段）先于扩张（A 段），并为扩张提供三个要素。第一要素是停滞为资本的集中提供了机会；第二要素是停滞过程中出现的阶级斗争以及由此引起的收入的重新分配会扩大需求；第三要素是停滞阶段在边缘地区产生了大批低工资工人。在此基础上，沃勒斯坦等人根据利润高低、高工资商品以及低工资商品的供求变化将康德拉季耶夫周期分为 A_1、B_1、A_2、B_2 四个阶段。在 A_1 时期，高工资商品和低工资商品的生产急剧增长；在 B_1 时期，低工资商品的需求开始小于低工资商品的供给，同时高工资商品的供给等于高工资商品的需求，这时低工资的商品先于高工资商品出现停滞；在A_2时期，高工资商品的需求高于低工资商品的需求，在一些时期，高工资商品的需求小于高工资商品的供给，但是低工资商品的需求大于低工资商品的供给；在B_2时期，高工资商品生产下降的幅度远高于低工资商品生产下降的幅度，于是经济又回复到A_1段。[①] 以此来分析现实世界，其经济周期如下：

A_1: 1897—1913/1920

B_1: 1920—1945

A_2: 1945—1967

B_2: 1967—

根据康德拉捷耶夫周期，在过去一个世纪，世界经济的周期大致是：

A 段（上升阶段） 1850—1873

B 段（下降阶段） 1873—1897

A 段（上升阶段） 1897—1920

B 段（下降阶段） 1920—1945

A 段（上升阶段） 1945—1967

B 段（下降阶段） 1967—

对于资本主义世界体系中比康德拉捷耶夫周期更长的"特长周期"，世界体系论者们力图在康德拉捷耶夫周期所重视的要素（生产、价格、资金供给）的基础上增加另外两个要素：人口和土地利用。[②] 比如，从中世纪的后期到近代的早期（即1450年到16世纪的早期），价格、贸易、人口以及农业可耕地面积就是同时扩张，同时停滞/收缩。在世界体系论者看来，这是一个经典的"特长周期"。

---

① 参见：Terence K.Hopkins, Immanuel Wallerstein (eds.), *World-Systems Analysis: Theory and Methodology*, pp. 112–114。

② 参见：Ibid., p.111。

有两个问题是世界体系论者在讨论资本主义世界经济周期时一直争论但又没有明确结论的。一个是“特长周期”是否像康德拉捷耶夫周期那样一直存在？另一个是康德拉捷耶夫周期和“特长周期”在时间上的关系是什么？

关于第一个问题，世界体系论者对“特长周期”存在于1450—1750年这300年间持比较肯定的态度。在他们看来，“特长周期”的A段开始于1450年，终止于16世纪初期，这就是所谓的“漫长的16世纪”，然后出现了17世纪的经济衰退时期，这就是所谓的“危机的17世纪”。但对于1750年以后的世界是否存在“特长周期”，世界体系论者的态度似乎不是很明确，甚至出现了分歧。[①] 尽管如此，但他们还是给出了一个大致的时期，[②] 即：

A段　　1750—1815

B段　　1815—1897/1917

A段　　1897/1917—1967

在沃勒斯坦看来，第一个“特长周期”（即从1450年到16世纪初期）主要发生在工业革命之前，即16和17世纪的商业资本主义；第二个“特长周期”（即1750年到1897/1917年）是工业化的初始时期；第三个“特长周期”（即1897/1917到现在）就是我们现在正在经历的时期，它代表了工业资本主义的新阶段。[③] 而另一位世界体系论的代表人物阿里吉则根据世界规模的资本积累过程中的金融资本扩张，提出了世界体系的四个不同的“特长周期”。第一个“特长周期”是热那亚周

---

① 参见：Giovanni Arrighi, *The Long Twentieth Century: Money, Power and the Origins of Our Times*, Verso, 1994。

② 参见：Terence k. Hopkins, Immanuel Wallerstein(eds.), *World-Systems Analysis: Theory and Methodology*, p. 108。

③ 参见：Immanuel Wallerstein, “Long Waves as Capitalist Process”, *Review*, Vol.4, No.4, 1984, p. 571。

期，从 15 世纪到 17 世纪初；第二个“特长周期”是荷兰周期，从 16 世纪末开始，贯穿 18 世纪的大部分时间；第三个“特长周期”是英国周期，从 18 世纪下叶开始到 20 世纪初期；第四个“特长周期”是美国周期，从 19 世纪末开始，一直延续到现在的金融扩张阶段。①

对于“特长周期”和康德拉捷耶夫周期在时间上的关系，世界体系论者的回答也是非常模糊的。他们认为，一个“特长周期”在时间上似乎是两个或三个康德拉捷耶夫周期，比如 16 世纪的“特长周期”的 A 段大致相当于两个康德拉捷耶夫周期，17 世纪的“特长周期”中的 B 段大致相当于三个康德拉捷耶夫周期，之后，“特长周期”似乎消失了。尽管如此，沃勒斯坦和他的研究小组仍然努力探讨世界经济的“特长周期”，他们总的研究思路是，“特长周期”和康德拉捷耶夫周期很相似：当重要的经济活动超出可行的需求时，经济扩张就会停滞，就会出现类似康德拉捷耶夫周期中 B 段那样的阶段，经济的停滞又会为新的经济扩张（A 段）创造条件。②

3.“特长周期”与霸权周期

在世界体系论者看来，人类历史上每一次“特长周期”的出现都与一种世界范围内的新的经济制度的创新（诸如新的贸易方式、新的金融体制的出现）密切相关，而这些新的经济制度一般都是一个强的核心国家强加于世界体系之中。这样一来，在世界体系论者眼里，“特长周期”便与“霸权周期”密切相关。③ 在这种逻辑的推导下，世界体系论对“特长周期”和“霸权周期”的相互关系进行了讨论。

关于资本主义世界体系中霸权的形成、霸权的特征以及霸权的作

---

① 参见：Giovanni Arrighi, *The Long Twentieth Century: Money, Power and the Origins of Our Times*, pp. 6–7。

② 参见：Immanuel Wallerstein, “Long Waves as Capitalist Process”, *Review,* Vol.4, No.4, 1984, pp. 559–576。

③ 参见：Ibid., p. 571。

用，我们将在第二编第三章“世界体系的政治分析”中进行详细的讨论。在这里，我们重点讨论一下“特长周期”和霸权周期的关系。

在世界体系论者看来，当一个国家在经济上和军事上占有优势时就会出现霸权的状况，一个国家是否是霸权国家主要取决于它在生产、商业和金融领域的优势。

根据生产、商业和金融领域的优势，不但霸权国家在历史上出现得很少，而且每个霸权国家都有一个兴衰历史，即霸权上升阶段—霸权胜利阶段—霸权成熟阶段—霸权衰退阶段，而真正达到霸权状态的时间却是非常短暂的。在世界体系论者看来，自资本主义世界体系形成以来，人类社会共出现过三个霸权国家，其兴衰周期如表 5：

表 5　霸权周期

霸权	年代	周期
荷兰	1575—1590	上升阶段
	1590—1620	霸权胜利
	1620—1650	成熟时期
	1650—1700	衰退阶段
英国	1798—1815	上升阶段
	1815—1850	霸权胜利
	1850—1873	成熟时期
	1873—1897	衰退阶段
美国	1897—1913/1920	上升阶段
	1913/1920—1945	霸权胜利
	1945—1967	成熟时期
	1967—	衰退阶段

资料来源：Terence K. Hopkins, Immanuel Wallerstein (eds.), *World-Systems Analysis: Theory and Methodology*, p. 118.

从表 5 可以发现，三个霸权的成熟时期都是非常短暂的，荷兰是在 1620—1650 年；英国是在 1850—1873 年；美国是在 1945—1967 年。

霸权周期和康德拉捷耶夫周期之间的关系又如何呢？世界体系论者对此做了专门探讨。

在世界体系论者之间有一种广泛的共识，即霸权周期和经济周期（主要是特长周期）密切相关。他们发现，16 世纪的A 段与西班牙哈布斯堡“接近于”霸权密切相关，A 段的终结与西班牙衰退的时间大致相当；荷兰获得了霸权，但在随后的B 段中衰退了；英国的霸权与 19 世纪的A 段时间上大致相当，而它的衰退与随后的B 段在时间上是一致的；美国的霸权与 20 世纪的A 段在时间上是完全一致的。[①] 对于经济周期和霸权之间的关系，世界体系论者曾给出过一个非常明晰的总结，如表 6 所示：

表 6 康德拉捷耶夫和霸权 / 竞争

霸权	哈布斯堡	荷兰	英国	美国
A1 霸权上升 低工资商品短缺	1450	1575—1590	1798—1815	1897— 1913/1920
B1 霸权胜利 供求平衡		1590—1620	1815—1850	1913/1920— 1945
A2 霸权成熟 高工资商品的生产上升	1559	1620—1650	1850—1873	1945—1967
B2 霸权下降 高工资商品短缺	1559—1575	1650—1672	1873—1897	1967—
		IIa: A3 1672—1700 B3 1700—1733/50 A4 1733/50—1770 B4 1770—1798		

资料来源：Terence K. Hopkins, Immanuel Wallerstein (eds.) *World-System Analysis: Theory and Methodology*, p. 118.

① 参见：Immanuel Wallerstein, “Crisis: The World-Economy, the Movement, and the Ideologies”, in Albert Bergesen (ed.), *Crisis in the World-System*, Sage Publications, pp. 21–36。

(二)世界体系的趋向

资本主义世界体系作为一个历史体系,不但体现在其周期性上,而且也体现在其发展趋向上。世界体系论者,特别是沃勒斯坦,将资本主义世界体系看作一个历史体系,不但有体系形成的时期(如沃勒斯坦在《现代世界体系》第一卷认为的“漫长的16世纪”)和巩固时期(如沃勒斯坦在《现代世界体系》第二卷主张的“1600—1750年的重商主义和欧洲世界经济的巩固”),而且也有体系扩展和繁荣时期(如沃勒斯坦在《现代世界体系》第三卷认为的“18世纪30年代至19世纪40年代”和第四卷认为的“1789—1914年的中庸的自由主义的胜利”,或阿里吉主张的“漫长的20世界”),同时还有衰退和消亡期,或被其他体系替代的转型时期(如沃勒斯坦认为的“20世纪70年代以后的结构性危机”,或阿里吉认为的“20世纪70年代以来的全球危机”)。之所以如此,皆源于资本主义的社会体系。换句话说,正是资本主义这个社会体系的本质特征,才导致资本主义世界体系出现了无法避免的结构性危机或全球危机,并使之成为一个历史社会体系。

概括地说,资本主义世界体系作为一个历史社会体系,有以下三个基本趋向:

第一,无休止的资本积累是资本主义历史社会体系的根本特征,也是资本主义世界体系首要特征。

在世界体系论者看来,现代世界体系最为根本的特征是这个体系首先是一个资本主义社会体系,这是现代世界体系与以往任何社会体系相区别的标志,所以要理解现代世界体系必须首先理解资本主义这个历史社会体系。

> 资本主义首先是一个历史社会体系。要了解它的起源、它的

> 运行，或者它当前的状况，我们必须从它存在的现实中加以考察。当然，我们可以尝试把这一现实用一系列抽象概念说明并加以概括，但是，用这类抽象概念对现实进行判断和分类是愚蠢的。因此，我认为，不如让我们来描述资本主义在实践中实际是怎样的，它作为一个体系是如何运行的，为什么它会以这种方式发展起来，以及它目前在朝什么方向发展。①

那么，资本主义作为一个历史社会体系，它是如何运行的呢？在沃勒斯坦看来，资本并不仅仅是指货物、机器，或者以货币形式表现的对物质的占有权，资本主义作为一个历史社会体系，其独特的运行方式就是资本的自我扩张：

> 被我们称作历史资本主义的这个历史社会体系的不同之处在于：在这个历史体系中，资本的使用（投资）采取了一种特殊方式。自我扩张成为资本使用的首要目标或首要意图。在这个体系中，只有当过去的积累被用来进行更多积累时，才成为“资本”。……这个过程无疑是复杂的，甚至是曲折的。但是，正是资本持有者的这种无休止的、奇异的自顾自的目标，即积累更多的资本，以及这一资本持有者实现这一目标而与其他人建立起来的关系，被我们称为资本主义过程。②

资本主义是一个社会体系主要是指，资本的自我扩张既离不开行

① Immanuel Wallerstein, *Historical Capitalism*, p. 1.

② Ibid., pp.1–2.

为体，更离不开由行为体组成的社会；离开行为体所构成的社会，资本的自我扩张也就无从谈起。在资本主义发展过程中，有两点尤为重要，一是资本在进行自我扩张的过程中，参与者既包括资本家和工人，也包括国家、跨国企业，以及与此相关的国际组织；二是资本在进行自我扩张的过程中，万物都被商品化，它不仅涉及交换过程，而且也涉及生产过程和分配过程，同时还涉及投资过程，由此形成了我们在本书第二编中所说的资本主义世界体系的商品链。

资本主义是一个历史社会体系则主要是指，资本积累的过程是无休止的。在资本的自我扩张过程中，为了最大限度地提高资本积累的能力，不仅万物被商品化，成为资本主义扩大再生产的生产要素；而且几乎所有重要的商品链都超越国家边界，16 世纪资本主义世界商品链在欧洲形成时如此，20 世纪资本主义商品链扩张到全球也如此。资本主义社会体系已经存活了 500 年，这一历史体系起源于 15 世纪后期的欧洲，它在空间上不断扩张，到 19 世纪后期囊括了整个地球。它今天仍然囊括着整个地球。

第二，无止境的资本积累导致资本主义社会体系中为利益而进行的政治斗争不断加剧，国家在其中发挥着核心作用。

在资本主义这个历史社会体系中，无止境的资本积累导致为利益而进行的政治斗争不断加剧。政治斗争表现为多种形式，其中最为突出的有三种形式：一是企业主或资本家为追求垄断利益而进行的国内政治斗争；二是国家之间为追求资本积累而进行的国际政治斗争；三是世界范围内的反体系运动。

在资本主义社会体系中，资本积累的过程之所以是无止境的，主要是因为国家为了避免垄断而在市场中创造出一系列制度，这些制度包括市场中相互竞争的公司、国家体系中存在的多个国家、家庭、阶级，以及具有各种身份的群体。[①] 这些不同的行为体为了进行无休止的资本积累而相互竞争，进而希望从政治上和意识形态上控制国家政权，这使得资本主义社会体系成为一个相互争斗的体系。

> 资本主义体系是一个使所有资本积累者互相争斗的体系。人们追求无休止资本积累的方式，是通过与他人竞争的经济活动来实现自己的利润，因此，每个企业主都只能是任何其他企业主变幻无常的盟友，而违者将被清除出竞争舞台。[②]
>
> 企业主反对企业主，经济团伙反对经济团伙，一国企业主或少数民族集团反对另一国企业主或少数民族集团——这一斗争注定没有止歇。这类没有止歇的斗争之所以经常采取政治形式，正是由于国家在资本积累中发挥着核心作用。有时，国内斗争只是围绕国家机器的人事问题和国家短期政策问题。但在另一些时候，斗争围绕较大的"宪法"问题，这类问题决定了短期内斗争如何进行的规则，从而决定了这一派或那一派占上风。每当斗争具有"宪法"性质，他们就要求进行更深入的意识形态动员。[③]

为追求无止境的资本积累而进行的政治斗争不但体现在各国国内，而且也体现在国家之间。资本主义世界经济的重要政治特征就是多个国家组成的国家体系，而不是世界帝国这样单一的政治结构。为了追求无止境的资本积累，国家之间通常利用其主权权利展开相互之间的政治斗争，国家之间的政治斗争不仅存在于核心区国家之间，而且

---

① 参见：Immanuel Wallerstein, *World-Systems Analysis: An Introduction*, Duke University Press, 2004, pp. 22–23。

② Immanuel Wallerstein, *Historical Capitalism*, p. 57.

③ Ibid., pp. 57–58.

也存在于核心区国家和边缘区国家之间，反对霸权主义和反对帝国主义就是最为典型的两种斗争形势。同时，追求无休止的资本积累还导致劳动报酬在世界范围内出现了两极分化，这不仅体现在核心区和边缘区国家之间，而且也体现在核心区国家和边缘区国家内部，这最终导致世界范围内的反体系运动，诸如劳工运动和民族运动等。关于国家在这些政治斗争的作用，我们将在接下来的"世界体系的政治分析"一章中进行详细的讨论。

第三，无休止的资本积累导致资本主义社会体系出现了结构性危机或全球危机，进而使得资本主义世界体系进入衰退期或转型期。

从 20 世纪 70 年代开始，资本主义世界体系出现的"结构性危机"（沃勒斯坦语）或"全球危机"（阿里吉语）表明，资本主义世界体系进入衰退期或转型期，其主要标志有两个[①]：一个是世界经济长期的世俗趋向（商品化、机械化、合同化、相互依存、两极化）使得资本家很难继续无止境的资本积累；二是地缘文化中那些偏中间的自由派在地缘文化中不再占据主导地位，这削弱了世界体系的政治稳定。

进入 21 世纪后，面对资本主义世界体系愈演愈烈的结构性危机或全球危机，世界体系的参与者推出了两组战略进行政治斗争，以争夺世界体系的替代性方案：其中一种战略是地缘政治重组，另一种战略是文明的重建。在世界体系论者沃勒斯坦看来，尽管我们现在还无法勾画出新的世界体系的制度细节，但有一点是确定的，那就是在不久的将来，一个新的稳定的世界体系将会出现。

我们所处的现代世界体系由于过度偏离均衡状态已经无法再

---

① 〔美〕伊曼纽尔·沃勒斯坦等：《资本主义还有未来吗？》，徐曦白译，社会科学文献出版社 2014 年版，第 20 页。

维系下去，也无法再让资产阶级继续无止境地积累资本了。下层阶级不再认为历史站在他们一边，不再认为他们的后代能继承这个世界。于是我们身陷结构性危机中，资本主义将被何种系统所取代的斗争也随之展开。尽管无法预测最终的结局，但可以肯定的是，在接下来的几十年中将有一方最终获胜并建立一个（或者多个）新的比较稳定的世界体系。[①]

① 〔美〕伊曼纽尔·沃勒斯坦等：《资本主义还有未来吗？》，第34—35页。

第三章　世界体系的政治分析

对资本主义世界体系的政治层面进行分析是世界体系论者关心的另一个主题。世界体系论者认为，与以往的历史体系相比较，资本主义世界体系在政治上的一个特征就是多重国家并存，国家和国家体系是资本主义世界经济独特的产物。在这方面，世界体系论者集中探讨了以下四个问题：国家和资本主义世界体系的关系；国家和国家体系的关系；霸权、国家体系以及世界经济的关系；反体系运动。其中核心问题是国家体系与资本主义世界经济的关系。

一、资本主义世界体系的政治特征

世界体系论与以往其他理论的重要区别就是放弃将“民族国家”或“民族社会”作为分析单位，而代之以“社会体系”作为分析单位。关于这一点，我们在本书第二编第一章讨论世界体系论的概念框架和理论体系时已作了初步的论述。

较之“民族国家”，将“社会体系”作为分析单位可以有更广泛的历史适应性。世界体系论者根据生产方式和政治组织结构，将人类历史上曾出现的社会体系分为三种：一是互惠的生产方式以及由此形成的小体系；二是重新分配——朝贡的生产方式以及由此形成的世界帝国；三是基于资本主义生产方式以及由此而形成的世界体系。[①] 下面，

① 参见：Immanuel Wallerstein, *The Capitalist World-Economy*, pp. 150–160。

我们分别就历史上出现的这三种社会体系的特征，特别是政治特征，作一比较详细的论述。

（一）互惠的生产方式以及由此形成的小体系

沃勒斯坦认为，在人类的早期，存在着一种互惠的生产方式，即生产者根据有限的和原始的分工相互之间交换产品，并由此形成一个小的区域。在这种生产方式中，主要的生产资源是人力。这种小区域的特征是：地理规模很小，存在的时间也比较短，经济疆界和政治疆界以及文化疆界基本上是一致的。这样的小区域在人类的早期有无数个。另一位世界体系论者蔡斯-邓恩则更进一步认为，这种小体系也是一种世界体系（关于蔡斯-邓恩和沃勒斯坦在小体系是否是一种世界体系上的分歧，我们将在本书的第三编“世界体系论：影响及其争论”中做详细的讨论），这种基于血缘关系的世界体系主要有两类：一类是无阶级、无国家的，它包括半固定的游牧族、以园艺为生的族、以畜牧为生的族和父系制社会（big man systems）；另一类是酋长制（有阶级但没有真正的国家）。[①] 总之，这种小区域的政治特征是：基于血缘关系，或无阶级和无国家，或有阶级而无国家。

（二）重新分配——朝贡的生产方式以及由此形成的世界帝国

随着小体系的消失（或由于自然灾害，或由于战争而最终被征服，或由于劳动分工的重组），在世界范围内出现了“世界帝国”这样一种区域（世界）体系。这种世界体系的特征是：在地理规模上比小区域大得多，而且存在着不断扩张和收缩这样一种周期；在政治上有一个统一的政治系统，并且出现了手工业者和管理阶层，在这里，交换发生在农

---

① 参见：Christopher Chase-Dunn, Thomas D. Hall (eds.), *Core/Periphery Relations in Precapitalist Worlds*, Westview Press, 1991, p. 23。

业生产者和手工业生产者之间，而管理阶层则是通过强制性的分配从生产者或朝贡者那里获得产品；在文明上，尽管世界帝国中存在着许多文化，但世界帝国的文明通常是指统治阶级的上等文化。这种世界帝国的政治特征是，有一个统一的政治系统，其中，朝贡体系是形成世界帝国体系的基础，是维持帝国体系内中心—边缘结构的纽带。

（三）资本主义生产方式以及由此形成的世界经济

以资本主义生产方式为基础的区域体系的形成主要开始于16世纪的西欧。之后，随着欧洲列强的殖民扩张（这种扩张的特征是领土扩张与经济掠夺并存），西欧之外的许多国家和地区，诸如非洲、拉丁美洲和亚洲逐渐被融入最早起源于欧洲的资本主义世界体系之中。到了19世纪末，这种西欧区域性体系随着欧洲殖民主义体系的建立而成为一种“世界性”的体系。与16世纪以前的区域体系相比，这一体系的特征是：在经济上是以单一的劳动分工（世界经济），即资本主义生产方式为基础；在政治上不存在囊括一切的政治结构，而是以多重国家体系为特征，剩余价值不是通过某一政治结构来分配，而是通过市场来分配的，国家通常是歪曲或阻碍市场的；在文化上是多元文化并存；在地域上比以前的任何区域体系都要大。对于这种世界经济，沃勒斯坦所给的语义上的说明是：

> 称之为“世界”体系并不因为其包括整个世界，而是因为它比任何法律形式定义的单位都要大；称之为“世界经济”，因为这个系统的各个部分的联系都是经济的，尽管这种联系在某种程度上被文化联系而且最终被政治安排和联盟结构所加强。[①]

---

① Immanuel Wallerstein, *The Modern World System I: Capitalist Agriculture and Origins of European World-Economy in the Sixteen Century*, p. 15.

资本主义世界经济作为一个社会体系，与世界帝国在政治上的区别就在于：世界帝国中只存在一个单一的政治结构，而在资本主义世界经济中存在多个政治体系。这种多重政治体系对于资本主义世界经济的持续和稳定发展起了关键作用。对此，沃勒斯坦的结论是：

> 迄今为止只存在过两种不同的世界体系：一种是世界帝国，在这些世界帝国中，存在一个控制大片地域的单一政治体系，不论其有效控制程度减弱到什么程度；而在另一类体系中，在其所有的，或几乎所有的空间不存在这样的单一政治体系。为了方便，也是由于没有更合适的术语，我们用"世界经济"描述后者。……在现代以前，各个世界经济是极度不稳定的结构，不是转变成帝国就是解体了。有一个世界经济已经存在了500年而仍没有转变为一个帝国，这是世界体系的独特性——这种独特性就是其力量的秘密所在。这种独特性就是被称作资本主义的经济组织的政治方面。资本主义能够兴旺，正是因为这个世界经济范围之内存在的不是一个，而是多个政治体系。①

二、国家与世界体系：功能分析

（一）国家的权力

在上一章关于资本主义世界体系的经济分析中，我们已经指出，世界体系论者主要探讨的是16世纪以来的资本主义世界体系。尽管在16世纪以前也存在各种各样的社会体系，诸如基于血缘关系的小体系、

① Immanuel Wallerstein, *The Modern World-System I: Capitalist Agriculture and Origins of European World-Economy in the Sixteen Century*, pp. 348–349.

基于朝贡关系的世界帝国，但16世纪以来的资本主义世界体系与以前的小体系以及世界帝国存在着三个不同之处。除了地理范围不同和劳动力控制的方式不同以外，第三个重要的不同之处就是“相对强的国家机器的产生”。[①]

相对强的国家机器促进了资本主义世界经济的发展，这是资本主义世界体系首先出现于欧洲的一个重要原因。关于这一点，我们在论述资本主义世界体系的起源时已经作了详细的分析，沃勒斯坦对此也信心十足：

> 人们在关于国家介入19世纪世界经济的程度存在着很大的争议的同时，似乎也存在着一种广泛的共识，认为在现代世界的早期，至少开始于16世纪并至少一直延续到18世纪，国家在欧洲世界—经济中是一个中心经济角色。[②]

在对资本主义世界体系本身的政治层面进行分析时，世界体系论更为重视的是资本主义世界体系产生以后国家和资本主义世界市场的相互关系。

在关于国家和资本主义世界市场的相互关系上，西方社会科学中一直存在三种不同的观点，这就是人们所熟悉的重商主义的观点、自由主义的观点和马克思主义的观点。第二次世界大战结束以后，随着美国在全球政治经济中霸权地位的确立和加强，经济自由主义处于主导地位。尽管出现了各种类型的经济自由主义——古典学派、新古典学派、凯恩斯主义学派、货币主义学派、奥地利学派以及合理预期学派

---

① Immanuel Wallerstein, *The Modern World-System I: Capitalist Agriculture and Origins of European World-Economy in the Sixteen Century*, p.38.

② Ibid., p. 133.

等——但这些自由主义的共同特征是主张市场自由以及减少国家干预，各派之间的差别只是有的比较强调市场自由，有的比较强调减少国家干预。经济自由主义最为根本的假设就是，市场是为满足人类需要而自发产生的，市场一旦运行起来，它就会按照供求法则自然地运行。

与自由主义不同，世界体系论者接受了马克思主义的观点。在他们看来，资本主义世界经济追求的是无休止的资本积累，这就必然涉及一个问题，谁将从这种资本积累中直接受益？这一问题成为资本主义世界体系中政治斗争的焦点。这种斗争不仅存在于一国范围内不同的社会群体之间（无产阶级和资产阶级），而且也存在于资本主义世界体系内不同国家之间（富国或强国和穷国或弱国）。

在世界体系论者看来，国家是伴随资本主义世界经济的产生而产生的。国家本身是权力的一种表现。在现代世界体系中，存在两种政治，即无产阶级和资产阶级的斗争以及资产阶级之间的斗争。国家为这些阶级控制和分配剩余价值提供了一种合法的机制。就一国范围内不同群体的权力斗争而言，国家是不同的群体获得利益的合法杠杆。

> 政治就是改变权利关系，使其更倾向于某些人的利益，因而也就重新改变了社会过程。政治的成功要求发现变化的杠杆，进而达到最小的投入和最大的收益。历史资本主义的结构一直表明，政治调整最为有效的杠杆就是国家结构，其建设本身，正如我们所看到的，就是历史资本主义的制度建设的核心成果之一。所以，控制国家权力，在必要情况下争夺国家权力，一直是整个现代资本主义历史在政治领域中的所有主要参与者的中心战略之一，这决不是偶然的。[1]

---

① Immanuel Wallerstein, *Historical Capitalism,* p. 48.

那么，国家是如何调节资本主义的经济利益的？在沃勒斯坦看来，主要通过四种途径：[①]

1. 国家权力最为基本的构成要素是领土的司法权。这种权力部分来源于国家的法律声明，部分来源于其他国家在外交上的认可。根据国家主权的排他性，每个国家有权控制其领土范围内的物品、资本和劳动力的流动。就世界市场而言，任何产品的生产商中，总是少数生产商是有效率的，这些少数生产商希望国家采取政策使得边疆更为开放。这样一来，争论的重点就是国家的边疆政策。边疆政策的改变对于世界经济中劳动的社会分工有着直接的影响。所以，不管是赞成还是反对某一具体的边疆政策，人们都能理解国家的边疆政策。

2. 国家权力的第二个构成要素是国家在其领土范围内决定社会生产关系的合法权力。这一点对历史资本主义的运行是非常根本的。国家可以改变生产的社会关系，比如，国家通过废除各种习惯性的对工人的限制而提高劳动的商品化，国家也可以限制性地使得某些工人从事工资劳动，国家还可以通过提高福利减少无产阶级化的程度。另外，国家还可以控制生产关系，可以先允许一些强制性的劳动形式合法化（比如奴隶制度、公共劳动责任等），然后再废除。国家也可以通过制定规则来规定劳动合同，包括合同的保证、合同双方最大和最小的责任。国家还可以颁布法令限制劳动力在国内和国外的地理流动等。

3. 国家权力的第三个构成要素就是税收的权力。税收并不是历史资本主义的创造物，因为以前的政治结构都是通过税收来增加国家的财政收入的。历史资本主义是通过两种形式来增加税收的：一是税收成为国家财政收入主要的、固定的来源，以此区别于国家税收来源于对个人的强制性的征收；二是在资本主义世界经济的历史发展中，税收在

---

① 参见：Immanuel Wallerstein, *Historical Capitalism*, pp. 49–56。

被创造的总价值或积累的总价值中的占比不断地增加。税收这种资源对国家本身来说一直是非常重要的，因为这种资源不仅使得国家能够进一步进行资本积累，而且能够对其进行再分配，从而直接或间接地进行更进一步的资本积累。不仅如此，国家还可以利用税收的权力进行收入的重新分配，直接帮助某些人进行资本积累。

4. 国家权力的第四个构成要素是国家控制或试图控制军队的权力。在世界体系论者看来，政治力量主要是用来维持国内秩序的，其中军事力量一直是一种重要机制。通过这些机制，只要一个国家的生产商有发挥作用的可能性，其他国家的竞争者就不得不求助自己国家的机器来维护其利益。每个国家都有类似的权力，但国家机器所发挥作用的程度却相差甚大。一个有效的国家的力量既不是由其领土大小以及官僚和军队的一致性来决定的，也不是由其意识形态来决定的，而是由国家在其疆域内资本积累集中以及反对竞争者的有效能力来决定的。这里的有效能力包括控制敌对军事力量的能力、限制它们自己的劳动力和破坏竞争者的能力，以及颁布一些在国内有利而又能阻止其他国家颁布同样法令的能力。

（二）国家与阶级的关系

在关于国家职能本质的论述上，世界体系论者完全接受了马克思主义的观点。在世界体系论者看来，自从16世纪以来，国家无论是在资本主义世界经济的起源中，[①] 还是在资本主义世界经济后来近五百年

① 关于国家在资本主义世界经济（或世界体系）起源过程中所起的作用，沃勒斯坦在《现代世界体系》第一卷《16世纪的资本主义农业和欧洲世界经济的起源》一书中已经做了详细的分析。他将相对强的国家机器与地理扩张和劳动控制方式一起看作现代资本主义世界体系形成的催化剂。关于这方面的具体论证，在本书第二编第二章“世界体系的经济分析”中已经做了比较细致的介绍和分析。

发展历程中都起到非常重要的作用。[①] 其中，国家在资本主义世界经济中的一个重要作用就是：国家作为一种制度，它通常是资本主义世界市场中调节阶级以及群体利益，并使之有利于某些特殊群体利益的合法杠杆。鉴于此，我们非常有必要介绍一下世界体系论者是如何论述国家和阶级以及群体之间的关系的。

1. 资本主义世界经济的三个要素

尽管世界体系论者非常强调国家在资本主义世界经济中的作用，但他们却把国家、阶级以及群体等放在资本主义世界经济这样一个框架中来加以考虑。在他们看来，国家、阶级以及居民都是资本主义世界经济的产物，它们都是在资本主义世界经济发展过程中发展起来的。因此，要考察国家在资本主义世界经济中的作用，必须首先考察资本主义世界经济相关的特征。

资本主义世界经济有三个最基本的组成要素，它们包括：[②]

第一，单一的市场。资本主义世界经济只有一个单一的市场。在这个市场中，利润最大化原则是一个最基本的原则，它在相当长的时间里决定着生产活动的数量，决定专业化的程度，决定劳动、物品以及服务付酬的方式，还决定着技术创造的利用。

第二，多个国家并存的体系。这些国家的实力大小是非常不同的。在资本主义世界市场中，国家可以扭曲自由市场从而提高国内某些集团的利益；国家也可以通过它的合法权力来限制其边界内或跨界的经济活动；国家还可以通过创造某些制度性的倾向，不自觉地误导经济活动，最终使经济活动有利于这个国家偏袒的集团。

第三，三重阶级结构。资本主义世界经济的第三个本质因素实际

① 关于国家在资本主义世界经济发展过程中所起作用的详细论述，可参考沃勒斯坦的《现代世界体系》第二卷《重商主义与欧洲世界经济的巩固，1600—1750》和第三卷《资本主义世界经济大扩展的第二个时期，1730—1840》，以及《世界经济的政治分析》。

② 参见：Immanuel Wallerstein, *The Capitalist World-Economy*, pp. 222–223。

上也是政治的，即贯穿资本主义世界经济的整个剥削过程实际上是通过三层关系的结构来运行的。也就是说，在剩余劳动分配过程中存在着三个阶层而不是两个，在上层阶级和底层阶级之间存在着一个中产阶级。尽管这个中产阶级与上层阶级一起共享对下层阶级的剥削，但同时也被上层阶级所剥削。三重阶级结构的存在实际上对于资本主义世界经济的稳定起了很重要的作用，因为上层阶级总是力图通过保证中产阶级的存在来更好地保护他们自己的特权。而下层阶级则总是力图通过消除中产阶级来破坏上层阶级所拥有的特权。就一个国家而言，这种阶级之间的斗争不仅存在于政治领域，同时也存在于意识形态领域。最为典型的一个事例就是，在许多政治体系中，在左派和右派之间存在一个中间派。就资本主义世界体系的地理结构而言，在核心区和边缘区之间存在一个“半边缘区”，因此这一问题也成为资本主义世界经济中阶级斗争的核心内容。

> 我再一次明确 下我的以下主张：我并不是想论证这三种关系真正存在，就像我不想论证两极真正存在一样。我现在对这种柏拉图式的东西毫无兴趣。我真正想表明的是，阶级斗争在政治上是围绕着统治阶级创造和维持一个第三阶层的企图来进行的，[也]围绕着[统治阶级]反对被统治阶级极化现实和对现实的感觉的企图来进行的。①

资本主义世界经济这三个基本特征决定了资本主义世界经济的社会制度。

> 资本主义世界经济的主要社会制度——国家、阶级、人民以及

① Immanuel Wallerstein, *The Capitalist World-Economy*, p.224.

家庭——都是由正在进行中的世界经济决定的（甚至产生的）。[1]

2. 四种反对意见

对于世界体系论关于国家和阶级关系的论述，有四种反对意见：[2]

第一种反对意见认为，世界体系论关于国家的观点太工具主义了，这容易将国家变成一种没有生活，也没有社会基础，只为少数人服务的有意识的行为工具。

沃勒斯坦本人认为，这种反对意见从总体上来看实际上是由于对社会制度的模糊认识所致。因为所有的社会制度，包括国家，一旦产生就有它们自己的生活，也就是说有许多人出于各种不同的动机来支持它，使用它。更有甚者，所有大的以及结构性很强的制度都有其长久性的官僚，这些官僚与这些制度的存在和兴盛有着直接的社会经济利益。这些人可以通过一些关键性问题，诸如直接影响剩余价值分配的社会生产关系的规则，或者那些影响市场价格结构的生产要素在国内以及跨国流动的规则，进而来影响国家的政策。假如某些人改变了剩余价值的分配以及市场的价格结构，那么也就改变了某些生产者的相对竞争能力。

第二种反对意见认为，世界体系论关于国家的这种分析方式容易忽视传统的连续性这样一个现实。事实上，传统这种意识在群体中一直存在。

沃勒斯坦也认为这种传统意识确实存在，而且是很强大的，但他并不认为这种意识有连续性。他认为，民族主义其实是这种传统意识最为突出的事例。民族主义者创造意识，复苏语言，强调风俗习惯，以此

① Immanuel Wallerstein, *The Politics of the World-economy: The States, the Movements and Civilizations*, p.14.

② 参见：Ibid., pp. 32–33。

将他们的群体与其他群体相区别。但无论是20世纪所谓新的民族还是以前古老的民族的经验现实都表明，这些民族主义者在解释历史时都是有偏见的。事实上，任何所谓的连续性的意识形态的陈述，不论它包括什么内容，也不论它声称包括什么传统，都只不过是它那个时代的政治解释而已，根本不是传统的连续。

第三种反对意见认为，世界体系论的这种分析忽视了阶级斗争的深层特征，即阶级斗争存在于一个特定的社会之中，因而阶级斗争可以解释这个国家的结构。

世界体系论者认为，假如将阶级看作与某种生产方式相关联的群体，由于复合性的生产过程远超一个国家的范围，即使是生产过程的一部分也不经常与国家的边界相一致。生产过程的这种超国界特征决定了阶级并不完全是某个特定社会的产物，因此依靠阶级斗争来解释某个国家的结构也是不合理的。

第四种反对意见认为，世界体系论的这种分析忽视了一个事实，即最富的国家不一定是最强的国家，有时却是相对弱的国家。

沃勒斯坦认为，这是对国家机器的力量判断的一个误解。有些国家经常鼓吹何为强国，它们限制反对意见，将国家的决定强加于国内各利益集团，并以此认为该国是一个强国，这实际上是对国家强弱与否的一种误解。事实上，有些国家有相对多的同质的社会阶层，这样的国家可以通过一致同意的手段获得其他国家使用武力奋斗得来的东西。另外，在市场上经济强大的公司不需要国家来帮助其创造垄断特权，相反，这些公司也许需要国家来帮助反对其他国家对垄断特权的创造，以此来保护在市场上占有优势的强大的公司。所以，不能以国家的贫富来判断一个国家的强弱。

3. 国家与利益的“两极分化”

在世界体系论者看来，资本和劳动的关系是资本主义世界经济的一个核心关系，正是这种关系强迫每个个体加入资本主义世界经济的生产过程之中，并成为剩余价值的贡献者和获得者。国家在资本主义生产过程中的核心作用就是通过创造合法的机制，使得剩余价值的分配两极化（polarization）：一方是资产阶级，他们通过不断的资本积累而最终成为剩余价值的剥夺者；而另一方是无产阶级，他们通过工资劳动不断出卖劳动力而最终成为剩余价值的被剥夺者。正是这种阶级分化以及相应的不等价交换的出现，才使得资本积累成为可能，并最终使得资本主义世界经济得以运行和延续。

资产阶级和无产阶级一旦形成，便开始从维护各自阶级的利益出发，进而影响国家的政治行为，并逐渐对国家的政治结构进行调整，努力使得国家的政治结构朝着更有利于本阶级利益的方向发展。

> 资本主义世界经济的发展参与了现代世界主要制度的创造：阶级、道德/民族群体、家庭以及国家。所有这些结构后序于资本主义，而不是超前于资本主义，所有这些都是结果，而不是原因。更进一步，这些各种各样的制度事实上是相互创造的。阶级、道德/民族群体以及家庭都是由国家或通过国家来决定的，或与国家相关联，[它们]又创造国家、框定国家以及改变国家。①

资产阶级和无产阶级主要是通过所谓的“阶级意识”的建立来框定国家并改变国家的。就资产阶级而言，它的主要目标就是使得利润最大化，不断地进行资本积累。为了达到这一阶级利益，资产阶级考虑的首要目标是经济活动，不太顾及或很少顾及经济活动的地理分布以及政治因素。比如，在16、17和18世纪，荷兰、英国、法国和战争时期

---

① Immanuel Wallerstein, *The Politics of the World-economy: The States, the Movements and the Civilizations*, p. 29.

的敌人进行贸易，甚至在军队中也进行贸易。资产阶级一直在努力把这种本阶级的阶级意识变成一种世界文化，他们或通过国家机器来加强他们在市场中的地位，以此来反对竞争者，或通过国家机器来保护本阶级的利益，以此来反对工人阶级。由于不断借助国家机器来追求或保护本阶级的利益，最终使得资本主义世界经济中的“世界性的”资产阶级变成了“民族的”或“国家的”资产阶级。

无产阶级也存在着同样的情况。在资本主义世界经济中，无产阶级一直是工资劳动者，他们是剩余价值的创造者，但由于资本主义世界经济中的不等价交换规则，最终的结果使得他们成为剩余价值的被剥夺者。这样一来，他们就形成一种阶级意识，其目标就是，无产阶级团结起来，改变本阶级在资本主义世界经济中受剥削和压迫的地位。在世界体系论者，特别是沃勒斯坦本人看来，无产阶级的这一目标其实是可以实现的，因为资本主义世界经济主要操纵在资产阶级手中，只要世界无产阶级真正团结起来，就可以强迫世界资产阶级改变生产地。但实际的情况是，世界无产阶级从来没有真正团结起来，比如第二共产国际就是如此。因为，无产阶级的政治组织也主要是采取基于国家的组织形式，最终的结果实际上是部分地或全部地加强了国家的力量，“世界性的”无产阶级也因此变成了“民族的”或“国家的”无产阶级。

资产阶级和无产阶级的这种“阶级意识”与国家结合在一起，实际上导致了资本主义世界经济的一个畸形状况：

> 我们遇到了这样一个奇怪的状况：无论是资产阶级还是无产阶级，都在一个并不反映他们客观的经济作用的层次上表达他们的意识。他们的利益是一个资本主义世界经济运行的一种功能，他们都努力通过影响单个的国家机器来加强他们的利益，而这实

> 际上只限制了影响这个[资本主义]世界经济运行的力量。[①]

正是这种畸形状况反过来又迫使资产阶级和无产阶级根据群体的社会地位来定义他们各自的利益。在现代资本主义世界体系中，最有效率的社会群体实际上是民族，因为民族往往声明它有控制某个特定国家的道德权力。当然，一个民族并不尽然是一个国家，在多数情况下，民族主义并不完全代表阶级利益，所以社会群体就通过宗教、语言、种族以及其他的文化来加强群体的团结和凝聚力。所以说，阶级（包括社会群体）以及家庭由于受资本主义世界经济的压力影响，无论是内容还是形式都在不断地改变，同时还被根据劳动力市场的需要而不断地改变经济边界线的国家所控制。所有这些制度交织在一起，构成资本主义世界经济的制度支柱，进而成为资本主义世界体系的道德生活的主要内容。

> 所有这些制度——国家，阶级，道德/民族/社会群体，家庭——一起形成一种制度支柱，这种制度支柱既是资本主义世界经济的产物，也是资本主义世界经济的道德生活。[②]

（三）国家与国家体系

对于国家与资本主义国家体系的关系，在世界体系论者看来，存在两种“神话”。一种认为，资本主义包括大量的私人企业的活动，这些活动不受国家机器的干预。以上关于国家作用的论述已经表明，没有国家机器的积极参与，资本主义就不可能繁荣。在历史资本主义中，资

---

① Immanuel Wallerstein, *The Politics of the World-Economy: The States, the Movements and the Civilizations*, p. 35.

② Ibid., p. 36.

本家正是依靠国家机器来提高他们在市场中的竞争能力。另一种神话认为，国家的主权是完全独立的。对此，世界体系论者的观点是：

> 国家是作为国家体系的一个必不可少的部分发展以及定型的，国家体系有一系列国家必须服从的规则以及一系列合法性程序，没有这些[规则和程序]，国家就无法生存。从任何给定的国家的国家机器的角度看，国家体系制约着国家的意愿。这些制约反映在国家的外交实践中，反映在制定法律和合同(国际法)的正式规则中，以及如何和在什么条件下可以进行战争的限制中。所有这些制约都与主权的官方意识形态背道而驰。主权并不真正意味着完全自治。这个概念更多地是在表明，一个国家机器在对另一个国家进行干预的合法性是有限制的。①

按照这种逻辑，世界体系论认为，国家自从产生以来就一直不是一个完全独立的政治实体，因为所有的国家从其一开始就存在于国家体系中。

> 我们认为，国家是被创造出来的制度，[这种制度]反映了在世界经济中发挥作用的阶级的力量的需求。然而，国家并不是凭空创造的，而是在国家体系的框架内创造的。事实上，国家体系是定义国家的框架。资本主义世界经济的国家存在于国家体系框架内这一事实是现代国家的特殊性，区别于其他的官僚政体。②

处于国家体系之中的国家主要有以下几个特征：

---

① Immanuel Wallerstein, *Historical Capitalism*, pp. 56–57.

② Immanuel Wallerstein, *The Politics of the World-Economy: The States, the Movements and the Civilizations,* p. 33.

1. 国家主权的有限性

所谓国家的主权并不意味着完全自治，而是意味着合法性的相互制约。国家的形式、力量以及边界就是在国家体系中不断变化的。正如沃勒斯坦所说的那样："国家并不是生来就有的。它们是被创造的制度，而且通过国家体系的相互作用在形式上、力量上和边界上不断变化。就像世界经济随着时间不断扩展一样，它[世界经济]的政治表现——国家体系——也是一直在扩展的。"[①]

在国家体系中，一个国家可以变得更为强大，但不可能完全自治。原因主要有两个。[②]一个是在国家体系中，其他国家不允许任何国家完全自治，否则就可能在必要的时候进行政治上的和军事上的干预。另一个，也是最主要的原因就是，生产要素的流动不允许完全自治，现存的资本主义世界经济意味着，边缘国家从资本主义世界经济中独立出去必然是以牺牲其经济利益为代价。所以，完全自治只有发生在封闭经济中。

2. 国家力量的等级性

在国家体系中，国家的力量并不是完全相等的，而是有等级性的，"请记住，国家处于权力的等级之中。对国家自治的限制主要来源于这种等级的存在"[③]。在这种有等级的国家体系中，规则不是根据同意或一致同意的规则来制定，而是有强国将一些限制性规则首先强加于弱国，然后强加于彼此之间。国家力量的等级性使得资本主义世界体系得以延续，而不像其他政治结构很容易变成单一的政治结构，从而转变成一个帝国。

---

① Immanuel Wallerstein, *The Politics of the World-Economy: The States, the Movements and the Civilizations*, p. 4.

② 参见：Ibid., p. 84。

③ Immanuel Wallerstein, *Historical Capitalism*, p. 57.

3. 国家力量的均衡性

在世界体系论者看来，国家体系所遵循的原则是势力均衡（balance of power）原则。但与那些将势力均衡归之于军事因素和政治因素的学者有所不同的是，世界体系论者对国家体系中的势力均衡原则作了新的解释。在他们看来，势力均衡主要根植于资本积累，资本积累是资本主义世界经济的原动力和最终目标。每一个国家都希望从事能获得最大利润的生产活动，加强本国的经济基础，进而使得其国家变得比较强大。在这种动机的驱使下，每一个国家都力图运用自己的国家机器促进资本积累，这样就导致国家之间的竞争，甚至冲突。然而，在资本主义世界体系中，每一个国家都处于国家体系之中，这样就促使那些强国和中等强国进行联盟，以阻止某一个国家来控制其他所有的国家，从而导致国家体系中的势力均衡。“势力均衡——既制约强者也制约弱者——并不是一种能够简单操作的政治现象。它根植于历史资本主义中资本积累的各个方面。”①

以上这几个特征便是国家体系的特征。正是这些特征使得资本主义世界体系有别于以往的世界帝国和帝国之前的小体系。

三、国家与世界体系：结构分析

（一）核心国家与边缘国家

劳动分工是资本主义世界经济的基础，国家体系是资本主义世界经济的政治体现。关于资本主义世界经济结构，世界体系论的一个重要观点就是，根据资本积累、技术及劳动分工，资本主义世界经济存在三重结构：核心区、边缘区以及介于二者之间的半边缘区。与此相对

---

① Immanuel Wallerstein, *Historical Capitalism*, p. 60.

应，作为资本主义世界经济的政治特征的国家体系也存在二重结构：核心国家和边缘国家，或强国和弱国。

在国家体系的变化过程中，存在着两重过程：一是核心区的“中心化”过程，即在世界经济中，国家在几个地区不断地垄断商品，利用国家机器使其在世界经济市场中利润最大化，这些国家也因此成为“核心国家”，核心国家之间通过相互的斗争，出现了“霸权”国家；另一个过程是在边缘区发生的“边缘化过程”，即国家在世界经济市场中利用不太先进的技术以及富裕的劳动力，这些国家也因此成为“边缘国家”。与这种经济两极化过程相对应的是政治两极化，即在核心区出现了强国，而在边缘区出现了弱国。帝国主义的过程之所以成为可能，就是因为核心国家和边缘国家之间的“不等价交换”的经济过程所导致的。

> 历史资本主义创造了巨大的物质财富，但也导致了报酬的极大分化。许多人从中受益，但更多人的真正收入以及生活质量实质上是在下降。当然，分化也是空间的，因此，在一些地区似乎并不存在。这也是为受益斗争的结果。受益的地理分布总是变化的，因而掩盖了分化的现实，但是就历史资本主义所覆盖的时-空总体而言，无休止的资本积累一直意味着真正差距在不停扩大。[①]

那么，核心国家和资本主义世界经济是什么样的关系？边缘国家与资本主义世界经济的关系又是种什么样的关系？

（二）霸权与世界经济

关于核心国家和世界经济的关系，世界体系论最为关心的是霸权国家和资本主义世界经济的关系。

---

① Immanuel Wallerstein, *Historical Capitalism*, p. 72.

在沃勒斯坦看来，在国家体系中寻求霸权就像在世界经济中寻求垄断，但这种寻求并不一定都能完全达到。关于国家体系中的霸权，世界体系论主要关心三个问题：第一，一个国家如何比其他国家足够强以至于我们可以称其为霸权国家？第二，霸权国家追求什么样的政策？第三，为什么霸权国家会丧失其霸权地位？

1. 何为霸权国家？

20 世纪 70 年代以来，霸权和世界经济稳定的关系成为国际学术界广泛关注的议题。无论是现实主义，还是自由主义，抑或是马克思主义，都加入对这一问题的讨论。围绕这一问题，不同的学派提出了不同的主张，其中最为著名的是霸权稳定论。

霸权稳定论最早是由经济学家金德尔伯格（Charles P. Kindleberger）在其 1973 年出版的著作《1929—1939 世界经济萧条》（*The World in Depression, 1929—1939*）中提出的，以期解释 20 世纪 30 年代发生的世界性经济危机。[①]20 世纪 70 年代中期以后，这种理论被政治学家吉尔平扩大到安全领域和军事领域，并将其系统化为“霸权稳定论”（Hegemonic Stability Theory）[②]，霸权稳定论由此成为国际关系研究中的一个重要流派。但对于何为霸权国家，学者们则提出了非常不同的看法。

在金德尔伯格看来，20 世纪 30 年代之所以发生经济危机，主要原因是英国由于霸权衰退而没有能力担负起维护世界经济体系稳定的责任。这些责任主要有如下三项：为跌价出售的商品保持比较开放的市场；提供反经济周期的长期的资本贷款；在危机时期实行贴现。[③]

---

① Charles P. Kinderbeger, *The World in Depression 1929 –1939*, Berkeley: University of California Press, 1973.

② 〔美〕罗伯特 · 吉尔平：《世界政治中的战争与变革》，宋新宁等译，上海人民出版社 2007 年版。

③ 参见〔美〕查尔斯 · P. 金德尔伯格：《1929—1939 年世界经济萧条》，宋先达、洪文达译，上海译文出版社 1986 年版，第 348 页。

现实主义者吉尔平认为，所谓霸权国家，是指在物质资源方面具有绝对优势的国家。在这些物质资源中，有四种资源尤其重要，即原材料、资本、市场，以及在高附加值产品生产中的竞争优势。一个国家要想在世界政治经济中成为霸权国家，就必须能够接近原材料市场，控制主要的资本资源，维持广阔的进口市场，以及在高附加价值的产品生产中具有比较优势。按照这种定义，霸权国家主要有如下三个标志：一是市场规模，霸权国的市场规模相对巨大，它既可以向友好国家开放市场，也可以拒不友好国家于自己的市场之外。二是货币，霸权国的货币在国际体系中处于核心地位，具有金融和货币方面的优势，这种优势使霸权国可以利用金融力量让盟友进入资本市场。三是经济的灵活性和流动性。经济实力既不在于掌握某种垄断性技术，也不在于经济自给自足，而在于改造自己以及在全球经济环境中适应变化的能力。[①]

自由主义者基欧汉则认为，所谓霸权国家，并不简单指在军事、经济、政治以及自然资源等方面具有压倒别国的优势的国家——这些只是霸权国家应该具备的基本力量要素。在基欧汉看来，一个国家是否为霸权国家，既取决于它的能力，同时也取决于它的意愿——这样的国家能够基于一定的规则来构造国际体系，并且具有维持这种国际体系的意愿。所以，霸权是指一个国家有足够的能力来维持主导国家之间关系的必要规则，并且有意愿这样做。[②]

尽管这些学者们在霸权的具体定义上存在着细微差别，但有一点是共同的，即他们都认为国际体系只有在霸权的主导下才是稳定的。

与现实主义者和自由主义者不同，世界体系论者，特别是沃勒斯坦则从不同的角度对霸权进行了研究。

---

① 参见〔美〕罗伯特・吉尔平：《国际关系政治经济学》，第 93—94 页。

② 参见：Robert O.Keohane, *After Hegemony: Cooperation and Discord in the World Political Economy*, Princeton Univertiy Press, 2005, p. 34。

在沃勒斯坦看来，就像世界经济体系在不断的周期性运行过程中会出现垄断（康德拉季耶夫周期的A段）一样，国家体系在其运行过程中也会出现周期性的变动，这个周期是一个长周期，通常被称为“霸权周期”。自资本主义世界体系产生以来，国家体系主要经历了三个霸权周期，产生了三个霸权国家：17世纪中叶的荷兰、19世纪中叶的英国和20世纪中叶的美国。沃勒斯坦对霸权的定义、作用以及影响作了细致的分析。

在沃勒斯坦看来，国家体系中的霸权主要是指如下这样一种机制：在所谓的大国之间的竞争中，一个大国能够在很大程度上将它在政治、经济、军事、外交，甚至文化上的原则和意愿强加于国家体系中。[①] 霸权的物质基础在于其在三个经济领域——农业-工业生产、商业和金融——有更高的效率。

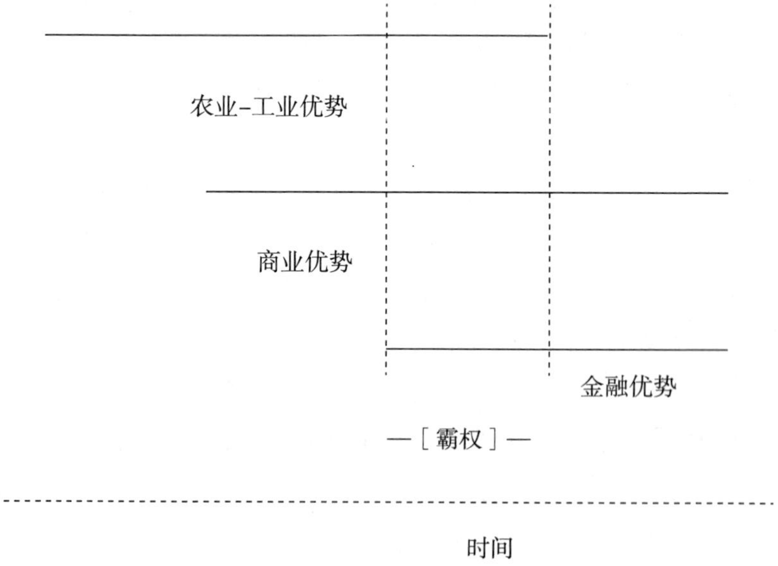

图 3　霸权的经济状况

① 参见：Immanuel Wallerstein, *The Politics of the World-Economy: The States, the Movements and the Civilizations,* p. 38。

沃勒斯坦对历史上出现的三个霸权国家作过比较，认为尽管它们出现的时代有所不同，但它们存在相似之处，这主要表现在如下三个方面：第一，每个霸权国家的兴衰与其在三个经济领域的效率是相关的。每个霸权国家都是先在农业-工业领域取得优势，然后在商业领域占有优势，最后在金融领域占有优势。当一个国家在三个领域都占有优势时，它就获得短暂的霸权地位。第二，每个霸权国家在其霸权期内都奉行全球"自由主义"，反对重商主义者对贸易的限制。第三，霸权国家的全球军事力量的模式是相同的，即霸权主要是海上（现在是海上/空中）力量。这三个特征只是霸权的一般特征。霸权虽然是以经济和军事作为基础，但我们也不应忽视霸权的政治方面，即霸权国家如何在世界市场中发挥其政治职能。

2. 霸权国家的政策

沃勒斯坦批判了以往两种对待资本主义的态度，一种认为资本主义的特征就是生产要素的自由流动，另一种认为资本主义的特征就是国家机器不干预市场。沃勒斯坦认为，资本主义的特征其实是生产要素部分流动，政治机器有选择地干预市场，[①] 霸权就是后者的一个例证。资本主义最为根本之处就是追求无休止的资本积累，而有选择地干预的目的就是加速积累的过程。这种干预一般采取两种形式：一种是直接干预，诸如国家可以采取征收直接税或间接税，以此来改变利润率进而影响一种产品的竞争性；另一种是国家通过颁布相应的法规和法则来影响资本、劳动力和货物的流动，或制定最高或最低价格。总之，霸权国家通过国家这个政治机器来为其在世界市场上获得最大利润提供垄断政治条件。这就是霸权在世界经济中的政治职能。

---

① 参见：Immanuel Wallerstein, *The Politics of World-Economy: The States, the Movements and the Civilizations*, p. 43。

3. 霸权国家霸权地位的衰退

但是，霸权的政治职能并不是无限的。因为霸权国家本身也处于国家体系之中，离开国家体系本身，也就无霸权而言，因此霸权国家要想将其自身的观念以及规则强加于国家体系，就必须为此付出代价，只有当它的所获远超它付出的代价时，它才能被称为霸权。同时，霸权国家在将其自身的偏好强加于国家体系时，必然会遭到一些国家的反对，如荷兰曾遭到英国和法国的反对，英国曾遭到德国和美国的反对，而美国曾遭到日本和欧共体的反对。正是在这两种意义上，沃勒斯坦认为，在国家体系中，霸权不是一种存在的状态，而是连续的大国相互竞争中的一个点，在这一点上，存在着几个力量相互平衡的国家。因此，霸权统治时期的国家体系是暂时稳定的，国家体系本身并不总是在霸权统治之下，但追求霸权地位就如同经济中追求利润的最大化一样，是各个国家的目标。资本主义世界体系正是在这种经济上追求利润最大化、政治上追求霸权地位的推动下不断进步，并呈现周期性的变化。

（三）边缘国家与世界经济

在讨论了世界体系论关于霸权国家和世界经济的关系之后，有必要讨论一下世界体系论关于边缘国家和世界经济的关系。

按照世界体系论的观点，资本主义世界经济首先产生于 16 世纪的欧洲，随后开始向全球扩展，一直到 19 世纪资本主义世界体系成为真正的全球性的世界体系。在资本主义世界经济的扩展过程中，域外区域首先有一个在经济上不断融入资本主义世界体系的过程（关于这一点，我们在第二编第二章“世界体系的经济分析”中已经作了探讨）。这里我们要探讨的问题是，这些域外区域在经济上融入资本主义世界体系的同时，在政治上是如何融入资本主义世界体系的？

在未融入资本主义世界体系的域外区域中，有着非常不同的政治结构，从自治性非常强的世界帝国——这些帝国存在很强的中央集权并且有很长的历史——到无国家的游牧和采集民族，还有介入二者之间的各种各样的政治结构。在资本主义世界体系的扩展过程中，不同的政治结构会采取不同的态度来对待融入过程，在具体的融入过程中也就会面临不同的问题。

从资本主义世界经济的主导力量的角度来看，最新被融入的区域的理想的政治结构无非有两种：一种是国家结构不是很强，无法干预商品、资本和劳动力在其所管辖的地区和资本主义世界经济的其他地区之间的流动。也就是说，这样的国家没有能力控制商品、资本以及劳动力的流动；一种是国家的力量不但很强，而且能够很好地控制商品、资本以及劳动力的流动，并且努力为这种流动创造条件。这样，对于边缘地区以及域外区域，政治融入过程其实是一个政治重建过程，所面临的选择或者是削弱以前的国家结构，或者是加强现存的国家结构。

沃勒斯坦根据融入过程中政治结构的特点，将边缘地区的国家结构分为以下三类。[①] 第一类是具有比较大而且强的政治结构的地区。在资本主义世界体系产生以后，还存在许多世界帝国，诸如俄罗斯帝国、奥斯曼帝国、波斯帝国以及中华帝国。这些帝国在政治上的一个显著特征就是有相对强的政治结构。在这些帝国融入资本主义世界体系的过程中，外在的力量往往是削弱这些政治结构的力量并且缩小其边界。这些进入融入过程中的国家结构最后变成列宁和其他学者所称的“半殖民”状态。第二类是诸如加勒比地区、北美洲或澳大利亚等地区或国家。这些地区或国家在融入过程中，本土政体遭到破坏，通常在欧洲殖民者到来之后建立了新的殖民国家，并伴有大量的欧洲人来定居。第三类是其他广大地区。诸如印度次大陆和东南亚以及非洲的大部分

① 参见：Immanuel Wallerstein, *The Politics of the World-Economy: The States, the Movements and the Civilizations*, p. 81。

地区。这些地区有很强的政治结构，但同时有相对弱的政治结构相伴随。这些地区由于被侵略而成为殖民地，但受殖民者的政治统治既不单纯是直接的，也不单纯是间接的，而是“直接”和“间接”相混合。

到了1900年左右，世界大部分地区在资本主义世界经济的扩张中成为殖民地，在政治上受到欧洲殖民者的直接支配。而那些处于边缘地区、没有被殖民的国家虽然也仍然以主权国家的面貌出现，但这种主权也由于“租借”（比如在中国）而被削弱，成为典型的弱国。

在域外区域的政治结构融入资本主义世界体系之后，这些新被融入的国家或地区在经济上就成为资本主义世界体系的边缘地区，这些国家或地区的政治结构本身也就成为国家体系的一个部分。国家体系随之就促使边缘地区的生产过程边缘化，并通过不等价交换使得剩余价值流向核心地区。边缘地区那些新出现的或重建的政治结构，或者公开地被掌握在帝国主义者的手中，或者服从于帝国主义者。因此，在这些国家或地区被融入国家体系之后，在其国内出现的抵制运动通常总是首先反对欧洲的帝国主义者，同时也反对这些帝国主义政治势力在国内的代言人。这样，在整个20世纪就出现了各种各样的民族主义运动（特别是民族解放运动）以及其他的革命运动。

四、反体系运动

（一）阶级分析作为一种方法

自由主义经济学家一般都反对用阶级的分析方法来分析资本主义世界经济的发展。他们一般都承认，在追逐资本积累的过程中存在着斗争，但他们大多却认为这种斗争不是阶级斗争。

与自由主义者不同的是，世界体系论者接受了马克思主义的观点，主张要用阶级分析的方法来分析资本主义世界体系运行中存在的矛盾。他们的逻辑是[①]，资本主义的“市场”从来就不是一蹴而就的，而是随着阶级利益的不同在不断地被改造和调整，因此，市场不是像自由主义者所鼓吹的那样是自然而然形成的，而是不同制度混合的产物。在任何特定的时间内，“市场”一般是由如下四种制度相互混合形成的，这四种制度是：国家体系中彼此联系的多重国家；多种“民族”（包括所谓的“道德群体”），这些民族以这样或那样的方式与国家相联系；阶级，不同的阶级有着不同的职业和不同的意识；共享收入的单位，包括那些从事不同劳动形式的人以及从多种资源中获得利益的人。这四者结合起来就形成了所谓的市场。以上四者的界限以及权力在世界经济的不同地区是很不相同的，在不同的周期以及不同的时态中也是非常不同的，所以根本不存在一个固定的市场形成的规则。

在沃勒斯坦看来，有一点似乎是非常明确的，即在历史资本主义中，资本积累者的最高目标莫过于更进一步的积累，工人的最高目标莫过于生存以及减少生活负担。假如明白了这一点，也就明白了资本主义世界体系的政治来源。

（二）两种反体系运动

在世界体系论者看来，资本主义世界体系从其产生以来就一直存在着反体系运动。而在19世纪，有两种反体系运动一直引人注目：一种是社会主义劳工运动（labour-socialist movement）；一种是民族主义运动（nationalist movement）。这两种反体系运动的共同之处就在于：1. 两种反体系运动都在谈论一种共同的语言，这就是法国大革命遗留下来的口号——自由、平等和博爱；2. 两种反体系运动都以一种启蒙运

---

① 参见：Immanuel Wallerstein, *Historical Capitalism*, pp. 64–65。

动的意识形态来武装自己，即人类社会进步的必然性以及人类的解放这种人类内在的权力；3. 两种反体系运动都力图破旧立新。

但这两种反体系运动在 19 世纪也存在显著的不同，这主要集中在如下几个方面：社会主义劳工运动主要集中体现在城市中没有土地的工资劳动者（无产阶级）和经济结构的所有者（资产阶级）的矛盾上，所以社会主义劳工运动认为，"工作报酬的分配"是不平等的、压迫性的和不公正的。因此，社会主义劳工运动自然首先出现在世界经济中那些有重要生产能力的地区，即西欧地区。而民族主义运动则主要集中体现在多数被压迫的人民和在既定政治制度下占统治地位的人们之间的矛盾上。占统治地位的人们比被压迫的人民有更多的政治权力、经济机会以及文化表达的合法性。因此，民族主义运动认为，"权利的分配"是不公平的、压迫性的和不公正的。所以，民族主义运动自然首先在世界经济的半边缘地区，特别是在奥匈帝国和奥斯曼帝国发生。

进入 20 世纪以后，尽管这两种反体系运动仍然在强调它们之间的不同，并且为此争论不休，但就其所采取的战略而言，这两种反体系运动也有相似或共同之处。这主要表现在：第一，无论是社会主义劳工运动，还是民族主义运动，他们的政治目标就是攫取国家权力，其中就民族主义运动而言，攫取国家权力也包括建立新的国家边界；第二，建立革命的意识形态，这种意识形态反对现存的建立在资本—劳动、核心—边缘这种不平等结构基础上的历史的资本主义。[①]

有一点应该引起关心反体系运动的人们的重视。反体系运动尽管从资本主义世界经济产生之日起就已经存在，但这种存在并不是独立的存在，而是一个集体存在，反体系运动的存在得到其他运动的大力支持，这些支持包括：物质方面的支持，这是非常有帮助的但也许是最不

---

① 参见：Immanuel Wallerstein, *Historical Capitalism*, p. 68; Immanuel Wallerstein, *The Politics of World-Economy: The States, the Movements and the Civilizations*, p. 136。

重要的；分散精力方面的支持，也就是说，一个国家越把精力投入到反体系运动，这个国家从事长远的反体系运动的能力就越小；集体意识水平的支持，这是最为根本的。[①]

尽管美国在1945年以后获得了全球性的霸权地位，但反体系运动在世界各地仍然得到了飞速的发展，诸如社会主义运动在中国、朝鲜、越南、老挝、柬埔寨、捷克斯洛伐克以及阿尔巴尼亚等国家得到了飞速发展，而民族主义运动在亚洲、非洲和加勒比地区得到了广泛的推动。这主要有三个方面的原因。第一是经济周期的作用。第二次世界大战结束以后，世界经济由1920年的康德拉捷耶夫周期的B段（萧条阶段）开始进入A段（扩张阶段），美国在其中获得了霸权地位，新一轮世界经济的不平等发展再一次刺激了反体系运动。第二是苏联的建立。1917年布尔什维克革命以后，世界地缘政治结构发生了根本性的变化，苏联成为反资本主义世界体系的主要力量，这种力量在第二次世界大战以后得到了进一步的加强，但直到1967年，苏联这支反资本主义世界体系的力量没有强大到压倒美国或消灭美国的地步，而只是达到了对美国遏制的地步。正是这种状态为世界性的反资本主义体系和反霸权运动的力量提供了场所。第三是反体系运动战略本身的转变。如前所述，在19世纪，社会劳工运动代表的是工人阶级，而民族运动则代表的是那些没有控制国家结构的人民，这是两种不同的现象。进入20世纪，特别是1945年以后，这两种运动的界线开始模糊起来，攫取国家权力成为他们的共同战略，这种战略的转变加强了反资本主义体系的力量。

尽管反体系运动在20世纪得到了加强，并且改变了资本主义世界体系目前阶段的政治，但我们并不能因此就认为反体系运动取得了决

---

① 参见：Immanuel Wallerstein, *Historical Capitalism*, p. 70。

定性的胜利，资本主义世界体系就要走到尽头。也就是说，我们应该对目前阶段的反体系运动有一个清醒的认识。

反体系运动目前存在的问题主要有：

1. 战略选择的可能性比较小。尽管反体系运动在美国霸权时代得到了进一步加强并取得了长足的胜利，但总体上来说，由于反体系运动战略选择的可能性比较小，因而力量仍然是很微弱的。这主要是因为，"在历史资本主义既定的政治结构中，这些反体系运动的选择性很小。更多的似乎是有限的可替代的战略。对国家权力的攫取至少在某种程度上改变了相互竞争的群体之间的力量的平衡。也就是说，对权力的攫取代表了对体系的一种改革，这种改革实际上是改变了状况，但[这种改革]也总是以加强这个体系为代价"[①]。

2. 革命后机制的局限性。反体系运动在美国霸权统治时代在一些国家和地区取得了胜利或部分胜利之后，国际上曾出现两种理论解释：[②] 一是胜利者理论（Triumphalist Theory）；二是增选理论或同化理论（Co-optation Theory）。前者认为，反体系运动的胜利是认识到美国和资本主义的力量是"纸老虎"的结果，也是现存社会主义国家力量的表现；后者认为，反体系运动之所以得势是全体自由主义、重商主义容忍这种运动，吸收他们的精英，给这种运动以胜利的形式，而不是实质性的结果。但世界体系论认为，这两种解释都不能令人满意，因为它们都只是从世界力量的平衡来讨论问题，并没有看到第二次世界大战后反体系运动都在加强对国家权力的攫取这一事实。事实上，尽管反体系运动通过革命在一些国家中获得了胜利，但"革命后机制作为历史资本主义的社会劳动分工的一部分仍然在发挥作用，这样，这种革命后

---

① Immanuel Wallerstein, *Historical Capitalism*, p. 69.

② 参见：Immanuel Wallerstein, *The Politics of World-Economy: The States, the Movements and the Civilizations*, p. 138。

机制仍然在追逐无休止的资本积累的无情压力下发挥作用。国内的政治结果仍然是对劳动力的剥削，在多数情况下只不过采取一种减轻的和改善的形式。这会导致那些非'革命后'国家内部的冲突，进而在这些国家孕育新的反体系运动。为追逐利益而进行的斗争一直在进行，无论是在这些革命后的国家，还是在其他地区，因为在资本主义世界经济的框架内，积累贯穿整个体系。国家结构的变化只能改变积累的政治，并不能终结资本积累"[①]。

所以，历史资本主义体系在其发展过程中一直存在一个悖论，即一个世界经济和多重国家的矛盾。

（三）世界体系的未来

既然资本主义世界体系存在各种各样的矛盾——经济上存在不等价交换，造成地区之间经济发展的不平衡；政治上存在无产阶级和资产阶级、穷国和富国以及弱国和强国之间的矛盾，造成反体系运动不断——那么资本主义世界体系的未来如何呢？

在这里，世界体系论接受了马克思和熊彼特两位思想家的观点，即资本主义作为一个世界体系，其衰退或灭亡不是它的困难导致的，而是它的成功导致的（关于这一点，我们在本书的第一编"世界体系论的兴起"中已经作过比较详细的探讨）。这个逻辑根源于这个体系最为基本的三个悖论，即政治悖论、经济悖论和意识形态悖论。[②]

1. 悖论一：政治悖论

资本主义世界体系自其产生之日起，就面临一个政治悖论，即在全球范围内从这种制度中受益的是少数人，而大多数人对这一制度一直

---

① Immanuel Wallerstein, *Historical Capitalism*, pp. 71–72.

② 参见：Immanuel Wallerstein, *The Politics of World-Economy: The States, the Movements and the Civilizations*, , pp. 133–135。

存在抵制情绪。他们通过各种途径、以各种方式表达他们的不满，这就导致一个无法解决的悖论：这种抵制改变了力量的对比而且导致新的政治调和，所以每当这些新的调和倾向于抵制运动时，它就在短期内削弱了掌权者的政治力量，而在长期内削弱了掌权者的资本积累的能力，然而每一次调和都将反体系运动融入资本主义世界体系的政治稳定的框架内。

2. 悖论二：经济悖论

在资本主义世界体系中，由于追求利润最大化是每个公司的目标，因此通过降低工资就可以提高公司的利润。但如果每个公司都如此，由于工人工资的相对下降，全球的市场需求就会下降，最终会给所有公司利润的实现带来困难。这种经济悖论导致了资本主义世界经济长期以来不断地扩张和收缩。

3. 悖论三：意识形态悖论

资本主义世界体系中的意识形态悖论主要来源于这个体系所创造的两种主要制度——国家和民族。世界体系论有一个基本观点，即国家和民族是资本主义世界经济过程的产物，而且他们被不断地再创造。其中，国家是由国家体系中的其他国家来定义的，并且受制于这些国家；民族是由民族和国家结构的必要的关系来定义的，并且受制于这些关系。国家和民族的这种特征既被资本家也被其反对者用来作为一种意识形态来捍卫自己的利益，这就导致了资本主义世界体系中的意识形态悖论：资本积累要求国家结构介入市场的建设以及重新建设之中，为了达到这一点，就必须利用民族主义加强结构的凝聚力，国家结构就成为调和社会内部各种力量的力量，即国家结构最后成为资本积累的阻碍力量；抵制运动要求在国家结构内获得权力以达到他们的目的，为了获得国家权力就得培养民族主义，然而国家权力的获得以及民族主义的增长对于抵制运动既有积极作用也有消极作用。

第四章　世界体系的文明分析

从文明的角度研究世界体系也是世界体系论集中探讨的问题，这主要体现在沃勒斯坦出版的著作《地缘政治和地缘文化》《从社会科学走出来：19世纪范式的局限性》《开放社会科学：重建社会科学报告书》[①] 和《所知世界的终结：二十一世纪的社会科学》，以及世界体系论研究小组主持的一系列研究项目中[②]。在这方面，世界体系论主要关心三个问题：资本主义世界体系作为一种文明意味着什么；文明和发展中国家发展的关系；未来文明的走向。

一、世界体系作为一种被"普遍化"的文明

关于"文明"这个词，在沃勒斯坦看来，有两种不同的含义。一种

① 这份报告的主要起草人是沃勒斯坦，也是古金根重建社会科学委员会的报告。这个委员会是应沃勒斯坦的建议于1993年成立的，成员包括六位社会科学家、两位自然科学家和两位人文科学家。他们是：沃勒斯坦，社会学家，美国纽约州立大学布罗代尔研究中心主任；朱马（Calestous Juma），科学家，肯尼亚非洲技术研究中心主任；凯勒（Evelyn Fox Keller），物理学家，美国麻省理工学院科学史和科学哲学教授；科克（Jurgen Kocka），历史学家，德国柏林自由大学工业世界史教授；勒古（Dominique Lecourt），哲学家，法国巴黎第七大学科学哲学和科学史教授；穆迪贝（Valentin Y.Mudimbe），拉丁系语言学家，美国斯坦福大学比较文学、法语和意大利语讲座教授；武者小路（Kinhide Mushakoji），政治学家，前国际政治学联合会会长，日本国际问题研究会理事长，日本明治学院大学国际问题研究学院教授；普利高津（Ilya Prigogine），化学家，诺贝尔奖获得者，国际物理和化学研究所所长；泰勒（Peter J.Taylor），地理学家，英国纽卡斯尔大学政治地理学教授；特鲁劳特（Michel Rolphh Trouillot），人类学家，美国霍普金斯大学文化、权力和历史综合研究所所长。

② 其中包括1993—1994年和1994—1995年布罗代尔研究中心与法国高等社会科学院联合举办的博士后项目，笔者曾参与该项目。

是与“野蛮”相对应，即文明是少一点“动物性”，在这种意义上，文明是单一的，是普遍的。另一种则是指特殊的世界观、习惯、结构和文化，这些现象形成一种历史的整体，并与其他同样的现象相共存，在这种意义上，文明是多元的，文明是作为一种特殊性而非普遍性存在。①

当我们把文明作为一种特殊性的存在来看待时，资本主义世界体系作为一种文明究竟意味着什么？如何看待各个文明之间的关系？未来文明的走向如何呢？这三个问题分别涉及文明和资本主义世界体系的关系、[资本主义]文明和发展中国家发展的关系，以及文明和未来世界秩序之间的关系。

与世界上其他文明相同，产生于16世纪西欧的资本主义世界体系本来也是一种特殊的文明，但随着资本主义世界体系在随后的几个世纪向全球的扩展以及对世界其他国家和地区的征服，这种被西欧核心区国家创造的“特殊的文明”逐渐被普遍化，并越来越被认为是一种具有“普遍性的文明”。这一被“普遍化”的过程主要是通过三种制度或机制来实现的，即社会科学（social science）、意识形态（ideology）和运动（movement）。关于运动，特别是反体系运动，我们已在本书第二编第三章“世界体系的政治分析”中作了比较详细的讨论，所以在这里我们着重讨论社会科学和意识形态在资本主义世界体系作为一种文明被普遍化过程中的作用。

（一）社会科学的制度化

1. 西方“社会科学”的兴起

对社会的研究和对自然的研究一直是西方文化传统中的两大主流。尽管著名的原子论者伊壁鸠鲁（Epicurus）及其追随者卢克莱修

① 参见：Immanuel Wallerstein, *Geopolitics and Geoculture: Essays on the Changing World-System*, p. 215。

（Lucretius）也试图把人作为自然的一部分来研究，而且后来的马基雅维里和博丹也力图寻求人类制度的自然方面，但将自然（nature）和社会（society）作为不同的系统来研究在西方文明传统中一直居于主导地位，这与我们中国传统哲学中寻求“天人合一”的传统形成鲜明的对比。

在牛顿哲学出现以前，与把自然和社会作为两个不同的领域来看待相对应，关于对它们的认识也被作为两种不同的知识：关于社会的知识被当作一种可能性知识，其主要理由是，组成社会的人是有情绪、意愿、爱好的，所以关于人的行为和制度的认识都是一种或然性知识；关于自然的知识被当作一种必然性知识，因为自然本身是客观的。

17 世纪，牛顿发现了自然界物体运行的三大规律，解决了开普勒没有解决的天体如何由不动到动和伽利略没有解决的物体如何落向地球这样的问题。他的发现被认为是科学研究历史上的一大里程碑。西方学者普遍认为，关于自然的研究已经走上科学之途，关于自然的认识是一种科学的知识，科学的认识自然再无需上帝来帮助。甚至当拿破仑问拉普拉斯在他的体系中上帝的地位如何时，拉普拉斯不无得意地说：“我无需这种假设（Je n'ai pas besoin de cette hypothèse）。”[①] 牛顿力学与同时代笛卡尔的二元论构成西方经典科学观的核心内容，这为自然科学的产生奠定了最基本的条件。传统的作为哲学重要组成部分的自然哲学，在 17 世纪由于经典科学观的产生而变成自然科学。沃勒斯坦所领导的重建社会科学小组在其报告中对此做了精辟的概括：

> 几个世纪以来，所谓经典的科学观一直占据着主导地位。它基于两个前提，一个是牛顿模式，认定有一种对称格局存乎过去和

① Ilya Prigogine, Isabelle Stengers, *Order Out of Chaos*: *Man's New Dialogue with Nature*, Bantam Books, 1984, p. 52.

未来之间。这是一种准神学的视界：如同上帝一样，我们也能够达致确实性；既然万物共存于永恒的现在，因此我们不必区分过去和未来。第二个前提是笛卡尔的二元论，它假定自然与人类、物质与精神、物理世界与社会精神世界之间存在着根本的差异。[①]

在这种科学观的指导下，“科学开始被界定为关于超越时空，永远正确的普遍自然法则的追寻”[②]，而“相形之下，与之对应的那种知识形式就不那么明确了，人们甚至在给它起一个什么名字上从来没有达成一致的意见。它有时被称为文科（arts），有时被列为人文科学（humanities），有时被称为文学或美文学（belles-lettres），有时被称为哲学（philosophy）。这种知识形式的面目和中心可谓变化多端，缺乏内在的凝聚性，致使该领域的从业者无法就其学科的重要性向官方提出辩解，更无法结成统一的联盟，因为他们似乎根本不可能或没有能力创造出任何[实际的]结果”[③]。

认识自然的成功（虽然这种认识是暂时的——因为后来随着爱因斯坦相对论的提出，牛顿的体系被发现是机械的和静态的——但是从那个时代开始，这种思想统治西方科学界和知识界长达三个世纪之久）促使一些研究人类、社会以及精神的思想家们也开始构建在这些领域的“科学”知识，以赋予这些知识像自然领域里的知识那样一种合法性。在这种动机的驱使下，从17世纪中叶开始，在西方学术界，出现了四种所谓的“科学地”研究社会人文的传统或方法。[④]

---

① 〔美〕华勒斯坦等：《开放社会科学：重建社会科学报告书》，刘锋译，香港牛津大学出版社1996年版，第2页。（华勒斯坦即沃勒斯坦。）

② 〔美〕华勒斯坦等：《开放社会科学：重建社会科学报告书》，第3页。

③ 同上书，第6页。

④ 参见：Richard Olson, *The Emergence of the Social Sciences 1642–1792*, New York: Twayne Publishers, 1993, pp. 2–3。

第一种是心理的传统或方法，是由霍布斯开创的。霍布斯在《利维坦》(1651年)中宣称发现了一种研究政治生活的科学方法，实际上是将几何学方法运用于政治研究之中，目的是想论证人类如何运用知识产生一个稳定的国家。在霍布斯看来，所有的知识，无论是科学知识还是哲学知识，都源于经验，这是非常重要的。但是源于经验的知识是非常不稳定的。那么如何获得一种稳定的知识呢？他认为，欧几里得的几何学是达到稳定的知识的一种重要途径。他认为，只有通过理性才能获得稳定而可靠的知识。只要我们能正确地推理，所获得的所有知识就一定是真的。那么，推理的本质是什么呢？

当一个人进行推理时，他所做的不过是在心中将各部分相加求得一个总和，或是在心中将一个数目减去另一个数目求得一个余数。这个过程如果是用语词进行的，他便是在心中将各部分的名词序列联成一个整体的名词，或从整体及一个部分的名词求得另一个部分的名词。人们在数字等方面虽然除加减以外还用乘、除等其他运算法，但这些运算法实际上是同一回事。因为乘法就是把相等的东西加在一起，而除法则是将一个东西能减多少回就减多少回。这些运算并不限于数字方面，而是所有可以相加减的事物全部适用，因为正像算术家在数字方面讲加减一样，几何学家在线，形(立体与平面)，角，比例，倍数，速度，力与力量等等方面也讲加减，逻辑学家在语词系列，两个名词相加成为一个断言，两个断言相加成为一个三段论法……政治学著作家把契约加起来以便找出人们的义务，法律学家则把法律和事实加起来以便找出私人行为中的是与非。总而言之，不论在什么事物里，用得着加减的地方就用得着推理，用不着加减法的地方就与推论完全无缘。①

① 〔英〕霍布斯:《利维坦》，黎思复、黎廷弼译，商务印书馆1986年版，第27—28页。

在这种对推理理解的基础上，霍布斯对知识做了两种分类：

> 知识共分两种，一种是关于事实的知识，另一种是关于断言间推理的知识。前一种知识就是感觉和记忆，是绝对的知识……后一种知识被称为学识，是有条件的知识……要求以推理自命的哲学家的知识也就是这种知识。关于事实的知识记录下来就称为历史，共分两类：一类是自然史（博物志），这就是不以人的意志为转移的自然事实或结果的历史，如金属史、植物史、动物史、区域地理史等都属于这一类。另一类历史是人文史，也就是国家人群的自觉行为的历史。学识的记载是包含断言推理之论证的书籍，一般称为哲学书籍，由于所论事物不同而有许多种。[①]

这样一来，关于人类社会以及精神的知识也可以成为超越时空、具有规律性的“科学的”知识。为什么关于“政治”的知识能成为科学的呢？霍布斯的逻辑是这样的：自然本身是外在于人类的，所以关于自然的知识永远是开放的，我们不能确定我们关于自然的经验，包括自然客体的所有属性，但是几何和国家则不同，他们都是人造的，是人类的创造物，所以人类能够通过推理掌握其创造物的全部属性。这样一来，霍布斯就通过心理的途径将关于人文的知识——也是科学的知识——合法化了。尽管他的观点受到当时以及后来学者们的批评，但这种尝试为 19 世纪社会科学的制度化提供了一种途径。

第二种是由配第（William Petty）开创的政治经济学传统或方法。配第用数学和解剖学的知识来分析经济政策，并宣称发现了“政治算术法”，这集中体现在他的于 1691 年出版的《政治算术》（*Political*

① 〔英〕霍布斯：《利维坦》，第 61—62 页。

Arithmetic）中。他反对霍布斯将人的本性和国家联系起来，认为只有理解了人的本性才能真正获得关于国家政策的知识。在配第看来，在人的生活经验中有大量的规则，即使我们不知道其导致的每个单个事件，但我们还是可以算出其数量的。配第主张，在分析经济活动中，一方面应该强调定量分析，如通过计算土地、劳动力以及资本等的投入所得来估计国家的财富。这是配第与霍布斯的不同之处，即他不是从理性出发，而是将实验的方法引入经济政策研究中，他称之为"政治算术法"。另一方面，配第还主张，将经济因素从其存在的背景中分离出来，将其作为一个独立的变量来分析，他认为只有这样才能更好地为政策服务。对于他的这种观察问题的方法，配第本人在《政治算术》中曾作过明确的表述：

> 我进行这项工作所使用的方法，在目前还不是常见的。因为和只使用比较级或最高级的词语以及单纯作思维的论证相反，我却采用了这样的方法，（作为我很久以来就想建立的政治算术的一个范例），即用数字、重量和尺度的词汇来表达我自己想说的问题，只进行能诉诸人们的感观的论证和考察在性质上有可见的根据的原因。至于那些以某些人的容易变动的思想、意见、胃口和情绪为依据的原因，则留待别人去研究。这里我敢明白地说，老实说，以这些因素（容易变动的思想等等）为依据（即使这些因素可以叫作依据）的原因是不可能谈得透彻的。这种情况无异于掷骰子不能预言会掷出什么点，也无异于：即使迄今所发现的有关投射线和反射线或投射角和反光角的最精密的知识，（如果不经过长期练习）也无法打会网球、台球和滚球。[1]

① 〔英〕威廉·配第：《政治算术》，陈冬野译，商务印书馆1978年版，第8页。

第三种是社会学的传统或方法，是由哈林顿（James Harrington）开创的。哈林顿的主要著作是他于1656年出版的《大洋国》。他继承了共和主义者主张稳妥的政治策略的悠久传统，希望能够对立足于某种特殊的经济决定论基础上的政府形式的暂时变化给予一个科学的说明，其主要目的是理解君主专制并在17世纪的英国推行共和制。[①] 哈林顿的工作主要集中在两个方面：一个是方法论上的，即主张比较历史的方法；另一个是对共和理论的修改。

就方法论而言，哈林顿提出了比较历史的方法。哈林顿根据当时自然科学的发展，离开霍布斯从人的本性出发的唯理论，转而接受了培根倡导的经验论。在哈林顿看来，科学知识来源于广泛的自然经验，经验是关于自然和社会现象的知识的唯一合法来源，霍布斯式的几何推理无论是在研究自然哲学还是研究政治哲学中都是有害的。所以，在研究社会和政治问题时，我们一定要在尽可能宽泛的背景中来不断地寻找可以比较的历史事例。对于这种比较历史方法，哈林顿本人将其称作政治解剖法。哈林顿认为，他的政治解剖法可以分析政治现实的许多细节。

就共和制的探讨而言，哈林顿是从公民和财产的角度来修改以往的共和理论的。哈林顿的基本思想是，一个国家的政府形式有可能长期存在下去，这取决于财产的分配，尤其是地产的分配。[②] 根据对土地占有方式的不同，哈林顿推翻了传统的关于政府形式的三分法，提出了自己的三分法，即君主专制政体、混合或封建君主制和共和政体。哈林顿虽然并不反对君主专制政体，但他更欣赏共和政体，在他看来，共和国的显著标志就是"法律的统治而不是人的统治"，人们可以在法律约

---

① 参见：Richard Olson，*The Emergence of the Social Sciences 1642–1792*, p. 2。

② 参见〔美〕乔治·霍兰·萨拜因：《政治学说史》（下册），刘山等译，商务印书馆1986年版，第559页。

束下享受自由，因为人本质上是合群的而不是自私的。真正的治国之道在于使得个人利益与公共利益相一致，能够做到这一点的政府是最受欢迎的政府。这样的国家可以被称为“平等的共和国”。一个平等的共和国的原则包括一项土地法、轮流执政、秘密投票和权利分立。哈林顿的论述如下：

> 一个平等的共和国是在平等的土地法的基础上建立的政府。其上层建筑分为三个机构：(1)元老讨论和提议案，(2)人民决议，(3)行政官员执行；官职由人民投票选举，平等地轮流执政。[①]

第四种是由塞肯多尔夫（Ludwig Von Sekendorf）和比彻（Johann Becher）等人倡导的财政学（cameralistics）的传统或方法[②]。财政学的传统主要兴起于三十年战争后的德国。1648 年三十年战争结束以后，和欧洲大陆的其他国家一样，德国也陷入经济停滞，人口严重减少。对于国王来说，最大的难题莫过于筹集足够的资金，一方面供给军队以防止外来的侵略并保证国内的安全，另一方面维持宫廷的活动。所以，这一时期的财政学的倡导者无一例外地将精力集中于商业活动上，比彻和他的同事们把商业领域看作为国王提供新的经济机会的领域。他们认为，重视商业应主要完成两件事情：一是将国王的利益与社会公共利益结合起来，提高私人和公司利益；二是将社会的福利与制造品的生产、分配以及消费结合起来。为了顶住来自传统的利益群体的反对（传统的土地贵族的反商业偏见以及城市手工业和商人对竞争的反对），他们一方面求助于宗教势力，另一方面借助于与文艺复兴时期自然主义科

---

① 〔英〕詹姆斯·哈林顿：《大洋国》，何新译，商务印书馆 1983 年版，第 37 页。

② 详细内容，可参见：Richard Olson, *The Emergence of the Social Sciences 1642–1792*, pp. 29–34。

学相关的医学以及炼金术的语言。

在比彻看来，商业在社会经济生活中起着积极的和建设性的作用。他将商业活动比作炼金术，认为炼金术的过程其实是一个自然的增长过程，原始金属是在一种非常自然的浪费过程中被消费的，但是金属的再生却是一个新的和完美的形式。炼金师却是通过人工过程加速对不完美过程的破坏，促进金属的再生。在商业过程中，商人充当了炼金师的角色，投资以及贸易人为地刺激了生产，地球上的果实以及金钱成倍增长，这样无需增加公民的负担就可以增加国家的剩余收入。正是在这种意义上，商人可以被看作国王的"政治家的基石"，商业活动可以被看作社会的核心活动。由此可以看出，德国财政学的传统实际上是力图使商业活动合法化来增加国王的收入。

尽管在以上几个方面做出了努力，但在 19 世纪以前，社会科学仍没有明显地从哲学中分离出来。在 17 世纪之前，关于自然的知识一直被称为自然哲学，而关于社会的知识则被称为道德哲学。到 17 世纪，随着物理学的成功，自然哲学被称为自然科学，而直到 18 世纪末，道德哲学为了标榜自己为科学，才将那些研究人文关系的知识称为道德科学（moral science）[①]。在 19 世纪以前，尽管自然科学获得了普遍性，但研究人文社会的道德科学并没有获得普遍性。沃勒斯坦对此也作了肯定的结论：

> 诚然，在 1500 至 1850 年期间，已经有一类文献涉及到许多今日归于社会科学名下的核心问题，如政治制度的运作，国家的宏观经济政策，国际关系准则，以及有关欧洲以外的政治体制的描述。

---

① 参见：David Eston, Schelling Corinne S.(eds.), *Divided Knowledge: Across Disciplines, Across Cultures*, Sage Publications, 1991, pp. 10–11。

我们现在不仅能读到马尔萨斯，李嘉图，基佐，托克维尔，赫尔德，费希特等生活在19世纪上半叶的思想家的论著，而且还能读到马基雅维里，博丹，配第，格劳秀斯，法国重农主义者和苏格兰启蒙主义者的论著。我们甚至还能在这一时期发现有关社会犯罪的讨论，如贝卡里亚（Cesare Beccaria）就写有这方面的书。然而，所有这一切都还不完全符合今日所理解的社会科学概念，且在这些学者中间，还没有哪一个人认为是在后来所说的独立学科的框架内从事研究的。[①]

2. 社会科学制度化的前提、特征和过程

将研究人文社会的道德科学冠以当代社会科学名称并逐渐制度化开始于18世纪中叶，但直到1945年才得以在全世界完成。社会科学的这种制度化主要是通过如下几个途径完成的：一是成立国家学者机构；二是在大学中设立系和教授席位；三是图书馆以这些学科作为书籍分类的系统。

今天，我们已经习惯了把有关社会进程和社会结构的知识给予不同类别的学科称谓。其中最重要的有：人类学、经济学、历史学、政治科学和社会学。当中最少有三个学科在19世纪以前是没有的。在19世纪的后半叶，有三种主要方法将这些学科制度化：大学以这些学科名称设立学系（或至少设立席位）；成立国家学者机构（后来更成为国际学者机构）；图书馆也开始以这些学科作为图书分类的系统。[②]

---

① 〔美〕华勒斯坦等：《开放社会科学：重建社会科学报告书》，第11—12页。

② Immanuel Wallerstein, *Unthinking Social Science: The Limits of Nineteeth-Century Paradigms*, Polity Press, 1991, p. 218.

在沃勒斯坦看来，社会科学之所以能在 19 世纪被制度化，主要基于如下七个前提：[①]

（1）社会科学是由多门［学科］组成，这些［学科］是围绕一些在知识上连贯但却互不相关的主题内容所组成的。

（2）历史学是研究和解释真正在过去发生的特定事件，而社会科学则寻找普遍规律以解释人类/社会行为。

（3）人类被束缚于我们称之为社会的独立实体里，而社会则建构了基本群居架构，让人类生活其中。

（4）资本主义是一个自由生产者以自由劳动力和自由商品互相竞争的机制，［自由］意味着可在市场买卖。

（5）18 世纪末到 19 世纪初是世界历史上的一个重要转折点，因为资本家最终在主要的国家获得了政权和社会权力。

（6）人类历史是无可避免地向前迈进的。

（7）科学是为了寻找最能够简洁说明万事万物本质，以及解释事件如何发生的规则。

在这些基本前提的假设下，社会科学开始了漫长的制度化过程，对此作出重大贡献的主要是英国和法国的人文和社会思想家。其中有两位思想家的工作值得一提，一位是英国的经济学家亚当·斯密（Adam Smith），另一位是法国社会科学家孔德（Auguste Comte）。

事实上，在社会科学领域里，率先制度化的学科是历史学。当然，到目前为止，对于历史学是否是社会科学的一个领域，学术界仍然存在争论，但在世界体系论者看来，历史学是社会科学的一个部分。历史学之所以在 19 世纪开始了制度化的过程，这与当时的学术气氛有很大的

---

① 参见：Immanuel Wallerstein, *Unthinking Social Science: The Limits of Nineteeth-Century Paradigms*, p. 218。

关系。我们知道，19 世纪之前，西方学术史大致经历了如下几个阶段：第一个阶段是古希腊的思辨时代（哲学包罗一切）；第二个阶段是中世纪的神学时代（神学代替了一切）；第三个阶段是 17、18 世纪的实证时代（牛顿式的思维统治了一切）；第四个阶段是 19 世纪的理性时代（黑格尔哲学使其达到顶峰）。和许多自然科学家一样，在 19 世纪，一批研究历史的学者开始主张放弃传统的“帝王传记式的历史”，他们“严格地强调应该去探明实际发生的事情。这种主张究竟针对的是什么呢？主要是那种讲述想象的或夸张的故事的做法，因为这些故事迎合读者的趣味，或服务于统治者和其他权势集团的当下目标”[①]。这样一来，历史学就力图和自然科学一样，反对哲学的思辨，强调对客观的和可知的现实世界的认识。这一时期历史学家的具体主张是，“历史学家像自然科学家一样，不应该在先前的文字著述（图书馆，即读书的地方）或他们自己的思想过程（书房，即思考的地方）中寻找材料，而是应该在一个能够收集、存储、控制和支配外在的客观数据的地方（实验室 / 档案馆，即从事研究的地方）寻找材料”[②]。这样，历史学就被纳入与中世纪的知识形态（以哲学思辨为特征）相对立的现代知识形态（以认识客观的现实世界为特征）之中。

在历史学制度化的过程中，经济学也开始了其制度化的过程。在西方，首先是亚当・斯密于 1776 年发表了著名的《国民财富的性质和原因的研究》一书。在其中，他提出“市场是一只无形的手”，将经济活动从社会活动中分离出来。经济学作为一门主要从事对“市场”的研究的独立学科随之出现。“由于在 19 世纪占主导地位的是自由经济理论，因此到了 19 世纪下半叶，[政治经济学]这个术语终于消失了，取而代之的是[经济学]一词。把形容词[政治的]去掉之后，经济学

① 〔美〕华勒斯坦等：《开放社会科学：重建社会科学报告书》，第 13 页。

② 同上书，第 14 页。

家便可以论证说，经济行为反映的是一种个体主义心理学，而不是以社会的形式建构起来的各种制度；据此又可以进一步断定自由放任原则是符合自然的。”[①] 这样，经济学就逐渐成为一门面向经济活动现实、侧重研究其普遍规律的学科。

亚当·斯密之后，法国的社会科学家孔德在1864年出版了他的名作《实证哲学教程》。在其中，他将科学的发展分为三个阶段：神学阶段、形而上学阶段和实证阶段，即任何一门学科的发展只有经过前两个阶段，才能进入“科学”阶段。在这里，他所说的“科学”即经验、实证，可见他受牛顿学说的影响。在这种思想的指导下，他认为，今日关于社会的研究已进入科学阶段。可见，“社会学”这个词一开始并非我们现在所指的“社会学”，它指的是全部社会科学。关于这一点，我国社会学家费孝通早在1948年便有所论述：“孔德在他的《实证哲学》里采取这个名字到现在还不过近一百年，而孔德用这名字来预言的那门研究社会现象的科学应当相等于现在我们所谓‘社会科学’的统称。斯宾塞也是这样，他所谓的社会学是社会现象的总论。把社会学降为和政治学、经济学、法律学等社会科学并列的一门学问，并非创立这一名称的早年学者所意想得到的。”[②]

法国资产阶级大革命之后，国家、权力、君主等成为学者们讨论的主题，于是学者们将这些因素从社会中分离出来，这方面主要有法国的本扎曼、孔斯坦、德列别克，以及英国的边沁。1880年，美国政治学家伯吉斯在哥伦比亚大学倡导成立政治学研究院。这样，“历史学、经济学、社会学和政治学合演了一首四重奏，它们在19世纪（无疑直到1945年）逐渐地成为大学里的一些学科。在这个过程中，对它们的研究主要局限在作为他们共同发源地的那五个国家［英国、法国、日耳曼

① 〔美〕华勒斯坦等：《开放社会科学：重建社会科学报告书》，第15页。
② 《思想与时代》，第五十一辑，1948年。

国家、意大利半岛诸国以及美国］，不仅如此，它们也主要是对那五个国家的社会现实进行描述的”[①]。

随着欧洲殖民体系在世界的扩张，在西方学术界，出现了研究殖民地的活动。他们把这些殖民地的人们称为”没有历史的人”（people without history），对这些殖民地的社会和人们的特殊的风俗、习惯以及语言的研究，导致文化人类学的产生。

> 现代世界体系的建立涉及到欧洲人与世界其他民族的相遇，且在多数情况下还伴随着对这些民族的征服。按欧洲人的经验范畴来说，他们遇到了两类截然不同的民族和社会结构。有些民族生活在相对较小的群体中，他们没有书写系统，他们似乎也没有共同的、覆盖广大地区的宗教系统，与欧洲人所拥有的技术相比，在军事上也较为薄弱。用以描述这些民族的一般性术语开始被采用：在英语中他们通常被称为tribes（部落），在其他一些语言中则被称为races（这个词还有另外一种用法，它可以指按照肤色和其他生物学特征来划分的很大的人种群。为了避免造成混淆，这个词后来被弃之不用了）。对这些民族的研究构成了一个新的学科领域，称为人类学（Anthropology）。[②]

与此同时，在西方还出现了另外一种趋势，即研究欧洲以外的那些具有悠久历史文化传统的国家和地区，诸如中国、印度、波斯、阿拉伯世界、美索不达米亚以及古埃及等，这些以研究欧洲之外的具有悠久历史的国家和社会的学术导致“东方主义”（Orientalism）的产生。[③]

---

① 〔美〕华勒斯坦等:《开放社会科学：重建社会科学报告书》，第16—17页。

② 同上书，第18页。

③ *Newsletter, Fernand Braudel Center for the Study of Economics, Historical System and Civilizations*, SUNY at Binghamton, No. 16, August, 1992.

于是，到20世纪60年代，社会科学大致被分化成经济学、社会学、政治学、文化人类学、历史学和东方主义几个主要分支。其中市场、社会、国家成为三个互不相干的范畴，虽然其中或多或少也有学者主张不应将这几个范畴绝对对立起来，应当注重跨学科的研究，但是政治学、经济学和社会学被看作界线分明的学科一直是19世纪以来西方社会科学的主流。这种专业分化经过欧洲和美国的大学设立系科得到进一步加强，并且被推广向全世界。尽管也出现了一些向这种主流提出挑战的学说，如德国在19世纪末、20世纪初期出现的国家学说（Staatswissenschaft）、法国出现的年鉴学派、美国出现的制度经济学（Institutional Economics），但这些挑战一直没有成功。

西方社会科学的广泛推广以及在世界其他地区和国家的制度化，使得资本主义世界体系成为一种带有"普遍性"的文明。人们用这种文明来分析被纳入这个体系的发展中国家的发展和现代化问题。《开放社会科学》一书对此作了令人深思的阐述：

> 截止到1945年，组成社会科学的全部学科基本上都已经在世界上的绝大多数主要大学里被制度化了。……但是，随着第二次世界大战的结束，德国、意大利的有关机构也完全采用了这套常规模式，苏联集团国家在50年代后期也纷纷效尤。而且，到1945年，社会科学一方面与研究非人类系统的自然科学，另一方面也与研究人类[文明]社会的文化、思想和精神产品的人文科学有了明确的区分。①

从以上社会科学制度化的过程中，我们可以发现，社会科学制度化有如下三个主要特征：

---

① 〔美〕华勒斯坦等：《开放社会科学：重建社会科学报告书》，第28页。

第一，社会科学的制度化主要集中在五个地区：英国、法国、日耳曼国家、意大利半岛诸国，以及美国。①

第二，众多[研究主题]和[学科]的名称也是在这个世纪被提出的。②

第三，在社会科学制度化过程中，恰值欧洲正在最后确立它对世界其他地区的主宰地位。③

社会科学制度化过程中的这三个特征是推进西欧资本主义文明"普遍化"的一个重要保证。沃勒斯坦曾对为什么亚当·斯密将经济因素从社会中分离出来并得到当时国际社会的认可进行了分析。他认为，亚当·斯密的经济学之所以从社会中分化出来，与1815—1873年这一阶段英国在世界经济中的霸主地位有关。霸主的优势使得英国成为"世界工厂"，即英国高效率的生产以及低廉的成本使得其产品远销世界各地。处于这种优势下的英国当然希望市场自由，免受政治以及其他社会条件的束缚，在这种氛围中，亚当·斯密将市场从"社会"中分离出来并加以概念化也顺理成章了。可见，社会科学的分化从一开始就是世界政治经济格局的附属品。④

（二）意识形态的制度化

促使资本主义世界体系成为一种带有"普遍性"的文明的另一个机制就是，19世纪在资本主义世界体系内产生了三种意识形态，即保守主义、自由主义和马克思主义。⑤这三种意识形态不仅盛行于欧洲

---

① 参见〔美〕华勒斯坦等：《开放社会科学：重建社会科学报告书》，第12页。

② 参见同上书，第13页。

③ 参见同上书，第25页。

④ 参见：Immanuel Wallerstein, *The Capitalist World-Economy*, p. viii。

⑤ 参见：Immanuel Wallerstein, *Unthinking Social Science: The Limits of Nineteeth-Century Paradigms*, p. 16。

社会之中，而且随着西欧资本主义世界体系向世界的扩张也盛行于欧洲之外的其他地区，成为欧洲和欧洲之外的其他国家和地区的人们探究社会变革的普遍范式。

1. 法国大革命与社会变革

对于世界体系论，1789 年法国大革命具有重要意义。沃勒斯坦本人在其著作和文章中多次提及这场革命，[①] 他不只把这场革命看作法国历史上的一个事件，而是看作一个"世界历史事件"（world-historical event）。正如他所说的：

> [对于]法国革命的意义或重要性，通常以如下两种方式之一来分析：作为法国历史上的一个"事件"，有其过程和结果；或作为一种对其他国家历史有某种特殊影响的一种现象。但是，在这篇文章里，我想将法国革命看作一个在现代世界体系作为一个世界体系的历史上具有特殊意义和重要性的世界历史事件。[②]

需要我们进一步澄清的问题是，为什么世界体系论如此重视法国大革命？

关于法国大革命，学术界存在两种不同的观点。一种观点认为，法

---

① 例如，他在 1989 年出版的《现代世界体系》（第三卷）的第一章和第二章以及 1991 年出版的《从社会科学中走出来》（*Unthinking Social Science*）中专门以"作为一个世界历史事件的法国革命"为题对法国大革命在资本主义世界体系中的意义和重要性作了比较详细的论述。此外，他还在 1993 年发表的《冷战后的世界体系》（The World System after the Cold War）一文中将法国大革命看作三个相关的历史时代（1945—1990 年美国称霸的时代；1789—1989 年自由资本主义作为资本主义世界体系主要意识形态发挥支配作用的时代；1450—2050 年资本主义作为一种历史性制度从产生走向灭亡的时代）中的第二个时代的起点事件。

② Immanuel Wallerstein, *Unthinking Social Science: The Limits of Nineteeth-Century Paradigms*, p. 7.

国大革命从本质上来看是一场资产阶级政治革命，目的是推翻古老的封建制度。另一种观点认为，法国在 18 世纪已经不是一个“封建的”社会，而是一个“暴君专制的”社会，因此法国大革命应该是反对暴君专制的自由主义要求的政治表达。

沃勒斯坦从世界体系的角度对法国大革命的意义和性质提出了与以上两种观点不同的看法。[①] 他在《现代世界体系》的第三卷中提出了一个与此相关的命题。他的假设是，资本主义世界经济作为一个历史体系开始并存在于漫长的 16 世纪，其中英国和法国不仅一直在这个资本主义世界经济中发挥作用，而且一直是资本主义世界经济的政治框架的国家体系的成员国。

沃勒斯坦认为，在这个命题之下考察法国大革命，以上两种观点都是站不住脚的。

就第一种观点而言，如果我们认为资本主义世界体系从 16 世纪开始就已经存在，而且法国无论在经济上（资本主义世界经济）还是在政治上（国家体系）都是西欧资本主义世界体系的一个重要组成部分，那么法国的统治阶级毫无疑问是“资产阶级”。在这种情况下，资产阶级没有必要为了获得既已存在的利益进行政治革命。所以，结论自然是法国大革命不是资产阶级革命。

就第二种观点而言，把法国大革命看作政治上追求专制暴君的人们和政治上追求自由的人们的斗争，并且把这场革命看作自由主义追求的现代性的胜利，这其实也是错误的。因为，在世界体系论者看来，自由主义主要是生活在世界经济的核心地区的统治阶级使用的一种特殊的战略，它反映了国家间一种不平衡的阶级结构，即在核心地区或国家，工人阶级的比例远低于边缘地区。而且，在 18 世纪末，无论是英国

---

① 参见：Immanuel Wallerstein, *Unthinking Social Science: The Limits of Nineteeth-Century Paradigms*, pp. 9–16。

还是法国都没有一种有效的带有“自由性质”的制度结构。如果我们作一个比较研究就会发现，在 18 世纪，就“自由的”政治制度而言，英国和法国以及瑞典没有本质区别。

那么，如何来看待法国大革命呢？

在沃勒斯坦看来，当我们评价法国大革命的意义和重要事实时，应该将其放在世界体系的范围内来考察。从 17 世纪中叶开始，荷兰在资本主义世界体系中的霸权地位逐渐消退，为了争夺霸权的继承权，法国和英国展开了长期的竞争。1763 年英法签订的《巴黎和约》是一个转折点，它标志着英国在海上、在美洲和在印度对法国的决定性胜利。尽管法国并未因此而在农业和工业生产方面落后于英国，但在法国，1763 年的战败、国家财政危机，以及 1786 年的《英法商务条约》（Anglo-French Commercial Treaty）激发了法国的政治革命，即法国大革命。法国大革命及随后的拿破仑战争不仅对资本主义的核心地区产生了重大影响，而且对当时世界体系的三个重要的边缘地区——海地、爱尔兰和埃及——产生了影响。法国大革命使得资产阶级得出两点启示：第一种启示就是最大的威胁不是来自罗伯斯庇尔，而是来自那些未加洗礼的群众，这些群众第一次开始懂得如何获得国家权力。在法国大革命中，权力几次失手，不是因为资产阶级寻求政治变革，而是因为人民或普通的人在寻求政治变革。第二种启示是第一种启示的逻辑推演，即短期的政治变革是非常必要的，只有承认或接受变革这一事实，资产阶级才能有机会遏制这种变革或减缓这种变革。

这样，法国大革命在文化上对资本主义世界体系的最大影响就是承认变革的正常性（normality of change）。对于这种影响，沃勒斯坦曾作了总结性的回顾：

对变革的正常性的广泛接受代表了资本主义世界经济在文化

上的一种彻底的转变。它意味着，人们正在公开地，也就是说富于感情地，认识到事实上盛行了几个世纪的结构性的现实：世界体系是一个资本家的体系，世界经济的劳动分工受制于一个由假设的许多主权国家组成的国家体系。一旦这种认识变得普遍——对我来说［这种认识］大约发生在1789—1815年——一旦这种论调流行开来，就出现了三种制度来表达以及回答这种“变革的正常性”。这三种制度是意识形态、社会科学以及运动。这三种制度形成了“漫长的”19世纪知识的/文化的大的综合物，我们有时不恰当地称之为“现代性”的制度基础。①

沃勒斯坦在另外一篇很有影响的文章里也表达了类似的观点：

就1789—1989年这一时期来看，引起地缘文化发生剧烈变化的是法国革命以及拿破仑主义。法国革命在本国引起的变化并不像人们所想象的那么大，但它对世界体系的影响却是根本的。法国革命改变了人们的思想意识，因为它使人们相信政治变革是“正常”的，而且通过“普遍主权”的概念使其合法化。为解释这种新现实所作的努力形成了三种意识形态：保守主义、自由主义和社会主义。它们之间的区别在于以什么样的态度解释这种正常变革。保守派力图最大限度地减缓这种变化；希望理性地说明这种变化的自由派和社会主义者则力图最大限度地加速这种变化。②

---

① Immanuel Wallerstein, *Unthinking Social Science: The Limits of Nineteeth-Century Paradigms*, pp. 15–16.

② Immanuel Wallerstein, “The World-System After the Cold War”, *Journal of Peace Research*, Vol.30, No.1, 1993, p. 2.

2. 三种意识形态

关于 19 世纪社会科学的制度化过程以及特征，我们在上面已经作了详尽的分析。关于法国大革命孕育出来的第三种制度，即运动（实际上，沃勒斯坦在这里指的运动既包括法国大革命时期的群众性反叛，也包括后来盛行于资本主义世界体系的反体系运动）①，我们在第二编第三章“世界体系的政治分析”中也作了比较细致的分析。在这里，我们重点分析一下法国大革命孕育出来的三种意识形态，即保守主义（Conservatism）、自由主义（Liberalism）和马克思主义（Marxism）。

保守主义作为一种意识形态，是资产阶级对法国大革命所带来的变革作出的第一个反应。保守主义者也承认社会变革的正常性和必要性，但保守主义的基本主张是，某些变革是可以的，也是必须的，但那些影响社会基本结构的变革是不行的，也是没有必要的。在保守主义看来，家庭、社团、宗教及君主这些最为基本的结构不应该改变。实际上，保守主义是“传统”的捍卫者，是文化乐观主义的具体体现。他们的逻辑是，“传统”长期在那里发挥作用，传统的价值里有许多优秀的东西，所以任何对传统的反叛都需要很强的合法性论证，否则就会引起社会的衰退和崩溃。

自由主义是“变革的正常性”最为自然的拥护者。但有一点是非常值得注意的，即自由主义是出现在保守主义之后的。也就是说，自由主义是在保守主义产生之后作为保守主义的反对者出现的。尽管在 19 世纪早期，英国人托洛（Tories）就把保守主义的对立面称作“自由

---

① 法国大革命直接孕育出来的是反叛（rebellions）和反对（oppositions）。它与后来的反体系运动的区别在于，前者是自发的，短命的，而且超出地方范围就是不协调的；后者是有组织的，最终是有官僚组织参加的，是有计划的，并且是长期的。围绕着“人民”，在 19 世纪出现了两种运动，一种是社会运动，后来被称为社会主义运动；一种是民族运动，也就是民族主义运动。详细论述，可参阅：Immanuel Wallerstein, *Unthinking Social Science*, pp. 20–22。

的”，英国哲学家洛克被认为是这一思想最具典型的代表人物，但与 19 世纪以前以及 19 世纪早期那种追求个人权利的自由不同的是，沃勒斯坦等人所指的是整个在 19 世纪作为一种意识形态的自由主义，即在政治上有意识地追求立法改革，以此支持“正常变革”，为这种变革疏通渠道，创造条件。一句话，自由主义作为一种意识形态，其宗旨就是力图理性地说明“正常变革”的合法性。

马克思主义作为一种意识形态是在 19 世纪晚期出现的。马克思主义接受了自由主义意识形态所倡导的追求社会进步的理论，但在此基础上加了两个非常重要的特殊条件。一个条件是，进步的实现不是连续的而是非连续的，即通过革命来实现；另外一个条件是资本主义社会不是最终追求的社会，而是倒数第二个社会。马克思主义对自由主义的这两个修改使得马克思主义的政治日程与自由主义的政治日程完全不同。

伴随着法国大革命产生的这三种意识形态，成为 19 世纪和 20 世纪资本主义世界体系文明的一个重要组成部分，特别是随着资本主义世界体系向世界范围内扩展，这三种最早产生于西欧资本主义世界体系中的意识形态也开始向世界扩展，最终成为资本主义世界体系的三种被认为具有“普遍性”的意识形态。时至今天，这三种意识形态仍然是占有主导地位的思维范式。这也是人们标榜资本主义文明具有普遍性的一个重要标志。

在这三种意识形态中，自由主义最终获得了支配作用。在沃勒斯坦看来，这主要是因为自由主义在 19 世纪的欧洲促成了两次变革：扩大普选权和建立社会福利国家。这两种变革的目的就是把工人阶级统一于资本主义制度之中，缓和工人阶级的愤怒情绪，以避免对资本主义世界经济继续发挥作用造成威胁。到 20 世纪 80 年代，这两种变革是非常成功的，因而这两种变革在西欧和北美普遍获得了合法地位。[①]正是在这种意义上，世界体系论认为，1789—1989 年是自由资本主义作为资本主义世界体系主要意识形态发挥支配作用的时代。[②] 自由主义的这种支配作用也影响了同时期的保守主义和社会主义，其结果是“保守派变成了自由主义的保守派，社会主义也变成了自由主义的社会主义者”[③]。

二、资本主义文明与发展的“两难困境”

虽然资本主义世界体系（世界经济）和世界其他文明一样是作为一种特殊的文明起源于欧洲的，但随着欧洲国家在资本主义世界体系中的主导地位逐渐确立，以及随后欧洲殖民主义向世界其他地区扩张，并通过带有欧洲文明色彩的社会科学的制度化、意识形态的规范化以及运动（特别是反体系运动）的普遍化，资本主义世界体系这种特殊的文明在 19 世纪以后便逐渐被普遍化了，并被视为一种具有“普遍性”的文明。随之而来便出现了一个难以回避的问题，即发展中国家或后发展国家在发展过程中是接受这种文明，还是拒绝这种文明？这个问题在 20 世纪中叶广大发展中国家脱离欧洲殖民体系后成为一个普遍性的问题。

第二次世界大战结束以前，大部分发展中国家是欧洲殖民体系的殖民地，在政治上和经济上依附于殖民国家，在文化上受西欧资本主义文明影响很大。所以，在欧洲殖民主义体系解体以前，作为殖民地的发

① 参见：Immanuel Wallerstein, “The World-System After the Cold War” , p. 2。

② 参见：Immanuel Wallerstein, “The World-System After the Cold War” , *Journal of Peace Research*, Vol.30, No.1, 1933, p. 1。

③ Ibid., p. 2.

展中国家根本谈不上发展。发展问题只是第二次世界大战结束以后出现的问题，所以关于发展的文化思考也主要是1945年以后开始的。

（一）发展中国家的发展与文化

在世界体系论者看来，当发展中国家把文化与发展相联系起来时，其实人们，特别是发展中国家的人们，强调的是文化的差异性和独特性，也就是本章开始讲的文化的第二种含义，即特殊的世界观、习惯、结构和文化。

> 文化这个词有两个截然相对的用法。它表示两个或更多的个人共同拥有的东西；它也可以表示两个或更多的特殊的个人的差异性。也就是说，文化可以是联合人的东西，也可以是区分人的东西。今天，当我们把“文化”与“发展”相联系提出这个问题时，[实际上]我们是在区分人这个意义上使用文化[这个词]。我们正在探讨这一个事实：朝鲜“文化”不同于中国“文化”，也不同于英国“文化”。[1]

在沃勒斯坦看来，这种将文化与发展相联系进行关于文化的思考其实主要基于如下三个信念：[2] 一是作为联合国现在的以及将来的重要组成成分的国家在政治上是有主权的，在经济上至少应该是自主的；二是每一个国家都应该有一种民族的文化，这种文化是主要的或首要的；三是每一个国家可以独立地发展。

在这种信念的支配下，第二次世界大战结束以来，发展中国家在追

① Immanuel Wallerstein, “The Geoculture of Development, or the Transformation of Our Geoculture?”, *Asian Perspective*, Vol.17. No.2, 1993, p. 215.

② 参见：Ibid., p. 216。

求发展这一目标之下，从文化上对占主导地位的、被普遍化的资本主义世界体系提出了不同的挑战。概括起来，这些挑战主要集中在四个方面：物质主义、个人主义、民族中心主义和创造精神的破坏。[①]

1. 发展中国家首先对资本主义文明中的物质主义提出了挑战。在他们看来，追求财富、舒适以及其他物质享受导致对其他价值的忽视，特别是对精神价值的忽视。这是国家和其他社会制度长期世俗化的结果，这种世俗化的趋势是追求无休止的资本积累。

2. 发展中国家对资本主义文明提出的第二个挑战是批评资本主义文明过分注重个人主义。注重个人主义一直是资本主义文明的精神支柱之一。发展中国家指出，过分注重物质的价值观必然会导致人人都以他人为敌，从而导致对世界的完全个人主义态度。基于此，他们主张应该注重“社会”“群体”“团体”和“家庭”。但这种追求集体的行为往往与政治权力联系在一起，这样就很容易导致腐败，而腐败对集体行为则产生了很大的负面影响，那些献身于集体事业而牺牲个人目标的人发现，其他许多人从表面上看忠于集体，实际上从中获利更多，而自己的生活并不能提高多少，而且通常更糟糕。

3. 资本主义文明的另一个表现就是种族中心主义，其中最为突出的表现就是欧洲中心主义。许多发展中国家对此提出了强烈的批评。在这些发展中国家看来，欧洲中心主义最为粗鲁的结果就是种族主义，这很容易导致社会歧视，认为人种有优劣之别。这种欧洲中心主义的另外一个结果就是普遍主义（universalism）的产生。这种普遍主义将欧洲人自己特殊的价值定义为普遍价值观念，然后将欧洲人的价值观强加于世界其他国家和地区。他们认为，他们与世界其他国家和地区的竞争是自由的和公平的，但他们忘记了这种竞争的起点是完全不同

---

① 参见：Immanuel Wallerstein, “The Geoculture of Development, or the Transformation of Our Geoculture?”, *Asian Perspective*, Vol.17, No.2, pp. 221–224。

的，而这种不同不是由人种决定的，而是由社会决定的。这种挑战和批判是非常有力的，但由于优劣的界线是不断变动的，包括上层中那些最为积极的抗议者，他们往往根据情况改变他们的界线。同时，世界体系中人口极化的变化，也很容易改变界线。

4. 对资本主义创造精神的批评。这种批评虽然是近些年来的事情，但其意义还是很大的。这种批评认为，资本积累并不只带来技术进步，而且还会带来巨大的破坏，这种破坏最为突出的表现是社会心理方面（诸如社会的异化和敌人的产生）和生态环境方面的。

尽管资本主义世界体系产生500年以来一直面临着各种挑战，特别是以上来自许多发展中国家在文明上的四种挑战，而且这些挑战在第二次世界大战结束50年以来更为强烈，但这些挑战都没有取得实效。在世界体系论者看来，这些挑战之所以没有成功，其根本原因就是对资本主义世界体系的不了解，没有从资本主义世界体系的结构的角度来观察不同文明之间的关系。

（二）世界体系的结构与发展的“两难困境”

沃勒斯坦认为，当我们将文明看作不同的习惯、结构和文化来讨论各个文明之间的关系时，我们应该将其放在一个历史体系中来分析不同文明之间的关系，只有这样才能真正理解为什么对资本主义文明的挑战一直没有成功。对于资本主义世界体系这种文明与其他文明之间的关系，我们应该从资本主义世界体系这个历史体系的结构中来寻求答案。

事实上，尽管在1500年以前世界上存在着各种各样的文明，但自从牛顿力学产生以来，追求科学不但是自然科学家的目标，而且在19世纪以后也成为研究社会的学者们的目标。追求科学甚至被认为是文明的象征。这一思潮伴随着英国的工业革命以及资本主义世界经济向全球扩张而成为一种具有“普遍性”的文明，这是资本主义世界体系在文明上的表现。对于这种被认为是一种具有“普遍性”的文明，处于边缘地区的那些原来具有独特的文明的国家的反应是什么呢？

由于这些国家在政治上和经济上都处于边缘地区，所以对于核心区所创造的这种文明是很难作出有效反应的，他们往往陷入一个两难困境：拒绝接受将是一个损失，接受也是一个损失。[①] 也就是说，如果拒绝接受，边缘地区就很难享受科学这种文明给世界带来的益处；如果接受，那就意味着放弃自己以前所具有的文明。所以，边缘地区的国家在整个 19 世纪和 20 世纪在文明上走的是一条“Z”的道路。这主要是由于边缘地区的国家在世界体系中所处的边缘地位造成的。

三、文明的冲突与世界的秩序

（一）普遍主义与种族主义

在沃勒斯坦看来，“文化”通常有两个用途：一个用途是用它来将一个群体与另一个群体区别开来；另一个用途是用它将同一个群体的一部分人的特征与另一部分人的特征区别开来。因此，当我们用文化来定义历史体系的特征时，通常会陷入矛盾之中。

“资本主义世界经济的文化就是力图解释这个特殊体系的政治-社会现实中遇到的矛盾性、模糊性和复杂性的一种集体历史努力的结果。”[②] 当我们从文化上概括资本主义世界经济这个历史体系时，文化建设通常变成一个相互对立的意识形态的战斗阵地。这种战斗中的核心

① 参见：Immanuel Wallerstein, *Geopolitics and Geoculture: Essays on the Changing World-System*, p. 217。

② Ibid., p. 166.

争论就是普遍主义和民族主义的争论。

> 我以前曾经说过，资本主义世界经济历史中出现的两种主要的意识形态学说——那就是以普遍主义为一方，以种族主义和性别主义为另一方——并不是相对的，而是共生的。[1]

沃勒斯坦从六个方面揭示了普遍主义和民族主义如何共生于资本主义世界经济的矛盾中：[2]

资本主义世界体系中的第一个矛盾表现在，无论是普遍主义，还是种族主义-性别主义，都包含着资本主义世界体系的矛盾。

就资本主义世界体系所倡导的普遍主义而言，它所包含的矛盾突出地表现为全球性的网络和主权国家之间的矛盾。到目前为止，我们有了基于《人权普遍宣言》的联合国，它既承认国际法的存在，也承认所有人的价值的存在。我们还有统一的时间和空间度量，同时还有一个承认普遍规律的科学共同体。所有这些构成普遍主义的核心内容。而今天的资本主义世界体系作为一个全球性的体系正好反映了这些现象。但另一方面，我们还有一个主权国家网络。主权国家有非常明确的版图界限，在这些界限内，每个国家都拥有自己的法律、议会、语言、国旗、货币，以及公民。这样，我们就有两种方式来思考这些主权国家。一是将其作为一种很强的制度，这种制度限制普遍规则的有效性。因为，在理论上，主权就意味着主权国家有权在自己的领土内做任何愿意做的事情。但同时，这些主权国家都是从以前的政治实体中演化出来的，根据公民原则，这些国家的公民都认为他们都是公民，应该

① Immanuel Wallerstein, *Geopolitics and Geoculture: Essays on the Changing World-System*, p. 167.

② 参见：Ibid., pp. 170–180。

享有同等的权利。在沃勒斯坦看来，矛盾就出现在，"无论是就世界范围内，还是就每个主权国家范围内，普遍主义的规则是非常虚伪的，主要是因为在现实的国家体系中，国家处于等级之中，而在每个主权国家内，公民也处于等级之中，这些都是普遍主义的意识形态所遇到［的问题］"①。

种族主义和性别主义也面临同样的问题。由于国家体系处于资本主义世界体系的单一劳动分工之中，而等级不但存在于世界体系这个整体中，而且存在于每一个主权国家之中，所以种族主义和性别主义就为真正的不平等提供了某种合法性。种族主义不仅存在于历史之中，比如殖民主义者通常根据伪科学以及偏见认为其民族优于被殖民的民族，而且存在于一个国家的政治、经济、社会和文化之中，比如认为某一群体的文化优于其他群体的文化。性别主义其实是种族主义的延续。按照种族主义的说法，占统治地位的群体通常更具理性、纪律性、独立性，工作更刻苦，自我控制能力更强，而那些被统治的群体更情绪化，纪律性不是很强，比较懒惰，依赖性更强等等。

资本主义世界体系的第二个矛盾表现为现代化和西方化的矛盾。由于资本主义世界体系最早产生于西欧，然后开始向全球扩展，这样就产生了现代化和西方化的矛盾。对于大多数西方人来说，解决这一矛盾最为简单的方法就是将现代化与西方化等同。换句话说，在众多的文明中，只有西方文明有能力从前现代进化到现代。按照这种逻辑，西方文化可以作为一种"普遍性"文化，对于那些后发展国家来说，要想实行和完成现代化，或接受西方的文化（包括宗教），或接受西方的语言，或接受那些被认为基于普遍科学规则的西方技术。但这些鼓吹普遍主义的人们在鼓吹西方化或"同化"的同时，也宣称其他文化的永久

① Immanuel Wallerstein, *Geopolitics and Geoculture: Essays on the Changing World-System*, p. 171.

性存在以及文化差别的本质，承认文化的多样性，并教育在不同文化背景中的人在单一经济中从事不同的工作，以此证明世界体系中等级存在的合理性。于是，在关于现代化与西方化的关系上，资本主义世界体系就出现了一个难以解决的矛盾：为了将现代化等同于西方化，主张西方文化是一种带有普遍性的文化，但为了保持资本主义世界体系中的等级性，又主张文化的多样性。

资本主义世界体系的第三个矛盾表现为让工人在更低的工资下更勤奋地工作。普遍主义和性别主义作为两种意识形态的说教力图解决这一违反人性的矛盾。普遍主义将这种勤奋工作宣称为现代性的核心支柱，他们将工作富有效率并将自己的一切奉献给工作扩大成一种带有普遍性的品质，并宣称这种品质有益于社会中的所有人。按照普遍主义的逻辑，那些在世界体系中处于优势的国家，以及那些在社会中处于优势的人们，在历史上也是通过这种勤奋才达到今天这种地位的，因此现存的不平等是正常的。而今天那些在世界体系的等级中处于劣势的国家，以及那些在一个国家中处于社会低层次的人们，要想达到今天那些处于优势的国家和那些处于优势的人们的地位，就应该通过勤奋工作克服低层次的不利，进而在市场中变得更有竞争性，从而获得他们想要获得的，并在将来获得平等。种族主义和性别主义对普遍主义的说教给了很好的补充，他们认为，黑人和妇女的工资之所以低，主要是因为他们工作不是很努力，而他们工作不努力的原因不在于他们的生理，而在于他们的文化，他们的文化给予他们的价值观就是不努力工作，这与普遍主义倡导勤奋工作的价值观格格不入。

资本主义世界体系中的第四个矛盾表现为变革和进步的优先性与政治体制的合法性的相对稳定之间的矛盾。现代性作为一个带有普遍性的命题优先考虑的是创新、变革和进步。在这种理念支配下的政治体制的合法性来源于对陈旧的、连续的以及传统的规则的反对。但是，在资本主义世界体系中，政治合法性是一个非常模糊的目标——尽管如此，每个国家还是不断地作出努力来获得它。这样就出现了一个矛盾，在理论上，某种程度的合法性是所有机制稳定的一个重要因素，而权力又可以定义合法性的界限。为了获得这种权力以及随之而来的合法性，所有国家采取的主要手段就是应用文化的第一种含义（将一个群体与另一个群体区别开来）来鼓动爱国主义，增加凝聚力，这种爱国主义又通过种族主义以及性别主义得到进一步的加强。但在现实的资本主义世界体系中，国家是不断兴衰的，爱国主义很难解释这种兴衰，特别是很难解释一个国家的衰落。这样，合法性只能通过求助适当的政治和社会变革（革命）来为国家和民族的发展提供一种可能性。在这里，国家实际上是通过文化的第二种含义（将同一个群体的一部分人的特征与另一部分人的特征区别开来）来获得合法性。

资本主义世界体系的第五个矛盾表现为世界范围内的收入分化与国家体系中不同国家的收入分化的不平衡。就世界范围内的经济而言，我们的统计方法只关心世界经济的总量，诸如世界生产总值，而很少将世界人口计算进去来关心人均收入；在分析生活的质量时，我们只注重观察历史的趋向而很少考虑其他因素，只关心死亡的年龄但很少关心每年以及一生的工作时间，或者所处的环境条件。按照这种统计方法，得出的结论自然是资本主义世界经济在发展，人们的生活水平在提高。但是在经验现实中，资本主义世界体系中高收入国家和低收入国家之间的收入水平的差距在不断增大，而且随着时间的推移，这种差距越来越大。造成这种矛盾的原因主要有两个。一个是统计方法的问题。在不平等和分化的资本主义世界体系中，经济发展有一种地理的分布性。在某些国家，实际的收入以及人均收入呈上升状态，而在另外一些国家呈下降状态，这是很正常的事情。但问题的关键是，当我们进行统计时，我们只注意观察和研究那些收入上升的国家，同时在统计那些收入上升的国家的收入时，我们通常忽略了人口中的非公民部分。这一部分人一般都是最为贫穷的人，由于偏见，我们一般不统计，因此就很容易造成假象。另一个是资本主义世界体系鼓吹的普遍主义。普遍主义鼓吹的一个命题就是，所有的国家都能发展，所有的国家都将要发展。假如某些国家发展得早，发展得快，那是因为这些国家更为个人主义，更注重商业，更理性，在某些方面更“现代”。假如某些国家发展得慢，那是因为在这些国家的文化中存在一些阻碍这些国家现代化的因素。所以，发展中国家要想发展，就必须接受现代世界的普遍文化，接受那些先进国家的帮助。如果接受了帮助后仍然发展得不快，那主要是因为这些国家的“种族主义者”拒绝接受普遍的“现代化”价值观。这种逻辑显然是一种“谴责受害者”的逻辑。

资本主义世界体系的第六个矛盾表现在无限扩张和有机死亡之间的矛盾。追求无休止的资本积累和无限扩张是资本主义世界体系推崇的一个信念。在某种有限的程度内，这种无限扩张理论与现存的资本主义世界经济这个整体是相一致的，因为现存的资本主义世界经济作为一个整体在某种程度上确实在扩张。但是，这种理论与各个国家的现实却是不相符合的。在世界体系论者看来，再强的国家、再富的国家也有兴衰的过程，一个国家不可能永远富强。“所以，世界体系作为一个整体必须处理这个体系最终衰退的问题，在这个正在运行的体系内，强国必须处理它们相对衰退的问题。这两个问题是非常不同的，但通常是相互结合的，而且是易于混淆的。有两种基本的处理衰退或下降的方法：或者是否定他们，或者是希望变革。”①

就第一种方法而言，普遍主义和种族主义-性别主义是最好的体现。在他们看来，衰退只是一种暂时的现象，它主要是由暂时软弱的领

① Immanuel Wallerstein, *Geopolitics and Geoculture: Essays on the Changing World-System*, p. 178.

导者引起的。根据定义，只要有优越的或强大的文化（文化的第二种涵义），衰退是不可能发生的，即使真的发生，那也是由于对文化（文化的第二种涵义）强调得不够，过多地将政治权利让步于“低等”的种族。这种观点的极端就是新法西斯主义。

就第二种方法而言，它的体现就是今天所推崇的“转化”。也就是说，有一个普遍的转化模式，即只有今天“先进”的群体能成为下一个被假设的“先进”的领导者。按照这种逻辑，只有根据已经实现的文化，转化到一个新的世界才能实现，所以在“转化”过程中，越是“落后的”地区，就越应该依靠更先进的地区。

资本主义世界体系在文化上所固有的以上六个矛盾，为我们提出了一个更为严肃的命题：文化是普遍的还是民族的？

（二）普遍性与民族性

1. 一个文化悖论

在世界体系论看来，当我们讨论“文化”这个概念时，我们会遇到一个大问题，即文化悖论问题。一方面，当我们定义文化时，一般是将其定义为某种特殊的文化，诸如法国文化与意大利文化，无产阶级文化与资产阶级文化，基督教文化和伊斯兰教文化等。但另一方面，当我们讨论特殊的文化价值时，如果不借助某种普遍的标准作为参照，就无法就某一文化价值的合理性作出评价。

2. 两种解释模式：趋同论和阶段论

为了解决这个由普遍主义者和民族主义者相互争论而引起的文化悖论问题，沃勒斯坦提出了一个与此相关的命题：能够有一种诸如世界文化（world culture）的这样一种文化吗？[①]

---

① 参见：Immanuel Wallerstein, *Geopolitics and Geoculture: Essays on the Changing World-System*, p. 184。

在当代学术界，对于目前存在于现代世界的文化（或文明）现象存在着各种各样的解释和争论。其中有两种解释最为典型：一种是文化（或文明）趋同论；一种是文明阶段论[①]。

文化趋同论立足的经验事实是，在人类历史的早期，存在着拥有不同的文化或文明的群体，这些群体彼此之间接触很少，保持着各自的独立性和独特性。但随着历史的变迁和人类活动范围的扩大，特别是随着科学和技术的加强，原本相距较远的不同群体之间的接触变得越来越容易，越来越频繁。特别是当代发生的信息革命，使得人类越来越变为一个单一的世界——单一的政治世界（民族国家体系）、单一的经济世界（资本主义世界经济）和单一的文化世界（资本主义文明）。这种论调的鼓吹者有很多，在当代尤甚。

文明阶段论则基于另外一种看上去同样合理的经验事实，这些经验事实是，各个群体在历史上的区别其实是表面的，就某种结构而言，所有的群体是相同的。按照这种解释，所有的“社会”都要经过不同的发展阶段，但最终的结果是相同的，即朝着单一的人类社会因而也是单一的世界文化前进。

在沃勒斯坦看来，这两种理论解释其实都立足于同样一个前提：存在一种世界文化。但他本人并不同意这两种理论。他认为，这两种理

---

① 与中国学者不同的是，世界体系论者对20世纪90年代兴起的以美国学者亨廷顿为首的文明冲突论的反应并不是很强烈。当我在巴黎跟随沃勒斯坦教授学习时，有一次，我向他提及亨廷顿的文明冲突论，他对亨廷顿的文明冲突论很不以为然，认为那不过是一种为自由主义政治辩护的循词罢了，没有什么创造性。沃氏的这种态度其实与他一贯的学术承诺和政治承诺密切相关。就学术承诺而言，他一直在寻求一种能够解释和打破现存世界体系的理论，以这种逻辑来推演，亨廷顿的文明冲突论不过是一位现存世界体系的维护者在看到现存世界体系的中心受到挑战时作出的一种学术反应而已。就政治承诺而言，他一直是现存资本主义世界体系的反对者，他相信现存的资本主义世界体系终将为一种或几种其他体系所取代，在这种意义上，亨廷顿的文明冲突论不过是为现存的自由主义所唱的政治赞歌而已。

论都捕捉到经验现实的一部分现象，但同时也忽视了经验现实中的另一部分现象。事实上，在经验现实中，我们很难给文化下一个准确的定义，划一条明确的界线。比如，谁是阿拉伯人？什么是好的音乐？要回答这些问题都取决于定义，而定义又不总是被普遍认可的，甚至并不总是一致的。换句话说，不管如何定义一种文化，并不是所有的人都拥有被设定的价值或认同被设定的实践。为此，沃勒斯坦提出了一种与以上两种理论不同的解释当代“文化悖论”的理论模式，他称之为“连续历史体系模式”（successive historical systems）。

> 我宁愿从一种连续历史体系模式出发，在这种模式中，唯一能够确定的是一直存在的并且将要存在一种体系的延续，至于其内容以及形式是什么，则是一个非常值得讨论的问题。[①]

3. 新的解释模式：连续历史体系模式

关于是否存在诸如世界文化这样一个问题，在世界体系论者看来，只有从历史的角度将文化放在历史体系的演变中才能真正回答这个问题。而当我们将文化放在连续的历史体系之中时，我们发现，所谓诸如“世界文化”的东西，其实是资本主义世界体系在文化上的体现。那么，这种“世界文化”是如何形成的呢？

在世界体系论者看来，在人类历史上，文化其实一直是朝着多样性和多方向性发展的。但自从资本主义世界体系产生以后，便出现了一些强制性的向心力量来限制文化的发展并组织文化的发展，而所谓“世界文化”就是在这些强制性向心力量的作用下形成的。其中，最为重要的强制性的向心力量就是民族国家。

---

① Immanuel Wallerstein, *Geopolitics and Geoculture: Essays on the Changing World-System*, p. 187.

在资本主义发展过程中，民族国家从其存在之日起就是一种非常特殊的国家形态，因为所有的民族国家都是在其他国家的功能中来定义自身的，并和其他国家一起形成一个国家体系，这种国家体系由于1648年签订的《威斯特伐利亚条约》而得以加强。在资本主义世界体系的国家体系中，民族国家的界线并不只是由国内的法令来决定的，同时也是由其他国家的认同来决定的，这种认同过程通常是在条约中得到正常化的。

处于国家体系中的民族国家有一些最为基本的规则，其中有两个规则是非常重要的。一个是国家主权规则，这个规则假定国家的主权是完整的，也是独一无二的，没有人能逃脱或超越国家主权；另一个规则是公民权规则，国家体系不仅框定了国家这个单位，而且也定义了每个人与民族国家之间的关系。到了19世纪，公民的概念在世界范围内变成了一种广泛的概念，公民化也就随之成为一种明确的趋势。正是由于资本主义世界体系中出现的这些政治过程，"文化"问题出现了，也就是说，每个人（公民）从法律上讲只属于一个单位（国家），而每个单位都要作出一系列文化决定，这就产生了国家的文化政策。

国家一般是通过两个途径来进行文化建设的。一个途径就是规定官方语言、规范学校体系、制订学校的统一课程，以及制定各种各样其他的法律，诸如移民法、财产法等。另一个途径就是制定财政政策，以此来支持科学和艺术的发展。通过这些途径和手段，在若干年以后，所谓的"民族"文化也就形成了。国家的文化政策不仅在于形成独特的文化，以此区别于国家体系中的其他国家，而且在于教育公民，以此来形成共同的文化价值观。

但是，在资本主义世界体系中，如同我们在对资本主义世界体系进行的经济分析中所指出的那样，无休止的资本积累是资本主义世界经济的首要目标，而世界范围内的劳动分工进一步促进了资本积累。劳动分工要求商品、资本和劳动力能够跨越民族国家的界线进行流动。这种劳动力的流动主要分为两个层次。一个层次是劳动力从国家体系中的富裕国家流向贫穷国家。这些人通常是居住者，他们居住在贫穷的国家里，把自己看作世界文化的承担者，既不希望同化他人，也不希望被他人同化。但实际上，他们所接受的文化是资本主义世界体系中占主导地位的群体的文化。另一个层次是劳动力从国家体系中的贫穷国家向富裕国家的流动。这些人通常被称作移民，他们通常希望融入富裕国家的文化中，但经常被拒绝。而当他们拒绝被同化时，又经常被要求接受同化，因此这些移民成为当地国家的少数民族。“这样，正如存在一个创造一个同质的世界的同时也在这个世界里创造独特的民族文化这样一种矛盾一样，也存在一个在创造同质的民族文化的同时也在这些民族国家中创造独特的道德群体或‘少数民族’这样一个矛盾。”[①] 因此，国家在创造文化的过程中就出现了两个并行的矛盾：一个是世界的趋向和独特的民族国家的矛盾；另一个是民族的趋向和民族国家内独特的道德群体的矛盾。民族国家在这种矛盾中起着一种矛盾的作用：一方面，民族国家利用它的力量来创造文化的多样性；另一方面，民族国家一直在创造文化的统一性。

自从资本主义世界体系形成以后，就一直存在着创造世界文化（普遍的价值观）和有计划的文化抵制的矛盾。那些在政治上和经济上强大的国家不断地创造市场，以此来推行他们认同的文化价值观念，力图使之成为世界文化；而那些在政治上和经济上弱小的国家则通过政治计划来进行文化上的抵制，因为文化抵制本身就是政治抵制的一个部分。正是在这种意义上，沃勒斯坦认为，“定义一种文化实际上是定义一种界线，从本质上讲，这种界线是压迫的政治界线，也是反抗压迫

① Immanuel Wallerstein, *Geopolitics and Geoculture: Essays on the Changing World-System*, p. 192.

的政治界线”[①]。只要资本主义世界体系存在，文化创造的悖论（世界文化还是民族文化，民族国家文化还是少数道德群体文化）就一直存在。

（三）未来文明的三种走向

那么，资本主义世界体系作为一种文明，其未来的走向如何呢？沃勒斯坦认为，有三种可能性：[②]

一是，单一的资本主义世界体系被打破，形成多种历史体系，每一个体系拥有不同的劳动分工。也就是说，我们又回到1500以前的世界。这种可能性并不是很大。

二是，现在这种全球范围的历史体系转化成一个不同类型的全球范围的历史体系。沃勒斯坦认为，这似乎是非常可能的，也就是说，我们可以建构一种如我们以前的体系一样的充满等级、不平等和压迫的体系，也可以建构一个相对和平、民主、充满法国大革命口号的体系。在我们建构这样的体系时，必须认真思考我们目前所处的世界体系的结构，只有这样，我们才能明白从何处开始建构一个新的体系。

三是，如果我们希望建立一个新的体系，什么是最可能的？什么是最需要的？我们如何使得这些最需要的变成最可能实现的？沃勒斯坦认为，我们目前还没有搞清楚这些问题，关于这些问题目前还没有一个很好的答案。“因为这绝不是单个个人所能达到的，而只有社会实践才能达到。而这种社会实践更多地在于反体系运动，而不在于国家机器、经济领域，或文化–意识形态领域。”[③]

---

① Immanuel Wallerstein, *Geopolitics and Geoculture: Essays on the Changing World-System*, p. 187.

② 参见：Ibid, pp. 225–230。

③ Ibid., p. 229.

第三编　世界体系论的影响及其争论

沃勒斯坦对世界经济的探讨，为政治地理学家们重新回到全球性分析提供了机会，而没有对麦金德加以任何效法。如果说麦金德指出了东西方之间的对抗（这是他久负盛名的基础）以及核心区内部的对抗，那么沃勒斯坦的探讨方法则是把南北对抗放到了世界舞台的中央。

——英国地理学家泰勒

沃勒斯坦是为数不多的一位从非常不同的框架来研究国际关系［的学者］，这个框架产生了一个被制度化的资本主义概念，正是这个因素导致对资本主义的胜利作出独特的评价。

——国际关系学家利特尔

尽管［存在着］很大的和很明显的不同，但［沃勒斯坦］这个框架在某些方面［可以］与汤因比那富有吸引力的框架相媲美，特别是第二次世界大战以后在专业性历史学圈以外。……汤因比和沃勒斯坦都认为需要一个专业化的词来阐述超越国家的历史。……汤因比精心绘制的是文化，而沃勒斯坦侧重的则是社会系统。

——美国历史学会前主席莱恩

世界体系理论的部分目的就是克服以前关于现代社会变化的社会学理论的局限性。这个理论有许多地方需要修改。但值得肯定的是世界体系论提出了正确的问题，而且指出了在理论上需要作出的努力。它为现代发生的事件的重要方面提供了一致（如果是不完全的）的解释。在迄今为止的讨论真正的大范围、长时段的社会变化的社会学所作出的努力中，世界体系论可能是最为精致的。

——社会学家香农

由于沃勒斯坦的书在第一卷后接着还有三卷，第二卷正告完工，我已先睹为快读过部分重点章节，另外二卷将一直谈到现在，我们会有时间再次研究他的一套观点的合理性、新颖独到之处和局限性，这套观点也许过分刻板，但看来成果颇丰。

——历史学家布罗代尔

第一章 世界体系论的影响

经过半个多世纪的发展，世界体系论无论是作为一种理论还是作为一种方法，已成为政治、经济、社会、地理和历史等领域中颇具影响力的思潮。

一、世界体系论与国际关系

世界体系论对国际关系学界的影响主要集中在三个方面，即对世界政治的长周期研究、对国际关系的政治和经济相结合的研究、对国际体系（资本主义体系）的研究。

（一）对世界政治的长周期研究

正如前文指出的那样，在20世纪70年代的美国社会科学界，关于经济发展理论有一个从“现代化理论”向“世界体系理论”转变的阶段。现代化理论主张，现代化或经济发展可以通过每个民族国家的努力得以实现，其中美国和其他西方发达国家可以成为这种发展的经典模式。相反，依附论和世界体系论则认为，贫穷国家之所以贫穷，是因为它们处于资本主义世界体系的边缘地区，是外部导致的贫穷。而在同时期的国际关系研究中，出现了“转型模式”（transition model）和“霸权稳定理论”。前者主张，国际体系包含多种力量，即主导性的大国、中等国家和小国。战争出现的可能性主要取决于正在兴起的大国对现存的为大国所安排的国际体系的满足程度。后者则认为，只有霸权国家才能维持国际体系，特别是稳定的国际经济秩序。这样就自然出现了一个问题：国际体系的运行有无周期性？

我在本书关于世界体系的经济分析和世界体系的政治分析中已经指出，世界体系论对资本主义世界体系的周期以及国家体系中的霸权周期都曾作过较为详细的探讨。其核心观点是，资本主义世界经济的发展每 40—60 年（康德拉捷耶夫周期）或更长时间（比如特长周期）就会出现一个周期（上升—下降）。与这种经济周期相对应，国家体系中的国家力量也会不断地重新组合，在追求霸权中形成周期性运行。但从根本上讲，经济周期是最基本的，即使是霸权国家的霸权也主要取决于它在农业-工业、商业和金融领域的优势地位。

在世界体系论和霸权稳定论的影响下，对世界政治进行长周期研究成为 20 世纪 70 年代中期以来国际关系学界非常关注的一个课题。1975—1985 年，在英语世界出版了大量相关文章和著作。[①] 正如代表人物莫德尔斯基（George Modelski）所说的：

> 长周期为世界政治研究提供了一个新的视角，它倡导对世界战争发生的周期性，以及英国和美国这样的领导国家，以一种有序的方式更替的途径进行细致的研究。它提请人们注意这样一个事实，即大的战争和主导性大国也和类似地理大发现或工业革命这样的伟大革新运动相关联，正是这些革新运动使得现代世界成为现在这样。长周期有助于培养一种长远的观察国际事务的眼光。[②]

---

① 参见：A Bibliography of Long Cycles: 1975–1985, in George Modelski (ed.), *Exploring Long Cycles*, Boulder: Lynne Rienner Publishers, 1987, pp. 249–256。

② George Modelski, *Long Cycles in World Politics*, The Macmillan Press Ltd., 1987, p. 1.

在这种信念的支配下，莫德尔斯基等人对世界政治中的这种长周期进行了深入细致的研究，特别是对现代世界体系的政治体系的周期进行了专门性的和创造性的探讨。[①]与世界体系论将资本主义世界体系的周期主要建立在经济周期基础之上不同，莫德尔斯基对现代资本主义体系中的政治体系周期的研究则主要立足于如下假设：[②]

1. 政治体系和经济体系从根本上来说是两个不同的体系，每个体系都有相对的自治性。

2. 这两个体系是相互联系的，它们都力图通过竞争来利用有限的资源。

3. 政治体系和经济体系的显著时期是彼此交替的，一个体系在其突出的时期内往往解决另一个体系在其突出的时期内没有解决的问题。

4. 在政治体系突出的时期内，资源主要被政治体系所利用，这使得经济体系中的资源稀缺，结果导致价格上涨。

5. 能够对两个体系的关系进行调节的是在更广泛意义上的价值体系——价格是这个体系的代表性的变量之一。

在莫德尔斯基看来，现代世界体系主要起源于16世纪，[③]这个体系从结构上讲包括不同的地区，从功能上讲包括三个亚体系：全球性的政治体系；全球性的经济体系；全球性的文化体系。其中，全球性的政治体系是现代世界体系的核心。全球性的政治体系从其产生以后就遵循如下这样一个周期，这个周期包括四个阶段：

---

① 参见：George Modelski, *Long Cycles in World Politics*; George Modelski (ed.), *Exploring Long Cycles*, Boulder: Lynne Rienner Publishers and London: France Pinter Publishers, 1987; George Modelski, William Thompson, *Seapower in Global Politics 1494–1993*, University of Washington Press,1988; William R. Thompson (ed.),*Great Power Rivalries*, University of South Carolina Press, 1999。

② 参见：Shumpei Kumon, “The Theory of Long Cycles Examined” , in George Modelski (ed.), *Exploring Long Cycles*, p. 62。

③ 参见：George Modelski, *Long Cycles in World Politics*, p. 19。

表 7　全球政治体系的周期

周期阶段	对秩序的追求	秩序的有效性
1	高	低
2	高	高
3	低	高
4	低	低

资料来源：George Modelski, *Long Cycles in World Politics*, 1987, p. 31

阶段 1 是严重政治冲突阶段，也可以称其为全球战争（global war）阶段。在这一阶段，对秩序的希望值很高，但在现存的条件下却很难实现。阶段 2 是世界秩序已经建立的阶段，也可以称其为世界权力（world power）阶段。在这一阶段，对秩序的希望值仍然很高，因为这种秩序是世界领导者的产物。阶段 3 是合法化减退（delegitimation）的阶段。在这一阶段，对秩序的希望让位于各种各样的安全。阶段 4 是权力分散的（deconcentration）阶段。在这一阶段，无论是对秩序的希望（preference for order），还是秩序的有效性（availability of order），都达到最低点。这就是世界政治的长周期。

关于莫德尔斯基对世界政治长周期研究的贡献，国际学术界的评价是：

> 莫德尔斯基及其他学者的关于现代世界的长周期理论，代表了美国 20 世纪 70 年代（特别是 70 年代中期以后）社会科学界的一种新的趋势。与“世界体系理论”一样，长周期理论也将 15 世纪末以来现代世界体系的进化过程整体作为研究对象，但长周期理论更为清晰地表达了周期理论的特征。与“转型模式”和“霸权稳定论”一样，长周期理论更多地阐述的是政治方面而不是经济方面，同时论述了政治和经济的密切关系；但长周期理论在将政

治、经济和文化这三个亚体系作为世界体系的组成要素方面有明显的特征。①

尽管长周期理论与世界体系论在分析现代世界体系的周期的具体细节方面存在许多差异，但长周期理论与世界体系论在许多方面有共同点。关于长周期理论和世界体系论的关系，莫德尔斯基的表述是：

关于长周期研究是世界体系研究的一种形式的观点已在《争论中的世界体系分析》（*Contending Approaches to World System Analysis*，1983）一书中得以体现。汤普森（William Thompson）提出世界体系分析有三个共同所指：一是存在一个世界体系；二是世界体系的结构及其重要的过程能够解释这个体系内的行为；三是研究世界体系的方法要求跨学科。……无论是世界经济分析还是长周期分析都能满足这些标准。因为长周期是全球政治体系的具体化的体系，也因为全球政治体系是世界体系的一个组成部分，所以长周期研究自然是世界体系分析的组成部分。②

（二）政治和经济相结合的研究

正如我们所熟悉的，在20世纪70年代以前，国际关系研究主要有如下几个特征：1. 权力，特别是政治权力是国际关系关心的焦点，因此这一时期的国际关系主要是国际政治关系，国际政治成为国际关系的代名词。关于这一点我们也可以从摩根索的名著《国家间的政治》中看出来。2. 国际关系研究的主体是国家，国际关系被认为是国家与国家之间的关系。尽管战后国际组织及跨国公司也开始得到发展，但是

① George Modelski, *Long Cycles in World Politics*, p. 58.

② Ibid., p. 12.

在20世纪70年代以前，国际关系研究很少将其作为国际关系的行为体。3. 在国际关系研究中，政治和经济相分离。国家与国家之间的关系要么是政治关系，要么是经济关系。这种二分法使得国际关系也被一分为二，研究国际政治关系的被称为“国际政治”，研究国际经济关系的被称为“世界经济”。

20世纪70年代以来，国际关系研究出现了以下几个特征：

1. 国际关系研究的主体开始扩展，即不仅研究“国家”，而且研究“国际组织”“跨国公司”“地区群体”。20世纪70年代以前，国际关系关心的主题是国家与国家之间的关系，在国家间关系中又主要集中在国家之间的政治关系上，所以国际关系在这一阶段占主导地位的理论是均势理论和威慑理论，主要探讨美国和苏联这两个大国如何相互竞争来争夺世界霸权，以及如何维护世界秩序，这些理论和当时的冷战体系是密切相关的。20世纪70年代以后，随着资本主义以及社会主义两大阵营内部矛盾的公开化、国际组织的兴起以及地区一体化的加强，人们开始重新思考国际关系的主体，其结果便是国际关系主体的扩展。

2. 国际关系研究的角度有所开阔。20世纪70年代以前，国家与国家之间的关系要么是政治关系，要么是经济关系。所以，“国际政治”和“世界经济”被认为是两门几乎毫不相干的学科，前者主要研究国际政治关系，是政治学系或国际政治系的课程，后者集中研究国际经济关系，是经济学系或国际贸易系的课程。20世纪70年代以后，随着国际现实中政治和经济因素的相互影响的加强，以及学术界跨学科研究呼声的高涨，国际关系学界开始探讨：国际经济关系的发展如何影响国际政治关系；在国际事务中，政治和经济是如何相互影响的；在政治和经济因素的互动下，国际关系是如何发展的。

3. 国际关系研究的主题发生变化。20世纪70年代以前，“权力”和“安全”一直是国际关系研究的主题。对国际体系中权力的追逐是各个国家热衷的事业，因而国家的安全和地区的安全成为各国关心的头等大事。20 世纪 70 年代以后，世界经济的发展使各国认识到，政治权力固然重要，但是经济财富也不可忽视。特别是日本和亚洲四小龙的成功，使得各国对此更是坚信不疑。所以，权力和财富一起成为国际关系理论研究的主题。正是在这种背景下，1968 年库珀（Richard Cooper）出版了《相互依从的经济学：大西洋共同体的经济政策》（*The Economics of Interdependence: Economic Policy in the Atlantic Community*）；1970 年斯特兰奇（Susan Strange）在《国际事务》上发表了《国际经济学和国际关系：相互忽视的状态》（International Economics and International Relations: A Case of Mutual Neglect）；1970 年金德尔伯格（Charles P. Kindleberger）出版了《权力和金钱：国际政治的经济学和国际经济的政治学》（*Power and Money: The Economics of International Politics and the Politics of International Economics*）；1972 年基欧汉主编了《跨国关系和世界政治》（*Transitional Relations and World Politics*）；1976 年莫斯（Edward Morse）出版了《现代化和国际关系的转化》（*Modernization and the Transformation of International Relations*）；等等。这一系列著作和文章的出版和发表表明，国际关系研究的主题出现了重大变化，国际政治经济学作为国际关系研究的一个重要分支学科呼之欲出。

随着国际政治经济学作为一门学科而产生，世界体系理论被作为一个重要流派写进这一学科的教科书中。著名的国际政治经济学家罗伯特·吉尔平曾将世界体系理论与刘易斯的二元经济论、金德尔伯格的霸权稳定论一起称为推动国际政治经济学产生和发展的最有影响力的三大理论：

> 阐述国际政治经济学的兴起、发展和功能的当代三大理论已

> 经产生影响。第一种理论主要源出于经济自由主义，不妨称之为“二元”经济论，它认为，市场的逐步演进，是人们为实现提高效率和最大限度地增加财富的普遍愿望而作出的反应。第二种理论受到马克思主义的强烈影响，冠以“现代世界体系”论名称也许十分恰当，它认为，世界市场实际上是发达的资本主义国家在经济上剥削不发达国家的一种机制而已。第三种理论同政治现实主义有着密切的，但并非完全的联系，已经以“霸权稳定论”闻名。这种理论从先后几个自由强国如何主宰世界的角度，阐明现代国际经济的崛起和运转。尽管这三大理论对某些具体细节问题的见解是南辕北辙，我们觉得它们在其他方面是互为补充的，一起为解释清楚国际政治经济的动力和功能而提出了重要精辟的论证。[①]

还有学者将世界体系理论与相互依存理论、霸权稳定理论、依附论、国家至上论一起作为国际政治经济学的五大流派。[②] 蔡斯-邓恩认为，在以往马克思主义关于资本主义世界的论述中存在着两种倾向：一种是经济主义，即简单地假定经济决定政治，比如斯大林式的第三国际就是如此；一种是历史主义，这种思维否认社会规律的可能性，而且将全部精力集中在政治关系上。这样，经济和政治就是相互独立的，是两种逻辑。而沃勒斯坦的世界体系论克服了以往马克思主义者简单的经济主义（economism）和历史主义（historicism）的局限性，而是把经济和政治看作相互联系的，并首先通过一种共同的逻辑，即资本积累来联系。正是在这种意义上，蔡斯-邓恩认为世界体系论真正

① 〔美〕罗伯特·吉尔平：《国际关系政治经济学》，第 81 页。

② 从思想渊源来看，相互依存论被看作传统自由主义在当代的翻版；依附理论和世界体系理论被看作传统的马克思主义在当代的翻版；国家至上论（国家主义理论）和霸权稳定论被看作传统的重商主义和现实主义在当代的翻版。关于这些理论的详细论述，读者可以参阅王正毅：《国际政治经济学通论（第二版）》，北京大学出版社 2022 年版，第 2—7 章。

将政治和经济结合起来。因此，有的学者观察到："对于蔡斯-邓恩来说，沃勒斯坦将资本主义作为一个世界体系的观点，是国际政治经济学理论中最有前途的分析框架，主要是因为世界体系理论既克服了经济主义的局限性，也克服了历史主义的局限性。"① 有的学者甚至评价说：

> 也许利用新马克思主义的剩余转移概念最有雄心的作品是伊曼纽尔·沃勒斯坦的关于资本主义世界经济的著作《现代世界体系》。通过总结大量的马克思主义和新马克思主义的观点，将国际收入的不平等放入历史的视野之中，伊曼纽尔·沃勒斯坦的研究是一个充满艰辛探索的典范，其中关于政治和经济的关系充满了真知灼见……，现代世界体系的产生，不仅在高档次和低档次商品的生产者之间进行了一种新的全球性的劳动分工，而且还伴随着两类社会和政治组织不断增长的两极化。②

（三）国际体系（资本主义体系）的历史研究

世界体系论对国际政治（国际关系）研究的第三个重要影响就是对国际体系（资本主义体系）的研究。有学者对此作过精辟的概括：

> 十五年前[1974年]，伊曼纽尔·沃勒斯坦的《现代世界体系》就像一枚概念炸弹，其余波慢慢波及美国对外关系研究。结果便是重新激起了学者们对国际体系研究的兴趣，但是，这个体系

① George T. Crane, Abla Amawi(eds.), *The Theoretical Evolution of International Political Economy*, p. 142.

② Andrew C. Janos, *Politics and Paradigms: Changing Theories of Change in Social Science*, p. 76.

> 与传统的以国家因素、地缘政治动力以及势力均衡为特征的传统的国家体系是非常不同的。[①]

对资本主义世界体系的研究是世界体系论的核心，沃勒斯坦专门以此为题出版了著作《历史的资本主义》。尽管有学者批评道，“沃勒斯坦和世界体系研究方法很不容易融入主流之中。相反，他[沃勒斯坦]一直遭到主流理论家们的猛烈攻击，特别是他们攻击[沃勒斯坦]没有认识到国家一直在接近政治权力，这使得国家能够独立于由资本主义世界经济建立起来的结构而行事”[②]。但仍有学者认为，“沃勒斯坦是为数不多的一位从非常不同的框架来研究国际关系[的学者]，这个框架产生了一个被制度化的资本主义概念，正是这个因素导致对资本主义的胜利作出独特的评价”[③]。特别是在冷战结束初期，有的学者将沃勒斯坦在世界体系论中对资本主义体系的分析与福山（Francis Fukuyama）在《历史的终结》中对资本主义的分析相比较，认为“这两种理论尽管角度非常不同，但他们都对国际关系研究中的主流思想提出了挑战”[④]。

就如何分析资本主义体系，国际关系学界一直为两大流派所主导，即现实主义（realism）或新现实主义（neo-realism）和自由主义（liberalism）或多元主义（pluralism）。现实主义和自由主义这两大主流学派之间存在各种各样的分歧，比如现实主义在讨论国际体系时强

---

① Michael J. Hogan, Thomas G.Paterson (eds.), *Explaining the History of American Foreign Relations*, Cambridge University Press, 1991, p. 89.

② Richard Little, “International Relations and the Triumph” , in Ken Booth, Steve Smith (eds.), *International Relations Theory Today*, Pennsylvania State University Press, 1992, p. 85.

③ Ken Booth, Steve Smith (eds.), *International Relations Theory Today*, p.76.

④ Richard Little, “International Relations and the Triumph” , in Ken Booth, Steve Smith (eds.), *International Relations Theory Today*, p. 63.

调国家的独立性和自主性，而自由主义则突出国际体系中的相互依存、一体化（integration）、跨国主义（transnationalism）；现实主义着重探讨国际体系中东方和西方的关系，而自由主义更多关注西方世界内资本主义的国际发展；现实主义假设国际体系处于无政府状态，因而强调权力争夺和冲突的重要性，而自由主义虽然也假设国际体系处于无政府状态，但关心的是国际体系中制度的建设，因而强调合作的重要性；等等。与此同时，现实主义和自由主义也存在一些共同特征：首先，二者都是从解决现存国际体系所面临的问题入手，因而有学者称之为解决问题的理论（problem-solving theories）；其次，二者都是在现存的国际体系框架内论证国际体系的合法性和发展，因而缺乏历史理论。[①]

与国际关系这两种主流学派的观点有所不同的是，沃勒斯坦从一种非常不同的角度——历史的角度——分析国际体系，特别是资本主义世界体系的发展，向自由主义和现实主义提出了挑战。[②] 对于冷战结束和苏联解体，沃勒斯坦作出了与福山不同的回答。在福山看来，冷战结束和苏联解体标志着倡导自由民主的资本主义的最终胜利，资本主义为人类活动提供了最为理想的条件，因而资本主义的最终胜利标志着历史的终结。

> 当我们观察过去十多年所发生的事件时，难以抑制的感觉是，一些根本性的东西在世界历史中发生了……。20 世纪发达世界突然进入意识形态的系列冲突之中，先是自由主义与绝对主义的残余的冲突，然后是与布尔什维克主义和法西斯主义，最后是与一种

---

① 参见：Ken Booth, Steve Smith (eds.), *International Relations Theory Today*, pp. 66–67。

② 沃勒斯坦在冷战结束后的三年时间里对冷战后的资本主义世界体系的意识形态进行了思考，并汇集成册，于 1995 年出版了《自由主义之后》（*After Liberalism*, The New Press）一书，作为对自由主义的挑战。

> 威胁说要导致核战争的马克思主义的冲突。但是，一开始就对西方自由民主的最终胜利充满信心的世纪在绕了一圈之后似乎回到了它的起点：不是回到“意识形态的终结”或资本主义和社会主义的融合，而是正如早期所预言的，回到一种经济和政治自由主义不折不扣的胜利的状态之中。[①]

与福山为自由主义和资本主义高唱胜利赞歌不同，沃勒斯坦从历史和同一事件（即苏联的解体）出发，向自由主义提出了挑战：

> 柏林墙的拆除以及随后苏联的解体，一直被看作共产主义的衰落和马克思列宁主义在现代世界作为一种意识形态的力量的崩溃。这毫无疑问是正确的。这些事件也被看作自由主义作为一种意识形态的最后的胜利。但这完全是对现实的一种误解。恰恰相反，这些同样的事件更多地标志着自由主义的解体，以及我们最终进入“自由主义之后”的世界。[②]

对于沃勒斯坦而言，苏联的解体并不意味着资本主义的胜利，而正是对资本主义生存的一系列挑战的一个部分。

我认为，重视世界体系论对国际关系研究，特别是对国际政治经济学发展的贡献，才是比较公允的。长期以来，国际关系理论一直为美国的国际组织学派所主导，而美国的国际组织学派在20世纪70—90年代又是现实主义/新现实主义和自由主义/新自由制度主义占主导地位，这种状况导致国际关系研究中对马克思主义、新马克思主义思潮的

---

① Francis Fukuyama, “The End of History”, Richard K. Betts(ed.), *Conflict After the Cold War:Arguments on Causes of War and Peace*, Macmillan Publishing Company, 1994, p. 5.

② Immanuel Wallerstein, *After Liberalism*, New York: The New Press, 1955, p. 1.

排斥。但是，只要我们仔细考察一下 20 世纪 70 年代以来国际关系理论的发展就不难发现，国际关系研究对马克思主义的忽视，不论是有意的还是无意的，并不是很有道理。

20 世纪 70—80 年代，围绕着“霸权衰退”和世界政治经济变革，无论是现实主义者，还是自由主义者，抑或是马克思主义者，都加入对美国霸权是否衰退以及世界经济变革的研究之中。对这些重大议题的研究不仅催生了国际政治经济学的产生，拓宽了国际关系研究的视野，而且推动了国际关系“大理论”的构建。其中最为突出的“大理论”包括：关注国际经济中国家之间政治合作的“相互依存理论”；关注开放的国际经济体系的稳定以及权力分配的“霸权稳定理论”；关注国际体系中不平等发展的“依附理论”和“世界体系理论”；关注国际组织作用的“国际机制理论”。进入 20 世纪 90 年代，随着冷战结束和苏联的解体，特别是在经济全球化以及世界经济稳定的背景下，美国学术界将研究转向国内政治，围绕“利益和制度”的关联性以及“国内和国际”的关联性，通过强化理性主义的分析工具，进一步深化国际关系研究中政治和经济的关联性，并提出了“开放经济政治学”的分析框架，努力使国际政治经济学“科学化”。

2008 年全球金融危机以及随之而来的全球政治经济变革的现实表明，只专注于“问题解决”的路径是行不通的。正是在这种背景下，折中主义、中间路线，甚至实用主义应运而生。[①] 学者们越来越认识到，国际关系和国际政治经济学作为一个知识共同体，既不是美国式的，也不是英国式的，而是全球性的，国际关系研究进入多元化发展的新

① 参见：Peter J.Kazenstein, “Mid-Atlantic: Sitting on the Knife’s Sharp Edge”, *Review of International Political Economy*, Vol.16 (1), 2009, pp. 122–135; John Ravenhill, “In Search of the Missing Middle”, *Review of International Political Economy*, 15 (1), 2008, pp. 18–29; Eric Helleiner, “Division and Dialogue in Anglo-American IPE: A Reluctant Canadian View”, *New Political Economy*, Vol.14, No. 3, 2009, pp. 377–383。

进程。

对于自由主义、现实主义、建构主义和马克思主义在构建国际政治经济学未来的重要性，就连 20 世纪 90 年代倡导“开放经济政治学”的弗里登和莱克也不得不承认：

> 国际政治经济学对这四种视角进行划分在许多方面是有用的，在对经济效用、阶级冲突、地缘战略以及规范的重要性进行评估时尤其如此。然而，这些视角之间的界限通常是模糊的。有些马克思主义者同意现实主义对国家之间冲突的强调，而另外一些马克思主义者同意自由主义对经济利益的重视，还有一些马克思主义者同意建构主义对规范作用的认识。同样，有许多自由主义者喜欢用新古典经济学的工具——就像现实主义者所做的一样——去分析国家之间的战略互动，或像马克思主义者一样去探讨阶级冲突。而几乎所有的自由主义者、马克思主义者、现实主义者对建构主义者所强调的规范的作用都有着越来越深的理解。在我们看来，这些[不同视角的]实质性重叠表明，国际政治经济学的学者们，与其固执地坚守某一种特定的范式，不如认真地思考一下，利益、互动和制度是如何激励我们在国际政治经济中观察到的那些行为体，影响它们的选择，以及决定最后的结果。①

二、世界体系论与政治地理学

无论是作为一种理论还是作为一种方法，世界体系论对人文地理

① Jeffry A. Frieden, David A. Lake and J. Lawrence Broz (eds.), *International Political Economy: Perspectives on Global Power and Wealth*, Sixth Edition, W. W. Norton & Company, Inc., 2017, pp. 12–13.

学，特别是政治地理学的研究都产生了重大的影响，这种影响主要体现在将地理空间和人类历史密切联系起来。

在地理学的研究中，将地理和历史结合起来进行研究可以追忆起许多伟大的思想家，但富有成效的首先应属英国地理学家麦金德。在麦金德之前，对于地理空间在人类历史上的作用，主要有两种倾向。一种倾向是把地理空间作为描述历史事件的背景。“在麦金德之前，一些从空间观点来解释整个世界形势的著述已经出现，其中很多是属于宇宙史的较为一般的理论。黑格尔和马克思都曾关心过宇宙史的解释体系的发展，但在空间的感知深度上，均没有什么卓越的论述。因为地球表面对他们来说主要是历史事件的背景。”[①] 另外一种倾向是把国家作为一个空间现象来加以描述和解释，如德国地理学家拉采尔（Ratzel）提出的“国家有机体论”，美国历史学家马汉（Alfred T. Mahan）提出的“海权论”。事实上，这两种倾向都没有真正把地理和历史结合起来。

而真正把地理和历史结合起来，也就是说真正把地理空间观念融入人类历史研究中的当属英国地理学家麦金德。他在这方面突出的学术贡献就是论文《历史的地理枢纽》（1904 年），以及在此基础上修改而成的《民主的理想和现实》（1919 年）。麦金德是以如下这样一种态度来对待地理空间和人类历史的相互关系的：

> 在我看来，在当前的十年中我们是第一次处于这种地位，即试图以某种程度的完整性来阐明较广的地理概括和较广的历史概括之间的相互关系。我们第一次能够了解整个世界舞台上各种特征和事件的一些真正的比例，并且可以寻求一种至少能表明世界历史中某些地理原因的公式，如果我们幸运的话，那么这个公式就应

---

① 〔英〕杰弗里·帕克：《二十世纪的西方地理政治思想》，李亦鸣等译，解放军出版社 1992 年版，第 15 页。

当具有透视当前国际政治中一些对抗势力的实用价值。[①]

麦金德关于地理空间和人类历史相互关系的中心议题就是：世界历史基本上是陆地上的人和海洋上的人反复斗争的历史。世界的政治力量基本上可以分为陆上力量和海上力量。陆上力量最强的是欧亚大陆，欧亚大陆北部为冰块所围绕，其他三面为水域所包围，面积为2100万平方英里，约占地球全部陆地面积的一半，是地球上最大的陆块。在这块大陆中部，北以广阔的亚极地森林和沼泽地带为界，东面从匈牙利的普斯塔斯到中国的小戈壁绵延4000英里，构成欧亚大陆的"心脏地带"；世界海上力量的中心主要是欧亚大陆边缘地带，这包括两个同轴的新月地带：一个是内新月地带，这一地带哺育了欧洲、中东、印度和中国的伟大文明（也称边缘新月形地带）；另一个是由南北美洲、撒哈拉以南非洲、马来群岛和大洋洲组成的外新月形带（也称海岛新月形带）。

在麦金德看来，早在14世纪中叶以前，占据心脏地带的游牧民族为了建立陆上强国，就曾不断地入侵边缘地区。他列举了金帐汗国向西欧、伊勒汗国向西亚，以及游牧民族对中国的入侵，"当金帐汗国占领从咸海经乌拉尔山脉与里海之间的通道到喀尔巴阡山麓的钦察草原时，另一群游牧部落从里海和兴都库什山之间，向西南下到波斯、美索不达米亚，甚至入侵叙利亚，建立了伊利汗国的统治。第三支随后攻入中国北部征服了中国"[②]。而海上力量在发现好望角之前，仅限于在入海河流航运的基础上。"正是在入海河流航运的基础上，建立起河流阶段的文明，如扬子江畔的中国文明，恒河畔的印度文明，幼发拉底河畔

① 〔英〕哈·麦金德：《历史的地理枢纽》，第45页。

② 同上书，第54—55页。

的巴比伦文明，尼罗河畔的埃及文明。”[①] 而发现通向好望角的航路最主要的政治效果就是加强了海上力量，用麦金德自己的话来说就是“把欧洲和亚洲的关系颠倒过来”。

不仅历史上有陆上强国和海上强国的对峙，而且现实世界中仍然如此。尽管蒸汽机和苏伊士运河的出现增加了海上强国的机动性，但横贯欧亚心脏地带的大铁路更增加了陆上强国的机动。这条铁路从西端的维尔巴伦到东端的海参崴，把幅员辽阔的心脏地带的人口资源、棉花、小麦等资源的潜力挖掘出来，又由于铁路运输较之海洋运输便捷，海洋运输必然会被拒之门外，因此处于心脏地带的陆上强国俄国仍然是一个枢纽区域，“欧亚大陆上那一片广大的、船舶不能到达、但在古代却任凭骑马牧民纵横驰骋，而今天又即将布满铁路的地区，不是世界政治的一个枢纽区域吗”[②]。

通过对世界政治力量的历史和现实的分析，麦金德对地理环境和社会变革的关系作了理论上的概括，“各个时代的社会运动，基本上都是围绕着相对的自然特征进行的”[③]，而“任何可能的社会变革似乎都不会改变它和它生存的巨大地理界线之间的基本关系”[④]。

麦金德这种把世界历史、地理环境和社会运动结合起来的研究为在地理学界树立一种真正的世界或全球观念作出了榜样，对后来的西方政治地理学影响很大。[⑤] 正如后来的地理学家所评价的那样：

> 麦金德的地理观察，来自对世界历史过程分析和解释的检验。采用空间观点是一种探索事件本质及原因的尝试，并通过对所有

---

① 〔英〕哈·麦金德：《历史的地理枢纽》，第 57 页。
② 同上书，第 60 页。
③ 同上书，第 62 页。
④ 同上书，第 60 页。
⑤ 参见王正毅：《现代政治地理学》，南开大学出版社 1993 年版，第 11—16 页。

涉及的因素的综合，求得一种前人未竟的统一连贯性。他试图用他独特的洞察力来推断未来可能发生的事件。[1]

英国政治地理学者、曾任《政治地理季刊》杂志主编的泰勒（Peter Taylor）则将沃勒斯坦与麦金德相提并论：

沃勒斯坦对世界经济的探讨，为政治地理学家们重新回到全球性分析提供了机会，而没有对麦金德加以任何效法。如果说麦金德指出了东西方之间的对抗（这是他久负盛名的基础）以及核心区内部的对抗，那么沃勒斯坦的探讨方法则是把南北对抗放到了世界舞台的中央。[2]

不仅如此，泰勒还将世界体系论运用于政治地理研究，出版了《政治地理学：世界经济、民族国家和地方》一书。[3] 对此，泰勒的看法是：

20世纪下半叶是社会科学领域突飞猛进的时期。这种突飞猛进尽管根植于欧洲，但主要是由美国来领导的。世界体系分析是这种现代社会科学的首要挑战者……，这种挑战是非常根本的，因为它对现代社会科学运用的整个概念和范畴体系提出了质疑。关于这一点，我们可以从他们对待社会变革的新的途径发现……。

沃勒斯坦的世界体系方法在最近几年引起了广泛的讨论。这既包括对原来的思想现实性的和理论上的补充，也包括从一个非

---

① 〔英〕杰弗里·帕克：《二十世纪的西方地理政治思想》，第28页。

② 同上书，第169页。

③ Peter J. Taylor, *Political Geography: World-Economy, Nation-State and Locality*, 3rd Edition, Longman Scientific & Technical, 1993.

常不同的视野对世界体系的批判。在这里我不想介入这种争论。简单地来说，我选择沃勒斯坦的分析框架主要基于这样一个事实，即我发现世界体系分析对于设立和理解政治地理的主题是最有用的。这本书余下的各章主要是努力证明这一点。[①]

对此，美国历史协会前主席莱恩也作出了中肯的评价：

在他［沃勒斯坦］的综合中，地理是本质的东西。在这方面显示了法国的影响，即［法国］比任何其他地区更能将历史和地理联系起来。与德国人相比，法国人不太感兴趣于从历史时间和地理区位的角度抽象出来的阶段［这里指关于人类社会的阶段论］，但法国人一直精于地区差异，最近以来精于那些很少变化，处于"不动的历史"的阶层的东西。现在，随着产生于西欧的资本主义对整个全球变化的冲击，那些根深蒂固的地区差异在任何意在提供一种关于"历史的一般进程"的理论结构中都要求有一席之地。沃勒斯坦在以欧洲为中心的阶段理论和对全球差异的背景中的那些持久性的和过渡性的因素所必须的系统分析之间架起了一座桥梁。[②]

就世界体系论对地理学研究的具体内容的影响而言，主要集中在如下几个问题上：

（一）促进了对世界经济、国家体系和区位结构三者关系的研究

从前几章关于世界体系论基本观点的介绍中，我们可以发现，根据

---

① Peter J. Taylor, *Political Geography: World-Economy, Nation-State and Locality*, p. 3.

② Frederic C. Lane, *Profits from Power: Readings in Protection Rent and Violence-Controlling Enterprises*, Albany: State University of New York Press, 1979, pp. 10–11.

资本积累的程度对资本主义世界体系进行核心—半边缘—边缘这种地理空间结构的分析是世界体系论的一个主要方面。正是在这种空间结构分析中，资本主义世界经济形成核心区、边缘区和半边缘区，国家体系中出现了强国和弱国，同时还在历史上出现了三个霸权国家。对于这种研究，布罗代尔曾给予如下评论：

> 经济世界内的区划肯定是有效的，我们已从几条主线和几个主要方面介绍了沃勒斯坦提出的有关经济世界内的区域划分的论点。如同能产生一定反响的所有论点一样，这个论点于 1975 年发表后，引起了一些赞扬和批评。人们为它寻找先例，找到的先例之多超出了人们的想象。人们还发现，这一论点可作众多的推广和运用：甚至民族经济也再现经济世界的概貌，分散在民族经济四周的一些自给自足的地区，人们几乎可以说，它们就是“边缘区”，换句话说，就是经济不发达的条状和块状区域。①

当代人文地理研究的课题非常多，但在研究内容上，将世界（区域）经济、民族国家和区位三者结合起来进行过程研究成为人文地理研究的一个重要课题。在联合国教科文组织对地理学学术状况的报告中，世界经济、民族国家和区位过程三者关系的研究被列为当代地理学的重要研究课题。② 从研究内容来看，这种研究主要想突破传统地理学对“空间”和“区位”的认识。传统地理学对区位和空间的认识主要局限于有形的“空间”和“区位”，而当代地理学在注重空间和区位的有

① 〔法〕布罗代尔：《15 至 18 世纪的物质文明经济和资本主义》（第三卷：《世界的时间》），第 60 页。

② 参见《国际社会科学杂志：地理学学术现状Ⅰ—环境维度》（1997 年 11 月）和《国际社会科学杂志：地理学学术现状Ⅱ—社会进程和地理空间》（1998 年 2 月）。

形性研究的同时，更注重“空间”和“区位”的无形性研究。在当代的区域划分中，有全球性的、区域性的、国家的、地方的。这些不同类型区域的存在，既与世界经济中的商业网络有关，也与民族国家的竞争性战略有关，还与区位的优劣势有关。综合起来，将世界（区域）经济、民族国家和区位三者结合起来研究区域的发展主要集中在如下5个方面：1. 商业网络的全球性和地区性的重新组合；2. 国家参与状况下的生产链的地理状况；3. 贸易、跨国投资和世界政治经济体系；4. 核心区的转移对区域政治经济发展的影响；5. 国家的发展战略与区域政治经济合作机制的重建。

（二）加强了核心和边缘的地理结构分析方法

世界体系论，特别是沃勒斯坦的思想，从不同的角度对地理学的世界观念的复兴起到重大的推动作用，特别是他用核心—半边缘—边缘这种地理空间结构对资本主义世界经济的分析，更是为许多地理学家所肯定：

> 由于沃勒斯坦对资本主义发展中的欧洲核心及其与外围的关系过多地强调了势力的作用，故他的世界体系遭到了非议。不过，人们仍然把这些观点视为运用马克思主义观念来理解世界政治经济发展的一个里程碑。沃勒斯坦的观点对于地理政治学思想的重新定向仍是相当重要的。[①]

（三）加强了马克思主义在地理学研究中的地位

20世纪70年代以后，地理学发生了一场巨大的思想变革。[②] 与以

---

① 〔英〕杰弗里·帕克：《二十世纪的西方地理政治思想》，第168—169页。

② 参见同上书，第165—183页。

往"许许多多的地理学家热爱人类但又不愿为具体的人确立应有的地位"不同，地理学界开始注重人自身的价值、自身的需求，由此出现了一种激进主义思潮。在这种激进思想中，一批年轻的地理学家认为，以往的地理学不过是为资本主义、军国主义、帝国主义和富人压迫穷人起辩护作用，这种安于现状的地理学解决不了今天世界范围内的贫困问题、地区冲突问题、资源掠夺问题、南北差距问题，以及生态系统的破坏问题等，这就需要一种新的地理学思想。马克思主义在地理学界开始被重新评价。"这种地理学上新的激进的人文主义对地理政治思想的发展方向起了重要的作用，具有特殊意义的是重新评价马克思主义，并试图对马克思式的思考进行地理空间透视。"[①] 其中，沃勒斯坦的世界体系论被认为是这种激进思想的一个重要理论。

> 也有人认为，把马克思的一些原则运用于动态的空间思维还能为经济过程的横向历时分析（diachronic analysis）提供一种革命性的概念框架。沃勒斯坦把这种框架转化为一种世界政治经济发展的模式。[②]
>
> 这些有关地理政治学的世界观点的态度所产生的影响是值得注意的。泰勒曾斥之为"效法于麦金德"的观念已被新的观念所取代，这在很大程度上归功于马克思、列宁和沃勒斯坦。这个影响的最基本的意义是，本［20］世纪南北关系的两分法第一次凌驾于东西方关系的两分法之上。［20 世纪］40 年代因深埋于民族的地理心态之中而使许多美国政治地理学家为之叹息的横向定位，现在竟然被一种陌生的和具有社会挑战性的纵向透视所压倒。[③]

---

① 〔英〕杰弗里 · 帕克：《二十世纪的西方地理政治思想》，第 166 页。
② 同上书，第 168 页。
③ 同上书，第 177 页。

三、世界体系论与历史学

尽管沃勒斯坦本人并不是通常意义上的历史学家，其他世界体系论者也很少是专门的历史学家，但世界体系论无论是作为一种理论，还是作为一种分析方法，都在历史学界产生了广泛的影响。这种影响主要集中在如下两个方面：一是长时段、大范围的分析方法；二是整体历史观。

正如我们在前面已经指出的那样，长时段、大范围的分析方法并不是沃勒斯坦等世界体系论者独创的方法，而是主要来源于法国年鉴学派。但我们不能就此否认世界体系论者们的贡献。他们的贡献主要表现在，长时段、大范围的分析方法经过世界体系论者创造性的推动和发挥，在历史学界，特别是美国的历史学界引起了广泛的注意——既有认可也有批评。关于这一点，布罗代尔在读完沃勒斯坦的《现代世界体系》（第一卷）后也不得不承认："由于沃勒斯坦的书在第一卷后接着还有三卷，第二卷正告完工，我已先睹为快读过部分重点章节，另外两卷一直谈到现在，我们会有时间再次研究他的一套观点的合理性、新颖独到之处和局限性，这套观点也许过分刻板，但看来成果颇丰。"①

我们在这里则主要探讨世界体系论的整体历史观对历史学研究的影响。

自从19世纪在兰克（Leopold Von Ranke）等人的推动下，历史学从文学的一个分支转变为科学研究的一个专业领域之后，由于民族国家的勃兴，历史研究很自然地将重心放在民族国家的政治制度、宪法、

① 〔法〕布罗代尔：《15至18世纪的物质文明、经济和资本主义》（第三卷：《世界的时间》），第60—61页。

外交和军事等方面。这样一来，历史研究就成为国别历史研究，历史学家则成为某一国别历史的专家。国别史自然成为历史学研究的主流，而对世界史则很少有人过问，这种状况虽然对某一国历史研究贡献很大，但由于国别史的研究视野较为狭隘，真正意义上的世界历史研究进展并不是很大。

进入20世纪，经过赫伯特·乔治·威尔斯（Herbert George Wells）、奥斯瓦尔德·斯宾格勒（Oswald Spengler）及阿诺德·汤因比（Arnold Toynbee）等人的努力，从全球的角度把握世界史逐渐引起人们的注意。特别是第一次世界大战以后，世界史研究成为历史研究的一个新的分支，也出现了一批有影响力的世界历史学家，如英国的汤因比、德国的斯宾格勒、法国的布罗代尔、美国的麦克尼尔（William McNeil）[①] 和保罗·肯尼迪。尽管他们各自的研究角度有所不同，得出的结论也不完全一致，但他们在将世界看作一个整体，研究这个整体中的不同的政治体制、经济结构以及社会体系如何相互影响这一点上是共同的。

在这种复兴世界历史研究的思潮中，世界体系论的独特贡献有哪些？依笔者不尽全面的观点看，世界体系论作为一种观察和分析世界历史的方法，其对世界历史研究的贡献主要表现在如下四个方面：

（一）世界体系论与历史学研究对象的界定

关于历史研究如何被“科学化”，历史学如何在19世纪成为社会科学的一个组成部分以及历史学的研究对象，沃勒斯坦在其著作《开放社会科学：重建社会科学报告书》中做过系统的论述：

> 诚然，19世纪早期的史学家经常都把普遍历史的幻象作为自

① 他的代表作是1963年出版的《西方的兴起》（*The Rise of the West: A History of the Human Community*, Chicago: University of Chicago Press）。

己的出发点，然而，史学家所秉持的反理论姿态，一旦同来自国家和有教养的公共舆论的社会压力结合在一起，便推动他们主要去写本民族的历史，而［民族］一词的界定或多或少要以一个国家的地理边界为准，已经存在或正在确立的国家边疆，目前所占据的空间范围，也从时间上被回溯至过去。①

在世界体系论者看来，一直到1945年，历史学与其他三门以探寻普遍规律为宗旨的社会科学——经济学、政治学和社会学——都是将国家作为分析的基础框架。这种以国家为轴心的分析模式在1945年以前主要侧重西方世界的经验，而在1945年以后随着地区研究的兴起，非西方世界的经验也被纳入进去。②

20世纪60年代以来，各国学者们做出了种种努力，试图削弱社会科学研究（当然也包括历史研究）中的以国家为中心的倾向，这些努力包括国际政治经济学、世界城市研究、全球制度经济学、世界史、世界体系分析、文明研究和地区研究。这些研究倾向表明，以往的以国家为中心的分析框架面临着严重的挑战。世界体系论者对这一现象的解释是：以往将社会科学完全立足于国家的研究是有局限性的，现在应该走出这种局限性。但同时沃勒斯坦附加了一个说明：

当然，拒绝承认国家为社会分析的社会-地理容器，这绝不意味着国家不再被看成是现代社会的一项关键性的建制，一项对经济、文化和社会过程有着深刻影响的建制。很明显，要对所有这些过程进行研究，都必须首先了解国家的种种机制。真正不需要的是这样一个假定：即认为国家构成了社会行动的自然的，甚至是最

① 〔美〕华勒斯坦，《开放社会科学：重建社会科学报告书》，第14页。

② 参见同上书，第70—71页。

重要的边界。[①]

这种将历史研究的对象扩展到国家之外，主张将人类社会的历史作为一个整体进行研究（而不只是局限于单个国家，确切地说局限于西方世界的国家）的方法，受到历史学界的广泛关注。莱恩对此作出了比较客观的评价：

> 在英国和北美之外，即在世界的大部分[地区]，历史作为一个整体，其意义是由马克思的进步理论加以解释的。在英国和美国以及在很大程度上也在其他国家，特别是在西欧，历史学家一般认为没有必要把历史作为一个整体。他们非常喜欢分析和解释那些涉及部分人类经验的事实。沃勒斯坦却认为，如果对这些发生在过去的小的事件与整体的联系没有一个正确的观点，那么就不能理解这些小的事件。[②]

关于世界体系论对历史学研究的深远影响，还有一种评价也许更为中肯：

> 关于历史变化的研究，在将来无论朝哪个方向发展，他们都可能建立在，或至少考虑建立在世界体系理论对历史社会学整体研究的贡献的基础上。[③]

（二）世界体系论与社会系统的研究

主张树立全面的历史观也不是世界体系论者的独创。在此之前，

---

① 〔美〕华勒斯坦，《开放社会科学：重建社会科学报告书》，第74页。

② Frederic C. Lane, *Profits from Power: Readings in Protection Rent and Violence-Controlling Enterprises*, p. 91.

③ Thomas R. Shannon, *An Introduction to the World-system Perspective*, p. 218.

斯宾格勒于1918年出版了《西方的没落》，赫伯特·乔治·威尔斯曾于1920年出版了《世界史纲》，阿诺德·汤因比于1934—1961年出版了《历史研究》，麦克尼尔于1964年出版了《西方的兴起：人类共同体的历史》等。但他们的研究主要是从文明形态的角度来讨论西方历史的，即探讨西方文明的前途和命运。关于这一点，斯宾格勒在《西方的没落》导言的一开始就很明确地指出："这本书是第一次的大胆尝试，想去预断历史，想去研究一种文化宿命中的迄今末被人经历过的各个阶段，特别是关于那在我们这一时代和我们这一星球上唯一正处于完成状态的文化，即西欧美洲文化的各个阶段。"[①]"这样看来，《西方的没落》所包括的不外是文明问题。我们面临着全部高级历史中的一个基本问题。"[②]对于这个问题的解决，不能只局限于当代问题的探讨，而应该将其放入历史整体中进行研究，"在历史的世界图景中和在自然的世界图景中一样，没有一件事情，不论它是多么渺小，其本身是不体现基本趋势的全部总和的。因此，我的原定题目的范围就大大扩大了。许多意外的（主要是全新的）问题和相互关系涌现出来了。最后就完全清楚了，直到把世界历史本身，即作为一个具有正常结构的有机体的高级人类的故事本身的秘密弄清楚以前，任何单个历史片断是不能彻底弄清的"[③]。世界历史就是人类整体的历史，是不同文化的综合体，而不只是某种文化的历史。不同的文化可以强盛，也可以衰退，但是没有衰落的"人类"。"我看到的不是虚构的一份直线历史，那是只有在无量繁复的事实跟前紧闭双眼才能保持的。我看到的是一群伟大文化组成的戏剧，其中每一种文化都以原始的力量从它的土生土壤中勃兴起来，

① 〔德〕奥斯瓦尔德·斯宾格勒：《西方的没落》，齐世荣等译，商务印书馆1995年版，第13页。

② 同上书，第53页。

③ 同上书，第77页。

都在它的整个生活期中坚实地和那土生土壤联系着；每一种文化都把自己的影象印在它的材料，即它的人类身上；每一种文化各有自己的观念，自己的情欲，自己的生活、愿望和感情，自己的死亡。……在这里，文化、民族、语言、真理、神祇、风光等等，有如橡树与石松、花朵、枝条与树叶，从盛开又到衰落，——但是，没有衰老的人类。……我把世界历史看成一副无止境地形成、无止境地变化的图景，看成一幅有机形式惊人地盈亏相继的图景。专业的历史学家却相反，他们把世界历史看作绦虫一类的东西，勤敏地把历史时代一节节地往自己身上增加。”①

汤因比本人也是非常赞成对人类整体历史进行研究的。他在《历史研究》中把近六千年人类历史上存在的 21 个文明社会和 5 个“停滞的文明社会”② 组成的整体作为历史研究的范围。

与斯宾格勒和汤因比从文化的角度来研究人类历史有所不同的是，世界体系论者也主张对世界历史进行总体研究，但世界体系论者是从社会系统的角度来进行这一研究工作的。对此，莱恩给予了准确的评价：

> 尽管[存在着]很大的和很明显的不同，但[沃勒斯坦]这个框架在某些方面[可以]与汤因比那富有吸引力的框架相媲美，特别是第二次世界大战以后在专业性历史学圈以外。汤因比和沃勒斯坦都认为国家不是研究的单位，都竭力反对那种束缚大多数专业历史学家的“部落主义”的基石……汤因比和沃勒斯坦都认为需要一个专业化的词来阐述超越国家的历史。……汤因比精心绘制的是文化的发展，而沃勒斯坦更为侧重的则是社会系统。沃勒斯坦的主要影响的范围也许比较小，即集中于“世界历史”的观念

① 〔德〕奥斯瓦尔德·斯宾格勒：《西方的没落》，第 39 页。

② 〔英〕汤因比：《历史研究》（上册），曹未风译，商务印书馆 1959 年版，第 43 页。

的某种地理扩展，这与汤因比相似。[①]

进入 20 世纪 90 年代，世界体系论者主动与研究世界历史的历史学家们讨论世界历史的研究问题，如弗兰克与麦克尼尔相互通信讨论世界史的问题，并为此争论不休。[②]

正因为世界体系论对历史研究的影响，在 1995 年美国历史学会所列的《历史参考文献指南》（Guide to Historical Literature of the American historical Association）中，布罗代尔研究中心的杂志《评论》被列为“世界历史”10 种参考杂志之一。[③] 日本一桥大学滨林正夫曾发表文章指出，“沃勒斯坦是非洲问题研究专家，作为一个美国人，他从非洲的立场来描述世界史，确实给学术界带来了一股清新的空气，使迄今以欧洲为中心的世界史研究发生了重大的变化，这种变化自然也

---

① Frederic C. Lane, *Profits from Power: Readings in Protection Rent and Violence-Controlling Enterprises*, p. 92.

② 关于弗兰克对汤因比、麦克尼尔等历史学家的世界史观的分析，可参考他发表的文章：“A Theoretical Introduction to 5000 Years of World System History”, *Review*, Vol.8, No.2, 1990, pp. 155–248。世界体系论在如下四个方面同意汤因比的观点：一是主张不同的文明有历史的统一性，而不只是存在欧洲 / 西方为中心的文明；二是反对那种认为“存在不变的东方”的幻觉；三是反对那种认为“进步是以一种线性方式进行”的幻觉；四是反对“不同的历史统一性的观念”，这种观念把历史的统一性看作埃及文明在数千年中的扩散。另外，弗兰克对麦克尼尔的批评也值得我们注意，这种批评主要集中在四个方面：一是批评他太注重政治，而轻视了世界经济以及世界经济与政治和文化历史的融洽关系；二是对麦克尼尔将公元前 500 年至 1500 年的文明分为四种不同的文明的观点持保留意见，认为他过分强调这些文明的独特性，而忽视了它们之间的相互联系以及统一性；三是批评他在讨论公元前 500 年至 1500 年的历史时实际上将撒哈拉以南非洲排除在历史之外；四是批评麦克尼尔的世界有一个洞，未开化的游牧部落不时出现在欧亚大陆，麦克尼尔记录了他们的到来，但在他的记录中，这些民族只被作为在紧要关头出现在无人的土地上的扭转乾坤的人。但事实是，这些游牧民族转变了麦克尼尔的四种文明，进而形成一个单个的文明体系。由这些争论，我们可以初步发现，就世界历史的视野而言，世界体系论者比通常意义上的世界历史学家可能更为广阔，这是值得我们进一步研究。

③ Newsletter of Fernand Braudel Center, No.20: Activities, 1995–1996, November 1996, p. 12.

涉及日本。日本自19世纪后半叶以后曾处于边缘或半边缘的位置，而后又被纳入世界经济体系中，站在日本的立场上来观察欧洲，会得出许多与沃勒斯坦相同的结论”。[①] 尽管这种评价的前半句有点误解（事实上沃勒斯坦并非是从非洲立场来描述世界史），但后一句评价却是极为恰当的。

（三）世界体系论与经济史研究

在经济史学界，继布罗代尔之后，世界体系论给经济史研究也带来了许多新鲜空气，莱恩在其1979年出版的《来自权力的利润》一书中对世界体系论，特别是沃勒斯坦的思想对经济史研究的影响进行了详细的论述。

在莱恩看来，对经济发展的研究一直是经济史研究的重要课题，并由此而出现了种种经济发展阶段理论。这些阶段理论的一个首要目标就是通过对经济发展历史的研究预见未来，或者是通过总结过去那些在经济发展中起决定性作用的因素，从而分析这些因素如何框定未来。他认为，在经济史的研究中，到目前为止共出现了四种主要的阶段理论：[②] 第一种是卡尔·马克思以及由此而形成的社会主义学派。这一学派是从如下这样一种前提出发的，即以前所有社会的历史都是阶级斗争的历史，阶级斗争决定了不同时期的历史发展的不同阶段，因而阶级斗争也是创造未来的一个手段。第二种是德国历史学派，主要代表人物是斯芒勒（Gustav von Schmoller）。这一学派主要根据主宰经济生活的公共权力来定义发展的不同阶段的。第三种是自由主义学派，这一学派主要继承了亚当·斯密将市场扩展和劳动分工联系起来

---

① 《国外社会科学》，1989年第6期。

② 参见：Frederic C. Lane, *Profits from Power: Readings in Protection Rent and Violence-Controlling Enterprises*, pp. 3–11。

而带来的收益的思想。由此而形成的阶段论的代表人物是布克（Karl Bucher），他主要依据市场和工业组织来讨论发展阶段。第四种是马克思·韦伯开创的社会学派，他的贡献不仅包括将宗教和经济生活联系起来，而且涉及方法论基础，将许多影响特殊发展阶段的因素纳入关于人类社会发展的总体框架之中。尽管这四个学派并不是截然对立的，在某些方面也有共同点，但这四种学派代表了四种不同的传统，一起形成二战后影响经济史研究的四大学派。

对于沃勒斯坦对于经济史研究的影响，莱恩认为主要集中在如下几个方面：

1. 经济史的研究单位。沃勒斯坦放弃了将“主权国家”或“民族社会”作为经济史的研究单位，而代之以“社会体系”。这个研究单位包括了那些在经济生活上相互联系的所有的人（欧洲社会和非欧洲社会）。根据其内在的特征，他将社会体系分为三类：小体系、帝国和世界体系。他将资本主义世界体系看作人类社会历史上的一个暂时的阶段，并预言将有一个新的社会体系最终取代资本主义世界体系。这是对马克思主义的一个重大贡献，在某种意义上加强了马克思主义这一学派在经济史研究中的地位。“沃勒斯坦在以欧洲为中心的阶段理论和对全球差异的背景中的那些持久性的和过渡性的因素所必须做的系统分析之间架起了一座桥梁。”[①]

2. 对历史上经济增长的研究。根据统计数据，现代经济增长一般被认为开始于18世纪，但是其历史原因必须在以前的发展中来寻求。问题的关键是，在什么样的条件或制度下产生了现代的经济增长，现代经济增长是如何发展的，为什么在欧洲而不是在其他地区出现经济增长。沃勒斯坦通过比较同时期的欧洲和中国，认为技术、人口增长和价

① Frederic C. Lane, *Profits from Power: Readings in Protection Rent and Violence-Controlling Enterprises*, p. 11.

格变动虽然对“漫长的16世纪”的欧洲经济增长作出了贡献，但这些贡献既不是本质的，也不是充分的。与其他的经济史学家不同，沃勒斯坦是通过分析欧洲社会体系中政府内外的各个阶层和各个群体，并将其与成功的地理扩展、国家建设和资本主义商业组织的建立联系起来，来说明经济增长的原因的。“在变化的阶级结构中，他［指沃勒斯坦］发现了发展的连续性，这种连续性使得‘起飞’进入经济增长变得越来越可能。僧侣、贵族和商人，不但作为不同的阶级为权力、财富和地位而相互竞争，而且和其群体中的其他人进行个人之间的竞争，以此在海洋扩展中寻求优势……他们的征服和商业为欧洲的世界经济提供了更多的空间。”①

3. 对剩余价值研究的贡献。剩余价值这个词一直被认为是马克思主义的专利，因为自由主义的经济理论一般都回避剩余价值，而代之以储蓄和投资。但在世界体系论的模式中，剩余转移是一个非常重要的概念，它不仅被用来说明帝国或多重国家的经济增长，而且被用来区分多重国家体系中的核心和边缘。尽管莱恩本人并不完全同意沃勒斯坦的观点，但他承认沃勒斯坦回答了一些其他三个学派没有回答的问题。“诺斯和托马斯忽略了一些其他的方面。其中之一就是产权对剩余的控制以及投资的影响，也就是说，多出维持现在生产水平的生产的那部分的使用问题。这些剩余是被用在进一步的生产中，还是以某种阻止进一步生产的方式被消费了？由哪个阶级或哪种制度来决定？如何决定？这些问题是伊曼纽尔·沃勒斯坦的《现代世界体系》作出重要区分的根本性问题，……。”②“总之，尽管存在着许多缺点，但对我来说，沃勒斯坦的综合研究集中在非常值得注意的问题上，而且有许多很好

---

① Frederic C. Lane, *Profits from Power: Readings in Protection Rent and Violence-Controlling Enterprises*, pp. 100–101.

② Ibid.

的想法。”[①]

（四）世界体系论与美国对外关系史研究

在美国传统的历史学界或国际关系学界，关于美国对外关系史的研究主要经历了如下四个阶段[②]：第一个阶段是从第一次世界大战到20世纪50年代。这一时期主要出现了两派观点，一派是民族主义的观点，主张从国与国之间的关系来探讨美国的对外关系，将美国的外交放在国际框架，特别是欧洲框架中来探讨；一派是激进历史学家，他们主张从国内的政治、经济和地区这些影响决策者的因素中来探讨美国的对外政策。第二个阶段是20世纪50、60年代的现实主义阶段，现实主义历史学家不太关心美国对外政策的国内根源，也不太关心贸易、跨国公司和其他非国家因素。他们主要关心国家安全、国家利益、势力均衡以及大国的战略。第三个阶段是20世纪60、70年代的修正主义阶段，他们把主要精力放在美国的观念以及美国的自由资本主义体系上，关注的地区也从以往的欧洲和大国转向发展中国家。第四个阶段是20世纪80、90年代的新现实主义阶段，探讨的焦点主要是美国在世界事务中的合适的地位问题，以及美国经济力量下降的问题。尽管这四个阶段中讨论的问题以及争论的焦点有所不同，但在如下两点上似乎是共同的：[③]一是以民族国家为立足点来讨论对外关系，即以美国为立足

---

① Frederic C. Lane, *Profits from Power: Readings in Protection Rent and Violence-Controlling Enterprises*, p. 107.

② 参见：Michael J. Hogan, Thomas G.Paterson(eds.), *Explaining the History of American Foreign Relations*, pp. 1–7。

③ 关于以传统方式撰写的美国对外关系史著作，无论是就内容还是影响而言，如下两本书是非常值得推荐的：Emily S.Rosenberg, *Spreading the American Dream: American Economic and Cultural Expansion 1890–1945*, New York:Hill and Wang, 1998; Stephen E. Ambrose, Douglas G. Brinkley, *Rise to Globalism:American Foreign Policy Since 1938*, (8th Revised Edition), New York: Penguin Books, 1997。

点来讨论对外关系；一是以单个的历史事件为立足点来讨论对外关系。

而世界体系论对美国对外关系研究的影响则主要集中在对大国关系的分析上。

对于大国关系的分析，在美国学术界占主导地位的是地缘政治和地缘战略分析。如在 20 世纪 90 年代，随着美国霸权的衰退、欧洲共同体和日本的飞速发展，以及苏联和东欧国家的聚变，特别是中国经济的飞速发展，让世界格局逐渐呈现多极化趋势。布热津斯基于 1997 年适时地推出《大棋局：美国的首要地位及其地缘战略》，从理论上分析了美国作为大国应如何制定新的地缘发展战略：

> 欧亚大陆依然保持着它地缘政治的重要性。不仅它的西部周边——欧洲——依然是世界大部分政治和经济力量的所在地，而且它的东部地区——亚洲——最近也成了经济增长和政治影响上升的极其重要的中心。因此，在全球都进行了介入的美国如何应付复杂的欧亚大陆的大国关系——特别是美国是否阻止一个占主导地位和敌对的欧亚大陆大国的出现——对美国在全球发挥首要作用的能力依然是极为重要的。因此，除了培育力量的各种新领域（技术、通讯、信息以及贸易和金融）之外，美国的对外政策还必须继续关注地缘政治问题，而且必须在欧亚大陆运用它的影响，以建立一种以美国为政治仲裁者的稳定的大陆均势。①

世界体系论也关注大国之间的关系，但与这种强调地缘政治分析有所不同的是，世界体系论则从现代世界体系（世界经济）的结构和轨迹来分析大国之间的关系。在沃勒斯坦看来，大国之争实际上是在资

① 〔美〕兹比格纽·布热津斯基：《大棋局：美国的首要地位及其地缘战略》，中国国际问题研究所译，上海人民出版社 1998 年版，第 1—2 页。

本主义世界体系范围之内的霸权之争。这种霸权之争又与资本主义世界体系的经济周期密切相关，有三个时段可作为分析大国之间关系的时间参照系，即1945—1990年美国的霸权时期、1789—1989年自由主义主导资本主义世界体系的时期、1450—2050年资本主义作为一个历史体系的时期。① 对于沃勒斯坦关于大国之间关系的观点，学者们的评价是：

> 对美国[研究]对外关系的历史学家而言，世界体系分析的最大贡献就是它对霸权兴起和衰落的理解。在布罗代尔的核心命题“中心衰落之日就是新中心兴起之时”的基础上，沃勒斯坦和其他有类似思想的思想家一直在努力定义和解释“聚集”(concentration)和“扩散”(diffusion)的周期，这个周期早在一个世纪以前就由布鲁克斯·亚当斯(Brooks Adams)在其著作《文明和没落的规律》(*The Law of Civilization and Decay*)中提出来了：即国际体系在单一中心的霸权和多中心的力量平衡之间的波动的周期。②

四、世界体系论与社会学

世界体系论最早起源于社会学界，其主要奠基者沃勒斯坦和霍普金斯曾就学于美国哥伦比亚大学社会学系，所获学位都是社会学博士。世界体系论正是在对帕森斯之后美国主流社会学的挑战过程中产生的，因而在社会学界，这种理论影响更大。归纳起来，世界体系论对社

---

① 参见：Immanuel Wallerstein, “The World-System After the Cold War”, *Journal of Peace Research*, Vol.30, No.1, 1993, p. 1。

② Michael J.Hogan, Thomas G.Paterson(eds.), *Explaining the History of American Foreign Relations*, p. 93.

会学的影响主要集中在如下三个方面：一是社会变革的历史分析；二是社会变革的大范围研究；三是社会变革趋势的研究。

（一）社会变革的历史分析

在讨论世界体系论的学术起源时，我们已经发现，世界体系论主要是在反对结构功能主义和西方现代化理论或发展理论的基础上产生的。

在20世纪60年代，结构功能主义和现代化理论在美国社会学界非常盛行，特别是塔尔科特·帕森斯的结构功能主义。对此，有社会学家观察道：

> 塔尔科特·帕森斯可能是他那个时代最重要的理论家，我想再也不会有哪种理论方法能在社会学中占据如此重要的地位。从本世纪50年代到70年代末，帕森斯的功能主义显然是理论论争的焦点。即使对帕森斯的功能方法持否定态度的人也不能否定这一点。甚至他去世数年并且功能主义理论占主导地位的时期过去十多年以后，帕森斯的功能主义仍是争论的主题。[①]

结构功能主义的主体思想就是将社会看作一个相对稳定的、由各个相互关联的部分组成的整体。每一个部分发挥的功能对其他部分以及社会系统这个整体都是必要的。每一部分都与其他部分相联系，并且依赖其他部分。这样一来，社会变革就是一个社会系统逐渐适应变化环境的过程。只要系统中的其中一个因素变化了，其他因素也作相应的变化。

20世纪50、60年代，许多探讨现代化或发展理论的专家将这种结构功能主义关于社会变革的基本观点运用于分析当时刚刚脱离殖民体

---

① 〔美〕乔纳森·H. 特纳：《社会学理论的结构》，吴曲辉等译，浙江人民出版社1987年版，第67页。

系的发展中国家的社会变革上，提出各种各样的关于社会变革的现代化理论。关于这些现代化理论，我们在讨论世界体系论的学术思想起源时已经作了详细的探讨。就现代化进程中的社会变革而言，这些现代化理论有一些共同的假定：[①]

1. 现代化要经过一系列阶段，而这些阶段是所有社会都必须经过的；

2. 现代化会产生一些融合性，这些融合性就像西欧和北美国家已经存在的；

3. 西欧和北美代表了一种成功的现代社会模式，所有发展中国家都应努力去效仿；

4. 现代化过程是一种一旦开始就不可逆转的过程，这个过程促使人们对美好生活的向往；

5. 现代化就社会而言是一个“进步”过程，这个过程会产生一种自由，一种人们希望的结果；

6. 现代化是一个长期的、升华的过程，而不是一种突发性的、革命的过程；

7. 现代化是一个系统的变化过程，其中一个要素的变化就要求或意味着其他相关的变化发生；

8. 现代化彻底地转变一个社会，用现代的价值来取代传统的价值；

9. 现代化一旦开始就按照其自身的逻辑展开，变化的过程主要由其内在的机制来支配。

这种强调社会变革的普遍性，认为社会变革有一个普遍的模式的观点，在 20 世纪 60 年代中期以后的美国社会学界受到强烈的批评，特别是西方现代化理论专家将其依据西方社会现代化经验总结出来的理论应用于发展中国家的研究方法，更是引起许多社会学家的不满。[②] 其

---

① 参见：Thomas R. Shannon, *An Introduction to the World-System Perspective*, p. 3。

② 参见：Andrew C. Janos, *Politics and Paradigms: Changing Theories of Change in Social Science*, pp. 68–79。

中，就挑战的影响力而言，世界体系论是一个最有影响力的流派。

与结构功能主义和与此相应的现代化理论不同，世界体系论对社会变革的分析主要是基于历史分析。这种分析主要注重以下几个方面：1. 对社会变革的历史分析应注重每个社会独特的历史以及各个社会所处的世界体系的历史，从这种历史中来寻求当前社会变革的根源和动力。2. 对社会变革的历史分析应注重特殊社会的独特性和时段性。3. 对社会变革的历史分析应注重社会变革，特别是发展中国家变革的外在条件。在这里，世界体系论者接受了马克思主义的观点，引进了“剥削”的概念，也吸收了依附论的观点，引进了“边缘”的概念。

> 世界体系理论的主要贡献之一就是证明将比较详细的历史分析作为研究社会变革的一个核心部分的必要性。在这样做的过程中，世界体系理论已经成为美国社会学中更为广泛地复兴历史分析的一个部分。即使那些对世界体系理论中的具体的历史解释有疑问的人，现在似乎也达成一种比较广泛的共识，即假如社会学就大范围社会结构中的变革构建充分的理论，它就必须“将历史引入”。①

（二）社会变革的大范围研究

世界体系论对社会学研究第二个大的影响就是关于社会变革的大范围和长时段研究。

在以前关于社会变革的研究中，无论是古典的马克思主义，还是后来的现代化理论，一般都是在单一国家或社会范围内来讨论社会变革，讨论的焦点一般都集中于引起社会变革的内在因素。例如马克思对社会的分析，在他看来，社会的本质是由生产方式决定的，生产方式包括

---

① Thomas R. Shannon, *An Introduction to the World-System Perspective*, p. 210.

生产力（技术和劳动组织）和生产关系（谁来控制生产以及谁从生产中受益）。生产关系决定一个社会中的阶级关系。那些控制生产过程、产品分配的资本家就是社会的统治阶级，那些没有土地、只靠工资生活的工人就是无产阶级。马克思对资本主义社会的分析，就是通过对资本主义社会中劳动力的商品化和剩余资本的分析，揭示资本家与工人阶级剥削与被剥削的关系。这种关系引起无产阶级革命，最终导致资本主义社会的变革。

现代化理论对社会变革的分析也是如此。比如，现代化理论认为，对于不发达的国家和社会，不发达主要是历史落后的结果，所以这些国家要想进行现代化，就必须克服社会结构、政治制度和文化价值中的传统主义。假如精英们能接受西方的教育，他们就可以加速他们自己国家的政治西方化的进程。发达国家也可以在经验和技术上帮助这些精英们，诸如帮助他们改革政治体制、提供技术知识、投资当地经济，以及进行技术援助等。只要能做到这些，这些不发达国家就能逐步走上现代化之路。所以，单个国家和社会，只要效仿西方社会的现代化经验，就能实现现代化。

与古典马克思主义和后来的现代化理论不同的是，世界体系论不只局限于从单一“国家”或“社会”的范围来分析社会的变革，而是将分析的单位定为“世界体系”，即对社会变革进行大范围分析。这种“大范围”是由不同的国家和社会组成的世界体系。布罗代尔曾对这种大范围有过准确的描述：

> 一切经济世界都是由若干互相联系但又位于不同水平上的区域排列和榫合而成的。这里出现的至少有三块“场地”，分属三种类型：一个狭小的中心；一些相当发达的次等地区；最后是广大的外围地区。只要从一个区域转入另一个区域，社会、经济、技术、

文化和政治秩序势必跟着发生质的变化。我们掌握了一种具有广泛意义的解释，伊曼纽尔·沃勒斯坦的《现代世界体系》（1974年）正是建立在这一解释的基础之上。[①]

另一位世界体系论研究者香农（Thomas R. Shannon）也认为：

世界体系理论的部分目的就是克服以前关于现代社会变迁的社会学理论的局限性。这个理论有许多地方需要修改，但值得肯定的是世界体系论提出了正确的问题，而且指出了在理论上需要作出的努力。它为现代发生的事件的重要方面提供了一致（即使是不完全的）的解释。在迄今为止的讨论真正的大范围、长时段的社会变迁的社会学所作出的努力中，世界体系论可能是最为精致的。[②]

（三）社会变革趋势的研究

世界体系论对社会学研究的第三个重大贡献就是对社会变革趋势的研究。其影响主要表现在世界体系论以积极的态度和更广阔的视野对待社会变革，特别是发展中国家的社会变革。

对于社会变革的趋势，世界体系论之前的依附理论也曾作过探讨，但依附理论主要集中于发展中国家的社会变革，而且结论并不是很积极。在依附理论看来，历史上出现的各种依附主要是由如下几个条件决定的：[③]1. 世界经济自身的发展规律；2. 主宰资本主义核心的经济关

---

① 〔法〕布罗代尔：《15至18世纪的物质文明经济和资本主义》（第三卷：《世界的时间》），第23页。

② Thomas R. Shannon, *An Introduction to the World-System Perspective*, p.218.

③ 参见：George T. Crane, Abla Amawi (eds.), *The Theoretical Evolution of International Political Economy*, p. 145。

系以及这种经济关系向外扩展的方式；3. 边缘国家内部现存的经济关系的类型，即边缘国家在资本主义扩展而导致的国际经济关系网络中处于依附状态。依据这些标准，到目前为止，出现了以下三种依附形式。[①]1. 殖民性依附。其中，与殖民国家相互联系的商业资本和金融资本主宰了殖民国家和殖民地的经济关系。2. 金融–工业依附。其主要发生在19世纪，其特征是在霸权所在的核心区出现了大资本，核心区向外围的扩展主要是通过投资原材料和农产品的生产来供核心地区消费。3. 技术–工业依附。这主要发生在战后，其特征是跨国公司投资工业，以此来开发发展中国家的国内市场。在这种国际体系中，依附理论认为，对于外围社会，无论是生产系统还是国际关系，都无法让其在国内和国际上处于有利的状态。依据萨米尔·阿明在20世纪70年代研究的结论就是，所有的外围形态都具备以下四个共同特点：

> 尽管其来源不同，外围形态却往往集中到实质上同样的模式上来。这种现象，在世界范围内反映出资本主义日益增大的统一力。所有的外围形态有四大共同的主要特点：1）在国营部门中，农业资本主义占主导地位；2）产生一个追随占统治地位的外国资本的当地资产阶级（主要是商业资产阶级）；3）具有当代外围地区特有的官僚主义发展趋势；4）无产阶级化的现象具有不完全的特点。[②]

鉴于发展中国家在国际体系中的地位，依附论者认为，发展中国

---

① 参见：George T. Crane, Abla Amawi (eds.), *The Theoretical Evolution of International Political Economy*, p. 146。

② 〔埃及〕萨米尔·阿明：《不平等的发展：论外围资本主义的社会形态》，高铦译，商务印书馆1990年版，第285页。

家不发达的主要根源在于国际体系中的核心和外围结构。在这种结构中，外围社会的发展永远是“依附性的发展”，不可能出现成熟的资本主义。所以，外围地区只有成功地实现工业化才能脱离资本主义世界体系，否则外围地区就无法摆脱对核心地区的依附，因而也就无法摆脱其受剥削的地位。

与依附论有所不同的是，世界体系论不只局限于发展中国家的发展，而是探讨整个资本主义世界体系的发展趋势。对于发展中国家的发展，世界体系论虽然吸收了依附理论的观点，但世界体系论将发展中国家的发展放在一个更广阔的背景下来分析。这样一来，发展中国家的出路就不在于摆脱资本主义世界体系。事实上，在世界体系论看来，发展中国家也根本无法摆脱资本主义世界体系，也就是说，只要资本主义世界体系存在，处于边缘地区的发展中国家与处于核心地区的发达国家之间的关系就是一种被剥削与剥削的关系。所以，发展中国家要彻底改变在世界体系中的地位，唯一的可能性就是用一种新的体系来取代现行的资本主义世界体系。而这主要取决于世界范围内的反体系运动，取决于我们的积极创造。用沃勒斯坦的话来说就是：

> 所以，我们到了历史选择的时候：建立一种什么样的新的历史体系以及如何建立。我们无法预见最终的结果。我们发现我们正处于今天的科学家所说的远离平衡的分叉点上，其途径从本质上来说是不可预测的，但是在其中的每一次行动都会有重大的影响。因而，我们处于一种“自由意志”的状态。2050 年的世界将是我们创造的世界，关于这种创造我们有话要说。今后 50 年的政治将是重建我们的世界体系的政治。[①]

① Immanuel Wallerstein, “The World-System After the Cold war” , *Journal of Peace Research*, Vol.30, No.1, 1993, p. 5.

对于世界体系论在社会变革的趋势这一点上克服依附论的缺点，及其对社会学研究的意义，有学者给予的评论是：

> 世界体系论克服了依附理论不妥的结论，即主张不断地融入世界经济，保证一个边缘社会将总是一种“依附性”边缘社会，“发展”总是一种“依附性发展”。这种观点清楚地表明，只有摆脱世界体系才能获得成功的工业化。非常不幸的是（对依附理论），这种观点违背了历史的记载。正如我们所看到的，并不是所有处于边缘地区的社会一直处于边缘。另外，不清楚的是摆脱世界体系是否是现代化的必然之路。世界体系论通过将兴起和衰落的过程作为世界体系的基本动力从而避免了这种理论弊病。兴起不是偶然的或不可预测的，而是世界体系从根本上作用的结果。[①]

当然，世界体系论对社会学的贡献并不仅限这些，还包括对性别的研究、种族主义研究、方法论的见解等。[②] 尽管到目前为止，关于这些贡献仍然存在争议，但世界体系论作为一种理论和方法，冲破了美国正统的主流社会学以单一“国家”和“社会”为分析单位的研究，而代之以世界体系为研究对象，使社会学界耳目一新，这一点是没有非议的。社会学研究的中心也因此由欧洲的韦伯（Marx Webber）、杜尔凯姆（E. Durkheim）过渡到美国，沃勒斯坦亦成为继帕森斯之后国际社会学界出现的又一位值得尊敬的美国社会学家（尽管沃勒斯坦更希望人们称他为社会科学家而不只是社会学家）。正因为如此，沃勒斯坦本人于 1994 年被选为“国际社会学联合会”主席，2003 年被美国社会学学会授予“终身杰出学术成就奖”。

---

① Thomas R. Shannon, *An Introduction to the World-System Perspective*, pp. 210–211.

② 参见：Ibid., pp. 187–219。

第二章　世界体系论的争论

无论是作为一种理论，还是作为一种方法，世界体系理论在国际学术界的影响都是巨大的，我们从以上世界体系论在政治学界、经济史学界、社会学界、历史学界以及地理学界的影响可以发现这一点。但关于这种理论和方法也存在争论，这些争论主要集中在四个方面：一是关于1500年以前的世界体系；二是关于资本主义世界体系的特征、贸易在世界体系中的地位；三是关于世界体系的未来；四是关于世界体系理论是否是一种新的理论。每个方面都包括许多具体问题，笔者在这里只讨论那些主要的问题。

一、1500年以前的世界体系是否存在？

这是世界体系论者争论最为激烈的一个问题。关于世界体系起源的争论主要集中在世界体系产生的时间和空间上。在世界体系论作为一种理论和方法被提出的早期（主要是20世纪70年代），尽管沃勒斯坦和弗兰克等人在细节上有分歧——如沃勒斯坦认为世界体系起源于1450年，[①] 弗兰克认为起源于1492年，[②] 莫德尔斯基则认为起源于1494

---

① 参见：Immanuel Wallerstein, *The Modern World-System I: Capitalist Agriculture and the Origins of the European World-Economy in the Sixteenth Century*, 1974。

② 参见：Andre Gunder Frank, *World Accumulation 1492–1789*,The Macmillan Press Ltd., 1978。

年[①]——但在如下两个基本点上是一致的：一是，世界体系首先产生于欧洲；二是，资本主义世界体系是唯一的世界体系，以前的体系不是世界体系。但是随着对世界体系研究的深入（主要是20世纪90年代之后），对以上两个基本点也出现了不同的观点，甚至激烈的争论。[②]

（一）现代世界体系是否是唯一的

在沃勒斯坦看来，迄今为止，根据生产方式的不同，人类历史上出现过不同的社会体系。在人类历史上，生产方式曾发生了三次变动，因而社会体系也相应发生了三次变动，这三次变动分别是：[③]

1. 相互联系的生产方式以及由此形成的小体系，这主要发生在古代；

2. 重新分配朝贡的生产方式以及由此形成的世界帝国，这主要发生在16世纪以前；

3. 资本主义生产方式以及由此形成的世界体系（这主要发生在16世纪以后。

但沃勒斯坦一直认为，只存在两种不同的世界体系：一种是世界帝国，在这种体系中，存在一个单一的政治体系；另一种是资本主义世界体系，在这种体系中，存在多个国家构成的民族国家体系。[④]在资本主义世界体系以前的各种体系中，结构是极不稳定的。也就是说，不是转

---

① 参见：George Modelski, *Long Cycles in the World Politics*, 1987。

② 对这两点提出强有力挑战的是弗兰克、蔡斯-邓恩和珍妮特·L. 阿布-卢格霍德。弗兰克对这些挑战进行了综合性的概括，这集中体现在他发表在《评论》上的一篇很有影响的论文（A Theoretical Introduction to 5000 Years of World System History）；蔡斯-邓恩的代表性著作是《前资本主义世界的核心和边缘的关系》（*Core/Periphery Relations in Precapitalist Worlds*）；阿布-卢格霍德在这方面富有代表性的著作是《欧洲霸权之前：1250—1350的世界体系》。

③ 参见：Immanuel Wallerstein, *The Capitalist World-Economy*, p.136。

④ 参见：Immanuel Wallerstein, *The Modern World-System I: Capitalist Agriculture and the Origins of the European World-Economy in the Sixteen Century*, p. 348。

变成帝国就是解体了。唯有资本主义世界体系这个现代世界体系存在了 500 年而没有变成一个帝国。正是在这种意义上，世界体系论者认为，现代世界体系是唯一的。

这种将世界体系这个范畴只局限于 16 世纪以后的世界的观点，引起了许多学者的关注。在 16 世纪以前世界体系是否存在，成为这些学者们集中探讨的主题。

美国西北大学社会学教授珍妮特 · L. 阿布-卢格霍德在《欧洲霸权之前：1250—1350 的世界体系》中集中探讨了 16 世纪以前，特别是 13 世纪的世界体系。[①] 在她看来，在 11 世纪之后就存在一个世界体系，这个体系将亚洲和中东的农业帝国和欧洲独立的城市连成一个体系，这个体系在 13 世纪达到了高峰。14、15 世纪，这个体系由于战争、瘟疫等原因才开始衰退，出现了沃勒斯坦所说的“封建危机”。珍妮特 · L. 阿布-卢格霍德认为，13 世纪的世界体系，无论是劳动力转移的方式和组织的方法，还是合同的实现、价格的形成、交换率的确定等，都是一个很先进的体系。

> 在 1250—1350 年期间，国际贸易和经济的发展从西北欧一直延续到中国，假如缩小交换网络，它包括世界范围内的商人和生产者。尽管初级产品（包括但不完全局限于特殊的农产品，大量是香料）构成了所有贸易物的重要部分，特别是在短距离内，但很令

① Janet L. Abu-Lughod, *Before European Hegemony: The World System A. D. 1250–1350*, Oxford University Press, 1989. 在这部著作中，她主要研究了 13 世纪的世界体系。这部著作主要分三个部分：第一部分探讨这一时期欧洲的体系；第二部分探讨中东腹地出现的体系；第三部分则主要探讨亚洲地区的世界体系，特别是印度次大陆和中国的体系。这部著作获得美国社会学会 1990 年度杰出著作奖。美国社会学会授奖委员会对这部著作的评价是：“这部著作写得很漂亮，其范围可以和伊曼纽尔 · 沃勒斯坦和费尔南 · 布罗代尔所涉及的范围相媲美……通过强调从杭州到布拉格共同拥有的文化和商业制度，阿布-卢格霍德富有实质性的分析促使我们重新思考［以往对］现代世界体系所作的欧洲中心论的解释。”

人吃惊的是，制造品是这个体系的核心组成部分，假如没有这些制造品，远距离贸易早就不能维持。这些产品的生产必须是充分的，既能满足国内的需求，又能满足出口。所以，这个体系的所有参加者的生产都有剩余，假如劳动力转移的方式以及组织工作的方法不是很先进的话，达到这些是不可能的。①

而且贸易包括了世界各地的各种商业团体。这些商人并不一定说或写同样的语言，尽管阿拉伯语很盛行，希腊语和拉丁语也很盛行，汉语是远东地区许多民族的混合方言，他们的地方货币也不一样。银在欧洲有很高的价值，中东主要使用黄金，而中国盛行铜钱。距离，如按照时间来计算，可以是几天和几个月，但它需要很多年才能完成整个流程。商品得以转移，价格得以确定，交换率得以认可，合同得以实行，关于其他地区的商品和资金的信誉得以扩大，合作伙伴得以形成，记录得以保持，承诺受到认可。我希望表明 13 世纪的这个体系是如何先进……，尽管它是否是“现代资本主义”以及是否可以被作为一个“世界体系”仍然有待进一步论述。②

13 世纪世界体系的参与者主要包括：③1. 大的农业社会，如印度和中国，加工农业原材料是其工业生产主要但不是唯一的内容。2. 小的城邦，如威尼斯、马六甲等，其功能主要是买办；3. 诸如南印度、法国的香槟省、乌兹别克斯坦的撒马尔罕、地中海东部沿岸诸国和岛屿，以及沿波斯湾的港口一类的地方。这些地方的重要性主要是其战略位置——它们是贸易伙伴的汇集地——决定的。4. 那些拥有有价值的原

① Janet L. Abu-Lughod, *Before European Hegemony: The World System A. D. 1250 – 1350*, p. 2.

② Ibid., p. 8.

③ Ibid., p. 355.

材料——例如英格兰的优质羊毛、苏门答腊的樟脑、阿拉伯半岛的乳香和末药(myrrh)、印度群岛的香料、锡兰的宝石、非洲的象牙和鸵鸟毛，以及东欧的军事苦工——的地方。

由此，珍妮特·L.阿布-卢格霍德得出结论，“在造船以及航海技术、生产和市场的社会组织，以及商业的制度安排方面，诸如融资的机制、确定法定货币以及交换的技术等，复杂性是显而易见的。因而，认识到没有一种简单的、决定论性的解释能够说明欧洲后来的霸权是非常重要的”，“那种过分强调欧洲社会的特殊的技术、文化、心理，或者甚至经济特征的解释是不够的，因为这些解释易于忽视存在于以前体系中的背景的变化”。①

(二)世界体系作为一种范式是否适用1500年以前的世界

无论是赞成世界体系论的还是反对世界体系论的，都承认沃勒斯坦对社会变革分析的贡献。“从社会科学的角度来看，沃勒斯坦最大的贡献在于，他主张，相互作用的过程和不等价交换不仅可以解释那些发生于19世纪和20世纪被欧洲霸权转变的第三世界的事件，而且也可以解释早期的欧洲自身。这就建立了一种欧洲人和非欧洲人都可以运用的理论，在以前关于变革的分阶段模型中，由于种族中心主义，因而不能解释欧洲过早的先进和其他地区落后的不平等，[因此]缺乏这样一种理论，这长期以来一直是一个问题。”②

但许多学者，包括世界体系论者们，后来批评沃勒斯坦过分局限于1500年以后的世界体系的分析，而不承认1500年以前世界体系的存在。

---

① Janet L. Abu-Lughod, *Before European Hegemony: The World System A. D. 1250–1350*, p. 353.

② Jane Schneider, “Was There a Precapitalist World-System?”, in Christopher Chase-Dunn, Thomas D. Hall (eds.), *Core/Periphery Relations in Precapitalist Worlds*, 1991, p. 47.

我们可以从几位世界体系论者的评价中看到这一点：

然而,《现代世界体系》使得他自己的理论的应用过于狭窄……。因为，尽管沃勒斯坦赞赏拉铁摩尔（Owen Lattimore）对于古代中国文明“产生了愚昧主义”这种不同过程的描述，但他并不认为前资本主义世界通过世界经济力量而系统地融合起来。因为这本书主要集中于北大西洋欧洲如何成为世界经济的凸出的核心地区——这件事情被沃勒斯坦将其等同于资本主义世界体系的出现。但不幸的是，它没有受益于他对波兰和俄国的明晰而一致的比较分析。[1]

——施耐德（Jane Schneider）

现在我也强调并且仔细考虑比1500年更早的“单一历史过程中的系统的联系”。我把这种单一历史过程中的系统的联系放在更广的地理范围和社会变化之中，至少包括整个非洲—欧亚世界，其中欧洲及其世界只是一个部分。因此，这个过程的历史和社会-地理的范围不再被看作开始于欧洲并以欧洲为中心，相反，[欧洲]是在很晚才进入这个过程的。[2]

——弗兰克

为了比较研究，我们想澄清一些概念并且提出几个关于核心/边缘的假设。概念的形成可以是归纳也可以是演绎。因为现存的关于核心/边缘的概念主要来源于对现代世界体系的研究，为了将

① Jane Schneider, “Was There a Precapitalist World-System?” , p. 47.

② Andre Gunder Frank, “A Theoretical Introduction to 5000 Years of World System History” , *Review*, Vol.13, No.2, p. 164.

> 其用于更早的体系以及其他不同的社会内部的等级作比较之用，必须修改这些概念。避免简单地将适用于解释现代体系的概念以一种歪曲的方式用于更早的体系这样一个错误是非常重要的。我们的目标就是形成一些概念和命题，从而使得我们能够理解在无国家体系、基于国家的体系以及资本主义世界体系中核心/边缘这种等级的相似性和不同性。[①]
>
> ——蔡斯–邓恩

蔡斯–邓恩将沃勒斯坦建立在1500年以后资本主义生产方式基础上的“世界体系”范式扩展到整个人类社会历史。在他看来，人类社会历史上出现的世界体系可分为以下三类：[②]

第一类是血缘关系（kin-based mode）占主导地位的体系。与沃勒斯坦不同的是，蔡斯–邓恩认为，这种体系也是一种“世界体系”，这种基于血缘关系的世界体系主要有两类：一类是无阶级、无国家的，它包括半固定的游牧族，以园艺为生的族，以畜牧为生的族和父系制社会；另一类是酋长制（有阶级但没有国家）。

第二类是朝贡方式（tributary mode）占主导地位的体系。这种基于朝贡方式的帝国在16世纪以前主要有如下四种：1. 主要以国家为基础的世界体系（美索不达米亚、埃及、印度河谷、恒河谷、中国、墨西哥、秘鲁）；2. 通过征服以前的国家而成为帝国（古埃及王国）；3. 包括帝国、国家和边缘区的多中心的世界体系（近东、印度、中国、中美洲、秘鲁）；4. 在国家基础上的商业化的世界体系，其中，商品化的重要方面得到发展，但是仍然由朝贡的方式来主导（近东、印度洋、中国）。

---

① Christopher Chase-Dunn and Thomas D.Hall (eds.), *Core/Periphery Relations in Precapitalist Worlds*, p. 6.

② Ibid, p. 23.

第三类是资本主义方式(capitalist mode)占主导地位的体系。这包括16世纪以来的以欧洲为中心的亚体系以及全球性的现代世界体系。

既然在欧洲资本主义世界体系之前已经存在多种世界体系,各类中又有许多小类,因此蔡斯-邓恩主张对这些不同的社会体系进行比较研究,以提供一些既适合资本主义生产方式又适合资本主义生产方式以前的概念,而沃勒斯坦关于只存在资本主义世界经济这样一个世界体系的假定,将世界体系这个范式只局限于1500年以后的世界是一个严重的理论错误。①

弗兰克则更进一步。在弗兰克看来,沃勒斯坦将世界体系归纳为三个特征,即核心/边缘结构、经济扩张/萎缩的A/B段,以及霸权-竞争。其实,"这些特征不仅适用于世界体系的现代时期,而且也适用于1500年以前的世界经济/体系,不管它是'资本主义的'还是不是"②。在这种思想的指导下,弗兰克将人类社会历史分为以下几个阶段:③1500年以来的现代世界;500—1500年的中世纪时期;公元前500—公元500年的古典时期;公元前1500—公元前500年的古代;公元前1500年以前的远古时期。他这样做的目的是,"在理论上迈开第一步,以此来证明将世界体系回溯到远早于1500年,而这个日期(我现在相信是错误的)被一些人看作我们的现代世界体系诞生的日期"④。

---

① 参见:Christopher Chase-Dunn and Thomas D.Hall (eds.), *Core/Periphery Relations in Precapitalist Worlds*, p. 11。

② Gill Barry K. and Andre Gunder Frank, "World system cycles,crisis and hegemonial shifts, 1700 BC to 1700 AD", *Review*, Vol.15, No.4, 1992, p. 623.

③ 参见:Andre Gunder Frank, "A Theoretical Introduction to 5000 Years of World System History", *Review*, Vol.8, No.2, 1990, p. 165。

④ Ibid, p. 159.

(三)世界体系论的欧洲中心倾向

沃勒斯坦在论述世界体系起源时表现出来的欧洲中心论倾向也引起了许多学者的批评。除了施耐德在讨论13世纪的世界体系时对以沃勒斯坦为代表的世界体系论的欧洲中心倾向提出挑战，随着世界体系论在学术界广泛而深入的影响，还有许多学者从文明起源的角度对世界体系论的欧洲中心色彩提出挑战——如阿明于1989年出版的《欧洲中心主义》①、伯纳尔于1987年出版的《黑雅典娜：古代文明的亚非之源》②、雷蒙诺波罗于1993年出版的《欧洲中心主义的兴起》③等。

阿明反对对世界历史作欧洲中心论式的解释，更反对由此带来的欧洲中心主义的意识形态。他提醒人们注意如下这样一个事实：基督教、希腊文化以及伊斯兰教都根植于现在西方人所称的东方，他完全同意伯纳尔的观点，即通过大量事实证明西方人引以为豪的西方文明的发源地希腊文明其实来源于东方。

> 毫无疑问，资本主义的胚胎形式(私人企业、市场交换、自由工资劳动)在地中海地区已经存在很长时间了，特别是在地中海地区的阿拉伯—伊斯兰和意大利部分。在某种特定的方面，这个地中海体系形成了资本主义世界经济体系的史前史。④

沃勒斯坦本人对这种批评不以为然。在他看来，你可以举出许多

---

① 参见：Samir Amin, *Eurocentrisme,* New York: Monthly Review Press, 1989。

② 参见：Martin Bernal, *Black Athena: The Afroasiatic Roots of Classical Civilization*, Rutgers University Press, 1987。

③ 参见：Vassilis Lambropoulos, *The Rise of Eurocentrism: Anatomy of Interpretation*, Princeton University Press, 1993。

④ Samir Amin, *Eurocentrism*, p. 71.

案例并挖掘许多材料（尤其是考古学上）证明在16世纪以前存在着许许多多的世界体系，但这并不能否认16世纪以后整个世界逐渐成为资本主义世界经济的世界体系。其次，他反对其他学者将他用于研究16世纪以后的欧洲及世界的理论模式扩展到16世纪以前，在他看来这是完全错误的。沃勒斯坦认为，他的理论主要得自16世纪以后的欧洲及世界，如将此推溯至13世纪或更早，其实早已脱离了世界体系理论存在的前提。①

二、世界体系究竟有什么特征?

（一）世界经济和国家体系是一个逻辑还是两个？

关于资本主义世界体系的特征，世界体系论者，特别是沃勒斯坦本人，有一个为人熟知的观点，这就是：1. 资本主义世界体系是单一的世界经济，各部分的联系主要是经济联系；2. 资本主义世界体系包括一个相互竞争的国家体系，这是资本主义世界体系与以前的作为一个经济世界的世界帝国的重要区别。在资本主义世界经济和国家体系之间的关系中，资本主义世界经济是最为基本的。无论是从世界体系论者关于资本主义世界体系特征的描述中，还是从沃勒斯坦等人对二者关系的论述中都可以发现这一点。

> 在现代以前，各个世界经济是极度不稳定的结构，不是转变成各种帝国就是解体了。有一个世界经济已经存在了500年而仍没有转变为一个世界帝国，这是现代世界体系的独特性——这种独特性就是其力量的秘密所在。这种独特性就是被称作资本主义的

① 这一评论是他在我们讨论蔡斯-邓恩和托马斯·霍尔主编的著作《前资本主义世界的核心和边缘的关系》的研讨会上讲的。

> 经济组织的政治方面。资本主义能够一直兴盛，就是因为这个世界经济范围之内存在不是一个，而是多个政治体系。[①]
>
> 称之为“世界”体系并不因为其包括整个世界，而是因为它比任何法律形式定义的政治单位都要大；称之为“世界经济”，因为这个系统各个部分的联系是经济的，尽管这种联系在某种程度上被文化联系而且最终被政治安排和联盟结构所加强。[②]

正是在这种意义上，世界体系论者一致主张，资本主义世界体系的基础就是资本主义世界经济；国家机器、国家体系以及地缘政治都是资本主义生产方式的政治方面。

许多学者对此提出了不同的看法，他们主要批评沃勒斯坦将资本主义世界体系完全立足于资本主义世界经济关系而忽视了政治因素的独立作用，于是出现了世界经济和国家体系是一个逻辑还是两个不同的逻辑的争论。

例如，佐尔伯格（Aristide Zolberg）认为，“与沃勒斯坦的理论努力相反……，‘体系各部分基本的联系’并不总是经济的，从一开始，另一相同的结构与他显示给我们的结构关联便相互作用——（对于）这种结构，他看不到，或将看不到……我所提及的这种结构关联包括一系列的政治-战略因素”[③]。

斯科克波尔（Theda Skocpol）提出的挑战是，“这里有一个非常不同的观点可以被接受，即民族国家，从更为根本的意义上来看，是这样一些组织，它们控制国家的版图和人口，并且在国际体系中与其他国家

① Immanuel Wallerstein, *The Modern World-System I: Capitalist Agriculture and the Origins of the European World-Economy in the Sixteen Century*, p. 348.

② Ibid., p. 15.

③ William Thompson R.(ed.), *Contending Approaches to World-System Analysis*, p. 258.

进行实际的或可能的军事竞争。国际上的国家体系作为军事竞争的跨国结构并不起源于资本主义。在整个现代世界历史上，国家体系只是代表了一种可分析的自治层次上的跨国现实——在结构上和动力上与世界资本主义相互依赖，但不能完全还原为资本主义。[①]

按照这种观点，世界体系中国家之间的关联并不总是为了经济上的利益，为了军事安全以及领土扩展而进行的战争就是政治因素的独立作用。梯利（Charles Tilly）曾以欧洲民族国家的出现来具体说明世界体系中政治的独立作用；[②]莫德尔斯基也曾以“世界领导权的长周期”来论证地缘政治因素在争夺霸权斗争中的独立作用。[③]

国家体系和资本主义世界经济究竟是一个逻辑还是两个相互独立的逻辑？蔡斯-邓恩在一篇题为《国家体系和资本主义世界经济：一个逻辑还是两个？》[④]的文章里对此作了专门的论述。

蔡斯-邓恩认为，资本主义世界经济和国家体系其实是一个逻辑，两者是不可分离的。就国家体系对资本主义世界经济的作用而言，它使资本主义资本积累的动力得以维持，相互竞争的国家体系能帮助克服资本积累过程中的矛盾。这具体表现在如下两个方面。一是国家体系为资本的流动提供了政治基础，是资本主义积累的再生产不可忽视的保

---

① 参见：Theda Skocpol, *States and Social Revolution: A Comparative Analysis of France, Russia and China*: Cambridge University Press, 1979, p. 22。

② 参见：Charles Tilly, “War Making and State Making as Organized Crime”, in Peter B. Evans, Dietrich Rueschemeyer and Theda Skocpol (eds.), *Bringing the State Back In*, Cambridge University Press, 1985, pp. 169–191。

③ 参见：George Modelski, “Long Cycles of World Leadership”, in William Thompson (ed.), *Contending Approaches to World-System Analysis*, 1983, pp 115–140。

④ 参见：Christopher Chase-Dunn, “Interstate System and Capitalist World-Economy: One Logic or Two”, in George T. Crane, Abla Amawi (eds), *The Theoretical Evolution of International Political Economy*, pp. 153–166。

障。国家体系中的势力均衡阻止了单个国家对世界经济的控制，从而避免了某种政治力量对资本积累的垄断。这样，尽管资本很容易受国家的控制，但由于国家之间的相互竞争，资本仍然是从那些利润低的地区流向利润高的地区。二是国家体系为资本主义的进一步扩张提供了制度基础。那些成功地阻止了资本流动的国家并不一定能真正解决这个问题，因为源于其他资源的资本可以利用某个国家之外较低的生产成本，把国内产品推出国际市场。这就意味着，资本主义不可能在单一国家的背景下存在。在现存的体系中，利润和国家力量是控制资源使用的两种手段，这种体系将转化为另一种新的体系，这种新的体系将根据人类社会中个人和集体的使用价值来平衡发展，这个体系我们可以称之为社会主义。在这个新的体系中，并不是说所有的生产问题都被解决了，而是说，在资本主义世界经济中为资源而进行的政治斗争现在应该朝着一个单一的世界政府努力，扮演一种不同于资本主义世界经济中国家体系的角色，从而成为经济发展和政治变革的长期的动力。

就资本积累过程对国家体系的再创造而言，蔡斯-邓恩也提出了自己的看法。在关于国家体系和资本主义世界经济的相互关系上，和沃勒斯坦一样，蔡斯-邓恩也承认民族国家先于资本主义世界经济，比如中世纪的国家就出现于前资本主义的英国和法国，但是这些国家是不稳定的，不是变成帝国就是解体了，这和后来的国家体系的出现是两回事。国家体系中的势力均衡体系其实最早产生于意大利的城市国家，然后在16世纪的欧洲伴随着资本主义主导地位的出现才得以加强。国家体系是否具有独立性主要取决于其自身的创造力，而这种创造力得以产生的机制和机会则是由世界市场提供的。沃勒斯坦曾以哈布斯堡为例，回答了哈布斯堡未能将16世纪处于微弱状态的资本主义世界经济转变为一个世界帝国，证明了资本主义世界经济为国家体系的创造提供了机会。蔡斯-邓恩则以哈布斯堡之后的法国的路易十四和拿破仑战争，以及20世纪的世界大战为例，认为这些战争都想摧毁国家体系以及资本主义世界经济，但是都失败了。蔡斯–邓恩的结论是，“国家体系取决于世界市场为其生存提供的制度和机会。国家体系有两个主要特征是需要坚持的：核心区主权的划分（间隙性的竞争）以及国家之间交换网络的维持。世界经济的本质表明，由于生产中自然资源禀赋和社会资源不同所造成的比较优势，国家必然继续交换。撤出世界市场在短期内是可行的，但是它是有代价的，也是不稳定的。即使是那些努力建立一个不同生产方式的‘社会主义’国家，最终也得为更大的商品市场生产，并且与之交换”[①]。

（二）决定世界体系是“大宗产品贸易”还是“奢侈品贸易”？

这是沃勒斯坦等人所构建的世界体系理论的核心问题，沃勒斯坦在《现代世界体系》（第一卷）中对此进行了集中而全面的讨论（参见第六章“欧洲世界经济：边缘与外部领域”）。这里涉及两个问题：一是贸易量大小的问题；二是贸易的性质问题。

对于依据贸易量的大小来确定是否是世界体系的做法，沃勒斯坦是持否定态度的。“用政治术语来界定一个实体的边界是比较容易的……，然而对不用政治术语界定的社会的边界，就像我们在这里一直讲的‘世界经济’的界限，我们将说什么呢。我们说16世纪存在一个欧洲世界经济，指出其边界小于整个地球，然而小多少呢？我们不能简单地把与‘欧洲’进行贸易的世界的任何部分都包括进来。”[②] 在沃勒斯坦看来，衡量是否是世界体系或世界体系的一个部分，关键是看贸易

---

① Christopher Chase-Dunn, “Interstate System and Capitalist World-Economy:One Logic or Two”, in George T. Crane, Abla Amawi (eds.), *The Theoretical Evolution of International Political Economy*, p. 164.

② Immanuel Wallerstein, *The Modern World-System I: Capitalist Agriculture and the Origins of the European World-Economy in the Sixteen Century*, p. 301.

的性质。贸易的性质不仅将世界帝国和世界经济区别开来，而且将资本主义世界体系的边缘区与外部领域区别开来。

在16世纪以前，确实存在着许多世界帝国，这些封建帝国中存在着远距离贸易，但为什么不能说封建经济就是世界经济呢？在沃勒斯坦看来，封建主义和贸易扩张是同步进行的，"封建制度作为一个体系，不应被看作贸易的对立物。相反，在一定程度上，封建制度和贸易发展是携手并进的"①，"然而，相对于地方贸易，封建制度只能支持有限的远距离贸易，因为远距离贸易只是一种奢侈品贸易，而非大宗产品贸易"②，例如欧洲帝国从中国及印度获取丝绸、香料，而中国从西方获取金银等贵重金属。丝绸在西方的主要消费者是贵族，而金银在中国的消费者也主要是皇帝和大臣们。这种奢侈品贸易对西欧社会影响极小。只有在远距离贸易由奢侈品贸易扩展成大宗产品贸易后，世界经济才形成。

对于世界经济体系的边缘与外部领域的区别，如果就贸易而言，前者一般从事的是大宗产品的贸易，而后者则从事的是"贵重品"贸易（关于这一点，我们在本书的第二编第二章"世界体系的经济分析"中已经作了详细的介绍）。

这种观点受到施耐德的批评。在施耐德看来，在早期的中国以及其他帝国的扩展中，正是"朝贡"体系使得扩展成为可能。因为，正是通过奢侈品的分配才使得朝贡体系得以维持，所以在这种意义上，朝贡贸易也是一种世界经济，正是这种朝贡贸易使得在前资本主义世界中各种各样的世界体系的存在成为可能。③

---

① Immanuel Wallerstein, *The Modern World-System I: Capitalist Agriculture and the Origins of the European World-Economy in the Sixteen Century*, p. 20.

② Ibid., p. 20.

③ 参见：Jane Schneider, "Was There a Precapitalist World-System?" , in Christopher Chase-Dunn, Thomas D. Hall (eds.), *Core/Periphery Relations in Precapitalist Worlds*, p. 55。

施耐德在一篇题为《存在一个前资本主义世界体系吗？》的文章中对沃勒斯坦的观点提出批评。他认为，沃勒斯坦这种用远距离奢侈品贸易和大宗产品贸易来区别前资本主义和资本主义世界体系的观点是不充分的。“我认为，这种二分法是一种假象，它掩盖了远距离贸易的系统的特征。”[①]

首先，地理扩张寻求的是奢侈品而不是必需品。在沃勒斯坦的解释中，16 世纪之所以出现资本主义的转化，是因为克服了 14 世纪封建主义的危机——战争、瘟疫、经济衰退，以及阶级冲突。而资本主义之所以能够出现，与地理大扩张是有很大关系的。但沃勒斯坦把 15 世纪葡萄牙的航海动机解释为寻求食物以及欧洲人需要剩余的食品来维持发展和进行城市化，是令人难以理解的。因为，很难确认酒、糖是奢侈品还是必需品。“对我来说，染料和酒、糖不应该与解释葡萄牙（因而欧洲）的地理扩张的背景相分离，探险者寻求奢侈品，特别是香料和贵重金属，然后从东方换取更贵重的物品。假如酒是非常有用的饮料，糖是非常有用的香料，二者都是贵族想象的好东西，是否我们就由此得出结论，认为资本主义的转化开始于一个奇想？”[②]

其次，将朝贡体系中的贸易完全看作奢侈品贸易也是不全面的，“因为，朝贡体系主要是通过奢侈品的分配来维持的，这些物品也是‘必需的’——不仅在比较狭隘的意义上如此，即通过一些欣赏性的文化的定义使人们开始喜欢这些奢侈品，而且在更广泛的意义上，帝国主义将‘赢得远方的人民尊敬’以及统治这些远方的人民视为必然”[③]。这样，后人认为的奢侈品在朝贡体系中也是必需品。在这种意义上，朝贡

---

① Jane Schneider, “Was There a Precapitalist World-System?” , in Christopher Chase-Dunn, Thomas D.Hall (eds.), *Core/Periphery Relations in Precapitalist Worlds*, p. 48.

② Ibid., pp. 51–52.

③ Ibid., p. 55.

贸易也是一种世界经济，正是这种朝贡贸易使得前资本主义世界体系的存在成为可能。因此，施耐德主张，应对奢侈品贸易进行全面的研究：

> 为了发现那些既适用于前资本主义社会变化又适用于资本主义社会变化的规律，很有必要将奢侈品贸易不仅看作生产的动力或分工的产物，而且要看作一系列与获取能量相关的远距离贸易。因为在资本主义转化之前，原始的交通工具限制了大宗产品的流动，我们就倾向于认为能量也是不足的。然而，假如某些奢侈品，特别是黄金和白银，在古老的世界的大部分地区已经被转化为能量资源，那么它们的流动就导致了必需品伪装的转化。奴隶的转移通常与黄金的流动相并行，也是一种能量的流动。①

三、世界体系的未来是社会主义还是其他？

世界体系论不仅关心资本主义世界体系的起源、世界体系运行的机制和动力，而且还关心资本主义世界体系的未来。在沃勒斯坦看来，当我们把对资本主义世界经济的理解纳入社会科学研究的议事日程时，有五个大的研究领域：②

第一个领域是，资本主义世界体系作为一个体系，它的内部功能包括核心、边缘和半边缘形成的制度因素，剩余价值向核心区转化的方式，阶级出现、加强以及解体的方式，阶级斗争的多种表达方式，利益的文化表达方式，各种社会群体的产生、其本质以及消亡，周期性的扩展、收缩及与长久性的进化过程相互作用的模式，劳动力的无产阶级化

---

① Jane Schneider, “Was There a Precapitalist World-System?”, in Christopher Chase-Dunn, Thomas D.Hall(eds.), *Core/Periphery Relations in Precapitalist Worlds*, p. 61.

② 参见：Immanuel Wallerstein, *The Capitalist World-Economy*, pp. 135–136。

和土地商业化，国家在影响世界市场和帮助国家内部某些特殊群体所发挥的作用，反体系运动的兴起。

第二个领域是，资本主义世界经济如何以及什么时候、首先在哪里产生的；为什么这种转化发生在封建的欧洲而不是其他地区；为什么它不早也不晚，偏偏在那个时候发生；为什么早期的转化都失败了。

第三个领域是，资本主义世界经济与非资本主义社会体系至少有四个世纪（从 16—19 世纪）是并行前进的，它们之间的关系究竟如何？资本主义世界经济融入非资本主义社会体系是如何成为可能的。

第四个领域是，当我们对各种社会体系的历史形式进行比较研究时，实际上是对不同的生产方式进行研究。就生产方式而言，到目前为止，我们经历了三种不同的生产方式：小体系中的互惠的生产方式、世界帝国中的朝贡方式和世界经济中的资本主义方式。就每一种情况，都需要我们做大量的工作。

第五个领域是，基于社会主义生产方式的第四种体系，也就是我们未来的世界政府，我们目前正处于转化时期。

资本主义世界体系的未来虽然也是世界体系论者关注的问题，但我们发现，20 世纪 70—90 年代，世界体系论者研究和争论的重点仍主要在前四个问题上，而对第五个问题的关注则主要是在 20 世纪 90 年代中期，尤其是进入 21 世纪之后。这可能与 1990 年代冷战结束这一重大地缘政治事件相关，这涉及世界体系论者关注的霸权周期；另一方面与资本主义世界经济进入 21 世纪后不断凸显的经济危机和金融危机相关，这涉及世界体系论者关心的康德拉季耶夫周期。

20 世纪 90 年代，沃勒斯坦等人的世界体系理论关于世界体系的未来的一个重要结论是，资本主义世界体系目前处于危机过程中，它可能会采取一种新的形式，即世界社会主义政府。这一结论显然是受马克思的影响。沃勒斯坦在一些问题上与马克思并不完全一致，但是至少在三个方面深受马克思的影响。一是他主张经济联系是资本主义世界体系的基础，所以他将之称为资本主义世界经济。二是他承认经济活动对政治结构的影响以及无产阶级和资产阶级矛盾在资本主义社会中的作用。三是他认为所有的国家都将凋萎，正如他自己所宣称的，"我在这儿想指出，作为为数不多的真正的马克思信徒之一，我相信国家将会凋萎，但必然是'所有的'国家一齐凋萎，而不是'个别的'凋萎。道理是这样的，国家之存在乃是由于国际体系之力量使然，国家被创造出来作为国际体系的一部分。整个国际体系会随资本主义世界体系之崩溃而凋萎。一旦国际体系凋萎国家亦随之而去"①。由此沃勒斯坦特别提出了社会主义政府的思想。

这一观点招致许多反对。当我们在1994年由沃勒斯坦主持的博士后项目的研讨班上讨论这一点时，他作了两点补充。一是他对当前政治结构及未来政治结构不能完全肯定，所以现在他宁愿使用秩序（order）一词来代替政府（government）一词。二是他的主张完全是一种可能性演绎，即根据逻辑演绎而提出的。他对他认为是真正的社会主义的态度是这样的：

如果世界体系真的被打破了——被这些所谓的"社会主义"国家打破了——接着就会有个世界社会主义体系吗？或者，会有许多体系并立呢？对于这些问题的答案，我实在无法预知，这是21世纪或22世纪的问题。我虽然没有办法清楚地知道将来会发生什么，但是我并不认为我们真的就要有一个社会主义世界。我只认为或许有这个可能而已。我唯一能肯定的是资本主义世界不会再延续多久了，我看到它从里面开始崩溃，但我不知道什么样的

① 〔美〕伊曼纽尔·沃勒斯坦：《资本主义世界体系与社会主义》，《知识分子》1996年夏季号，第101页。

体制会取代它。我有我自己的理想，我认为一个能包容多样性的社会主义世界秩序是个好选择，一个真正的历史抉择。[①]

进入21世纪，沃勒斯坦根据“康德拉季耶夫周期”和“霸权周期”，详细分析了资本主义世界体系在这两个决定性机制的共同作用下如何陷入结构性危机。这集中体现在沃勒斯坦于2013年发表的《结构性危机：资本家或无法再从资本主义中获利》和2016年发表的《资本主义是理解现代性的基本概念》[②]中。

关于资本主义，世界体系论者普遍坚持两个前提：一是资本主义是一个历史体系，因而与所有生命系统一样存在三个阶段，即体系产生期、“常规”生命期（最长阶段），以及消亡期（结构性危机）；二是资本主义作为一个社会系统，有一套特定的运行规则，这个特定规则的核心就是持续追求无止境的资本积累，并把那些不遵守这一规则的成员淘汰出局，这是资本主义的标志性特征。[③]

如果以此观察资本主义世界体系，沃勒斯坦认为，其实从1970年前后开始，资本主义世界体系作为一个社会系统就出现难以克服的结构性危机。这种结构性危机主要体现在两个方面。

首先，世界经济的长期世俗化使得资本家很难继续无止境地积累资本。世界经济的长期世俗化使得生产环节中的三种成本越来越高，劳动力成本的不断提高导致工厂在世界范围内不断迁移；物质成本的提高导

---

① 〔美〕伊曼纽尔·沃勒斯坦：《资本主义世界体系与社会主义》，《知识分子》1996年夏季号，第101页。

② 〔美〕伊曼纽尔·沃勒斯坦：《结构性危机：资本家或无法再从资本主义中获利》，载于〔美〕伊曼纽尔·沃勒斯坦等：《资本主义还有未来吗？》，徐曦白译，社会科学文献出版社2014年版，第9—35页；伊曼纽尔·沃勒斯坦：《资本主义是理解现代性的基本概念》，载于〔德〕于尔根·科卡，〔荷〕马塞尔·范德林登：《资本主义：全球化时代的反思》，于留振译，商务印书馆2018年版，第242—266页。

③ 参见〔美〕伊曼纽尔·沃勒斯坦等：《资本主义还有未来吗？》，第9页。

致企业必须面对环境污染、资源可持续性等方面的压力；税收成本的提高主要来自世界范围内对公民的驾驭、医疗和养老金的保障。这些生产成本的不断上涨使得资本家很难继续进行无休止的资本积累。

其次，地缘文化中的那些偏中间的自由派不再占据主导地位，这导致世界体系的政治不稳定。20世纪60年代开始，无论是在社会主义阵营内部，还是在泛欧洲世界和广大的第三世界，出现了各种反对帝国主义、霸权主义、种族主义和民族主义的社会运动。这些社会运动向世界体系内长期以来占主导地位的偏中间的自由派发起了挑战，导致地缘政治不断重组。

对于资本主义世界体系未来的替代方案，沃勒斯坦认为没有人能勾画出系统的制度细节。但他给出了两种可能性，一种是保留现有系统的等级制、剥削和两极化特征，甚至比现存的社会系统还要坏；另一种则是相对民主公平的系统——但是否是社会主义，沃勒斯坦并没有提及。

> 我们所处的现代世界体系由于过度偏离均衡状态已经无法再维系下去，也无法再让资产阶级继续无止境地积累资本了。下层阶级不再认为历史站在他们一边，不再认为他们的后代能继承这个世界。于是我们深陷结构性危机之中，资本主义将被何种系统所取代的斗争也随之展开。尽管无法预测最终的结局，但可以肯定的是，在接下来的几十年中将有一方最终获胜并建立一个（或者多个）新的比较稳定的世界体系。我们所能做的就是尝试分析可行的历史选择，对我们所期望的结果做出道德选择，并评估实现这个目标所需的最佳政治策略。[①]

---

① 〔美〕伊曼纽尔·沃勒斯坦等：《资本主义还有未来吗？》，第34—35页。

四、世界体系论是否是一种新的理论?

尽管世界体系理论作为一种理论获得西方社会科学界的广泛称赞，但也有学者对这种理论提出了质疑。这种质疑主要来自两个方面：一是世界体系论是否是一种新的理论；二是能否创造一种像世界体系论所追求的历史理论。

对于世界体系论是否是一种新的理论，伯格森（Albert Bergeson）提出了质疑。在他看来，所有世界体系学说均集中在以下几个问题并为此争论不休：资本主义的经济逻辑只产生于16世纪（沃勒斯坦），还是也可以在古代文明中被发现（吉尔斯和弗兰克）？整个世界历史有一个共同的社会经济逻辑，还是有许多世界体系类型，这些类型是否取决于不同的生产方式？在伯格森看来，不论是弗兰克还是沃勒斯坦都未能很好地回答这些问题，原因在于“生产方式分析概念停留在社会阶级关系中，这种关系不能在概念上概括世界范围内的生产过程，资本主义可以用工资收入者和资本拥有者之间的关系来定义，但在世界范围内富裕国家和贫穷国家之间并无工资关系”[①]。世界体系理论者，无论他们认为这个体系起源于16世纪还是过去5000年，均未设计出一种全球理论，而只是把社会（以往）模式进行扩展，使得这些模式好像是全球范围内的。

伯格森认为，我们完全有理由相信世界范围内的生产方式存在。假如全球性的世界体系真的存在，那么生产过程必须从社会束缚中解放出来。他曾举例说，为什么在南美洲拣棉花的手被认为是奴隶制的生产方式，而在英国织布的手则成为资本主义生产方式？这是没有道

① Christopher Chase-Dunn, Thomas D.Hall(eds.), *Core/Periphery Relations in Precapitalist Worlds,* p. 86.

理的。他进而批评说，问题的关键是“世界体系理论专心于世界交换、世界网络、世界劳动分工，但并未说明世界生产”，而现实中却是“生产关系先于交换关系”[①]。所以，在这一局限被克服之前，世界体系理论永远是更为基本的社会科学之注脚。既然我们相信存在世界体系，那么我们就应该从全球生产方式来探讨，而不应该像现在的世界体系理论那样只是简单地将社会模式扩展到全球。

世界体系理论其实是一种历史理论，与其他历史理论所不同的是，世界体系理论只应用于资本主义世界经济那一部分，而且只应用于1500年以后的时期。尽管这种理论得到许多历史学家的认可，但对于世界体系理论是否是一种合适的历史理论，仍然有一些学者提出了质疑。比如政治学家佐尔伯格同意世界体系论从全球的范围研究历史过程的方法，但他不认为有“世界体系”这样一种实体，并且能够形成关于这个实体变化的一般规律。佐尔伯格认为，世界体系论作为一种理论太抽象，不能很好地说明具体的历史事件：

> 如此广阔的时间包括如此广泛的变量，这些变量存在于为了宏观分析理论的目的而必须加以考虑的因素、条件以及结果之中（理论上的努力必然导致形式主义，以及关于极为抽象的性质诸如“规律”和“周期”的命题的论述）。[②]

他还认为，世界体系论作为一种方法从本质上讲也是不科学的，因为科学的研究一般是从众多的案例中发现那些不断出现的事件，这些

① Christopher Chase-Dunn, Thomas D.Hall(eds.), *Core/Periphery Relations in Precapitalist Worlds*, p. 88.

② Aristide Zolberg, “World and ‘System’: A Misalliance”, in William Thompson (ed.), *Contending Approaches to World-System Analysis*, p. 275.

事件是某些原因的结果。而世界体系分析却只针对一个案例，即现在的资本主义世界体系。从这样一个案例来研究，没有重复性，因而其科学性是值得怀疑的。[①]

对于这些质疑，沃勒斯坦本人曾公开予以回应。这主要反映在他1996年8月16日在纽约召开的美国社会学协会第91次年会上宣读的论文《世界体系分析的兴起与将来的消亡》[②]之中。

在沃勒斯坦的回应中，他重申，他从来没有把世界体系作为一种理论，而主要是将其作为一种分析框架，而至于这种分析框架如何理论化，则主要取决于我们对目前社会科学的重建。

> 拿我来说，对于经常地（尤其被专业内人士）用以表述正在争论的东西的“世界体系论”一词，我一向总是反对使用它，而且坚持把我们的工作称为“世界体系分析”。以任何严肃的方式加以理论化都还为时过早，而且，到时机成熟时我们应该从理论上加以说明的正是社会科学，而非各种世界体系。我认为过去二十年和今后几年的研究是清除场地的工作，这样我们才可能为社会科学建立更有用的框架。[③]

世界体系作为一种分析框架，有四个最为基本的特征。一是全球性。世界体系作为一种分析框架，其分析的基本单位是“世界体系”，而不是一个“国家”和“社会”，这是它与目前盛行的社会科学最为基本的不同。二是历史性。世界体系分析不是一种理论或推理方式，而

---

① 参见：Thomas R. Shannon, *An Introduction to the World-System Perspective*, p. 168。

② 参见：〔美〕伊曼纽尔·沃勒斯坦：《所知世界的终结：二十一世纪的社会科学》，冯炳昆译，社会科学文献出版社2002年版，第209—219页。

③ 同上书，第209页。

是兴起于20世纪70年代的一种视角，是分析资本主义世界体系的一种视角，这种视角会随着资本主义的消亡而消亡，并为一种不同于19世纪以来的社会科学的新的社会科学所取代。三是统一学科性。世界体系分析不是一种学科交叉，它寻求的是学科统一的基础。四是整体性。世界体系分析不同意自然科学、人文科学和社会科学这种划分，而是努力在科学和人文之间进行知识重组。

沃勒斯坦认为，当世界体系分析具备这四个特征时，那将是一种全新的社会科学，只有到那时，才能说世界体系被理论化了。[①]

---

① 虽然沃勒斯坦并不愿意将他关于资本主义世界体系的观点看作一种理论，而宁愿将其称为世界体系分析——如他在2004年出版对其学术观点进行总结的著作时，将书名写作《世界体系分析导论》——但是学术界，尤其是大多数世界体系论者大多认为他富有创造性地构建了一种关于资本主义世界体系的理论。

第四编　世界体系与中国

在一个特定的时期内，因为前一阶段的一系列因素，一个地区在某一个重要因素方面略强于另一个地区，而且有一打事件使得这种微小的优势在决定社会行为时显得非常重要，那么这种微小的优势便转化成一种大的差距，即使这种局势过去了，这种优势仍然保持着。

——伊曼纽尔·沃勒斯坦

中国崛起的意义极其重大。中国不像日本，它不是美国的附庸，中国也不是新加波那样的城市国家。尽管它的军事力量不能与美国相比，其制造业增长仍然依赖于对美国市场的出口，但美国财富和力量对进口廉价中国商品的依赖以及对中国购买美国国债的依赖如果说不是更大的话，那也同样很大。更重要的是，中国越来越有可能取代美国，成为带动东亚和其他地区商业和经济扩展的主要力量。[①]

——乔万尼·阿里吉

① 〔意〕乔万尼·阿里吉：《亚当·斯密在北京：21世纪的谱系》，第8页。

在以上各部分中，我们对世界体系论的起源、基本观点、分析方法、对当代社会科学各主要领域的影响，以及关于该理论存在的争论，进行了比较详细的探讨。在本部分，我主要想对世界体系与中国的关系作一些分析。这样做，主要出于以下几个原因：

首先，中国无论是作为一个古老的帝国，还是作为一个后起的民族国家，一直都是世界体系理论关注的一个重要区域，也是世界体系论者进行理论构造的一个重要案例；无论是世界体系论的创始者，还是世界体系论的追随者，对中国都给予极大的关注。① 但是，中国学者自己对此关注得相对比较少，② 对世界体系论者提出的关于中国的命题进行回应的著述更少。所以，我认为，现在该是中国学者从理论上对世界体系论予以关注的时候了。

其次，关于中国和世界的关系问题，一直是近二百年来中国学者们关心的主题，中国学者为此在理论上走过了一条曲折的道路（中体西用、西体中用、全盘西化、综合创新），相关著作数不胜数。特别是近些年来，随着东亚地区经济的兴起以及中国自 1978 年实行改革和开放政

---

① 世界体系论者一直担心，如果在 16 世纪以前，以中国为中心的世界体系已经出现，那么世界体系论关于世界帝国和世界体系区别的假设就出现了一个反例（这方面的争论可参考：Christopher Chase-Dunn, Thomas D. Hall(eds.), *Core/ Periphery Relations in Precapitalist Worlds*, 1991。）；世界体系论者的另外一个疑虑是，如果东亚的兴起是地缘政治的结果，那么世界体系理论的另外一个假设——东亚是资本主义世界体系的一个部分——就得重新修改（这方面的争论可参考：Immanuel Wallerstein, "The Rise of East Asia, or the World-System in the Twenty-First Century", Keynote Address at Symposium on "Perspective of the Capitalist World-System in the Begining of the Twenty-First Century", sponsored by project, "Perspectives on International Studies", Institute of International Stuides,Meiji Gakuin University, Jan. 23–24, 1997)。

② 虽然世界体系论者的代表著作逐渐被翻译成中文——如伊曼纽尔·沃勒斯坦的著作《现代世界体系》《开放社会科学》《历史资本主义》《所知世界的终结》《沃勒斯坦精粹》；贡德·弗兰克的《白银资本》；萨米·阿明的《不平等的发展》《世界范围内的资本积累》；乔万尼·阿里吉的《亚当·斯密在北京》等——但即使与日本、韩国学术界对世界体系论的研究相比，国内学术界的研究尚较薄弱，如沃勒斯坦的《从社会科学中走出来》的日译本和韩译本却早已出版，田中明彦早在 20 世纪 90 年代就曾专门出版了一本著作《世界系统》，另一位日本学者滨下武志更是应用世界体系分析出版了颇具影响力的《朝贡体系与近代亚洲》。

策并在 2010 年成为世界经济第二大经济体以后，关于中国和世界的关系问题的争论无论是在域内还是域外又多了起来。这也要求中国学者从理论创新的高度对此作出回答。

最后，只有对话才有创新。长期以来，我国社会科学界对于西方学术界的各种理论主要采取两种态度。一种是学习为主。这种态度的极端状态便是认为凡是西方的就是好的，就是正确的，这是欧洲中心论在当代中国社会科学界的一种表现。另一种则是以批判西方为主。这种态度的极端状态就是认为凡是西方的就是资产阶级的，就是错误的，这是民族中心论在学术界的翻版。[①] 而真正站在国际学术界与西方学者们对话的著作并不多见。在中国全方位走向世界、参与世界并希望引领世界的今天，中国的学术界似乎到了走向国际并在对话和交流中进行理论创新的时候了。

---

① 关于这两种极端在当代学术界的状况，读者可参阅拙著《边缘地带发展论：世界体系与东南亚的发展》（上海人民出版社 1997 年版，2017 年第二版）的结束语部分。

第一章　世界体系论者关于中国的几个命题

一、为什么哥伦布不是中国人，而是欧洲人？

这是沃勒斯坦在《现代世界体系》（第一卷）中着重讨论的问题，[①]讨论这一问题的主要目的是解释现代世界体系的起源。15、16世纪的中国是沃勒斯坦解释资本主义世界经济（世界体系）为什么起源于欧洲而不是其他地区的重要参照系。

为什么哥伦布不是中国人，而是欧洲人？也就是说，为什么在16世纪进行地理扩张的是欧洲，而不是同时期的中国。在沃勒斯坦看来，这主要是欧洲的世界和中国的世界不同所致，具体来看主要有两个原因。

第一个原因是，这一时期的欧洲和中国在农作物上存在不同。从14世纪危机开始，欧洲对牛肉的消费不断地增长。尽管从16世纪到19世纪，牛肉的大众消费有所下降，但这并不意味着用于喂养牛的土地比用于谷物种植的土地少。欧洲对牛的重视导致畜力的广泛使用。与此相反，中国不断地寻求农业的发展，特别是东南地区谷物的种植。种植谷物收成大，但是对人力的要求也高。这就导致了欧洲和中国在

① 参见：Immanuel Wallerstein, *The Modern World-System I: Capitalist Agriculture and the Origins of European World-Economy in the Sixteen Century*, pp. 52–60。

农业动力方面的差距。

比这种技术上的差距更为重要的是，欧洲和中国不同的人-土地的关系。由于精耕细作，中国在15世纪重视的是在其疆土内水稻生产规模的扩大，并无向海外扩张的动机；而欧洲由于用于种植的土地的减少，出现了向海外扩展生存空间的动机。

第二个原因是，这一时期的中国是一个广袤的世界帝国，而同时期的欧洲却是一个初生的世界经济，包括许多小的帝国、民族国家，以及城邦。在沃勒斯坦看来，正是这种差别导致资本主义世界体系产生于欧洲而不是中国。他从以下四个方面具体回答了这个问题。[①]

1. 沃勒斯坦首先借用马克思·韦伯的观点，认为西欧的帝国实行的是封建制，易于促进帝国的解体。因为在封建制下，权力和收入被分配给比较自由的地主，这些地主根植于一个地区，并且和特定的农奴相联系；而中华帝国实行的俸禄制却利于帝国的维持，因为在这种制度下，权力和收入是在帝国官僚结构中分配，而与地方的联系比较少，这样在地方产生比较集中的单位是很困难的。

2. 像其他许多国家一样，中国作为一个世界帝国，需要管理和保卫一块广阔的土地和众多的人口，这就消耗了本可以用于资本发展的投资上的精力、能量和利润。而欧洲世界经济中的国家则不同，它总是通过在欧洲世界经济中的赢利来提高本国的份额，丰富本国的经济。由此，沃勒斯坦得出结论：

> 欧洲扩张的目的是增加收入，而郑和下西洋却是耗费财富。一个帝国不可能像一个在世界经济中的国家那样是一个经营者，因为帝国努力成为一个整体。它不能通过耗尽其他经济来丰

① 参见：Immanuel Wallerstein, *The Modern World-System I: Capitalist Agriculture and the Origins of European World-Economy in the Sixteen Century*, pp. 57–63。

> 富自己的经济，因为它是唯一的经济。当然，人们可以提高皇帝在经济分配中所占的份额，但是这意味着国家寻求的不是经营性利润而是提高分配。①

3. 帝国的结构限制了军事技术的发展。在15、16世纪的欧洲，由于多个主权国的存在，限制武器的使用变得毫无希望。但在同时期的中国，害怕匪徒就像害怕外部敌人一样，害怕国内造反就像害怕外来入侵一样，所以尽管中国的枪炮技术先于西方，但中国一直在阻止枪炮知识的传播，并且国家的体制使得这种阻止行为变得可能。

4. 个人主义的意识形态和资本主义的兴起。最后一个令沃勒斯坦感到困惑的问题是，在明代的中国，曾出现以王阳明学派为代表的个人主义的意识形态，但为什么这种“接近思想革命”的意识形态没有得到“完全发展”以有利于资产阶级的出现呢？沃勒斯坦借用法国学者穆尼耶（Roland Mousnier）的观点，认为那种在中国有利于资产阶级产生的个人主义意识形态虽然在明代出现过，但与西欧不同的是，这种意识形态是被视作一种捍卫传统和权威的武器。

通过对15、16世纪的中国与欧洲的比较，沃勒斯坦认为，同时期的中国与欧洲的本质区别并不在于人口、地域规模及技术（农业技术和航海技术）的差异，因为这些区别不能解释中国和欧洲在后来发展的不同；也不完全在于观念系统的不同，因为同样的观念可能被用于利益截然不同的事业之中。中国和欧洲的本质区别在于经济世界和政治结构：

> 中国和欧洲的本质区别再一次反映了一种长期趋向的局势，这种趋向以更为直接的经济周期为特征。这种长时段的世俗趋向

① Immanuel Wallerstein, *The Modern World-System I: Capitalist Agriculture and the Origins of European World-Economy in the Sixteen Century*, p. 60.

> 可以上溯古罗马帝国和中国，这些帝国解体的方式以及程度。罗马帝国的框架［在经过］中世纪的宗教化之后已经所存无几，而中国人却努力去维持一种帝国的政治结构，尽管这种结构很脆弱。这［实际上］是一种封建体系和一种立足于俸禄官僚制的世界帝国的区别。这种区别的结果便是，中国较之欧洲能够在许多方面维持一种更为先进的经济，在几千年中对农奴的剥削程度较之欧洲很可能更轻。[①]

正是在对早期欧洲和明代中国的经济特征和政治结构进行比较研究之后，沃勒斯坦得出资本主义世界体系的起源：

> 大约在 1450 年，创造一种资本主义世界经济的舞台便被安置在欧洲而不是世界其他地区。这一体系基于两个重要的制度："世界"［这里指欧洲世界］范围内的劳动分工和在特定地区内的官僚国家机器。[②]

二、东亚的兴起是资本主义世界体系发展的延续，还是一种独特的发展模式？

随着 20 世纪 60 年代日本经济的起飞、70 年代亚洲"四小龙"和东盟的在经济上的腾飞、1978 年中国改革开放政策的成功，东亚地区出现了几个世纪未有的经济繁荣现象，成为世界政治经济舞台上最为活跃的地区之一。人们甚至断言，21 世纪将是太平洋的世纪，太平洋世

① Immanuel Wallerstein, *The Modern World-System I: Capitalist Agriculture and the Origins of European World-Economy in the Sixteen Century*, p.63.

② Ibid.

纪的经济增长点将是东亚地区。

东亚因此成为国际学术界广泛关注的地区，东亚的发展成为学者们努力解释的一个学术之谜。如何理解东亚的兴起，也成为世界体系论者广泛关注的议题，其中最为引人注目的争论是：东亚的兴起，是资本主义世界体系在21世纪发展的延续，还是一种独特的发展模式？这个学术争论从20世纪80年代中期开始，一直延续到今天。

从世界体系分析的角度讨论东亚的兴起，主要出现了如下两种观点。一种是以沃勒斯坦为代表，认为东亚的兴起是资本主义世界体系在21世纪发展的延续。① 另外一种是以阿里吉、滨下武志、塞尔登等人为代表，认为东亚的兴起是资本主义世界体系的一部分，但由于中国的崛起因而有其独特的特征。②

关于东亚地区的兴起，沃勒斯坦的基本观点是，东亚的兴起对于世界体系论并无特别意义，更不能构成对世界体系论的挑战；恰恰相反，东亚的兴起体现了资本主义世界体系在21世纪的发展。

---

① 1997年1月23—24日，日本明治学院大学国际问题研究所召开“21世纪初资本主义世界体系的前景”国际研讨会，沃勒斯坦应邀宣读了“The Rise of East Asia or the World-System in the Twenty-First Century”（这篇文章后来收入伊曼纽尔·沃勒斯坦于1999年出版的《所知世界的终结：二十一世纪的社会科学》。会后，沃勒斯坦教授将该文寄给笔者，这里的观点主要依据这篇论文。

② 这集中体现在纽约州立大学布罗代尔研究中心的研究小组在20世纪90年代组织的项目“世界历史视野中的东亚”（East Asia in World Historical Perspective）。1996年12月在纽约州立大学召开了“世界历史视野中的东亚兴起国际研讨会”，会议集中讨论了如下文章：Giovanni Arrighi,Takeshi Hamashita and Mark Selden, “The Rise of East Asia in World Historical Perspective”。本书作者曾应邀参加了这次讨论，并在会上做了题为“东亚国际体系何以成为可能？”的发言（发言内容修改后以中文发表在《世界经济与政治》1997年第2期）。1998年6月在香港召开了第二次会议“东亚的兴起：从500年、150年和50年的角度来看”（The Rise of East Asia: 500, 150, and 50 Year Perspectives），之后出版了专著：Giovanni Arrighi, Takeshi Hamashita and Mark Selden (eds.), *The Resurgence of East Asia: 500, 150 and 50 year perspectives*（〔美〕乔万尼·阿里吉，〔日〕滨下武志，〔美〕马克·塞尔登：《东亚的复兴：以500年、150年和50年为视角》，马援译，社会科学文献出版社2006年版）。

在沃勒斯坦看来，关于东亚地区的兴起这一在世界范围内被讨论的议题，其实主要是围绕两个核心问题进行的。一个问题是，为什么在同一时期世界其他地区的经济都处于停滞的状态下东亚地区出现了增长？另一个问题是，东亚地区的经济增长对 21 世纪的世界体系预示着什么？前者涉及世界体系的结构，后者则涉及世界体系的轨迹和趋势。

如果从资本主义世界经济周期来看，1967/1973 年至 20 世纪 90 年代正是资本主义世界经济周期的衰退阶段，即我们熟悉的康德拉捷耶夫周期的B 段，而东亚的兴起（60 年代的日本、70 年代的亚洲“四小龙”和东盟、80 年代的中国）正好处于这一时期。这就需要解释一个关键问题，即为什么东亚能在资本主义世界经济的衰退时期兴起？

就康德拉捷耶夫周期而言，东亚的兴起主要得益于两个事实。一个事实是生产的地理重组。与康德拉捷耶夫周期的A 段相比，处于B 段的资本主义世界经济的特征主要表现为利润下降、大批资本家将寻求利润的活动转向金融领域，以及工资下降。产品利润的下降导致生产的重组，即降低工资、提高效率。而就业的压力导致核心国家之间的剧烈竞争，进而使汇率起伏不定。1967/1973 年以来世界经济的总体状况就是如此，但并不是所有的地区都是如此。对于某些地区，这一时期也许是比较好的时期，这一方面是因为一些大的资本家有能力找到另外的获得利润的地区，另一方面是因为康德拉捷耶夫周期的B 段是生产重组的时期，这就为某些地区寻求发展提供了机会。对于这些地区，B 段也许是一个好的时段，东亚地区正是利用了世界经济重组这一机会。

另一个事实是冷战的地缘政治结构。20 世纪 70 年代，新兴工业化国家和地区既有墨西哥和巴西，也有韩国和中国台湾，但在 80 年代，墨西哥和巴西开始衰退，而到了 90 年代，人们只谈“东亚兴起”。这就需要从冷战的地缘政治结构来分析。沃勒斯坦本人并不完全同意那种认为东亚的兴起主要得益于东亚 500 年的历史（商业的发展或以中国为中心的朝贡体系）的观点。在他看来，1945 年的巴西和南亚的经济状况与东亚的经济状况完全相同，但 1945 年以后的情况却很不相同，其中最大的不同就是冷战的地缘政治状况不同。东亚处于冷战的前缘，而南亚和巴西则不同。日本是朝鲜战争的最大受益者，也是美国援助的直接受益者，韩国和中国的台湾地区在政治、经济和军事上也都受益于冷战。

所以，对于世界体系的结构而言，东亚兴起只是反映了第二次世界大战后世界经济的地理变化：在 20 世纪 50 年代，美国是唯一的资本积累中心；到了 20 世纪 60 年代，西欧成为另一个资本积累中心；而到了 20 世纪 70 年代，日本以及东亚成为第三个资本积累中心。西欧和东亚的兴起意味着美国的经济和金融实力实际上是下降了，是美国霸权衰落的开始。

关于东亚兴起对于世界体系论的意义，沃勒斯坦主张应该从世界体系发展的轨迹和趋势来分析，这主要涉及资本主义世界经济的长周期和反体系运动。①

就资本主义世界经济的更长周期而言，1789—1989 年这一时期既是现代世界体系产生重大变化的时期，也是东亚在现代世界体系中发挥重要作用的时期。现代世界体系在这一时期最大的变化主要表现在：第一，三大意识形态的产生，即保守主义、自由主义和激进主义/社会主义。而这三大意识形态的斗争成为 19 世纪和 20 世纪的政治。第二，1848—1968 年，自由主义成为三大意识形态中占主导地位的意识形态，这一时期也是自由主义在世界体系的地缘文化中取得胜利的时

① Immanuel Wallerstein, "Japan and the Future of Trajectory of the World-System:Lessons From History", in Immanuel Wallerstein, *Geopolitics and Geoculture: Essays on the Changing World-System*, pp. 36–48; Terrence Hopkins, Immanuel Wallerstein, with John Casparis (et al.) *The Age of Transition: Trajectory of the World-System, 1945–2025,* Zed Press, and Pluto Press Australia, 1996.

代。第三，1868—1968年是世界经济的地理大扩张时期，也是东亚融入世界经济的时期。在这一时期，就欧洲而言，工人阶级的有效组织、工人阶级生活待遇的提高，以及欧洲对非欧洲世界的统治，使得工人阶级在20世纪早期变得驯服了。而就非欧洲世界而言，东方开始在世界体系的政治舞台抬头。1905年日本对俄国战败是对欧洲扩张的一个重要反击，世界上最古老、人口最多的中华帝国也于1911年开始了重建的进程，东亚第一次开始粉碎欧洲胜利者的美梦。随后，在世界范围内出现了两种思潮：一种是非欧洲世界的民族自由运动获得了组织上和政治上的力量，对欧洲殖民主义和帝国主义产生了重大的冲击，并在第二次世界大战结束后的25年内达到了顶峰；另一种是民族自决和发展中国家的发展取得了实质性进展。

1968年是现代世界体系的一个重要转折点。就世界经济而言，1968年是康德拉捷耶夫周期的A段（1945—1970年）和B段（1969—1989年）的一个分界点。康德拉捷耶夫周期的B段是资本主义世界经济整体衰退的时期。这种状况在毫无防卫能力的非洲非常明显；在拉丁美洲、中东、东欧、中欧以及南亚也很强烈；在欧洲和北美尽管不是很严重，但是也能感觉到。唯一逃脱康德拉捷耶夫周期B段的负面影响的地区就是东亚。就世界政治而言，1968年也是一个重要的分界点。它意味着世界范围内的反体系运动的兴起。准殖民地出现的民族解放运动、拉丁美洲的大众化运动、东欧的共产党，以及西欧和北美的社会-民主/劳工运动，这些革命和运动是对1968年以前占主导地位的自由主义意识形态的重大反叛。这些运动也引起了对国家的反感，特别是反对国家在经济资源重新分配中的作用。而唯一不受反国家主义干扰的地区就是东亚；相反，国家在东亚地区的经济发展过程中发挥了很大的作用。

所以，当我们从世界体系发展的轨迹和趋势来分析东亚的兴起时，我们会自然得出一个结论，即东亚兴起只是资本主义世界体系在21世纪的体现，并不是一种独特的发展模式。

三、中国崛起开启了新亚洲时代的谱系？

与沃勒斯坦认为东亚兴起只是资本主义世界体系在21世纪发展的延续这一观点不同，阿里吉及其研究小组则从世界历史的角度对东亚兴起，特别是对中国的崛起对于资本主义世界体系的意义给出了不同的回答。这些成果集中体现在阿里吉、滨下武志、塞尔登等人于2003年主编的《东亚的复兴：以500年、150年和50年为视角》和阿里吉于2007年出版的《亚当·斯密在北京：21世纪的谱系》之中。

阿里吉及其研究小组的观点可以简要地概括为以下三个方面。

第一，作为一个"世界区域"，东亚体系有别于欧洲体系。"世界区域"是阿里吉等人在分析东亚崛起时反复强调并创造性地使用的一个范畴，既与沃勒斯坦沿用布罗代尔的"世界经济体"概念构建的资本主义世界体系不同，也有别于弗兰克基于"全球逻辑视角"而认为的早在13世纪就已经存在的单一的包括非洲和欧洲的全球经济体系。

> 我们使用"世界"这一名词，指的是一个包含了多种相互关联的物质文化和政治制度的相对独立、自成体系的实体。采用"区域"这一名词，就是为了明确无误地表明我们指的是"地球的某个部分"。与此同时，我们对"经济体"一词并不那么看重，因为一个独立和具备系统完整性的实体并不仅仅依赖其经济基础，政治和文化方面的因素也很重要。[①]

① 〔美〕乔万尼·阿里吉，〔日〕滨下武志，〔美〕马克塞尔登：《东亚的复兴：以500年、150年和50年为视角》，第7页。

与沃勒斯坦否认欧洲世界体系兴起之前存在一个东亚国际体系不同，阿里吉及其研究小组认为，在欧洲资本主义世界体系兴起之前，东亚国际体系就已经存在，这就是以中国为中心的东亚国际体系。

> 尤为特殊的是，早在欧洲的行政和贸易组织在该地区开始扮演起重要角色之前，东亚地区的边界——包括东北亚、内陆地区和东南亚地区——就已经被当地以中国为中心的国际体系所确定下来。国际体系的思想最早被用来描述1648年《威斯特伐利亚和约》所确定的欧洲体系。沃勒斯坦把这一国际体系当作他的"现代世界体系"或"资本主义世界经济体系"理论两个重要组成部分之一，另一个组成部分是包含该体系各个独立的行政单元的劳动分工体系。[①]

尽管以中国为中心的东亚国际体系与欧洲体系有许多相似之处，诸如多种多样的政治管辖区、共同的文化诉求，以及区域内进行的大量贸易。[②] 但东亚体系与欧洲体系也存在着明显差异，这些差异主要表现为两个特点：一是欧洲体系在结构上呈现均势特征，而东亚体系的结构则表现为等级性。欧洲体系的均势结构促使国家之间相互发动战争，并且为争夺中心进行无休止的领土扩张，而东亚体系的等级制几乎与体系内的军事竞争和体系外的领土扩张无缘。二是欧洲体系内国家之间的竞争表现为向外扩张，而东亚体系内的竞争则是内向型的。欧洲国家之间相互竞争，大力发展海外殖民地，而东亚国家虽然也存在相互

---

① 〔美〕乔万尼·阿里吉，〔日〕滨下武志，〔美〕马克塞尔登：《东亚的复兴：以500年、150年和50年为视角》，第7页。

② 参见〔美〕乔万尼·阿里吉：《亚当·斯密在北京：21世纪的谱系》，路爱国等译，第317页。

竞争，但竞争是内向型的并且主要集中在国民经济的建设上。①

第二，市场经济是东亚体系得以延续的基础。在阿里吉等人看来，东亚体系之所以能够得以延续，关键是市场经济的延续。与欧洲体系借助军国主义、工业主义和资本主义协同作用进行无休止的海外领土扩张和资本积累不同，东亚体系则主要依靠基于正式的朝贡贸易和非正式的私人贸易而形成的市场经济维系其存在并得以延续。

> 东北亚、内陆地区和东南亚地区依靠朝贡和贸易关系，连接成一个经济、政治交往互动的紧密网络，从这个意义上讲，东亚地区具备了成为一个包含这些次级区域在内的单一世界区域的条件。总而言之，我们把东亚作为一个世界区域研究的时候，首要关注的是其政府和商业组织间的交往关系。虽然许多组织，特别是那些作用于东南亚以外的组织，与其他区域组织之间存在着一种常规的交往关系，我们还是认为区域内部的联系和交换关系，决定了东亚成为一个具有特定功能的政治经济联合体，与它所嵌入的全球交往体系具有明显的不同。②

阿里吉及其研究小组从500年、150年和50年三个时段对东亚体系的市场经济进行了详细考察和分析。③

从500年（1300—1800年）的长时段来看，东亚体系是以中国为中心的朝贡贸易体系，主要有三个特征：一是中心国家国内市场比附

---

① 参见〔美〕乔万尼·阿里吉：《亚当·斯密在北京：21世纪的谱系》，第316—322页。

② 〔美〕乔万尼·阿里吉，〔日〕滨下武志，〔美〕马克塞尔登主编：《东亚的复兴：以500年、150年和50年为视角》，第10—11页。

③ 参见〔美〕乔万尼·阿里吉，〔日〕滨下武志，〔美〕马克塞尔登主编：《东亚的复兴：以500年、150年和50年为视角》，第332—408页；〔意〕乔万尼·阿里吉：《亚当·斯密在北京：21世纪的谱系》，第312—353页。

庸国要大得多；二是为了获得政权合法性并进入中心国家的国内市场，附庸国不得不接受在政治上从属于中心国的关系；三是作为政治上从属地位的交换，附庸国被赐予礼物以及与中心国进行非常有利的贸易关系。[①]

从 150 年（1800—1945 年）的中时段来看，东亚体系开启被迫融入欧洲体系的进程，其特征有两点：一是中国迫于西方军事力量，被迫开放国内市场；二是作为欧洲体系特征的军备竞赛被引入东亚体系，改变了东亚国家之间的竞争关系——日本最终在 1895 年的甲午战争中战胜了中国，并且依靠军国主义和殖民主义成为该地区的主导力量。

从 50 年（1945—1990 年）的短时段来看，东亚体系进入以美国为中心的世界体系，其特征主要有三点：一是美国将原来以中国为中心的朝贡贸易体系的外围转变为以美国为中心的世界体系的外围；二是与以中国为中心的朝贡贸易体系相比，以美国为中心的东亚体系具有高度的军国主义倾向；三是东亚地区经济一体化的主要力量是海外华人的商业网络。东亚的历史经验表明，尽管东亚地区曾因受到以欧洲为中心的现代世界体系的冲击而崩溃，但东亚地区的固有特征一直在延续。

> 东亚地区的历史因素，而不仅仅是区域内的国家和地区现实，在塑造该地区的未来、决定联系东亚与全球政治经济体系间的交往关系的性质方面，已经并将继续产生决定性影响。这就进而意味着，对于全球化进程的理解，如果不考虑地区因素的话，我们很可能会错失一些关键性的变量，不管这种因素形成于 16 世纪、19 世纪还是 21 世纪早期。[②]

---

① 参见〔意〕乔万尼·阿里吉：《亚当·斯密在北京：21 世纪的谱系》，第 348 页。

② 〔美〕乔万尼·阿里吉，〔日〕滨下武志，〔美〕马克塞尔登：《东亚的复兴：以 500 年、150 年和 50 年为视角》，第 18 页。

第三,东亚兴起是一种基于体现古老东亚国际体系特征的重新区域化的表现。东亚兴起并不仅仅是沃勒斯坦等人假设的资本主义世界体系在21世纪的体现,而是某些基于以中国为中心的东亚国际体系的固有特征的复现。

中国崛起使东亚复兴进入了一个新的阶段,这个地区经济重新进入以中国为中心的阶段,阿里吉将其称为"新亚洲时代"。[①]

为什么中国崛起对于重新认识资本主义世界体系如此重要?这是阿里吉及其研究小组集中回答的问题。

在他们看来,尽管随着20世纪60—80年代东亚地区经济崛起,出现了著名的东亚问题专家卡明斯所说的"资本主义群岛",但这些群岛并没有使东亚地区真正复兴,其主要原因是军事和经济的分离。这些群岛虽然在经济上崛起了,但因为军事上必须向美国提供"保护费",所以经济上自然而然依附于美国,成为美国主导的世界经济的"加工车间"和"钱柜子"——日本如此,韩国和新加坡也如此,菲律宾和泰国更是如此。[②] 但是,20世纪90年代以来中国崛起的意义则不同,它不但在军事上不依靠美国,而且具有悠久的发展市场经济的历史经验和经久不息的海外华人商业网络。用阿里吉的话来说就是:

> 中国崛起的意义极其重大。中国不像日本,它不是美国的附庸,中国也不是新加坡那样的城市国家。尽管它的军事力量不能与美国相比,其制造业增长仍然依赖于对美国市场的出口,但美国财富和力量对进口廉价中国商品的依赖以及对中国购买美国国债的依赖如果说不是更大的话,那也同样很大。更重要的是,中国越

① 参见〔意〕乔万尼·阿里吉:《亚当·斯密在北京:21世纪的谱系》,第353页。

② 参见同上书,第7页。

来越有可能取代美国，成为带动东亚和其他地区商业和经济扩展的主要力量。[①]

由此，阿里吉得出结论认为，尽管对中国能否和平崛起不得而知，但崛起的中国自从1978年实行改革开放政策之后，不但融入和参与世界体系，而且还要不断修正和发展世界体系，这一点是毫无疑问的。

① 〔意〕乔万尼·阿里吉：《亚当·斯密在北京：21世纪的谱系》，第8页。

第二章　中国与世界关系的社会历史进程[①]

熟悉中国历史的人大多有一个印象，探讨中国历史的书籍多如牛毛。熟悉世界历史的人也都有一个感觉，探讨世界历史的著作也是汗牛充栋。然而，细心的读者很快就会发现，探讨中国和世界关系的著作却并不多见。关于中国和世界的关系主要包括两个内容：一个是中国和世界关系的现实历史进程；另一个是中国和世界关系的思想历史进程。尽管这两个问题是密切相关的，但我认为二者也有许多区别。在这里，我们首先探讨一下中国和世界关系的现实历史进程。

当我们讨论中国和世界的关系时，有两个问题值得引起我国学术界重视。第一个是观察中国和世界关系的标准问题或角度问题，即关于中国和世界的关系，既可以以政府之间的交流为标准，也可以以非政府或民间交流为准绳；既可以以文化交流为标准，也可以以经济贸易往来为标准，还可以以政府使节的派遣为标准。标准不同，得出的关系也就有所不同。另一个是关于"世界"的定义问题。近二百年以来，在我国学术界，当我们谈中国和世界的关系时，所指的"世界"一般都是指"西方世界"。这样，中国和世界的关系自然也就被变成中国和"西方世界"的关系。确切地说，由于在这两个问题上我们长期以来没有很好地进行界定，因而在关于中国和世界的关系问题上，也出现了种种混

---

① 关于中国与世界体系的关系的历史进程，笔者曾在拙著《边缘地带发展论：世界体系与东南亚的发展》一书的结束语中以"东亚国际体系何以成为可能"为题作过初步的探讨，这里的观点是其进一步展开。

乱的解释。

在具体讨论中国和世界关系的现实历史进程以前，我想在这里首先界定一下以上两个问题。关于中国和世界的关系的标准问题，和沃勒斯坦相同，我在这里使用的标准主要是经济网络（政府之间的和非政府之间的）。与此相应，"世界"并不单单是指近代以来的"西方世界"，这里的世界主要指在历史上与中国有政府和非政府往来的经济世界（世界体系）。按照这种标准，中国和世界的关系的现实历史进程大致上可以分为如下几个阶段：1800年以前的中国与东亚世界；1800—1945年的中国与西方世界；1945—1976年的中国与世界体系；1978年以来的中国与世界体系。

一、1800年以前的中国与东亚世界：朝贡体系

在笔者看来，19世纪以前，中国与世界的关系主要集中在中国与以中国为中心的东亚世界之间的关系上。但问题的关键是如何来界定东亚世界？

（一）东亚世界的界定

就目前学术界的研究成果而言，东亚世界的界定主要是从如下几个方面进行的：

1. 自然环境：自然地理状况使得东亚地区有别于世界其他地区。在这一区域的西部，险峻的喜马拉雅山成为这一区域的西界，北部的蒙古高原阻挡了这一区域的进一步延伸，而东部和南部一望无际的海洋成为它的天然屏障。这些在科学技术高度发达的今天看来可笑的描述，在16世纪欧洲人到来之前却是真实的历史。这些天然的屏障将东亚地区与世界其他区域自然地割裂开来，使其形成一个独立的世界。

正如布罗代尔所描述的那样:“太平洋亦然。以征服者自居的欧洲很难降服它。麦哲伦的远航归根到底只是发现了进入南海的一扇门,此门能进而不能出,即不能从原路返回。麦哲伦为返回欧洲,最后不是走了从好望角到葡萄牙的那条路吗?甚至马尼拉大帆船于1572年初进行的远航也没有真正打破南海的可怕障碍。”①

2. 种族:关于东亚的人种,大量的考古事实表明,“当东亚一出现有文字记录的历史时,就可以发现几乎这整个地区已全部为蒙古人种所占据。他们的四肢相对来说较短,这有利于保护身体热能;眼睑肥厚细长,这有利于保护眼睛免受耀眼白雪的刺激。有人认为这些都是蒙古人种居民最初在亚洲东北部寒冷地区居住的结果。蒙古人种肤色的变化从北部的较淡肤色到像印度尼西亚这样南部地区的深棕肤色,这种变化显然是环境的产物。所谓白色人种肤色的变化也是如此”②。

3. 文明:除了地理环境和人种以外,界定东亚的另外一个重要方面就是文明。“东亚可以从三个方面加以界说:从地理上说是将亚洲一分为二的那片高山沙漠以东的地区;从人种上说是蒙古人种(作为蒙古人种分支的因纽特人和美洲印第安人除外)居住的地区;从文化上说是根植于古代中国的那种文明所分布的地区。”③在当代关于东亚模式的讨论中,一些学者对这个方面加以夸大,并提出了所谓的“儒家资本主义”,④即东亚地区各国尽管受西方殖民体系影响的程度不同,现代化进程也有所不同,但在一点上是共通的,这就是都属于“大中华文化

① 参见〔法〕费尔南·布罗代尔:《15至18世纪的物质文明、经济和资本主义》(第三卷:《世界的时间》),第7页。

② 〔美〕费正清,〔美〕赖肖尔:《中国:传统与变革》,陈仲丹等译,江苏人民出版社1992年版,第6页。

③ 同上书,第3页。

④ 其中很有代表性的是杜维明的《新加坡的挑战:新儒家理论与企业精神》(生活·读书·新知三联书店1989年版)及森岛通夫的《日本为什么成功?》(胡国成译,四川人民出版社1986年版)。

圈”——这个文化圈的主导价值是一种非宗教伦理，即儒教伦理。东亚的资本主义与西方资本主义最大的区别是，东亚的资本主义是以儒家思想为基础的，儒家思想不但不是资本主义的障碍，反而促进了东亚国家的资本主义的发展。亨廷顿提出的“文明冲突论”其实也是基于这一标准。①

4. 经济网络：这种观点源于布罗代尔和沃勒斯坦，但他们将东亚世界看作资本主义世界体系的一个组成部分，不认为东亚是一个独立的世界。滨下武志吸收了世界体系论以经济网络定义“世界”的观点。但与沃勒斯坦稍有不同的是，他认为东亚就是一个“世界”，东亚世界很类似于欧洲世界，其基础是通过朝贡体系而形成的网络世界，这种网络首先表现于经济网络。他认为，东亚世界的这种网络不但表现在16世纪以前的东亚，而且也表现在近代的东亚。②

5. 历史：正如美国著名的中国历史学家费正清和麦克法夸尔等人指出的，“短期的思考将指出，1840年以来的革命性变化必然是肤浅地触及语言、伦理价值、家庭制度、社会准则、手工业技术、农业-商业经济和帝国政体的制度化的结构，这些都是经过了3000多年有记载的、基本上自成体系的中国历史的无数变迁而形成的。行为科学注意到：中国的国家和社会的当代的形式，是一个基本上独立的进化过程的最终产品，它可以与希腊-罗马的和犹太教-基督教的西方相比，但决不是一样的。”③

---

①　关于亨廷顿的“文明冲突论”的要旨，参阅其1993年发表在《外交季刊》杂志上的文章《文明的冲突》(The Clash of Civilizations)，以及1996年在其基础上出版的著作《文明的冲突与世界秩序的重建》(*The Clash of Civilizations and the Remaking of World Order*)。他认为整个世界是由九种文明构成的，包括中华文明、日本文明、印度文明、伊斯兰文明、东正教文明、佛教文明、拉丁美洲文明、非洲文明以及西方文明。

②　滨下武志的《东亚国际体系》(载于山本吉宣主编，《国际政治理论》，王志安译，上海三联书店1993年版)以及后来出版的著作《朝贡体系与近代亚洲》(岩波书店1997年版)系统地阐明了这一观点。

③　〔美〕R. 麦克法夸尔，〔美〕费正清：《剑桥中华人民共和国史：革命的中国的兴起1949—1965》，谢亮生等译，中国社会科学出版社1990年版，第14页。

无论是哪一个标准，都无法回避一个事实，即19世纪以前的东亚是一个独立的区域世界。因此，探讨中国与世界关系的现实历史进程不能不涉及东亚世界，正如探讨东亚地区不能不探讨中国一样，“中国占据东亚的地域是如此之大，在这一地区居主导地位为时如此之久，研究中国必然要涉及整个东亚地区”[①]。关键的问题是，19世纪以前，东亚成为一个相对独立的区域世界的基础是什么？东亚作为一个相对独立的区域世界得以延续的动力是什么？

（二）朝贡体系与东亚

东亚作为一个相对独立的区域世界在16世纪以前的历史延续也许有多种动力，但其中最为根本的动力是历史上形成的朝贡体系。

关于以中国为中心的朝贡体系，国外学者探讨得较多。其中最有代表性的著作是费正清的《朝贡贸易与中西关系》、费正清与邓嗣禹合著的《清代朝贡制度》和滨下武志的《朝贡体制与近代亚洲》。中国学者对此作专门性探讨的比较少。我在这里仅就朝贡体系的形成和性质作一轮廓性的论述。

根据史料记载[②]，东亚地区世界中的朝贡现象最早开始于汉代（虽然在这一点上学者们的观点并不完全一致）。但在唐代以前，这种体系主要局限于政府之间，即中华帝国对其藩属国的新王进行“册封”，而这些藩属国对中华帝国按期朝贡，由此形成我们可以称之为东亚国际体系的雏形。早期的这种朝贡关系较为单纯，中华帝国需要其藩属国的仰慕，认为自己是这个世界的中心，是文明之国，而藩属国则是“夷”，是未开化的民族。但从宋朝开始，朝贡的性质发生了很大的变

① 〔美〕费正清，〔美〕赖肖尔：《中国：传统与变革》，第3页。

② 关于东亚朝贡历史的史料记载的描述，读者可以参阅拙著《边缘地带发展论：世界体系与东南亚的发展》（第二版），第71—73页。

化：一方面，朝贡关系仍然保持着原来的政府之间的关系。但另一方面，随着政府对贸易的重视（唐代只有广州一处设市舶司，宋代设立十一处），朝贡逐渐变成了藩属国和中华帝国之间进行贸易的一种手段。在以后的元、明两代莫不如此。到了清朝，朝贡则完全成为一种贸易的手段。日本学者曾对清朝的朝贡次数作过一个统计：

> 清王朝朝贡制度所规定的各朝贡国的贡期是，朝鲜每年，琉球每隔一年，安南每3年、6年或4年，苏禄每5年，老挝和缅甸每10年，荷兰每8年（后改为5年）一次，西洋（葡萄牙等）不定期。但是，实际实行的贡期又是怎样呢？举例来所，琉球在1662年至1805年144年间为70次，1806至1859年54年间为45次，也就是一进入19世纪就成了6年进贡5次这样一种比例。还有，暹罗在1662年至1776年115年间为11次，而1777年至1853年77年间则为38次，即平均2年一次，相当于制度所定次数（3年一次）的1.5倍。再说缅甸，到1787年为止，不过3次，而1788年至1853年66年间则为13次，即平均5年一次，相当于制度所定次数（10年一次）的2倍。分别看来是这种情况，再看对清朝朝贡的总数。1662年至1761年一个世纪间则是216次，但1762年到1861年一个世纪间则是255次。总之，对清朝的朝贡，以1800年前后为起点，大约半个世纪间，次数显著增加了。[①]

朝贡次数的增加究竟意味着什么呢？它实际上意味着朝贡已不再是藩属国首脑仰慕“中华帝国”皇帝的“德化”而致敬的表现，而是将其变成通商牟利，即进行贸易的手段了。所以，正是从宋朝开始，朝贡

① 〔日〕信夫清三郎编：《日本外交史》（上），天津社会科学院日本问题研究所译，商务印书馆1980年版，第29—30页。

体系作为一种机制在东亚地区形成了。这种机制对东亚国际体系有两点重要意义：第一，它不但使东亚体系中中心国和边缘国的政治关系合法化，而且也使中心国和边缘国的贸易往来合法化。第二，政府对贸易的重视使得私人贸易和劳动力的流动成为可能（如大量华人作为苦力南下东南亚），从而为后来东亚国际体系中的商业网络的形成奠定了基础。正是在这种意义上，我们说，朝贡体制使得东亚世界首先成为一个独立的经济世界。

朝贡体系作为东亚国际体系延续的一种动力，具有如下几个特征：

第一，朝贡机制是一种朝贡国和受贡国双方都受益的系统，特别是宋朝以后，随着商业向现代型的转化（由唐代以前主要经营特许产品发展为经营日用品），作为受贡国的中国不但继续维持着和周边藩属国的朝贡关系，而且海上贸易和沿海地带的经济都得到了飞速发展。纳贡国则通常借朝贡之名行贸易之实，正如费正清对清政府对朝贡的态度进行研究后所发现的："在清政府的心目中，纳贡的地位就是给外国人在特定条件下以经商权，使皇帝对外国朝觐者的权威合法化。但是这并非附庸关系，也并不表示要求清朝保护。仅有的真正的'保护国'是在帝国边境以内的属国，其中某些统治者被认为是贡谒者，不认为是外国人。"[①]

第二，朝贡关系的形成和运作表面上是政府之间的政治经济关系，但随着商业网络在东亚地区的形成，私人贸易也变得可能了。这不但使后来的官僚资本的形成成为可能，而且也为私人资本的产生奠定了基础。其中，海外华人商业网络便是一个非常突出的例子。[②] 例如，南

① 〔美〕费正清，刘广清编：《剑桥中国晚清史》（1800—1911年）（上卷），中国社会科学院历史研究编译所译，中国社会科学出版社1983年版，第44页。

② 关于海外华人商业网络，可参阅：Hui Po-Keung, "Overseas Chinese Business Networks: East Asian Economic Development in Historical Perspective", Ph. D. Dissertation, Department of Sociology, State University of New York at Binghamton, 1995。

下东南亚的华人致富之后，或投资于家乡，或吸引同乡人外出从事商业活动，这种建立在“族”（家族或血缘族、乡族或地缘族，以及由此演变出的种种关系）的基础上的商业网络将东南亚和中国紧密地联系在一起，形成一个类似欧洲早期地中海世界的东亚地区经济世界——不论国内政治结构如何变动。

第三，政府之间的朝贡关系使得朝贡体系作为一种机制在整个东亚地区合法化。这种被合法化的机制是东亚地区成为一个独立的经济世界的最为基本和深层的政治动力。虽然朝贡关系在19世纪以后逐渐消失，但建立起来的那种机制（主导、中心、不平等、优越感，以及商业网络）作为一种观念、一种文明一直存在于东亚国际体系之中。这种机制在中日甲午战争之后成为日本建立以日本为中心的东亚国际体系的基础。

作为一个独立的经济世界，东亚各国虽然由于西方殖民者的到来、中日甲午战争、日本帝国主义的扩张和冷战期间美、苏的对抗而遭到不同程度的破坏，但这些破坏主要集中在东亚各国的政治关系上。东亚作为一个经济世界，无论在组织形式上，还是在经济结构上，一直是一个相对独立的世界，其主要有如下几个特征：

第一，东亚能够成为一个国际体系，因为它首先是一个独立的经济世界，具有和欧洲世界一样的经济结构。

在19世纪以前以中国为中心的东亚国际体系中，中原地区（黄河流域和长江流域之间）既是中国的核心区域，也是东亚的核心区域。这一核心区对东亚地区经济世界有两点意义：第一，东亚体系的腹地是内陆而不是沿海，而边缘地区大多是沿海地区和周围的岛国；第二，商业大多集中在北方的长安、洛阳、开封、大都（北京）等内陆城市；直到明朝沿海地区才得到发展，但很快由于满族入主中原而被抑制。在这种意义上，我们说，以中国为中心的东亚体系是一个内陆体系，它是由中原地区向沿海地区和周围岛国呈等级差异。

在1895年以后以日本为中心的东亚国际体系中，核心区和区域等级差异发生了很大的变化——东亚经济世界的核心区由内陆转向东亚大陆的东南沿海地区，中国的上海、广州、福建，日本的东京，新加坡等城市和国家逐渐成为东亚地区的中心。东亚经济世界开始呈现一种由东亚大陆的东南沿海地区向内陆的等级差异。东亚经济世界这种核心区的转移主要有如下几个原因：一是西方殖民者从1840年以来借助不平等条约强迫中国开放通商口岸，而这些通商口岸主要集中在中国的东南沿海地带；二是日本通过借助《马关条约》从中国获得的巨额赔款大力发展经济，并通过帝国主义的军事入侵，从东亚其他国家掠夺廉价的原材料；三是东南亚地区从1511年成为西方的殖民地后便被迫成为西方宗主国的原料产地和加工场所；四是这一时期的中国正处于内乱（王朝的崩溃和军阀混战）和外患（列强的瓜分）之中，根本无暇顾及经济发展。这些因素交织在一起使得东亚经济世界的核心区向沿海地区转移。

第二，与经济结构相对应，东亚国际体系在政治上也一直存在着核心—半边缘—边缘的三重结构。

19世纪日本崛起以前，东亚国际体系的政治和文明中心一直是中国的长江流域和黄河流域，而东南亚、朝鲜半岛、日本一直处于边缘地带。由于中国的版图在这一时期也处于形成过程之中，所以在东亚国际体系的核心区和边缘地带存在一个半边缘地区，这就是那些后来进入中国版图的地区（见图4）。

处于核心区的中国对半边缘地区和边缘地区所采取的策略是非常不同的。对半边缘区，中国主要采取剿夷（武力征服）或抚夷（和亲）策略，不断将其融入中华帝国的版图之中，即使其他民族——如蒙古族、满族——入主中原，对半边缘区采取的也是同样的策略；而对边缘地区诸

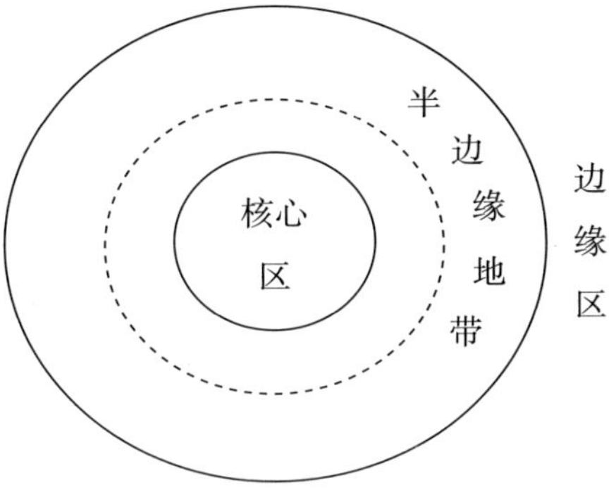

图 4

国或族，中国采取的主要是不带任何征服性质的朝贡政策，即只要这些边缘地区诸国或族承认中华文明的至上性和优越性，并定期或不定期地对其朝贡，就可以确保自己的自治国或族的地位。中华帝国对外围地区采取这种态度主要是为了帝国的安全。光绪七年（1881 年），翰林院学士周德润对此阐述得很清楚：

> 臣闻天子守在四夷，此诚虑远忧深之计。古来敌国外患，伏之甚微，而蓄之甚早。不守四夷而守边境，则已无及矣；不守边境而守腹地，则更无及矣。我朝幅员广辟，龙沙雁海尽列藩封。以琉球守东南，以高丽守东北，以蒙古守西北，以越南守西南：非所谓山河带砺，与国同休戚者哉？①

第三，19 世纪以前以中国为中心的东亚国际体系，其开放和封闭的交替与中国皇朝的统一和分裂密切相关。在中国历史上，存在着多种民族，但从居住地和人数来看，大致可以分为两类，即居住在中原地区的汉族和居住在边疆地区的少数民族。所以，中国历史上一直存在

① 转自蒋廷黻：《中国近代史大纲》，东方出版社 1996 年版，第 62 页。

一个双向过程：一方面是汉族在建立王朝之后由中原向边疆扩张的过程（如秦、汉、唐、宋、明）；另一方面是少数民族不断挺进中原建立王朝的过程（如辽、金、西夏、元、清）。在这个双向过程中，呈现出的规律是，每当王朝统一时，对外就是开放的——秦、汉、唐、宋、明各朝在其鼎盛时期都是开放的；而每当王朝的统一受到挑战时——唐朝末期受到南方五国（南唐、吴越、闽、楚和南汉）的挑战，宋朝末期受到女真和蒙古族的挑战，而清王朝后期主要受到外国侵略者的挑战——一般都采取封闭政策。在这种意义上，我不同意那种认为中国历史上一直奉行闭关锁国政策的笼统说法。

（三）东亚的分化：东南亚、日本和高丽

东亚作为一个独立的世界，主要是在 16 世纪西方人到来之前，准确地说是在 1511 年西方殖民者来到东亚之前。之后，东亚世界开始了其漫长的分化过程。这种分化过程是从外部和内部两个方面进行的，延续了将近 3 个世纪（1511—1895 年）。外部势力对东亚的分化最为突出的表现就是 1511 年之后东南亚地区相继成为欧洲殖民体系的殖民地。[①]

1. 东南亚与欧洲殖民体系

随着地理大发现对印度洋、太平洋航线的开辟，以及东亚、东南亚地区盛产的丝绸、香料和胡椒在世界市场（主要是欧洲市场）的畅销，欧洲人开始进入东亚。这一方面加强了东西方之间的交流，特别是处于欧亚大陆边缘的东亚地区和西欧海洋强国之间的交流；另一方面，随着欧洲列强竞相进入东亚，这一地区的命运也开始改变。因为欧洲列强对该地区进行经济掠夺的同时也开始了领土扩张，不久之后东亚不

① 关于这一过程的详细的考察，参见拙著《边缘地带发展论：世界体系与东南亚的发展》第二章“世界地缘结构的变动与东南亚”。

少地区就开始沦为西方列强的殖民地和势力范围。

在西方列强中，最早进入东亚地区的是葡萄牙。1511 年，葡萄牙人仰仗其强大的海上力量进入东南亚地区，占领了马六甲这个贸易中心。从这里不仅可以掠取到孟加拉国、缅甸、苏门答腊、香料群岛（即现在的马鲁古群岛）、暹罗（即现在的泰国）和中国的产品，而且还可占据红海的出口，控制阿拉伯人在印度洋的贸易。葡萄牙人以马六甲为中心，向爪哇、婆罗洲扩张他们的势力和影响。这种扩张很快受到另一个欧洲海上强国西班牙的挑战和竞争。1521 年，西班牙航海家远航进入东南亚，闯入葡萄牙的领地，随后两国为在东南亚的利益发生冲突。1529 年，西班牙、葡萄牙两国经过谈判，签订了《萨拉戈萨条约》。该条约规定，以马鲁古东部 17 度为界，界西为葡萄牙的势力范围，界东为西班牙的势力范围。葡萄牙继续向西扩张，把印度的果阿、锡兰（现在的斯里兰卡）和马六甲作为其在东南亚的中心贸易站；西班牙向东扩张，1571 年占领了菲律宾，把菲律宾变成其殖民地。这样，从 16 世纪初葡萄牙入侵东南亚开始，到 16 世纪末、17 世纪初，东南亚地区主要是葡萄牙和西班牙两国的势力范围。

随着香料贸易在欧洲市场的畅销，在 16 世纪末、17 世纪初，欧洲另外几个海上强国荷兰、英国和法国也相继进入东南亚地区。随后，在欧洲列强之间展开了贸易和势力范围争夺战。从 1595 年开始，荷兰人便力图前往爪哇海，虽屡次遭到马六甲葡萄牙人的袭击，但终于在 1602 年控制了爪哇海。从此，荷兰人便以爪哇为立足点，建立其商业帝国。1608 年，依靠强大的远洋舰队，荷兰人把西班牙人赶出德那地；1610 年命令英国船只不得进入马鲁古群岛；1619 年在爪哇岛建立了巴达维亚港，进一步加强了对爪哇海的控制，然后以此为中心向东西扩张。荷兰于 1641 年向西征服了马六甲的葡萄牙人，并占据了马六甲，1656 年又征服了锡兰；1663 年向东占领了西班牙人放弃的蒂多雷，

1667 年又接管了望加锡，“除了巴厘、龙目、望加锡海峡沿岸和北婆罗洲等在商业上缺乏吸引力的地区之外，荷兰人征服了马打蓝（1678—1680 年）、万丹（1682 年）以及实际上所有的东部各岛”[①]。这样，在 17 世纪初，荷兰在亚洲建立了一个以巴达维亚为中心的商业帝国，这个帝国西起波斯、印度和锡兰，向东延伸到东部和北部的马鲁古群岛、中国和日本。被荷兰国会授权的荷兰东印度公司在其亚洲商业帝国内建立起特有的贸易体系，它不但垄断了香料的来源，还从西爪哇、下苏门答腊和马来亚的东部海岸获取胡椒，不但供应欧洲市场（最初占欧洲市场的 60%—80%），而且还销给中国、印度和波斯，从波斯、孟加拉国和中国获取丝绸销售给欧洲和日本，还把咖啡、甘蔗引进爪哇种植，然后销售给波斯、日本和欧洲，荷兰人从中大发横财。

英国也于 17 世纪进入东南亚地区与荷兰争夺香料贸易。1612 年，英国人在印度西部的苏拉特建立了贸易站；1614 年，面对荷兰人的强烈反对，在亚齐、普里阿曼和詹卑等处建立了商馆；1617 年还在雅加达和扎巴拉建立了商馆，并于 1619 年 7 月 17 日与荷兰签订了一个协议，规定“各自的公司将购买可获得的胡椒总额的一半，而英国人则将得到马鲁古群岛、安汶岛和班达群岛的香料贸易份额的 1/3”[②]。但是，鉴于荷兰强大的海军舰队和荷兰东印度公司雄厚的实力（几乎相当于英国东印度公司的 10 倍），英国人的主要活动则在印度。进入 18 世纪以后，随着荷兰商业帝国的衰落，英国也开始在东南亚地区建立霸权——1786 年取得槟榔屿；1795 年获得马六甲，控制了海峡的通道；1824 年又占领了新加坡，同年英荷两国在伦敦缔结了《英荷条约》，重新划定

① 〔美〕约翰·F. 卡迪:《东南亚历史发展》，姚迪，马宁译，上海译文出版社 1988 年版，第 265 页。

② 〔英〕D. G. E. 霍尔:《东南亚史》，中山大学东南亚历史研究所译，商务印书馆 1982 年版，第 378 页。

了两国在东南亚的势力范围。根据条约的规定[①]：尼德兰（指1815年比利时和荷兰组成的尼德兰联合王国）把它在印度的商馆全部让给英国，撤消它对英国占领新加坡的异议，割让马六甲，保证永远不在马来半岛设立任何机构或与马来半岛任何统治者缔结条约。条约还规定，任何被让与的领土在任何时候都不得被转让给任何其他国家，如果当事国任何一方放弃被让与的领地，其占有权应即时转移给另一方；同意今后告诫双方官员，非经他们在欧洲各自政府事先授权，不得在东部海域的任何岛屿建立任何新的殖民地。通过《英荷条约》，英国乘荷兰商业帝国衰落之机，将其从印度和马来半岛赶了出去。这样，荷兰在东南亚的殖民地只局限于马来群岛。为了避免荷兰对马来群岛贸易的垄断，《英荷条约》的商业条款规定，尼德兰不得谋求在马来群岛建立贸易垄断权，永远不得偏私地歧视英国的贸易，双方同意在印度、锡兰和马来群岛互相给予最惠国待遇。

在英国和荷兰相互划定在东南亚的势力范围的同时，法国也开始向远东地区扩张，这导致英法两国对印度支那之争。法国首先对中国的属国越南进行了侵略。1858 年，英法两国强迫清政府签订《天津条约》；同年 8 月，法国与西班牙联合舰队开进岘港；1862 年法国又强迫嗣德签订条约草案，将交趾支那东部的三个省割给法国，并开放岘港、巴叻和广安三个港口与法国通商。1867 年，法国以保护柬埔寨独立地位为由，强迫暹罗放弃对柬埔寨的全部宗主权，变柬埔寨为其殖民地；作为对暹罗的回报，法国代表柬埔寨放弃了对马德望和吴哥省（即现在通称的暹粒）的全部领土要求。普法战争（1870—1871 年）之后，法国又继续其远东扩张政策，力图兼并越南余下的领土，变中国对越南的保护权为法国对越南的保护权。在遭到清政府的强烈抗议后，法国

---

① 参见〔英〕D. G. E. 霍尔：《东南亚史》，第 597 页。

采取军事侵略。1883 年，法国强迫越南成为其保护国。1884 年 5 月，李鸿章与法国海军司令富尼埃签订了一份草约；1885 年 6 月，李鸿章与法驻北京公使巴德诺签订了《中法会订越南条约》，使越南完全成为法国的殖民地。在变越南与柬埔寨为殖民地后，法国继续向西与暹罗争夺对老挝的统治。1888 年 10 月，法国吞并了 12 个泰族小邦。这样，湄公河地区成了英、法、暹罗争夺的地区。为了避免与英国在东南亚地区直接冲突，1889 年，法国驻伦敦大使沃丁顿在会见英国首相索尔兹伯里时，建议共同宣布暹罗为两个帝国之间的缓冲国，认为这对两国均有利。为了确保缓冲国的建立，沃丁顿主张，应首先把交趾支那与暹罗的边界固定下来，并确定一项关于缅甸边界的解决办法。关于琅勃拉邦的问题，沃丁顿表示，他的政府建议从该地正东的一个点起划一条线，南向至湄公河，并从该点以下，以河道作为法国与暹罗领土之间的分界线，直至进入柬埔寨的领土为止；暹罗的边界应划到英国、法国与中国接壤的边境线为止。[①] 这样，法国力图通过确定暹罗的西部边界以阻止英国继续向东扩张。英国自从 1886 年初吞并缅甸后，就一直避免与法属印度支那进行边界划分。因此，当法国首先提出建立一个缓冲国时，英国基本赞同，但英国主张法国应清楚地表明其对暹罗东部和东北部边界的观点，否则不考虑与法国缔结正式协定——英国企图以此来阻止法国继续向西扩张。1893 年 3 月，沃丁顿透露，既然湄公河西边的全部领土已属于越南，那么法国政府不同意暹罗有任何领土位于河的西边，而英国则要求法国保证湄南河盆地的独立。经过争吵之后，两国终于在 1904 年 4 月缔结了《英法协约》，结束了两国在暹罗问题上的争执。同年，法国与暹罗缔结了新约，暹罗放弃了对琅勃拉邦的主权，作为回报，法国同意从其竹汶撤退。1907 年，法国与暹罗又签订

① 参见〔英〕D. G. E. 霍尔：《东南亚史》，第 783—784 页。

了一个协定，暹罗放弃了柬埔寨的马德望和吴哥两省，法国交还了暹罗于1904年放弃的一些领土。至此，英法两国以暹罗作为缓冲国，划定了双方在印度支那的势力范围，即暹罗西部的缅甸、西南部的马来半岛为英国的势力范围，暹罗东部的越南、老挝、柬埔寨为法国的殖民地或保护国。

于是，从1511年葡萄牙入侵马六甲开始，到20世纪初，除了暹罗因作为英国和法国的缓冲带勉强没有直接成为欧洲列强的殖民地，整个东南亚地区都成了欧洲列强的势力范围或保护国。英国、法国、荷兰、西班牙和葡萄牙（后来还有美国）对这一地区进行了长达四百多年的殖民统治，直到第一次世界大战开始。

2. 日本与东亚体系的分化

相对于东亚朝贡体系分化的外部力量而言，东亚朝贡体系分化的内部力量虽然比较弱，但对东亚世界的最终打击却是致命的。这种内部分化力量主要源于日本对中国的挑战以及日本对高丽的争夺。

高丽、日本和中国的关系一直可以追溯到汉王朝的扩展时期：

> 魏和吴帝国在公元3世纪的斗争赋予了位于中国社会东北地区一种新的重要地位。然而，汉代的开拓促进了汉族移民在南满和高丽的立足。从公元2世纪末开始，辽东太守公孙氏家族就利用黄巾军的起义和蹂躏了北方的内战之混乱局面而在南满建立了一种独立于汉朝的王国，其主要财富似乎是由饲养马匹和马匹交易而形成的。曹魏于231—238年间可能灭掉了该王国，然后它又在高丽（朝鲜）立足，在那里于半岛的西部重建了乐浪和带方两郡。汉人在高丽的存在可能一直维持到313年左右。[①]

① 〔法〕谢和耐：《中国社会史》，耿昇译，江苏人民出版社1995年版，第165—167页。

汉代对高丽的开拓，以及随后大约于4世纪初在朝鲜半岛建立高句丽、百济以及新罗国，加强了朝鲜半岛与中国的关系，朝鲜半岛由此进入以中国为中心的东亚体系。日本与中国的关系可以追溯到3世纪以前，从5世纪开始进一步加强，并于7—8世纪的唐朝达到了高潮：

> 日本主要是从隋唐开始才加强了与中国的交往，特别是在唐代，日本大量遣使来中国，且制度典章、衣冠礼节，一依唐制。[①]
>
> 中国的影响无疑从未停止，这在日本群岛（更具体地说是在琉球）已令人强烈感觉到了。日本国从中国在朝鲜设府郡的时代起，就与汉朝开始交往了。在朝鲜于公元4世纪初叶形成三个王国，日本与中国北方和长江下游之间的这些关系仍被维持下来了。但中国对东亚的威望从未比它在7—8世纪所形成的更高。中国在日本的影响也从未再像唐代那样普遍和深刻。这些影响先于602—622年，后于646—671年间，以相继的高潮传来，它们扩大到了所有领域（政治和行政制度、语言、文学、艺术、技术、宗教），并很快就将日本变成了一个具有中国文明的国家。[②]

这种状况一直延续到16世纪的明朝。但在16世纪初东亚体系中的东南亚地区被逐渐纳入西方殖民体系之后，东亚世界中的日本也开始向中国提出挑战，与中国争夺对朝鲜的控制，相继出现了文禄、庆长之役的日明战争（1592—1593年，1597—1598年），最终出现了东亚国际秩序历史上关键的一场战争，即中日甲午战争；以朝贡体系为基础的东亚世界由此被彻底分化。

---

① 邓之诚：《中华二千年史》（卷三），中华书局1983年版，第336—339页。

② 〔法〕谢和耐：《中国社会史》，第245页。

二、1800—1945年的中国与西方世界：条约体系

进入19世纪，中国与世界的关系变得复杂起来。一方面，随着西方列强进入东南亚，中国必须处理和西方列强的关系；另一方面，中国必须重新处理与东亚体系中其他国家的关系，特别是处理与日本的关系。这种双重关系使得中国和世界的关系变得更加复杂。

（一）《南京条约》（1840年）与条约体系

虽然1689年中国与俄国签订的《尼布楚条约》就在现代国家意义上划定了中国与俄国的边界。但中国真正进入现代意义上的国家体系却是200年以后的事情，其标志便是1840年以后被迫与西方国家签订的一系列条约：1842年8月与英国签订的《南京条约》，1843年10月与英国签订的《虎门条约》，1844年7月与美国签订的《望厦条约》，1844年10月与法国签订的《黄埔条约》，1845年7月与比利时交换了关于贸易的备忘录，以及1847年3月与挪威缔结的通商条约。

这些条约的签订对中国和世界的关系的影响是深远的。条约体系不但改变了传统的中国与西方世界的关系，更主要的是改变了以朝贡体系为基础的东亚世界秩序。

第一，条约体系改变了中国和西方世界的关系。自从进入以条约体系为基础的国际体系之后，中国与世界的关系发生了根本性的变化。在被迫进入条约体系之前，中国一直是东亚世界的中心，这个中心既是政治意义上的，也是经济和文明意义上的。在这个以朝贡体系为基础的东亚世界中，中国所处理的对外关系主要是与周边国家的关系。东亚世界是一个相对独立的世界。期间，中国以及周边国家虽然也与东亚之外的其他国家来往，但这种来往相对于东亚国家之间的来往以及

相互影响是次要的。而条约体系改变了这种状态，条约体系一方面将东亚，特别是中国，放在整个国际体系中，改变了东亚的封闭状态，也改变了中国人的世界观；另外一方面为西方列强进入东亚世界，特别是进入中国，提供了某种“合法性”。英国、法国、德国、美国等西方国家纷纷进入中国，开始了对中国进行全方位的瓜分。正如费正清等人所言：

> 19世纪60年代初期，西方列强开始扩大它们自己的机会，又有11个通商口岸最终开放，包括中国北部和满洲、台湾以及溯长江而上远达武汉的某些地方。在中国的沿海和内河港口中，外国船只继续参与中国国内航运业，这是一项在大多数国家中禁止外国人享有的权利。在缴纳中等水平关税的基础上，鸦片贸易合法化了。只要交付2.5%的附加转口，各类外国进口货都可以自由地在内地通行了，这项税大约相当于进口关税的一半，这样它们便可以与当地的产品进行竞争。外贸管理由经充实的上海外籍税务司负责，这使帝国海关署成为北京政府的一个由外籍人员组成的部门。此时，传教士持护照在内地旅行，可以接触所有人。天主教徒和新教徒不久都开始在内地获得并支配新财产。①

第二，条约体系改变了中国与东亚世界中其他国家的相互关系，进而改变了以朝贡体系为基础的东亚世界秩序。如前所述，在以往的以朝贡体系为基础的东亚世界中，作为东亚世界中心的中国与周边国家的关系是一种被朝贡与朝贡的关系——关于“朝贡”的性质我们在前面已作了较为详细的探讨。朝贡关系与后来建立在条约基础上的主权国家之间的关系并不完全相同。这主要表现在两个方面：一是朝贡关系虽然也反映了一种政治实体之间的关系，但这种关系也表现在经济

① 〔美〕费正清，〔美〕赖肖尔：《中国：传统与变革》，第307—308页。

上和文明上，例如东亚世界中的周边国家在与中国的朝贡关系中主要从事贸易活动并吸收文明；而进入条约体系后的国家之间的关系主要是政治关系，即主权国家之间政治上的平等关系。二是朝贡关系是一种相对松散的关系，维持这种关系可以依靠武力，也可以依靠其他力量，诸如经济的发达或文明的魅力；而主权国家之间的关系是一种权力相互约束的关系，维持这种关系主要依靠有法律效应的条约。条约体系与朝贡体系的这两点不同不但改变了日本及周边国家对中国的态度，也逐渐改变了中国自身对世界的认知。建立在朝贡基础上的东亚世界秩序在以条约为基础的国家体系的冲击下面临着巨大的挑战，最后在《马关条约》签订后彻底崩溃。

（二）《马关条约》（1895 年）与东亚世界

如果说《南京条约》是来自西方世界的打击，那么《马关条约》则是来自东亚世界内部的打击。对于中国而言，后者的打击丝毫不亚于来自西方世界的打击。如果说《南京条约》使得中国被迫加入条约体系，那么《马关条约》则使得中国人真正意识到条约体系的重要性。

与中国对西方的挑战做出的缓慢回应相比，日本从 1868 年结束了相对封闭的德川幕府统治时代，开始了自上而下的全面学习西方的明治维新运动。[①] 西化运动不但逐渐改变了日本的社会结构，而且使得日本很快学会了如何在以条约体系为基础的国家体系中生存。这突出地体现在日本与中国的关系上。在传统的以朝贡体系为基础的东亚世界中，日本一直处于边缘地带，对于核心区的中国虽有不满，对于中国的朝贡国朝鲜虽有觊觎，但除了武力，没有其他方式可达到其目的。而以条约

---

① 关于中国和日本面对西方挑战作出不同回应的探讨和分析，参见：Hu Shih, *The Chinese Renaissance*, New York：Paragon Book Reprint Corp., 1963, pp. 1–27; William Theodore de Bary, *East Asian Civilization: A Dialogue in Five Stages, Harvard University Press*, 1988（〔美〕狄百瑞：《东亚文明——五个阶段的对话》，何兆武，何冰译，江苏人民出版社 1996 年版）。

为基础的国家体系的传入，为日本挑战中国以及日本称雄东亚并跻身民族国家体系提供了机会，也提供了某种“合法性”。其中，中日甲午战争之后签订的《马关条约》便是日本开始力图称雄东亚的标志。

如果说西方殖民者进入东南亚促使东亚世界开始分化，那么，《马关条约》的签订则最终使得以朝贡体系为基础的东亚世界彻底瓦解。借助《马关体系》以及随后的日俄战争（1905 年），日本不但改变了以往边缘地区的地位，而且开始向民族国家体系的核心挑战。对于中日甲午战争（日本学者称之为“日清战争”）及《马关条约》对东亚世界以及日本在民族国家体系中的地位的影响，日本学者信夫清三郎曾作出类似的结论：

> 日清战争包括三个方面：第一个方面以粉碎华夷秩序为目的，其主要手段是与清帝国进行武力斗争；第二个方面是围绕瓜分中国和朝鲜的领土问题与列强竞争，陆奥外交正是强烈意识到这一点而进行的；第三个方面是镇压出兵地区的民众。①
>
> 日清战争成了日本资本主义的跳板。清国由于借用外债偿付巨额赔款而迅速加深了殖民地化。与此相反，日本则由于巨额赔款的流入，一面进行以扩充军备为核心的产业革命，另一方面获得了采用金本位制的资金，也就拿到了参加以伦敦为中心的国际金融市场的通行证。日本资本主义依靠地理上靠近中国和拥有较多的专管租界，取得了比欧洲列强更为有利的条件，登上了开拓中国市场的新旅程。②

甲午战争中中国的失败和日本的胜利使得东亚国际体系在结构上

---

① 〔日〕信夫清三郎编：《日本外交史》（上册），第 290 页。

② 同上书，第 293 页。

发生了根本性的改变，即东亚国际体系由一直以中国为中心逐渐转变为以日本为中心。日本以此为契机开始在东亚大力发展以日本为中心的帝国体系，最终在20世纪30年代推出“大东亚共荣圈”设想，并在这一幌子下开始了向东亚国家的军势扩张行动。这无论是在经济结构上，还是在政治结构上，都对东亚世界产生了重大的影响。

在经济结构上，在1895年以后以日本为中心的东亚国际体系中，核心区和区域等级差异发生了很大的变化，这就是东亚这个经济世界的核心区由以往的内陆转向东亚大陆的东南沿海地区，中国的上海、广州、福建，日本的东京，新加坡等逐渐成为东亚地区的核心地区。东亚经济世界开始呈现一种由东亚大陆的东南沿海地区向内陆的等级差异。关于东亚经济世界这种核心区转移的原因，我在前面已经提及，但我仍愿意在这里再重申一次：一是西方殖民者从1840年以来借助不平等的条约强迫中国开放通商口岸，而这些通商口岸主要集中在中国的东南沿海地带；二是日本借助《马关条约》从中国获得的巨额赔款大力发展其经济，并在帝国主义军事入侵的同时，从东亚其他国家掠夺廉价的原材料；三是东南亚地区从1511年成为西方的殖民地后便成为宗主国的原料产地和加工场所；四是这一时期的中国正处于内乱（王朝的崩溃和军阀混战）和外患（列强的瓜分）之中，根本无暇顾及经济的发展。这些加在一起使得东亚经济世界的核心区向沿海地区转移。

1895—1945年，东亚世界的政治结构也发生了根本性的变化。随着日本的兴起以及日本帝国主义的扩张，日本一跃成为东亚国际体系的政治中心，东南亚地区的大部分国家、朝鲜半岛由于直接成为日本帝国主义的殖民地而成为东亚国际体系的半边缘国家。中国由于东北三省以及台湾地区成为日本帝国主义的殖民地而沦为东亚国际体系的边缘国家。这种结构随着日本帝国主义在第二次世界大战中的失败而最终解体。

三、1945—1978年的中国与世界体系：反体系运动

冷战时期中国与世界的关系与冷战时期世界体系的特征紧密相联。所以，在分析这一时期的中国与世界的关系时，应该将其放在冷战时期资本主义世界体系的大背景下来进行分析。

在整个冷战时期，中国在处理与世界的关系上曾作过两次大的地缘政治战略调整。一次是第二次世界大战结束到20世纪60年代初期实行"一边倒"地缘政治战略，与苏联一起积极推动反对帝国主义和霸权主义的反体系运动。另一次是20世纪70年代初期开始逐渐推行多边地缘政治战略，为之后融入和参与世界体系进行政治上的准备。而这些战略的实施都是对整个冷战时期世界体系的政治经济状况的反映。

（一）"一边倒"地缘政治战略

大约从1944—1946年开始，在政治、经济和意识形态上，全球范围内开始形成两极对立的世界，一方是以美、英为首的西方资本主义阵营，一方是以苏联为首的东方社会主义阵营。其中，美国抛出的著名的地缘政治战略——"遏制理论"和"多米诺理论"——对这一世界性地缘政治格局起到关键作用。尽管"遏制"战略的首要目标是苏联，[①]但也涉及其他社会主义国家，诸如中国。在这一战略思想的指导下，美国加紧了对新月地带的控制，相继推出了《澳新美安全条约》（1951年）、《日美安保条约》（1951年）、东南亚条约组织（1954年）、中央条约组织（1955年），并发动了朝鲜战争（1950—1953年）和越南战争

① 关于美国的遏制战略思想，张小明在其著作《乔治·凯南遏制思想研究》（北京语言学院出版社1994年版）进行过非常细致的研究。

（1955—1975年）。中国与苏联一样，处于美国势力的包围之中。在这种地缘政治结构中，中国推出了“一边倒”的地缘发展战略，加入苏联为首的反对帝国主义和霸权主义的反体系运动的行列之中，即在政治和经济上依赖苏联，在意识形态上与苏联完全保持一致。这种“一边倒”的地缘战略首先是对美国全球地缘政治战略的回应。

（二）多边地缘政治战略

从20世纪60年代开始，冷战中的冲突发生了大的变化，即由冷战初期以美、苏冲突为主发展为四种冲突。一是美国和欧洲国家之间的冲突；二是经济中心和经济边缘之间的冲突；三是自由和专制之间的冲突；四是美国和苏联之间的冲突。[①] 这些地缘政治冲突加剧了世界范围内的反体系运动。

欧洲国家和美国的冲突最为突出地反应在20世纪60年代法国的“戴高乐主义”以及后来德国的“新东方政策”。具体表现就是法国在1960年改变了过去和苏联完全对立的态度，提出“缓和、谅解、合作”的政策和“从大西洋到乌拉尔”的欧洲建设思想，并于1967年退出“北大西洋公约组织”。德国总理勃兰特也主张：“我们的民族利益不允许我们站在东方和西方之间。我们的国家需要同西方保持合作和协议的关系，需要同东方实现某种谅解。在这种背景下，我着重强调，德国人民需要和平，确切地说，需要同苏联人民以及东欧各国人民和平相处。”[②] 核心区和边缘区之间的冲突就是后来的南北冲突，具体体现就是20世纪60年代以后发展中国家倡导的“不结盟运动”、反对帝国主

---

① 参见：Dennis Rumley, Tatsuya Chiba, Akihiko Takagi and Yoriko Fukushima (eds.), *Global Geopolitical Change and the Asia-Pacific:A Regional Perspective*, Avebury, 1996, p. 3。

② 陈乐民：《战后西欧国际关系 1945—1984》，中国社会科学出版社1987年版，第254页。

义、新殖民主义和霸权主义。

在这种背景下，中国逐渐由 20 世纪 50 年代的“一边倒”地缘政治战略向多边地缘政治战略发展。这种战略转变最为突出地体现在两个方面。一方面是 50 年代后期与苏联的关系恶化后开始寻求独立自主的发展道路，[①] 双方由此开始了长达 10 年（1956—1966 年）的意识形态论战。[②] 脱离苏联的控制是中国地缘政治发展战略的重要步骤，对于新的世界地缘政治态势的形成有着重要的意义。中国以一个完全独立的世界力量出现在国际舞台上，标志着世界体系在地缘政治上由两极开始向多极转换，同时也在某种意义上为美国国务卿亨利·基辛格“五极”（美国、苏联、欧洲、中国和日本）的论断提供了现实基础。另一方面是与美国建交。按照核心区—边缘地带结构的构造紧紧遏制欧亚共产主义世界的凯南式的遏制思想，在 20 世纪 60 年代受到了挫折（越南战争的失败是一个很好的例证）。美国也开始考虑其与中国的关系，最终结果便是中美发表《联合公报》（1972 年 2 月）。随后，中国与日本的关系也伴随着《中华人民共和国政府和日本国政府联合声明》（1972 年 9 月）的签署得到了恢复。

在地缘政治环境得以改善的同时，中国于 1978 年开启了改革开放的历史进程，顺应经济全球化之势，积极主动地融入世界体系，逐渐从冷战初期反体系运动的倡导者和参与者逐渐转变为世界体系的参与者与引领者。

---

① 这集中体现在毛泽东 1956 年 4 月 25 日发表的《论十大关系》中。其中，在论述中国和外国的关系时，毛泽东指出：“我们的方针是，一切民族，一切国家的长处都要学，政治、经济、科学、技术、文学、艺术的一切真正好的东西都要学。但是，必须有分析有批判地学，不能盲目地学，不能一切照抄，机械搬运。他们的短处、缺点，当然不要学。对于苏联和其他社会主义国家的经验，也应当采取这样的态度。过去我们一些人不清楚，人家的短处也去学。”（《毛泽东选集》第五卷，人民出版社 1977 年版，第 285 页）。

② 其中，中方比较权威的回忆著作可参阅吴冷西：《十年论战 1956—1966：中苏关系回忆录》，中央文献出版社 1999 年版。

四、1978年之后的中国与世界体系：迈向核心区

如果说在冷战时期，由于地缘政治的原因，苏联、东欧国家、中国、越南等国家推行反体系运动和相对封闭的中央计划经济，资本主义世界体系的经济联系（国际贸易、跨国生产和国际资本流动）还主要局限在世界体系中那些实行市场经济的国家之间，那么冷战结束以后，由于苏联和东欧国家的政治经济变革以及中国和越南等国家实行改革和开放政策，跨国生产、国际贸易和国际资本流动几乎触及“融入”世界体系中的所有国家，世界体系在经济上真正呈现“全球性”特征。

进入21世纪，有两个事件引起了国际社会的广泛关注，并引起了关于资本主义世界体系的广泛争论。第一个事件是2008年的全球性金融危机以及随后世界经济的相对衰退，这引发了国际社会关于美国霸权是否衰退的争论。[①] 另一个事件则是中国经济经过多年的持续增长，最终于2010年取代日本成为世界第二大经济体，并于2013年开启了新一轮改革开放，并推出新的地缘政治发展战略，这引发了国际社会关于中国和美国是否在争夺世界体系主导权的广泛讨论。[②]

今天我们所处的世界体系，既是起源于16世纪的欧洲并在之后不断向全球扩展的世界体系，也是第二次世界大战后由美国取代英国霸权而赋予其某些特征的世界体系。资本主义世界体系在第二次世界大战以来在美国主导下呈现四个基本趋势：

---

① 最新研究成果体现在2019年《安全研究》杂志发表的由9篇文章组成的专刊中。其中，伊肯伯里和尼克森对其进行了总结，参见：G. John Ikenberry, Daniel H. Nexon, “Hegemony Studies 3.0: The Dynamics of Hegemonic Orders”, *Security Studies*, Vol.28, No. 3, 2019。

② 参见王正毅：《中国迈向核心区：世界体系的变革与挑战》，《世界政治研究》，2019年第1期。

第一，世界体系所涵盖的国家范围更为广泛，有西方发达国家，有第二次世界大战后脱离西方殖民体系的发展中国家，还有冷战后崛起的新兴经济体。20 世纪 50 年代以来，“资本主义世界经济”作为一个体系，其范围达到了前所未有的广度，既包括诸如西班牙、葡萄牙、英国、法国、德国、荷兰、美国等老牌工业化强国，也包括诸如非洲的尼日利亚和南非、南亚的印度、拉丁美洲的巴西、亚洲“四小龙”（韩国、新加坡、中国香港和中国台湾）及东盟四国（菲律宾、印度尼西亚、马来西亚和泰国）这样的脱离西方殖民体系而在政治上独立的发展中国家和地区，还包括放弃社会主义的独联体和东欧国家，以及实行“改革开放”的中国和实行“革新开放”的越南。

第二，世界体系中各国的制度选择更为多样，呈现出“混合主义”特征。与先前相对单一的“重商主义”（16—18 世纪）或“自由主义”（19 世纪后半叶和 20 世纪 50—70 年代）占主导地位相比，在 20 世纪 50 年代之后，这些国家在制度选择上明显呈现多样化趋势，既有英美式的“自由放任式市场经济”和北欧国家的“社会福利主导的市场经济”，也有日本、韩国的“发展型国家”和新加坡的“儒家资本主义”，还有德国的“社会市场体系”，以及中国的“社会主义市场经济”。

第三，世界体系中国家之间的相互竞争更为激烈，最突出的是世界体系的主导权之争。在资本主义世界体系的发展过程中，关于霸权或主导权的竞争一刻都没有停止过，17 世纪中叶的荷兰如此，19 世纪中叶的英国如此，20 世纪中叶的美国也如此。在美国成为世界体系的霸权国家或主导国家之后，一直受到其他国家的挑战。先是 20 世纪 60 年代欧洲国家成立“欧洲共同体”，在农业领域（共同农业政策）和金融领域（特别提款权）向美国提出挑战。然后是日本在 1968 年成为世界第二大经济体后，直至 1985 年在贸易领域向美国挑战。最近是发展中国家（特别是新兴经济体）在贸易和金融领域向美国主导的国际机制（世界贸易组织和国际货币基金组织）提出了挑战，这些挑战因2008年全球金融危机而进一步加强。如何加强国家之间的合作，构建新的全球治理机制，成为几乎所有国家关心的重要议题。

第四，世界体系的时间转折点更不确定，这不但缘于对“美国世纪”是否终结的争论，更主要缘于对中国崛起的世界意义的讨论。资本主义世界体系”已经延续了500年，作为一个历史体系，它还能持续多久？这一问题因中国的加入以及中国经济的持续增长而不断被问及。中国自从1978年实行改革和开放政策以后，积极主动地融入这个“世界体系”。2001年，中国在经过15年的艰辛历程之后，最终加入作为这个“世界体系”在贸易领域的全球性组织“世界贸易组织”（WTO）。2010年，中国取代日本成为这个世界体系中的第二大经济体。就像20世纪70—80年代国际社会关心日本一样，20世纪90年代中期以来，国际社会将关心的目标从日本转向经济崛起中的中国。国际社会对中国的关心主要集中在如下两个问题上。第一个问题是，中国是否或能否在2035年左右取代美国成为“世界体系”的主导性国家？另一个问题是，如果中国成为“世界体系”的主导性国家，中国是否会改变或修正世界体系持续多年的基本规则？

然而，这些趋势并没有从根本上改变世界体系长期以来形成的两个结构性特征：第一，核心区和边缘区。在世界体系的经济结构中，一直存在核心区—半边缘区—边缘区的结构。所谓核心区，是指技术含量高、资本密集以及高工资产品所在的地区；所谓边缘区，则是指技术含量低、劳动密集以及低工资产品所在的地区。与这种经济结构相对应的是，处于核心区的国家通常被称为“强国”，他们为争夺世界体系的主导权而在政治上相互竞争，而处于边缘区的国家通常被认为是“弱国”。2.半边缘区国家的困境。世界体系中存在一个半边缘区，通常是指介于核心区和边缘区之间的地区：对于核心区而言，它呈现一种边缘化过程，而对于边缘区而言，它又呈现一种核心化过程。处于半边缘区的国家的双重身份也使其面临一个困境，即因为其相对于边缘区国家而言的核心身份，它自然会表现出核心区国家的行为，但这又容易被核心区的强国，特别是霸权国家视为竞争性国家；因为其相对于核心区国家而言的边缘身份，它自然会表现出边缘区国家的行为，但它自身又不甘于作边缘区国家，因而经常制定一些超越自身能力的战略。

过去四十多年，中国在经济上取得了令世人震惊的成就，但对于中国在世界体系中的定位以及中国的身份，无论是学术界还是政策制定者，远没有形成一致。到目前为止，关于中国在世界体系中的身份，存在各种争论。有的认为中国是"利益攸关者"，① 有的认为中国是"霸权挑战者"，② 还有的认为中国是"世界秩序的重塑者或修正者"。③

在我看来，今天的中国在世界体系的经济结构中处于一种"半边缘区"状态。也就是说，相对于核心区国家而言，中国在许多领域仍属于边缘区，因而呈现边缘区国家的特征；但相对于边缘区国家而言，中国又呈现某些核心区的特征。换句话说，在世界体系的经济结构中，相

① 这种定位最早来自 2005 年 9 月 22 日佐利克在美中关系全国委员会的一次讲话，之后这种定位引起了广泛争论，详细内容可参阅：Robert B. Zoellick, "Whither China: From Membership to Responsibility?" , *Remarks to the National Committee on U.S.-China Relations*, Sept. 21, 2005(https://www.ncuscr.org/sites/default/files/migration/Zoellick_remarks_notes06_winter_spring.pdf.); Amitai Etzioni, "Is China a responsible stakeholder?" , *International Affairs*, Vol.87, No.3, 2011, pp. 539–553 ; Hal Brands, Zack Cooper, "After the Responsible Stakeholder, What? Debating America's China Strategy" , *Texas National Security Review*, Vol.2, No.2, 2019。

② 关于中美是否存在体系主导权的竞争，最著名的莫过于所谓"修昔底德陷阱"的争论了，可参阅：Graham Allison, "The Thucydides Trap: Are the U.S and China Headed for War?" , The Atlantic, September 4, 2015; Graham T. Allison, *Destined For War: Can American and China Escape Thucydides's Trap?* , Boston: Houghton Mifflin Harcourt, 2017。

③ 关于中国是体系的修正者还是革命者，可参阅：Feng Huiyun, "Is China a Revisionist Power" , *The Chinese Journal of International Politics*, Vol.2, Issue 3, Summer 2009, pp. 313–334; Rana Mitter, "China: Revolutionary or Revisionist?" , *The Washington Quarterly*, Vol.45, Issue 3, Fall 2022, pp. 7–21。

对于处于核心区的美国、英国、法国、德国、日本等国家而言，中国处于边缘区，因而中国特别希望通过追赶战略突破边缘区的困境；但相对于处于世界体系边缘区的非洲、拉丁美洲和东南亚等国家而言，中国又具有核心区国家的特征，因而经常引起核心区国家对其竞争力的担忧。

中国在世界体系中的这种兼具核心区和边缘区特征的双重身份，使中国在国际社会中的角色显得越来越重要，面临的挑战也越来越大。在世界体系的发展进程中，一方面，中国希望自己提出的“中国方案”能够得到国际社会的认可，而另一方面，国际社会则希望中国所提供的“中国方案”能够承担更多的国际责任。

世界体系由于崛起中的中国不断迈向核心区而面临着如下四个主要挑战。

第一个挑战涉及世界体系的未来。随着中国成功融入这个世界体系并不断迈向核心区，中国最终是要建立一个全新的体系以终结目前这个世界体系，还是继续发展或修正这个业已存在的世界体系？

第二个挑战是，崛起的中国与霸权美国是否存在着世界体系主导权的竞争？如果存在主导权的竞争，如何避免在经济和政治领域出现世界范围内的冲突？以及如何管控两国之间的竞争？

第三个挑战是，经济全球化是否可以延续？如果全球化得以延续，如何应对那些自认为是全球化受损者的民族主义和国家主义的挑战？

第四个挑战是，如果经济全球化得以持续，是否需要全球治理？如果需要进行全球治理，是通过大国之间的协调进行治理还是通过建立国际机制（国际制度）进行治理？

第三章　中国与世界关系的思想构造进程①

以上我们探讨了中国与世界关系的现实历史进程，与这种现实历史进程相关联的是关于中国与世界关系的思想构建进程。这两种进程就像一个铜币的两面，是不可分割的，也是相互影响的。只是为了学术研究起见，我们才将其分成两个部分。

“中国的学术思想，受国外学术思想的影响者，前后共有两次。前一次是佛教的输入，后一次是西学东渐。”②佛教的传入在某种程度上影响了中国的学术方向，并由此构成中国学术历史上一个非常重要的阶段——隋唐佛学。但与佛教的影响相比，西方学术对中国学术思想的影响更大、更持久。社会科学在中国的建立和发展大致经历了如下四个阶：1840—1912年为社会科学进入中国的时期；1912—1949年为社会科学和中国的社会现实相结合的时期；1949—1978年为社会科学和新中国的重建相结合的时期；1978—2012年为社会科学重组的时期；2012年以后为社会科学与新时代的构建时期。其中，中国与世界的关系一直是中国社会科学讨论的主题。

---

① 此部分的基本观点最早是我于1994—1995年赴布罗代尔研究中心和法国高等社会科学院参加沃勒斯坦主持的博士后研究项目“The States, the Markets and the Societies: A Separate Logic or a Single Domain?”时完成的研究论文“Inherit or Transfer? A Dilemma in Reconstructing Chinese Social Reality”的主要部分，原文最早发表在《评论》（*Review*, Vol.21, No.3, 1998, pp. 327—382）上。

② 杨东莼：《中国学术史讲话》，东方出版社1996年版，第255页。

一、富国强兵与西方社会科学的传入（1840—1912年）

无论是从政治和经济的角度，还是从文化的角度来看，19世纪都是一个重要的转折点。进入19世纪以后，随着西欧资本主义世界体系在政治和经济上向全球的扩展，西方文明逐渐被塑造成一种具有“普遍性”的文明，并开始向世界其他地区扩张：

> 在这种扩张中，西方文明进入两个大陆，向东它碰到了非洲和亚洲古老的文化，而且置所有的海洋国于其控制之下。这一飓风的一个分支，从西欧向东北方向，席卷了斯拉夫整个大地，穿越宽阔的东南欧和西伯利亚大平原，其风头最终到达太平洋的东海岸。[①]

面对西方文明的冲击，东亚两个国家——中国和日本——都作出了反应。日本从1868年开始了极具历史意义的明治维新运动；中国则从1840年鸦片战争以后走上了富国强兵之路。

（一）中学为体，西学为用（1840—1897年）

1840年在中国近代历史上是令中国人难以忘却的一年。这一年，鸦片战争爆发并以中华帝国的失败而告终。1842年，中英签订了对于中国人来说从情感上无法接受的《南京条约》，昔日的中华帝国在西方的坚船利炮面前无地自容。签订了不平等条约之后，为了以夷制夷，中国人走上了艰难的向西方国家学习之路，出现了著名的“洋务运

---

① Hu Shih, T*he Chinese Renaissance,* Paragon Book Reprint Corp., 1934, p. 2.

动”，其代表人物有冯桂芬、曾国藩、张之洞、李鸿章、左宗棠等人。他们一方面在实践中身体力行，提出“中国欲自强，则莫如学习外国利器；而欲学习外国利器，则莫如觅制器之器”，先后在中国创办江南制造总局（1865年）、金陵机械局（1865年）、福州船政局（1866年）、天津机器局（1867年），并于1869年开始选派学生赴美国留学。据统计，1872—1875年，中国政府共派出120名学生赴美国学习军事、海洋数学以及工程相关的学科，以便在完成学业回到中国以后，把西方的技术应用于中国，进而使中国可以通过自己的努力强大起来，这就是这一时期著名的“自强”运动。另一方面，在知识的创新上，他们提出了“中学为体，西学为用”。冯桂芬和张之洞对此曾不遗余力地呼吁：

> 如以中国之伦常名教为原本，辅以诸国富强之术，不更善者之善哉。[①]
>
> 然不先以中学固其根诋，端其识趣，则强者为乱首，弱者为人奴，其祸更烈于不通西学者矣。……今日学者，必先通经以明我中国先圣先师立教之旨，考史以识我中国历代治乱、九洲之风土，涉猎子集以通我中国之学术文章，然后择西学之可以补吾缺者用之，西政之可以起吾疾者取之……。如中士而不通中学，此犹不知其姓之人，无辔之骑，无舵之舟。其西学愈深，其疾视中国亦愈甚。[②]

（二）社会科学的传入与发展（1897—1912年）

对于西方社会科学在中国的传播，许多学者更多的是将之归为教会学校课程的设置和西方社会科学著作的翻译，但如果仔细研究就会发现，情况远比此复杂。

---

① 冯桂芬：《校邠庐抗议》，戴扬本评注，中州古籍出版社1998年版，第211页。

② 张之洞：《劝学篇》，中州古籍出版社1998年版，第27—28页。

1. 教会学校和社会科学

1840 年中国被迫打开国门之后，出现了许多教会学校。在这里我不准备就教会学校对中国的影响作过多的论述。我们关心的一个问题是，如何评价这些教会学校的课程与西方社会科学在中国的传播和发展之间的关系。在评价这种关系时，我们发现如下三个事实是不可忽视的。第一，教会学校在中国的目的不是传播社会科学。在当时的美国，许多教会学校强调学习“拉丁语、希腊语、数学、哲学和宗教”，“而在中国，教会学校尽管用汉语和英语替代了拉丁语和希腊语，但仍强调数学和宗教；[教会学校] 的目标是人文，而不是技术或专业教育”，“在他们繁多的课程中，教会学校很少重视社会科学。许多学生有一年的世界历史课程，一年的中国历史课程，通常还有一年的地理课程或者政治经济学课程”。[①] 第二，由于文化背景不同，大部分中国学生不愿意去教会学校上学，即使去也是为了学习英语以便将来到国外学习。第三，教会学校的教员主要来自西方国家，他们对中国学生讲授西方社会科学时，面临重重困难。对于西方教师所面临的困难，当时在上海圣约翰大学任教的雷默曾不无感慨地说：“在中国教经济学的教师面临着一个艰难而复杂的任务。他必须让学生理解科学的原理。他必须让学生熟悉他们自己国家的经济组织，他必须将这些原理应用于学生们熟悉的生活中以及中国面临的问题上。这些任务非常艰难，而且还有更多需要做。西方的工业的和经济的方法正在对中国以及远东的生活产生重大的影响。所以教师必须尽最大的努力为学生提供一副关于西方经济和工业生活的图画，以及它对不同的东方国家所产生的不同的效果和影响。”[②] 所以，在 19 世纪后期，即使在教会学校讲授社会科学，也是

---

① Jessie Gregory Lutz, *China and the Christian Colleges 1850–1950*, Cornell University Press, 1971, pp. 67–69.

② C. F. Remer, *Readings in Economics for China*, The Commercial Press(Shanghai), 1933; Garland Publishing,Inc., 1980, p. 676.

非常有限的，对整个中国学术界的影响也甚微。事实上，“直到20世纪中叶民族主义运动兴起，在中国高等教育中的西方式学校之外的机构很少有社会科学”①。

2. 日本教育模式的影响

从19世纪90年代开始，中国知识分子对待西学的态度发生了很大的变化，其中最大的变化表现为，学习西方不仅要学习西方的科学和技术，而且要学习西方的政治和社会理论。特别是中日甲午战争中国战败以后，许多中国学者将日本的成功归之于1868年明治维新以来教育的成功，所以学习西方，特别是学习日本成为部分中国官员和学者们热衷的事情。在1898年的戊戌变法中，康有为、梁启超猛烈地抨击了传统的社会，并且劝说光绪皇帝颁布了一系列法令来推动这些改革，诸如②：（1）改革考试体制，废除“八股文”；（2）重组书院；（3）在全国建立小学和中学；（4）在北京建立一所帝国大学作为现代教育的模型；（5）建立国家翻译局；（6）派遣学生赴国外，主要是赴日本学习。另外，他们也攻击“洋务派”，批评他们只注重学习西方的军事和机械，而不注重对西方政治制度和政治学说的学习。康有为由此提出著名的“穷理劝学”，主张学习西方应该从制度和法律的学习开始；梁启超也有类似的主张。尽管戊戌变法最终以失败告终，但向西方和日本的学习一刻也没有停止，特别是1905年日俄战争中日本胜利以后，更坚定了中国官员和学者向日本学习的信心。1905年，中国废除了考试院，建立了类似日本的教育部，并仿照日本重组了教育体系，同时邀请了许多日本教师来中国授课。据统计，1905—1906年，中国共邀请了500—600

---

① Werner Radtke Kurt, Tong Saich (eds), *China's Modernization: Westernization and Acculturation*, Franz Steiner Verlag Stuttgart,1993, p.87.

② 参见：Hayhoe Ruth, Bastid Marianne (eds.), *China's Education and the Industrialized World: Studies in Cultural Transfer*, M.E.Sharpe, Inc., 1987, p. 59。

位日本教师赴中国各个地区从事教育项目。[①]

3. 严复的翻译工作

如果说戊戌变法从体制上促使西方的社会科学进入中国的教育体系，那么严复对西方名著的翻译工作则从内容上加强了中国思想界对西方社会科学的了解。

从1897年开始，严复共翻译了九部西方著作，范围涉及哲学、政治学、经济学、法学、教育学以及逻辑学等学科（参见表8“严复译著目录”）。

在中国学者翻译和接受西方社会科学的过程中，有几个事实尤其值得今天的中国人在与国际社会交流时反思。一是在中国的传统思想中来寻求本土的概念以理解西方的思想体系。比如，严复在翻译斯宾塞的《社会学研究》中的“社会学”（sociology）一词时，根据荀子的思想将sociology一词译为“群学”（即关于社会群体的科学）。他是这样解释的：“斯宾塞，也是一个本土英国人，达尔文的同时代人。他的著作实际上出现在物种起源之前。他是根据进化理论来解释人类关系和文明起源的。我把这种科学称为社会群体科学，因为正如荀子所说的，人类优于动物之处就在于其形成社会群体的能力。”[②] 这种对社会学这个术语的理解在当时是非常盛行的，但当这个术语的含义固定下来后，这种理解就被放弃了。同样的情况也存在于严复翻译的其他著作之中。比如在翻译赫胥黎的《进化论与伦理学》时，他将其译为《天演论》，以此来反对中国传统的思想“天不变，道亦不变”。对此，李泽厚先生的评价似乎是有道理的：“其实，严复《天演论》的特点恰恰在于它

---

① 参见：Hayhoe Ruth, Bastid Marianne (eds.), *China's Education and the Industrialized World: Studies in Cultural Transfer*, p.68。

② Benjamin Schwartz, *In Search of Wealth and Power: Yen Fu and the West*, The Belknap Press of Harvard University Press,1964, p.64.

表 8 严复译著目录

类别	哲学	经济	法律	论理	社会学	哲学	政治	论理	教育
中文名	天演论	原富	法意	穆勒名学	群学肆言	群己权界论	社会通诠	名学浅说	中国教育议
西文名	Evolution and Ethics	An Inquriy into the Nature and Causes of the Wealth of Nations	Spirit of Law	A System of Logic	The Study of Sociology	On Liberty	A History of Politics	Elementary Lessons in Logic	
原作者名	T. H. Huxley	A. Smith	Montesquieu	J. S. Mill	H. Spencer	J. S. Mill	E. Jenks	W. S. Jevons	A. Westharp
原出版国	英	英	法	英	英	英	英	英	
原出版年	1894	1776	1743	1843	1873	1859	1990	1870	
汉译出版社	商务印书馆	南洋公学译书院	商务印书馆	商务印书馆	文明编译书局	商务印书馆	商务印书馆	商务印书馆	文明书局
出版年	1905	1901—1902	1904—1909	1912	1903	1903	1904	1909	1914

续表

类别	哲学	经济	法律	论理	社会学	哲学	政治	论理	教育
版次	1921年20版		1913年4版	1921年新版	商务印书馆1919年第10版	1920年7版	1915年7版	1921年11版	
页数	99页	978页	808页	三册共848页	365页	134页	151页	170页	46页
备注	有吴序、自序、译例言、湖北阳慎始基斋木刻于1898	有吴序、斯密亚丹传、译事例言、中西年表等	有孟德斯鸠列传，初版本只有十五卷	只译了半部，金粟斋木刻于1905	四年方译成，有译序、译余赘语。订正群学肆言本有高风谦序	原名自由论，1903年改名。有译序、译凡例	有夏序、译者序	有自序	书前有译者按

资料来源：商务印书馆编辑部编，《论严复与严译名著》，商务印书馆1982年版，第29页。

不是赫胥黎原书的忠实译本，而是有选择、有取舍、有评论、有改造，根据现实，'取便发挥'的'达旨'（《天演论》，译例言）。这本书所以能起巨大影响，原因也在这里，它对外国思想的介绍翻译没有生搬硬套，而是力求服务于当时中国的需要。鲁迅称赞严复是'感觉敏锐的人'（《热风》），他'做'过《天演论》。严复'做'的《天演论》确乎已不同于赫胥黎的原书《进化论与伦理学》了。"[①] 同样的情况也存在于经济学著作的翻译中，比如将economy和economics翻译成"富国学""生计学""富国养民策""理财学"，这些都与中国"经世济民"的传统思想相关联。二是严复翻译西方的著作不是为了介绍不同的学科，而是将其作为一种新的观念，以此来改变中国人的思想，也就是说，他翻译西方著作的目的已经超出学术本身。他曾明确地说道：

> 今吾国之所最愚者，非愚乎？非贫乎？非弱乎？则经而言之，凡事之可以愈此愚、疗此贫、起此弱者皆可为。而三者之中，尤以愈愚为最急，何则？所以使吾日由贫弱之道而不自知者，徒以愚耳。继自今，凡可以愈愚者，将竭力尽气皲手茧足以求之，惟求之为得，不暇问其中若西也，不必计其新若故也有一道于此，致吾于愚矣，且由愚而得贫弱，虽出于父祖之亲，君师之严，犹将弃之，等而下焉者无论已；有一道于此，足以愈愚矣，且由是疗贫起弱焉，虽出于夷狄禽兽，犹将师之，等而上焉者无论及。[②]

二、社会科学和中国的社会（1912—1949年）

如果说戊戌变法和严复对西方名著的翻译促使中国人开始关注西

① 李泽厚：《中国近代思想史论》，人民出版社1979年版，第261页。

② 〔美〕本杰明·史华兹：《寻求富强：严复和西方》，叶凤美译，江苏人民出版社1995年版，第49页。

方的人文社会科学，那么随后而来的帝国的解体以及"新文化运动"则促使西方的社会科学得以在中国快速而广泛地传播，并在20世纪20、30年代出现了是否接受以及如何接受西方社会科学的学术大论战。这些学术论战对中国的政治选择、社会变革以及文明走向影响深远。

戊戌变法以及严复对西方社会科学名著的翻译只是拉开了中国文化和社会现实深层变化的帷幕。戊戌变法的失败以及辛亥革命的爆发，使中国的知识分子开始意识到，中国社会的重建不只是政治体制的变化，更为深层的应该是文明的变迁。新文化运动和五四运动就是直接源于对中国社会现实变化的认识。

新文化运动以及后来的五四运动，对在中国学术界从学术的角度重新认识中国的社会现实起了非常重要的作用。胡适曾将新文化运动与欧洲的文艺复兴运动相比，认为新文化运动在中国传统的历史上是一次"意识运动"。[①] 新文化运动再一次为西方各种思想进入中国打开了大门。此后，西方的社会科学知识谱系在中国的知识分子中逐渐占据了主导地位，尤其是马克思主义在李大钊和陈独秀的倡导下覆盖了中国的知识领域。尽管这一时期在中国的思想界出现了各种各样的争论，但用西方的社会科学理论来指导中国的政治选择和社会现实的重建成为这一时期的主题。在各种各样的争论中，有三场[②] 学术论战，无论就其规模还是就其内容，对20世纪上半叶中国的思想进程甚至文明走向都产生过重大的影响。这就是20世纪20年代的"科玄论战"、20世纪30年代中国社会性质的论战，以及贯穿这一时期的本土化和全盘西化的争论。

---

① 参见：Hu Shih, *The Chinese Renaissance*, p. 45。

② 李泽厚在《中国现代思想史论》中提到三次论战，即20世纪20年代科玄论战、30年代中国社会性质的论战和40年代文艺民族形式论战。但就对中国社会科学发展的影响而言，我认为科玄论战、中国社会性质的论战以及本土化和全盘西化的论战这三场论战的意义更为重大。

(一)关于“科玄论战”

20世纪20年代,随着西方自然科学和社会科学的传入,中国学术界出现了所谓的“科玄论战”。以张君劢、张东荪为代表的一方,主张科学和人生观是两个不同的问题,科学只能解决人生的大部分问题,而不能解决人生的全部问题,这是由科学和人生观的性质决定的。1923年2月,张君劢在清华大学做了题为《人生观》的讲演(其内容随后发表在《清华周刊》第272期上),对科学和人生观作了严格的区别,主张科学不能指导人生,这就是所谓的玄学派。同年4月,地质学家丁文江在北京《努力周报》第48—49期上发表了《玄学与科学》对张君劢进行反驳,并主张科学可以指导人的生活,解决人生观问题,这样就形成了以丁文江、胡适和陈独秀为首的科学派。随后,许多学术界名流加入论战之中。同年年底,出版了两本论文集。一本是由胡适和陈独秀作序、由上海亚东图书馆编辑出版的《科学与人生观》(1923年11月);另一本是由张君劢作序、由上海泰东图书局出版的论文集《人生观的论战》(1923年12月)。

主张科学不能指导人生的玄学派的理由是,科学和人生观是两个性质不同的问题。张君劢提出的理由是:[①] 第一,科学是客观的,人生观是主观的;第二,科学为论理的方法所支配,而人生观则起于直觉;第三,科学可以以分析方法下手,而人生观则为综合的;第四,科学为因果律所支配,而人生则为自由意志的;第五,科学起于对象相同现象,而人生观起于人格单一性。“就以上所言观之,则人生观只特点所在,曰主观的,曰直觉的,曰综合的,曰自由意志的,曰单一性的。惟其有此五点,故科学无论如何发达,而人生观问题之解决,决非科学所能

① 参见张君劢:《人生观》,选自蔡尚思,李华兴主编,《中国现代思想史资料简编》(第二卷),浙江人民出版社1982年版,第248—252页。

为力，惟赖诸人类自身而已。”[1]

主张科学可以指导人生的陈独秀对此的答复是：

> 数学物理化学等科学，和人生观有什么关系，这问题本用不着讨论。可是后来科学的观察分类说明等方法应用到活动的生物，更应用到最活动的人类社会，于是便有人把科学略分为自然科学和社会科学二类。社会科学中最主要的是经济学，社会学，历史学，心理学，哲学（这里所指是实验主义的及唯物史观的人生哲学，不是指本体论宇宙论的玄学，即形而上的哲学）。这些社会科学，不用说和那些自然科学都还在幼稚时代，然即是幼稚，已经有许多不可否认的成绩，若因为还幼稚便不要它，我们不必这样蠢。自然科学已经说明了自然界许多现象，这是我们不能否认的；社会科学已经说明了人类社会许多现象，这也是我们不能否认的。[2]

胡适进一步对科学如何指导新人生观列出了一个清单：[3]

1. 根据于天文学和物理学的知识，叫人知道空间的无穷之大。

2. 根据于地质学及古生物学的知识，叫人知道时间的无穷之长。

3. 根据于一切科学，叫人知道宇宙及其中万物的运行变迁皆是自然的——自己如此的，正用不着什么超自然的主宰或造物者。

4. 根据于生物的科学的知识，叫人知道生物界的生存竞争的浪费与残酷——因此，叫人更可以明白那“有好生之德”的主宰的假设是不

---

① 张君劢：《人生观》，选自蔡尚思，李华兴主编，《中国现代思想史资料简编》（第二卷），浙江人民出版社 1982 年版，第 253 页。

② 陈独秀：《〈科学与人生观〉序》，选自蔡尚思，李华兴主编，《中国现代思想史资料简编》（第二卷），浙江人民出版社 1982 年版，第 52 页。

③ 参见：胡适：《〈科学与人生观〉序》，选自蔡尚思，李华兴主编，《中国现代思想史资料简编》（第二卷），浙江人民出版社 1982 年版，第 121—122 页。

能成立的。

5. 根据于生物学，胜利学，心理学的知识，叫人知道人不过是动物的一种，他和别种动物只有程度的差异，并无种类的区别。

6. 根据于生物的科学及人类学，人种学，社会学的知识，叫人知道生物及人类社会演进的历史和演进的原因。

7. 根据于生物的及心理的科学，叫人知道一切心理的现象都是有因的。

8. 根据于生物学及社会学的知识，叫人知道道德礼教是变迁的，而变迁的原因都是可以用科学方法寻求出来的。

9. 根据于新的物理化学的知识，叫人知道物质不是死的，是活的；不是静的，是动的。

10. 根据于生物学及社会学的知识，叫人知道个人——“小我”——是要死灭的，而人类——“大我”——是不死的，不朽的；叫人知道“为全种万世而生活”就是宗教，就是最高的宗教；而那些替个人谋死后的“天堂”“净土”的宗教，乃是自私自利的宗教。

由于篇幅所限，我无法在这里就这一争论的具体细节做过分详细的探讨，但仅从上述争论所显示，我们已经发现，关于科学和人生观的争论，其实是这一时期传入中国的西方的科学（自然科学和社会科学）和中国传统的注重人伦道德的说教在融合过程中出现的问题，是力图走出 19 世纪中叶提出的“中学为体、西学为用”思想框架的一种思想体现。这场争论的实质性问题其实是，中国社会的重建是以西方的科学（自然科学和社会科学）方法为指导还是以传统的中国文化为指导。正如李泽厚先生所观察到的：

> 科玄论战的真实内涵并不真正在对科学的认识、评价或科学方法的讲求探讨，而主要仍在争辩建立何种意识形态的观念或信

仰，是用科学还是用形而上学来指导人生和社会。所以这次学术讨论，思想意义大于学术意义，思想影响大于学术成果，它实质上仍然是某种意识形态之争。科学派实际上是主张科学来成为意识形态，玄学派则主张非科学的形而上学来作为意识形态。[①]

（二）关于中国社会性质的论战

20世纪20年代“科玄论战”的主题是科学能否指导人生观，特别是中国人的人生观，它关系到当时中国文化的走向。而30年代关于中国社会性质的论战关心的主题则是，当时中国的社会性质是什么？如何对中国的历史进行分期？这直接关系到当时正在进行的中国革命的进程和走向。

围绕中国古代社会性质的分期以及当时中国社会的性质，出现了许多富有影响的论作（参见表9“中国社会的历史发展：中国主流学者的观点”），如陶希圣的《中国社会的历史分析》、郭沫若的《中国古代社会研究》、李季的《中国古代社会史研究》、吕振羽的《史前期中国社会研究》等。尽管这些学者的观点有很大的分歧——比如围绕秦朝到1842年之间中国的社会性质，李季认为是前资本主义生产方式，陶希圣认为是发达的封建主义——但几乎所有学者在如下一点上是相同的，即将学术争论和中国社会的政治重建紧密相联。侯外庐对此曾作过如下论述：

> 大革命失败以后，革命处于低潮时期，马克思主义者为了探索革命的前途，解决中国向何处去的问题，开始了对中国社会性质问题的研究。……理论界对中国现阶段究竟是资本主义、封建社会

① 李泽厚：《中国现代思想史论》，人民出版社1987年版，第58页。

> 还是半殖民地半封建社会的问题展开了争论。既然争论这样一个涉及中国国情的问题，就不能不回过头去了解几千年来的中国历史。于是问题又从现实转向历史，引起了大规模的中国社会史论战。
>
> 这场论战范围很广，持续时间很长，争论的问题很多。我记得，大家争得最热闹的问题有这样几个：一是亚细亚生产方式问题；二是中国历史是否经过奴隶制阶段问题；三是何谓“封建社会”以及封建社会的历史断限和特征问题；四是所谓‘商业资本主义社会’问题……。经过论战，有些问题解决了，有些问题并没有得到比较一致的认识，仍在争论。[①]

关于中国社会性质的争论最后以中国共产党领袖毛泽东所作出的政治结论而告终。毛泽东在1940年著名的《新民主主义论》中对中国的社会性质作出了如下论断：

> 自周秦以来，中国是一个封建社会，其政治是封建的政治，其经济是封建的经济。而为这种政治和经济之反映的占统治地位的文化，则是封建文化。
>
> 自外国资本主义入侵中国，中国社会又逐渐地生长了资本主义因素以来，中国已逐渐地变成了一个殖民地、半殖民地、半封建的社会。现在的中国，在日本占领区，是殖民地社会；在国民党统治区，基本上也还是一个半殖民地社会；而不论在日本占领区和国民党统治区，都是封建半封建制度占优势的社会。这就是现时中国社会的性质，这就是现时中国的国情。作为统治的东西来说，这种社会的政治是殖民地、半殖民地、半封建的政治，其经济是殖民

① 李泽厚：《中国现代思想史论》，人民出版社1987年版，第73页。

表 9　中国社会的历史发展：中国主流学者的观点

<table>
<tr><td rowspan="4">创者</td><td colspan="16">朝代</td></tr>
<tr><td colspan="3">古代</td><td colspan="3">帝王朝前时代</td><td colspan="9">帝王朝时代</td><td>当代</td></tr>
<tr><td rowspan="2">夏前
公元前
2205
年以前</td><td rowspan="2">夏朝
公元前
2205—
1818</td><td rowspan="2">商殷
公元前
1766—
1154</td><td>西周</td><td colspan="2">东周</td><td colspan="5">继续发展时代</td><td colspan="4">停滞和衰落时代</td><td rowspan="2">现代
中国
（1842
年后）</td></tr>
<tr><td>公元前
1122—
1154</td><td>春秋
公元前
770—</td><td>战国—
247</td><td>秦
公元前
255—
207</td><td>汉
公元前
206—
公元
220</td><td>三国、
南北朝
221—
588</td><td>隋
588—
617</td><td>唐
618—
906</td><td>宋
960—
1332</td><td>元
1333—
1367</td><td>明
1368—
1644</td><td>清
1645—
1842*</td></tr>
<tr><td>郭沫若</td><td colspan="3">原始公社</td><td>“古代
社会”</td><td colspan="11">封建主义</td><td>资本
主义</td></tr>
<tr><td>陶希圣</td><td colspan="2">原始氏族社会</td><td colspan="2">氏族社会结束
原始封建主义</td><td colspan="2">从原始封建主
义向“古代社
会”的过渡</td><td colspan="2">“古代社会”</td><td colspan="2">发达的封建
主义</td><td colspan="5">商业资本主义</td><td>半殖民
社会</td></tr>
<tr><td>李季</td><td colspan="2">原始社会（到
公元前 1402
年）</td><td>“亚洲
社会”
（公
元前
1401—
1135
年</td><td>封建主
义（从
公元前
1134
年开
始）</td><td colspan="2">封建主义
的衰落</td><td colspan="9">前资本主义生产方式，公元前 246 年—公元 1839 年</td><td>资本主
义生产
方式</td></tr>
</table>

续表

创者	朝代															
	古代			帝王朝前时代			帝王朝时代									当代
				西周	东周		继续发展时代					停滞和衰落时代				
	夏前 公元前 2205 年以前	夏朝 公元前 2205—1818	商殷 公元前 1766—1154	公元前 1122—1154	春秋 公元前 770—	战国—247	秦 公元前 255—207	汉 公元前 206—公元 220	三国、南北朝 221—588	隋 588—617	唐 618—906	宋 960—1332	元 1333—1367	明 1368—1644	清 1645—1842*	现代中国（1842 年后）
王宜昌	原始社会		"古代社会"													资本主义
胡秋原	原始社会		氏族社会	封建主义社会			专制主义									半殖民化的专制主义
冀朝鼎	（此段未作研究）			古典封建主义			半封建主义（东方社会）									
陈啸江	原始公社和氏族社会		封建主义				佃佣社会（租佣和雇佣劳动）									外部资本主义社会

* 尽管清朝延续到了 1911 年，但 1842 年（鸦片战争结束）被认作现代时期开端的转折点。

资料来源：Wang Yu-chuan, "The Development of Modern Social Science in Chian", *Pacific Affairs*, XI, 3, Sept., p. 359.

地、半殖民地、半封建的经济，而为这种政治和经济之反映的占统治地位的文化，则是殖民地、半殖民地、半封建的文化。[①]

关于中国社会性质的争论，除了其政治意义以外，还在中国的学术界产生了一个“社会学运动”。[②]“社会学运动”不仅使社会学这门学科与政治学、经济学一起成为社会科学的重要组成部分而被中国学术界广泛接受，而且使社会学在中国有了一个非常独特的发展方向，即乡村社会学，并取得了国际学术界公认的研究成果，如费孝通先生的《农民和绅士》（1946 年）。到了 20 世纪 40 年代，社会学作为一门学科已经在中国的学术界生根并受到国际学术界的广泛关注，正如弗里德曼（Maurice Freedam）后来评价的：“我们可以这样认为，在第二次世界大战之前，在北美和西欧之外，中国是世界上社会学最为繁荣的地方，至少在知识分子的质量方面是如此。”[③]

（三）关于本土化和全盘西化的争论

尽管出现了激烈的“科玄论战”和关于中国社会性质的论战，但在新文化运动的影响下，西方意义上的社会科学在当时的中国得到了异乎寻常的发展，并在制度建设上得到进一步的加强。这突出地表现在社会科学的专业化协会得以建立，西方意义上的大学和学院制度得以完善，全国性的统一教学科目受到当时中国政府的重视。这三种学术制度建设为全盘西化奠定了教育体系上的基础。社会科学最早的全国

---

① 《毛泽东选集》，人民出版社 1967 年版，第 625 页。

② 参见：Leonard Shih-Lien Hsu, “The Sociological Movement in China”, *Pacific Affairs*, Vol.Ⅳ, No.4, 1931, p. 283。

③ Wang Siu-lun, *Sociology and Socialism in Contemporary China*, Routledge and Kegan Paul, 1979, p. 36.

性的专业协会是1915年12月5日在北京成立的“中国社会和政治科学学会”(Chinese Social and Political Science Association),1916年该学会出版了会刊《中国社会和政治评论》(*Chinese Social and Political Science Review*)。这是中国学术界第一个西方意义上的社会科学类的专业协会。正如该协会会长在开幕式上所讲的那样:“我感到非常荣幸,因为这个协会是中国与西方国家交流以来第一个此类协会。我希望这个协会能加强中国和外国学者的学术往来,我更希望它是中国一个新的时代的开始。”①

尽管早在1861年北京语言学院就成立了,但这所学校主要是在外国力量的支持下办起来的,并且其主要目的是语言培训而不是研究学术。效仿日本和英、美的教育模式建立大学是在1912年《大学令》颁布之后,②而真正大规模地建立大学是在20世纪20、30年代,不但成立了国立大学、省立大学,而且出现了许多私立大学。对于大学的认识,蔡元培先生1918年在《北京大学月刊》发刊词中的认识代表了当时中国学术界的共识:“所谓大学者,非仅为多数学生按时授课,造成一毕业生之资格而已也,实以是为共同研究学术之机关。研究也者,非徒输入欧化,而必于欧化之中为更进之发明;非徒保存国粹,而必以科学方法,揭国粹之真相。”③

对社会科学在中国的制度化作出贡献的另外一个重大举措就是1930年教育部设立了统一的大学科目表,④被制度化的社会科学分为

---

① Lou Tseng-Tsiang, “Chinese Social and Political Science”, *Review*, Vol.1, No.1, 1916, pp. 2–3.

② 参见:John King Fairbank, *The Great Chinese Revolution:1800—1985*, Harper and Row Publisher, 1986, p. 381。

③ 蔡元培:《〈北京大学月刊〉发刊词》,转自蔡尚思,朱维铮主编,《中国现代思想史资料简编》(第一卷),浙江人民出版社1982年版,第427页。

④ 参见教育部:《大学科目表》,正中书局1930年版。

政治学、经济学、社会学和法学，课程目录的设置对于大学教育的制度化起了关键作用。至此，西方的社会科学经过近四十年终于在中国得以普及，至少在形式上如此。

然而，社会科学在中国的制度化又引发了一场争论：本土化还是全盘西化？这是中国知识界对西方知识体系的传入最为激烈的反应。

以嵇文甫为代表的学者提出了学术本土化的思想。在他们看来，中国有必要进行现代化，但是现代化并不完全等于西方化。嵇文甫在一篇题为《漫谈学术中国化问题》的文章中对这一问题进行了系统的论述：

> 当中华民族正拼死苦斗，从血泊中打开出路，以自决其前途命运的时候，“中国化”的口号被提出于学术界，这是富有历史意义的。中国需要现代化，需要把世界上进步的学术文化尽量吸收，使自己迅速壮大起来。然而我们有自己的社会机构，有自己的民族传统，有自己的历史发展阶段，不是可以安上美国的头，英国的脚，要方就方，要圆就圆的。世界上任何好东西，总须经过我们的咀嚼消化，融合到我们的血肉机体中，然后对我们方为有用。我们像填鸭似地，把外边的东西尽管往自己肚里硬填；不能像小儿学舌似地，专去背诵旁人的言语，我们要“中国化”，要适应着自己的需要，把世界上许多好东西都融化成自己的。[①]

中国化不同于“国粹论”，也不同于“中体西用”，还不同于投机性的“中国本位文化论”。所谓“中国化”，“就是要把现代世界性的文化和自己民族的文化传统有机地结合起来。所以离开民族传统，就无从

---

① 嵇文甫：《漫谈学术中国化问题》，转自蔡尚思，姜义华主编，《中国现代思想史资料简编》（第四卷），浙江人民出版社 1983 年版，第 49—50 页。

讲‘中国化’”[①]。那么，如何接受传统文化呢？嵇文甫认为应该包括如下四种含义。第一。对于传统文化，应该接受那些和现代生活没有什么冲突的东西。“传统的旧文化中，有许多东西根本就带着一般性或共同性，根本就不是某一个时代所独有，和现代生活根本就没有什么冲突，这当然很容易接受。”[②] 第二，对于传统文化，应该接受那些在现代生活中发生某种有益的作用或暗示的东西。“传统的旧文化中，有些东西，虽然它原来的具体形态和现代生活不能相容，然而因为时代的转变，它那具体形态早已失掉，不至于再混入现代生活中；现在留给我们的乃只是它的某些精神或远景，而这些精神或远景，在现代生活中又能发生某种有益的作用或暗示，这些东西，我们当然也可以接受。”[③] 第三，对于传统文化，我们应该接受那些包含一种真理或近代思想的某些东西。“传统的旧文化中，有些东西，看着虽然是乌烟瘴气的，但其中却包含一种真理，或近代思想的某些因素。对于这些，我们应该像马克思对于黑格尔的学说一样，‘从神秘的外衣中，剥取其合理的核心’。”[④] 第四，对于传统文化，应该从历史的角度来评价其进步性。“传统的旧文化中，有些东西，从现代眼光来看，虽然没有什么道理，甚至还很荒谬，然而在当时却是有进步意义的。对于这些，我们不妨舍其本身，而单从历史发展的观点上，阐扬其进步性。”[⑤]

而以陈序经为代表的学者们则提出了全盘西化的思想：

我们以为所谓新教育中国化的最大错误，正是以为现在的中

① 嵇文甫：《漫谈学术中国化问题》，转自蔡尚思，姜义华主编，《中国现代思想史资料简编》（第四卷），浙江人民出版社1983年版，第57页。

② 同上。

③ 同上书，第59页。

④ 同上。

⑤ 同上书，第60页。

> 国的国情，还是中国的固有的国情。他们忘记了现在的中国，已和六十年前的中国，很不相同。现在的中国国情，事实上也非中国的固有国情。而且这些国情，正是朝向着新时代化的途程中。我们可以说，固有的中国的国情，不过是从旧的中国的国情，到新时代的中国的国情的过程中，逐渐的已成为以及将成为过去的陈迹罢。①

这场学术争论一直伴随着 1912—1949 年中国社会现实的发展，直到 1949 年中国共产党在中国取得领导地位以后，才确立了中国学术的发展方向，即马克思主义的基本原理和中国革命的具体实践相结合。

三、社会科学和新中国的建设（1949—1976 年）

在探讨这一时期中国社会科学的发展时，有两点须提请读者注意。一是，在探讨这一时期中国社会科学的发展时，笔者大量引用了毛泽东的著作，因为这一时期中国社会科学的发展主要与毛泽东思想的发展紧密联系。二是，1966 年“文化大革命”开始以后，尽管社会科学作为一种学术研究活动暂停了，但作为一种知识创新运动在中国的社会生活中仍然发挥作用。

（一）知识体系的重新制度化

从中国共产党自执政以来，首要的任务就是不但在政治和经济上，而且在文化上建立一个新的国家。按照毛泽东在 1940 年对中国社会和文化的分析，新的社会和新的文化的建设应该分两步，“第一步，改

① 陈序经，《教育的中国化和现代化》，转自蔡尚思，李华兴主编，《中国现代思想史资料简编》（第五卷），浙江人民出版社 1983 年版，第 631 页。

变这个殖民地、半殖民地、半封建地的社会形态，使之变成一个独立的民主主义的社会。第二步，使革命向前发展，建立一个社会主义的社会”[①]。与此相应，文化和知识重建的第一步被称作“新民主主义运动”，这种“新”是与五四运动前的“旧民主主义运动”相区别的。“新民主主义运动”的目的就是建立一种既不同于西方，也不同于传统的中国文化的“民族的、科学的和大众的文化”。[②]

> 这种新民主主义的文化是民族的。它是反对帝国主义主义压迫，主张中华民族的尊严和独立的。它是我们这个民族的，带有我们民族的特性。它同一切别的民族的社会主义文化和新民主主义文化相联合，建立互相吸收和互相发展的关系，共同形成世界的新文化；但是决不能和任何别的民族的帝国主义反动文化相结合，因为我们的文化是革命的民族文化。[③]
>
> 这种新民主主义的文化是科学的。它是反对一切封建思想和迷信思想，主张实事求是，主张客观真理，主张理论和实践相一致的。……中国的长期封建社会中，创造了灿烂的古代文化。清理古代文化的发展过程，剔除其封建性的糟粕，吸收其民主性的精华，是发展民族新文化提高民族自信心的必要条件；但是决不能无批判地兼收并蓄。必须将古代封建统治阶级的一切腐朽的东西和古代优秀的人民文化即多少带有民主性和革命性的东西区别开来。[④]
>
> 这种新民主主义的文化是大众的，因而即是民主的。它应为

① 《毛泽东选集》，人民出版社 1967 年版，第 627 页。

② 同上书，第 666、959 页。

③ 同上书，第 666—667 页。

④ 同上书，第 667—668 页。

全民族中百分之九十以上的工农劳苦民众服务，并逐渐成为他们的文化。[①]

1949年中华人民共和国成立以后，中国的文化建设进入了第二步，即建立一个社会主义国家和一种社会主义文化。关于如何建立一种新的社会主义文化和知识，毛泽东连续发表了四篇文章，即《论人民民主专政》《别了，司徒雷登》《为什么要讨论白皮书》和《“友谊”还是侵略》，对此进行了方向性的论述。他提出了“一边倒”政策：“一边倒，是孙中山的四十年经验和共产党的二十八年经验教给我们的，深知欲达到胜利和巩固胜利，必须一边倒。积四十年和二十八年的经验，中国人不是倒向帝国主义主义的一边，就是倒向社会主义的一边，绝无例外。骑墙是不行的，第三条道路是没有的。我们反对倒向帝国主义一边的蒋介石反动派，我们也反对第三条道路的幻想。”[②] 这种战略不仅反映在中国经济和政治的重建中，也体现在中国文化和知识的重建中。按照这种逻辑，根据阶级属性，知识应该被分为三个部分：来自西方的资产阶级知识、来自传统中国社会的封建知识、来自马克思列宁主义的无产阶级知识。而文化建设就是大力发扬后者而批判前两者。为了达到这一点，中国共产党制定了新的知识制度化政策，这一政策主要包括如下三个方面：

1. 将马克思列宁主义作为一种普遍真理。尽管马克思和马克思主义的著作早在20世纪20年代就已经被介绍到中国，但是在1949年以前，特别是在20世纪30年代，马克思主义只被作为一种与自由主义以及无政府主义相并行的思潮和社会运动。随着中国共产党在全中国的胜利，马克思主义开始由一种社会运动逐渐转变为指导中国社会现实

① 《毛泽东选集》，人民出版社1967年版，第667—668页。

② 同上书，第1362页。

变革的科学标准，特别是历史唯物主义逐渐成为中国社会科学重建的指南。在这种转换的早期阶段，中国主要受苏联教育模式的影响。这种选择主要和中国共产党对当时的世界政治现实以及中国历史和社会发展的判断相联系。

关于世界政治现实，中国共产党认为，存在两种对立的趋势：一种是以美国、英国为首的西方资本主义世界阵营，其中盛行的是资产阶级文化；另一种是苏联十月革命以后的东方社会主义世界阵营，马克思主义是其指导思想。关于中国革命，毛泽东认为，中国革命是世界革命的一部分，“这种‘世界革命’，已不是旧的世界革命，旧的资产阶级世界革命早已完结了；而是新的世界革命，而是社会主义的世界革命。同样，这种‘一部分’，已经不是旧的资产阶级革命的一部分，而是新的社会主义革命的一部分。这是一个绝大的变化，这是自有世界历史和中国历史以来无可比拟的大变化”[①]，中国的新文化建设自然是世界社会主义文化建设的一个部分。而关于马克思主义和中国历史和现实社会的关系，毛泽东认为，在十月革命以前，中国先进的知识分子一直从西方寻求真理来改变中国的社会，但是都失败了，而只有接受了马克思主义，中国革命才从失败走向胜利。如果我们想将这种革命进行到底，就必须坚持马克思主义。

2. 改变旧的教育体系，使教育变成无产阶级革命的一个部分。教育改革的原则是，教育必须服务于新中国建设的需要。时任教育部长马叙伦在第一次全国高等教育会议上对此曾作出明确的阐述：

> 第一，也是最重要的一点，我们的高等教育，必须密切地配合国家经济、政治、文化、国防建设的需要，而首先要为经济建设服

① 《毛泽东选集》，人民出版社 1967 年版，第 629—630 页。

务,因为经济建设乃是整个国家建设之本。我们的高等学校既然以培养高级的建设人才为目的,因此,在我们的高等学校里就必须进行系统的并与实际相结合的科学理论的教育,并在此基础上,实行专门的科学技术的教育。高等学校缺乏系统的科学知识的教育是不行的。同时这种理论教育也决不能重蹈过去所谓"为学术而学术"的覆辙,忽视人民和国家的需要。

第二件重要的工作就是根据各项建设实际需要,由教育部与各业务部门合作,加强中国人民大学和其他新型高等学校的教育设施,创设各种专科学校,并在各大学各学院添设必要的系和设立切合实际需要的专修科或训练班。①

在这种教育必须为无产阶级革命实践服务的原则指导下,中国高等教育体制开启了重建的进程,具体内容主要集中在如下几个方面:第一,统一课程。1950 年教育部成立了高等学校课程改革委员会,该委员会以华北高等教育委员会颁布的《各大学专科学校文学院各系课程暂行规定》为依据,讨论和修改了文学院的中国语文、外国语文、哲学、历史学、教育学五个系和法学院的政治学、经济学、法学和社会学四个系的课程,制定了《高等学校文法两学院各系课程草案》,② 并鼓励编写大学统一教程。第二,建立新的全国性专业委员会。1951 年建立了五个全国性的社会科学专业委员会,即"新哲学筹备委员会""新历史筹备委员会""新经济筹备委员会""新政治学筹备委员会""新法律筹备委员会"。第三,控制教育规模。与国民党统治时期不同,将所有的高等教育变成公立,取消私立大学。通过以上措施,无论是在形式上还是内容上都完成了对旧的教育体系和知识体系彻底改造。

① 《光明日报》,1950 年 6 月 14 日。

② 《中国教育年鉴:1949—1981》,中国大百科全书出版社 1984 年版,第 250 页。

（二）社会科学和毛泽东思想

在改造旧的知识体系的同时，中国共产党也开始进行新的社会科学的重建，但这种重建是与反对苏联模式联系在一起的。

众所周知，20 世纪 50 年代，在“一边倒”战略的指导下，中国不仅在政治和经济上倾向于苏联，而且在文化建设上也以苏联为模式，当时中国大学教育体系的改造也主要是效仿苏联。从 20 世纪 50 年代中期开始，中苏关系出现了摩擦，中国开始走自己的道路，到 1962 年中苏关系完全破裂以后，中国则完全走上自己的道路。这突出体现在中国社会科学知识的重建和毛泽东思想的系统化密切联系。这一时期的毛泽东思想主要集中于对如下三个问题的探讨：理论和实践的关系、无产阶级专政下继续革命的理论、阶级斗争理论。这几个问题对这一时期中国社会的发展产生了重大影响。

1. 理论和实践相结合的问题。

1956 年以前，马克思主义被看作一种普遍真理，苏联的经验被看作一种普遍化的经验。在 1949 年发表的《论人民民主专政》一文中，毛泽东说：“中国人找到马克思主义，是经过俄国人介绍的。在十月革命以前，中国人不但不知道列宁、斯大林，也不知道马克思、恩格斯。十月革命一声炮响，给我们送来了马克思列宁主义。十月革命帮助了全世界的也帮助了中国的先进分子，用无产阶级的宇宙观作为观察国家命运的工具，重新考虑自己的问题。走俄国人的路——这就是结论。”[①] 但是，在 1956 年发表的著名的《论十大关系》中探讨中国与外国的关系时，毛泽东表达了要探讨一条不同于苏联社会主义社会道路的意愿：“我们的方针是，一切民族、一切国家的长处都要学，政治、经济、科学、技术、文学、艺术的一切真正好的东西都要学。但是，必须有

① 《毛泽东选集》（第四卷），人民出版社 1967 年版，第 1360 页。

分析有批判地学，不能盲目地学，不能一切照抄，机械搬运。他们的短处、缺点，当然不要学。对于苏联和其他社会主义国家的经验，也应当采取这样的态度。”[①] 同时，毛泽东对社会科学的发展也作了明确的论述：“社会科学，马克思列宁主义，斯大林讲得对的那些方面，我们一定要继续努力学习。我们要学的是属于普遍真理的东西，并且学习一定要与中国实际相结合。如果每句话，包括马克思的话，都要照搬，那就不得了。我们的理论，是马克思列宁主义的普遍真理同中国革命的具体实践相结合。党内一些人有一个时期搞过教条主义，那时我们批评了这个东西。但是现在也还是有。学术界也好，经济界也好，都还有教条主义。”[②]

2. 阶级斗争理论。无论是在社会主义革命转变时期，还是在社会主义建设时期，阶级斗争一直是中国共产党重视的焦点。“千万不要忘记阶级斗争”是这一时期中国社会最为流行的口号。社会主义转化时期（1949—1956 年）社会建设的理论基础就是阶级斗争理论。在中国共产党第八次全国代表大会上，曾宣布阶级斗争趋于消灭。但是，1956 年的“匈牙利事件”和苏联出现的反斯大林运动，以及 1957 年中国的“反右运动”和 1959 年中苏关系的恶化，使得毛泽东确信阶级斗争并没有消失。到了 1963 年，他甚至认为，人类社会只有两类知识，“什么是知识？自从有阶级的社会存在以来，世界上的知识只有两门，一门叫做生产斗争的知识，一门叫做阶级斗争的知识。自然科学、社会科学，就是这两门知识的结晶，哲学则是关于自然知识和社会知识的概括和总结”[③]。

3. 无产阶级专政下继续革命的理论。持久革命论一直是毛泽东和

---

① 《毛泽东选集》（第五卷），人民出版社 1977 年版，第 285 页。

② 同上书，第 286 页。

③ 毛泽东：《毛泽东著作选读》（下册），人民出版社 1986 年版，第 492 页。

中国共产党关注的焦点，并被认为是对马克思主义的一大贡献。按照毛泽东和当时中国共产党的分析，阶级斗争无时不在，无处不在。作为一种逻辑推演，为了巩固无产阶级政权，就必须将革命进行到底。革命不仅要在文化领域进行，即批判资产阶级和修正主义，而且要在政治和经济领域进行，政治统帅经济，“抓革命，促生产”成为“文化大革命”时期中国社会动员最为盛行的政治口号。

以上三个问题成为“大跃进”和“文化大革命”时期毛泽东思想的三个主题，其中以阶级斗争最为根本。这些观点为中国共产党普遍接受，所以成为这一时期占主导地位的意识形态。在毛泽东思想的指导下，这一时期的中国社会科学表现出两个最为基本的特征。

第一，社会科学被看作一种不同于自然科学的科学，这主要表现在其党性和阶级性上。换句话说，自然科学主要是关于自然世界的知识，而自然世界是中性的，因此可以学习西方的自然科学。而社会科学是一种关于价值判断的科学，这种价值在人类社会中主要为统治阶级所主宰，因而，在不同的社会，关于社会的知识就是不同的。所以，中国应该有其自己的社会科学，也就是说，关于社会的知识应该来源于中国的社会现实。这种对社会科学的态度的结果，就是让知识分子去参加社会实践。

第二，阶级和阶级分析是社会科学知识的主线。与20世纪30年代西方社会科学模式以及20世纪50年代苏联模式影响下强调社会科学专业化界线不同，在毛泽东思想的指导下，中国社会科学学科知识界限变得非常模糊，主要包括哲学、政治经济学、历史、文学以及思想政治教育。这一时期社会科学最大的特征是，阶级和阶级斗争成为社会科学的主线，阶级分析成为社会科学的出发点以及最为基本的方法论。

总之，从1949年中华人民共和国成立到1976年“文化大革命”结束，在毛泽东“教育要为无产阶级政治服务，教育要与生产劳动相结合”这一思想原则的指导下，中国社会科学的发展主要是围绕着社会主义革命和社会主义建设进行知识创造。

四、社会科学与中国的改革开放（1978—2012年）

无论是对于中国还是对于中国社会科学而言，1978年都是一个伟大的转折点。对于中国而言，在推行了多年的中央计划经济和反体系运动之后，开始实行“改革开放”政策，对内提出建立社会主义市场经济，对外积极融入并参与世界体系。就中国社会科学而言，随着全国性的“实践是检验真理的唯一标准”的大讨论，中国社会科学又一次承担起在理论上重建中国经济和社会的重担。

与19世纪末介绍西方社会科学、20世纪20—30年代接受日本和欧洲、美国的社会科学模式、50年代接受苏联的社会科学模式、60年代服务于中国社会现实需要相比较，1978年实行改革开放政策以后，中国社会科学再一次开启了重建的历史进程，以回应“改革开放”伟大实践提出的问题。2012年，在开启新时代的号召下，中国社会科学更进一步地承担起构建新时代的任务，以回应经济崛起后的中国所面临的国内和国际挑战。

中国社会科学在1978—2012年的发展主要集中于两个方面：一是社会科学学科的重新制度化；二是社会科学研究议题的重新定位。

（一）社会科学的重新制度化

中国社会科学重新制度化的进程，主要体现在如下四种重要措施之中。[①]

① 本部分的内容主要是在笔者的文章《国际政治经济学的制度化与自主知识体系的构建》（《世界政治研究》，2023年第2期）的基础上修改而成的。

第一，专业课程的设置。专业化和专业课程的重新设置是社会科学学科重新制度化的标志之一。20世纪50年代，受苏联教育模式的影响，政治学专业和社会学专业以及相应的专业课程被取消；经济学专业则主要是苏联大学相关专业的翻版，讲授马克思主义政治经济学、社会主义政治经济学、资产阶级经济学批判。进入20世纪80年代，随着从社会主义中央计划经济向社会主义市场经济转型，除了马克思主义政治经济学、经济史和经济思想史以外，许多在欧洲和美国大学开设的经济学课程逐渐进入中国大学，诸如微观经济学、宏观经济学、计量经济学、发展经济学，财政学、金融学等。与此同时，随着政治学专业和社会学专业的恢复，政治学专业课程和社会学专业课程也得以重新设置。例如，政治学主要集中于对国家和权力的研究，包括对政府、政党、国会、权力以及制度等概念的介绍和研究，课程包括政治学理论、政治思想史、比较政治、国际政治、社会科学方法论；社会学主要集中于对社会问题的研究，如家庭、犯罪、性别、社会阶层、民族、宗教等，所开课程包括社会问题研究、社会研究方法、社会调查与统计分析、社区分析、应用人类学、都市社会学、社会心理学等等。这样一来，"市场""国家"和"社会"被看作三个不同的范畴，成为规范经济学、政治学和社会学三个学科专业化的依据。

第二，学科分类和学位点建设。学科分类和学位点建设是社会科学学科制度化的另一个重大举措。在中国大学体系的发展历史中，虽然在20世纪30年代和50年代都设立研究生项目，但并没有建立完备的学位制度。有的教师获授博士学位、副博士学位和硕士学位，但都是从欧美大学和苏联大学接受学术训练后获得的，中国大学培养的学生并没有被授予学士、硕士和博士学位。中国大规模授予毕业生学士学位（本科生）、硕士学位（硕士研究生）和博士学位（博士研究生）始于20世纪80年代，这就是20世纪80年代建立的学位制度。同时，中国还成立了“国务院学科评议组”，对学科建设和学位授予点的设立和发展进行统一管理。

第三，专业教材的编写。专业教材的编写是这一时期社会科学学科制度化的第三个重大举措。在 20 世纪 20—30 年代中国大学的教育中，教材的编写主要是教师自己的选择，在 20 世纪 50—60 年代意识形态占主导地位的背景下，教材主要选用马克思、恩格斯、列宁、斯大林和毛泽东的经典性著作，如马克思和恩格斯的《共产党宣言》、马克思的《资本论》、列宁的《帝国主义》、斯大林的《苏联社会主义经济问题》、毛泽东的《矛盾论》和《实践论》等。20 世纪 80 年代改革开放之后，与国家“五年规划”相对应，不但在中共中央宣传部领导下成立“国家哲学社会科学规划领导小组”，设立“国家哲学社会科学基金”，以指导哲学社会科学研究，而且在教育部设立国家级规划教材，如“普通高等教育国家级规划教材”“马克思主义理论研究和建设工程”重点教材，以此指导和引领高等院校的专业教育。

第四，学术共同体建设。学术共同体建设是这一时期社会科学学科制度化的第四个重大举措，突出地体现在专业学会和专业期刊的建设上。除了政治学专业和社会学专业在 1978 年以后在各大学得以恢复以外，专业性的学术团体也相应地得以重建。1979 年中国社会学研究会在北京成立，1981 年复旦大学分校社会学系主办的《社会（社会学丛刊）》创刊，1983 年中国社会科学院社会学所创办《国外社会学参考资料》（1986 年更名为《国外社会学》），1986 年中国社会学会和中国社会科学院社会学所联合创办的刊物《社会调查与研究》（1981—1984 年以《社会学通讯》为名）正式以《社会学研究》为名公开出版，之后各地方社会学会纷纷成立。[①]1980 年，“中国政治学会成立（重建）

① 参见张静主编：《中国社会学四十年》，商务印书馆 2019 年版，第 1，18—19 页。

大会”在北京召开；1984 年，中国政治学会正式成为国际政治科学协会（International Political Science Association）的会员，随后各地纷纷组建政治学会或政治学研究会。1984 年和 1985 年，全国性的专业期刊《国外政治学》和《政治学研究》相继创刊，人民出版社也相继推出“政治学知识丛书”和“外国政府体制丛书”。[①]

通过学科制度建设，中国社会科学再一次融入国际社会科学知识共同体之中，并在与国际学术界广泛交流的同时，立足于中国的现实变革进行知识创新，以指导和服务于改革开放的伟大实践。

（二）社会科学研究议题的重新定位

伴随着中国共产党十一届三中全会开启的改革开放历史进程，1979 年 3 月，邓小平在全国理论工作务虚会上发表了《坚持四项基本原则》的讲话，其中明确指出，“政治学、法学、社会学以及世界政治的研究，我们过去多年忽视了，现在也需要赶快补课”。[②] 在党和政府的推动下，中国社会科学在研究议题上也开始重新定位，这主要集中在如下三个方面。

第一，坚持发展马克思主义。如何立足于中国的现实发展马克思主义，用马克思主义指导哲学社会科学研究再一次成为中国社会科学的主题。

围绕着这一重大问题，基于马克思主义的基本原理和中国改革开放的具体情况，无论是国家哲学社会科学规划课题（重点项目、一般项目和青年项目），还是教育部人文社会科学课题（重点项目、一般项目和青年项目），在研究课题上都进行了详细规划。具体而言，这类研究

---

① 参见俞可平主编：《中国政治学四十年》，商务印书馆 2019 年版，第 40 页。

② 邓小平：《坚持四项基本原则》，《邓小平文选》第二卷，人民出版社 1994 年版，第 180—181 页。

议题大致可以归结为如下三大类：

一类议题涉及如何理解马克思、列宁的经典理论。有学者主张，应该回到历史唯物论，改善和加强对马克思、列宁的经典理论的研究。[①] 如政治学研究中突出的有马克思主义政党学说、马克思主义国家学说、马克思主义政治学理论；经济学研究中突出的有马克思主义商品经济论、马克思主义地租理论、马克思主义剩余价值学说、马克思主义分配理论；社会学中突出的有马克思主义阶级理论、马克思主义社会结构学说。

另一类议题涉及如何将马克思主义中国化、时代化。中国共产党坚持将马克思主义普遍原理同中国改革开放的具体实践相结合，在改革开放的不同历史阶段先后总结出邓小平理论、“三个代表”、科学发展观，以及习近平新时代中国特色社会主义思想。这些理论创新成为改革开放不同阶段各项工作的指导思想，也是国家哲学社会科学的重大研究议题。例如，在 1996 年《国家哲学社会科学研究“九五”（1996—2000）规划要点》中强调，要加强对邓小平理论的研究；[②]2001 年发布的《国家哲学社会科学研究“十五”（2001—2005）规划要点》强调，要加强对“三个代表”进行研究；[③]2006 年《国家哲学社会科学

① 参见李泽厚：《中国现代思想史论》，人民出版社 1979 年版，第 203—208 页。

② “加强、深化、拓展马克思列宁主义、毛泽东思想特别是邓小平建设有中国特色社会主义理论的研究。要进一步深入研究马列主义、毛泽东思想的基本理论、基本观点和方法，研究马克思主义的本质、历史和实践以及马克思主义在当代的继承、运用与发展。要深入研究邓小平建设有中国特色社会主义理论的形成和发展、历史地位和伟大意义，深入研究这一理论的科学体系和这一理论在各个重要领域的一系列新的思想、观点。要以马列主义、毛泽东思想、特别是邓小平理论指导下，加强对国际国内新情况的研究，加强对新的实践经验的概括和总结，以新的内容充实、丰富当代中国的马克思主义。”

③ 2004 年中共中央办公厅印发的《中共中央关于进一步繁荣发展哲学社会科学的意见》尤其明确指出，“繁荣发展哲学社会科学必须坚持马克思主义的指导地位，用发展着的马克思主义指导哲学社会科学，始终保持哲学社会科学的正确方向。‘三个代表’重要思想是马克思主义中国化、时代化的最新理论成果，要坚持用‘三个代表’重要思想统领哲学社会科学工作”。

研究“十一五”（2006—2010）规划要点》强调对科学发展观进行研究。[①]2021年《国家“十四五”时期哲学社会科学发展规划》则明确指出，要深化拓展习近平新时代中国特色社会主义思想研究阐释，形成党的创新理论学术支撑体系。[②]

还有一类议题涉及世界马克思主义和社会主义。在这类研究议题中主要集中在两个问题上：一个问题是马克思主义在西方的发展；另一个问题是马克思主义在苏联和东欧等国家的命运。[③]

第二，围绕改革开放各个阶段出现的新问题，社会科学各学科展开了广泛而深入的探讨，尤其是讨论社会科学的国际化和本土性之间的关系。尽管各学科因专业化而在研究的侧重点上有所不同，但探讨社会科学一般理论与构建本土化社会科学的关系，成为这一时期中国社会科学各学科追求的共同特征。

就政治学而言，这一时期的政治学主要围绕国家政治议程进行。在政治学恢复和全面发展时期，出于“补课”需要，政治学一般性理论

---

① “要深入研究阐释科学发展观是对马克思列宁主义、毛泽东思想、邓小平理论和“三个代表”重要思想的继承和发展；深入研究阐释以人为本是科学发展观的核心，坚持发展为了人民、发展依靠人民、发展成果由人民共享，不断实现好、维护好、发展好最广大人民的根本利益；深入研究阐释按照又快又好发展的要求，正确处理以经济建设为中心同全面发展的关系、加快发展同协调发展的关系。”

② “哲学社会科学工作必须坚持党的全面领导，要切实发挥马克思主义对哲学社会科学的引领作用，深入实施马克思主义理论研究和建设工程，深化拓展习近平新时代中国特色社会主义思想研究阐释，形成党的创新理论学术支撑体系。要加快中国特色哲学社会科学学科体系、学术体系、话语体系建设，加强中国特色新型智库建设，加强新时代哲学社会科学人才队伍建设。”

③ 其中，最为突出的是中国社会科学院世界社会主义研究中心与社会科学文献出版社于2000年起组织出版的“世界社会主义研究丛书”。1994年，中国社会科学院会同中央党校、中央编译局、中央对外联络部、新华社共同成立世界社会主义研究中心，对当今世界范围内的社会主义思潮、理论、运动与制度进行研究探讨，并组织出版“研究系列”（以国内优秀成果为主）、“参考系列”（以翻译国外著名学者的著作为主）和“皮书系列”（2006年开始每年出版《世界社会主义黄皮书》）。

是学科关注的重点，其中，国外政治学理论前沿问题研究成为主要的参照系。学者们通过对这一时期的"国家哲学社会科学基金"立项项目和"教育部人文社会科学基金"立项项目进行统计发现，涉及政治理论前沿问题的研究主要指政治学一般理论，诸如当代西方民主理论、公共理论、自决理论、制度变迁理论、现代国家建构理论、比较政治学理论、官僚制度理论、现代政府组织理论、政治现代化理论、协商民主理论、马克思主义民族政治学理论等。[①] 这些关注政治学一般理论的研究对于快速提升中国政治学的理论研究水平以及政治学学科的国际化起到了重要的促进作用。

然而，与西方政治学发展不同的是，中国政治学界一直在努力探寻本土化的政治学。立足于中国的国家政治议程构建政治学，是中国政治学学科的主导性研究议题。这突出地体现在，中国共产党历次全国代表大会的召开都会引导中国政治学研究焦点的转换和议题的变迁。例如，党的十四大和十五大后关于"三农"问题、国家与社会的关系问题、政商关系问题的研究；党的十六大后关于"党的领导""社会稳定""政治代表"的研究；党的十七大后关于科学发展观的研究，包括科学发展观与我国的政治文明建设、科学发展观与国家的治理、科学发展观与政府管理的改革的研究[②]；党的十八大后关于"国家治理现代化""一带一路""党建"和"腐败"问题的研究；党的十九大后关于"全球发展倡议""人类命运共同体"的研究；党的二十大后关于"全过程民主""中国式现代化"的研究等。[③] 这些研究议题的选择和变迁表

① 参见殷东水：《中国的政治学理论》，载于俞可平主编：《中国政治学四十年》，第259—261页。

② 参见王浦劬主编：《中国政治学：学术发展回顾与规划（2006—2015）》，天津人民出版社2011年版，第442页。

③ 参见王中原、郭苏建：《中国政治学的学科发展》，载于俞可平主编：《中国政治学四十年》，第51—52页。

明，中国政治学的研究议题不但受到国家政治议程的引导，而且伴随着改革开放的不同阶段带有明显的时代性。“总体而言，每个阶段学科发展的侧重点有所不同，在学科恢复初期以及全面发展时期，由于学科建设滞后，政治学更加注重制度化、专业化和国际化，当学科建设进入成熟期，本土化的诉求和趋势越发明显。”[①]

就社会学而言，这一时期的社会学主要回应大规模的社会变革而出现的社会问题。相对于政治学而言，社会学本土化进程更为直接，也更为迅速。究其原因，主要有三。一是得益于社会学本土化的基础。正如我们在前面所探讨的，20 世纪 20—30 年代，在“社会学运动”的推动下，吴文藻、费孝通等老一代社会学者在“社会学中国化”的口号下，对中国的农村和社会进行了深入研究，使得“乡村社会学”得到了飞速发展，并在 20 世纪 40 年代取得了国际学术界公认的学术成就。这些成就为改革开放后的社会学的快速发展奠定了基础。二是得益于“创建新中国的社会学”的提出。1981 年，费孝通提出“创建新中国的社会学”。这里的“新中国”包含两层意思：第一是中国的，第二是新的，是社会主义的。[②]这一口号的提出，推动了中国社会学的快速发展。[③]三是得益于回应改革开放后出现的大规模社会变革问题。改革开放始于 1979 年在农村大范围推行的“家庭联产承包责任制”和 1984 年在城市大规模推进的“国有企业”改革。改革不仅涉及土地和企业所有权以及生产方式的变革，同时也引起了社会结构、社会组织和社会生活方式的变革。回应大规模社会变革，成为中国社会学恢复和重建之后需要迫切研究的课题。[④]

① 参见王中原、郭苏建：《中国政治学的学科发展》，载于俞可平主编：《中国政治学四十年》，第 51 页。

② 参见杨善华：《社会学的恢复和重建》，载于张静主编：《中国社会学四十年》，第 14 页。

③ 参见同上书，第 12—13 页。

④ 参见张静：《回应社会变革：中国实践为转型理论提供了什么》，载于张静主编：《中国社会学四十年》，第 38—58 页。

就经济学而言，这一时期中国的经济学研究一直是围绕“社会主义市场经济”的构建和完善进行的。在1978年开始融入世界体系的进程中，中国并没有像苏联和东欧国家接受“华盛顿共识”而采取“休克疗法”，而是采取渐进式的改革与开放，并于1994年提出建立和完善“社会主义市场经济”。如何总结“社会主义市场经济”的成功经验并对现代经济学做出贡献，成为构建中国经济学研究的主题。

与政治学和社会学有所不同，经济学的研究从来没有中断过，只是在“文化大革命”期间主要集中在马克思主义政治经济学理论和苏联社会主义计划经济的实践研究上。与政治学和社会学相同的是，在1994年确立建设“社会主义市场经济”之前，在大量引进和介绍西方经济学的同时，经济学界也存在激烈的争论，争论的焦点是社会主义是否应该有商品经济、股份制企业或民营企业，以及计划和市场的关系。正是学术界的这些争论，推动了“双轨制”的价格改革、“扩大企业自主权”的国有企业改革、发展“民营经济”的增量改革。[①]

1993年11月，中国共产党第十四届三中全会审议并通过《中共中央关于建立社会主义市场经济体制若干问题的决定》，明确了建立社会主义市场经济，并将改革的目标确立为建立新的财政税收体制、改革银行和金融体系、改革外汇管理体制、改革国有企业、建立新的社会保障体系。围绕着“社会主义市场经济”的建设，中国经济学的发展也随之进入一个突飞猛进的时期，并出现了两个引人注目的特征。一是强调现代经济学理论和方法的全面引入。与改革开放初期经济学界出现的基于中央计划经济的马克思主义政治经济学和基于市场经济的西方经济学之间相互争论的状况不同，在党和政府确定建立“社会主

---

① 参见吴敬琏著:《当代中国经济改革教程》，上海远东出版社2010年版，第47—71页。

义市场经济”之后，经济学界以强调现代经济学替代之前的西方经济学，深入研究并比较国际社会已有的市场经济理论和经验，并探讨现代经济学关于市场经济发展的一般理论和具体经验，而不是局限于之前多少带有意识形态色彩的争论。二是突出以中国问题为导向设定研究议题，并希望从中国的特殊性中发现普遍性，对现代经济学的一般理论做出贡献。例如，通过对中国近代经济史的研究理解中国的制度变迁以及现代化的进程，通过对改革开放进程的研究理解农村工业化的模式、经济分权和政治分权的关系、制度中性问题、产业政策、市场换技术等等。[①]

中国改革开放的实践最终为世界市场制度选择的多样化提供了成功案例，赢得了国际社会的广泛赞誉，“中国道路”也逐渐得到国际学术界的肯定，[②]正如哈佛大学经济学家罗德里克所言：

> 中国1978年之后的经验常常被简单地描绘成经济自由战胜政府监管、市场战胜计划的典型。当然，释放基于市场的激励措施在中国转变过程中发挥了至关重要的作用，这一点几乎是毫无疑问的。但是，这个标准的诠释忽略了一个核心要点，那就是：中国的政策并非只是大爆炸的《华盛顿共识》改革的一种渐进的或更加务实的版本，而是一种完全不同的思维模式的结果。根据这种思维模式，人们事先并不知道什么措施可行或不可行，因此需要在

---

① 参见姚洋：《中国经济学的本土化话语构建》，载于姚洋主编：《中国经济学四十年》，商务印书馆2019年版，第1—17页。

② 参见〔比〕约翰·思文，〔美〕罗思高：《发展转型之路：中国与东欧的不同历程》，田士超译，北京大学出版社2008年版；〔美〕巴里·诺顿：《中国经济：转型与增长》，安佳译，上海人民出版社2010年版；〔英〕罗纳德·哈里·科斯，王宁：《变革中国：市场经济的中国之路》，徐尧，李哲民译，中信出版社2012年版；傅高义：《邓小平时代》，冯克利译，香港中文大学出版社2012年版。

具体的背景和过程中寻找解决方案，鼓励试验，也不为属于非正统而难堪。[①]

第三，重新认识中国与世界的关系。伴随着1978年改革开放政策的实行，中国社会科学另一个重大变化就是重新认识中国与世界体系的关系。

20世纪50年代，在周恩来的指示下，北京大学、中国人民大学、复旦大学分别设立国际政治系。其中，北京大学主要研究亚洲、非洲和拉丁美洲的民族解放运动；中国人民大学主要研究科学社会主义和共产主义运动；复旦大学主要研究欧洲和美国。

1978年，为了改革开放的需要，在邓小平关于"世界政治"需要"补课"的号召下，中国社会科学在专业化和制度化的同时，开启了国际化的进程。围绕中国与世界的关系，这一时期中国社会科学研究主要集中在两类研究议题上。一类是世界性的思潮和趋势，诸如信息技术发展的趋势；经济全球化思潮（国际贸易与关贸总协定、跨国公司与跨国投资、国际货币体系等）；宗教问题对国际关系的影响；国际关系中的主权问题以及主权和人权的关系；[②]以及美国霸权及其对全球的影响。[③]另一类则是与中国改革开放相关联的问题，诸如经济全球化对中国的利弊；中国经济快速增长是否会导致对外扩张；中美之间存在的矛盾是否会发展到冲突和战争的程度；如何看待中日关系；如何看待两岸关系问题；如何看待主权和人权的关系。[④]围绕着这些问题，学术界努力构建"和平崛起论"和"和平发展论"，以此回应这一时期国际社会

---

① 〔美〕丹尼·罗德里克：《相同的经济学，不同的政策处方：全球化、制度建设与经济增长》，张军扩等译，中信出版社2009年版，第Ⅴ页。

② 参见钱其琛：《外交十记》，世界知识出版社2003年版，第375—386页。

③ 参见同上书，第408—418，420—436页。

④ 参见同上书，第388—406页。

甚嚣尘上的“中国威胁论”和“中国崩溃论”。[①]

五、社会科学与构建新时代（2012年至今）

2012年11月，中国共产党第十八次全国代表大会召开，中国社会科学与中国改革开放的历史进程共同进入一个全新的时代。与此同时，“中国道路”和“中国式现代化”作为新时代的核心概念应运而生。[②]

“新时代”作为一个概念，指党的十八大以来，无论是党的中心任务，还是国家的发展战略目标，都进入一个新的历史发展阶段。“新时代”作为一个政治论断，首先是由习近平总书记在2017年10月18日召开的中国共产党第十九次全国代表大会上正式提出的。[③]在2023年10月召开的中国共产党第二十次全国代表大会上，习近平总书记又进一步将2012年中国共产党第十八次全国代表大会召开以来中国的变革称之为“新时代十年的伟大变革”，并认为“新时代十年的伟大变革，在党史、新中国史、改革开放史、社会主义发展史、中华民族发展史上

---

① 关于这一时期政策决策圈和学术界出现的“中国威胁论”“中国和平崛起论”和“中国和平发展论”的比较有代表性的论述，读者可以参阅：Richard Bernstein, Ross H. Munro, “The Coming Conflict with America”, *Foreign Affairs*, Vol.76, No.2, 1997；John J. Mearsheimer, *The Tragedy of Great Power Politics*, W.W. Norton & Company,2001；John J. Mearsheimer, “China’s Unpeaceful Rise”, *Current History*, Vol.105, Iss. 690, 2006；Zheng Bijian, “China’s ‘Peaceful Rise’ to Great-Power Status”, *Foreign Affairs*, September/October 2005；国务院新闻办公室（2005）：《中国的和平发展之路》。

② 这里值得注意的是，虽然“中国模式”作为一个概念也曾经出现过，但与“中国道路”和“中国式现代化”相比，主要局限在学术界并且引起了广泛争论。关于“中国模式”的讨论，读者可以参阅丁学良：《辩论“中国模式”》，社会科学文献出版社2011年版；丁学良：《中国模式：赞成与反对》（增订版），香港牛津大学出版社2014年版；姚洋：《中国道路的世界意义》，北京大学出版社2011年版。

③ 习近平：《决胜全面建成小康社会 夺取新时代中国特色社会主义伟大胜利——在中国共产党第十九次全国代表大会上的报告》，人民出版社2017年版，第12，22—34页。

具有里程碑意义"[①]。

"中国道路"作为一个概念，较早主要是学术界用来探讨中国改革开放的成功实践时使用的，以此表示中国的改革开放既与西方市场经济，特别是《华盛顿共识》不同，也与苏联的"大爆炸式"改革相区别。[②]2013年，习近平总书记将其提升到发展党的事业的高度，认为这是独立自主的探索精神的体现，并在2016年庆祝中国共产党成立九十五周年大会上发表讲话时将其概括为"道路自信、理论自信、制度自信、文化自信"。[③]

> 道路问题是关系党的事业兴衰成败的第一位的问题，道路就是党的生命。我们党在革命、建设、改革各个历史时期，坚持从我国国情出发，探索并形成了符合中国实际的新民主主义革命道路、社会主义改造和社会主义建设道路、中国特色社会主义道路，这种独立自主的探索精神，这种坚持走自己路的坚定决心，是我们党不断从挫折中觉醒、不断从胜利走向胜利的真谛。[④]

"中国式现代化"作为一个概念，则是习近平总书记在2022年10月召开的中国共产党第二十次全国代表大会上提出的，既是对中国道路的理论总结和升华，也是对新时代新征程的使命和任务的阐述。

---

① 习近平：《高举中国特色社会主义伟大旗帜，为全面建设社会主义现代化国家而团结奋斗——在中国共产党第二十次全国代表大会上的报告》，新华社2022年10月25日电。

② 〔英〕罗纳德·哈里·科斯、王宁：《变革中国：市场经济的中国之路》；〔英〕琳达·岳：《中国的增长：中国经济的前30年和后30年》，鲁东旭译，中信出版社2013年版。

③ 习近平：《在庆祝中国共产党成立九十五周年大会上的讲话》，载于《习近平新时代中国特色社会主义思想专题摘编》，第68页。

④ 习近平：《关于坚持和发展中国特色社会主义的几个问题》，载于《习近平新时代中国特色社会主义思想专题摘编》，第67页。

> 在新中国成立特别是改革开放以来长期探索和实践基础上，经过十八大以来在理论和实践上的创新突破，我们党成功推进和拓展了中国式现代化，……从现在起，中国共产党的中心任务就是团结带领全国各族人民全面建成社会主义现代化强国、实现第二个百年奋斗目标，以中国式现代化全面推进中华民族伟大复兴。①

虽然“中国道路”和“中国式现代化”在不同的领域有不同的体现，但概括起来，主要有如下四个基本特征：在指导思想上坚持马克思主义中国化时代化；在党和国家以及社会的关系上强调党对一切工作的全面领导；在政府和市场的关系上主张政府引导市场，建立和完善社会主义市场经济；在对外政策上坚持和平发展道路，积极融入世界并参与全球治理。

第一，在指导思想上坚持马克思主义中国化时代化。“中国道路”和“中国式现代化”的首要特征，就是在理论上坚定地继承马克思主义，在实践中不断将马克思主义中国化和时代化，而不是教条地拘泥于马克思主义经典作家的片言只语。正如习近平总书记所总结的：“对待马克思主义，不能采取教条主义的态度，也不能采取实用主义的态度。如果不顾历史条件和现实情况变化，拘泥于马克思主义经典作家在特定历史条件下、针对具体情况作出的某些个别论断和具体行动纲领，我们就会因为思想脱离实际而不能顺利前进，甚至发生失误。”② 正是在马克思主义中国化这种思想的指导下，经过不同历史发展阶段的艰苦探索，逐渐形成了一套具有中国实践特色的思想理论体系，具体包括毛泽

---

① 习近平：《高举中国特色社会主义伟大旗帜，为全面建设社会主义现代化国家而团结奋斗——在中国共产党第二十次全国代表大会上的报告》（2022 年 10 月 26 日），人民出版社 2022 年版，第 21—22 页。

② 习近平：《在哲学社会科学工作座谈会上的讲话》（2016 年 5 月 17 日），人民出版社 2016 年版，第 13 页。

东思想、邓小平理论、“三个代表”重要思想、科学发展观和习近平新时代中国特色社会主义思想。关于这一点，习近平总书记在中国共产党第十九次全国代表大会上再一次明确重申：“新时代中国特色社会主义思想，是对马克思列宁主义、毛泽东思想、邓小平理论、‘三个代表’重要思想、科学发展观的继承和发展，是马克思主义中国化最新成果，是党和人民实践经验和集体智慧的结晶，是中国特色社会主义理论体系的重要组成部分，是全党全国人民为实现中华民族伟大复兴而奋斗的行动指南，必须长期坚持并不断发展。”①

第二，在党和国家以及社会的关系上强调党对一切工作的全面领导。“中国道路”和“中国式现代化”最本质的特征就是坚持党对一切工作的领导，并通过制定国家发展战略目标来实现。“中国共产党的领导是中国特色社会主义最本质的特征。没有共产党，就没有新中国，就没有新中国的繁荣富强。……我们必须坚持党总揽全局、协调各方的领导核心作用，通过人民代表大会制度，保证党的路线方针政策和决策部署在国家工作中得到全面贯彻和有效执行。……要不断地加强和改善党的领导，善于使党的主张通过法定程序成为国家意志，善于使党组织推荐的人选通过法定程序成为国家政权机关的领导人员，善于通过国家政权机关实施党对国家和社会的领导，善于运用民主集中制原则维护党和国家权威、维护全党全国团结统一。”②

第三，在政府和市场的关系上主张政府引导市场，建立和完善“社会主义市场经济”。社会主义市场经济的第一个显著特征就是坚持以公有制为主体、多种所有制经济共同发展的基本经济制度。“中国道路”和“中国式现代化”在经济领域的表现就是坚持公有制是社会主义

---

① 习近平：《决胜全面建成小康社会 夺取新时代中国特色社会主义伟大胜利——在中国共产党第十九次全国代表大会上的报告》，人民出版社 2017 年版，第 20 页。

② 《习近平谈治国理政》（第二卷），外文出版社 2017 年版，第 18—19 页。

市场经济的根基，但同时承认在法律规定范围内的个体经济、私营经济等非公有制经济是社会主义市场经济的重要组成部分，具有合法的权利和利益，所以，允许国有经济和其他所有制经济发展成为混合所有制经济，是社会主义市场经济的重要实现形式。

社会主义市场经济的第二个显著特征，就是坚持政府在经济发展过程中的主导作用。与自由放任式的市场经济不同的是，“中国道路”和“中国式现代化”强调政府在经济发展过程中的主导作用，这种主导作用不仅体现在国家层面上每五年制定的发展规划纲要上，而且也体现在地方政府每五年制定的地方发展纲要规划上，同时也体现在政府制定的支柱产业政策上。

第四，在对外政策上坚持和平发展道路，“中国道路”和“中国式现代化”体现为积极融入世界并参与全球治理。这不仅体现在改革开放早期邓小平提出的“韬光养晦”政策中，而且也体现在全面深化改革开放时期习近平总书记提出的构建“人类命运共同体”的理念中。在进入21世纪之后，随着中国经济上取得的傲人成就以及国际政治经济出现新的变革趋势，特别是2008年全球金融危机爆发以后，国际社会希望中国承担更多的国际责任。根据中国在国际社会中地位的变化以及国际政治经济出现的变革趋势，习近平总书记于2013年提出了“一带一路”的倡议之后，又于2017年提出了构建“人类命运共同体”的理念，做世界和平的建设者、全球发展的贡献者以及国际秩序的维护者。

在习近平新时代中国特色社会主义思想的指导下，为了进一步实现马克思主义中国化时代化，展现“道路自信、理论自信、制度自信和文化自信”，2020年11月3日，教育部发布了《新文科建设宣言》，中国社会科学相关学科又开始重新定位，承担起构建具有中国特色的社会科学的“理论体系、知识体系、学科体系、话语体系”的新任务。

六、中国文明何处去：继承、转化还是超越？

在我们完成对19世纪以来中国社会科学发展的历史回顾后，我们发现，无论在内容上，还是在形式上，社会科学在中国的命运与在日本的命运是非常不同的。社会科学进入中国以后，其发展轨迹大致如下：1840—1890年在“富国强兵”“中体西用”的定位中被冷落；1890年以后被介绍进中国并于1920—1930年代在中国的大学和知识界占据主导地位，但遇到学术“本土化”的抵制；20世纪50年代被苏联模式取代，60年代主要服务于继续革命的现实；1978年以后通过制度化和国际化得以重建，其研究议题与改革开放的实践密切相关；2012年之后则适应新时代，对“中国道路”和“中国式现代化”进行理论创新。究竟是什么主宰着社会科学的命运，使其与自然科学研究完全不同？在我看来，至少有两个问题需要给予详细的解释：一是知识分工的合理性问题；二是不同文化之间知识转化的可能性问题。

第一，知识分工的合理性问题。这是一个非常复杂的问题，不同的文化对知识的分工有不同的理解，即使是同一文化背景下的不同的人，根据其所处的时代以及他自己的社会背景，对知识分工也可以作出不同的回答。在西方，知识分工的合理性的逻辑前提是，知识被分为自然的和社会的。这种对知识的认识至少与如下两个事实相关：一是西方的学术传统。从古希腊和罗马开始，关于知识的形态就被分为关于自然的知识和关于人类社会的知识，只不过是这两种知识都被称作哲学。后来，关于自然的知识被称作“自然哲学”，而关于人类社会的知识被称作“道德哲学”。17世纪以后，自然哲学被称作“自然科学”，19世纪，道德哲学才被逐渐称作“社会科学”。二是17世纪关于自然知识的胜利。牛顿的学说使得许多学者确信，在自然界存在着一种普遍规律，这种对规律的探讨就是“科学”。从那时起，科学知识便在西方学术界流行起来。在这种“科学至上”的追求中，那些研究人类社会的学者也开始努力使关于人类社会的知识成为科学知识，即没有时空限制的知识。他们先是在18世纪末将“道德哲学”称为“道德科学”。到了19世纪中叶，继法国哲学家孔德之后，他们将“道德科学”改称为“社会科学”。17世纪西方知识界这种关于知识分工的变化在中国的知识传统中从来没有发生过。在中国传统文化中，一直强调“天人合一”“天人感应”，而不是将自然和社会分割开来。而且在中国历史上，从来没有达到牛顿那种对自然的系统认识。这种学术传统的区别使得中国学者很难相信关于自然科学的和实证的方法可以应用于关于社会现实的研究之中。这也能解释为什么中国学者在很长一段时间内不能接受西方的社会科学。

第二，不同文化之间知识转化的可能性问题。在1840年以后中国社会科学的长期发展过程中，出现了三种接受外国教育的模式：19世纪末、20世纪初的日本模式；20世纪20—30年代的欧美模式；20世纪50年代的苏联模式。所有这些都基于一个假设和信念，存在着一种普遍的知识，即核心区国家的社会科学及其学科制度，不论何时何地，对于非西方国家都是适用的。所以，在不同社会之间，知识的转化是可能的，也是行得通的。这种信念虽然产生于19世纪的英国、法国、日耳曼国家、意大利半岛诸国以及美国，并且主要局限于对这些国家经验现实的描述，但由于恰逢这些国家在世界体系的权力结构中确立其核心地位之时，这些原本只是“特殊性”的知识伴随着这些强国的扩张而被外围地区作为一种具有“普遍性”的知识所接受，并在20世纪初期传入中国，这是中国知识分子从西方和日本寻求知识的学理上的根源。

既然不存在一种普遍的知识，那么为什么马克思主义能进入中国并被中国社会普遍接受？我们的回答是，虽然不存在一种适用于所有社会的普遍知识，但这并不否认知识转化的可能性，这种转化主要是一种政治选择。中国社会科学的演变一直与中国的政治选择密切相关（其他国家莫不如此）。当中国学者开始接受西方社会科学并将其假定为一种适用于中国社会现实的"普遍知识"时，这是中国在帝国解体并在政治、经济和文化上成为边缘地区时对核心区国家作出的一种学术上的反应。随着西方社会科学在中国广泛传播并占据主导地位，中国成为西方社会科学知识的消费者，尽管也出现了对这种文化侵入的抵制——如1840—1890年的"中学为体，西学为用"及20世纪30年代的"社会科学中国化"——但是最终还是失败了，因为中国在世界体系中处于边缘地区。中国共产党执政以后，中国的社会科学与西方彻底决裂，完全效仿苏联模式，但最终由于中苏关系的破裂而没有成功，之后不得不努力探寻独立自主的知识创新模式，不断强调马克思主义中国化时代化以及中国特色的社会科学。中国社会科学发展的历史表明，知识转化是一种价值选择，在这种意义上，沃勒斯坦的主张似乎是合理的，"我不相信有或能有一种不涉及价值的历史社会科学。对观念构架的每一次选择都是一次政治选择。关于'真理'的每一个断言，即使人们只是将其作为过渡性真理或启示性理论，都是一种关于价值的断言。所有好的学术都是有争议的（但并不是所有有争议的都是好的学术）"[①]。

伴随着中国改革开放政策的成功，中国不断迈向世界体系的核心区。尽管对于中国在世界体系中的地位以及中国的身份存在着各种各样的争论，但构建与中国在世界体系中的地位相匹配的观念框架或文化战略，过去是，现在是，未来仍然是中国政治选择优先考虑的议事日程，而哲学社会科学正是这种观念框架或文化战略的重要组成部分。正如习近平总书记在全国哲学社会科学工作座谈会上所说的："当代中

① Immanuel Wallerstein, *The Capitalist World-economy*, p. x.

国的伟大社会变革，不是简单延续我国历史文化的母版，不是简单套用马克思主义经典作家设想的模板，不是其他国家社会主义实践的再版，也不是国外现代化发展的翻版，不可能找到现成的教科书。我国哲学社会科学应该以我们正在做的事情为中心，从我国改革发展的实践中挖掘新材料、发现新问题、提出新观点、构建新理论。”[①] 唯有准确理解和把握中国改革开放的成功经验及其在世界体系中所面临的挑战，才能真正超越既有社会科学范式的局限性，构建与时代相适应的新理论。

---

① 习近平:《在哲学社会科学工作座谈会上的讲话》，人民出版社 2016 年版，第 21—22 页。

主要参考书目

一、英文参考书目

Abu-Lughod, Janet L., *Before European Hegemony: The World System A.D. 1250-1350*, Oxford University Press, 1989.

Allison, Graham T., *Destined For War: Can American and China Escape Thucydides's Trap?*, Boston: Houghton Mifflin Harcourt, 2017.

Ambrose, Stephen E., Douglas G. Brinkley, *Rise to Globalism: American Foreign Policy Since 1938* (8th Revised Edition), New York: Penguin Books, 1997.

Amin, Samir, *Eurocentrism*, New York: Monthly Review Press, 1989.

Apter, David E., *The Politics of Modernizatio*n, The University of Chicago Press, 1965.

Arrighi, Giovanni, "The rise of East Asia: World-Systemic and Regional Aspects", *International Journal of Sociology and Social Policy*, Vol.16, No.7/8,1996.

Arrighi, Giovanni, Takeshi Hamashita and Mark Selden(eds.), *The Resurgence of East Asia: 500, 150 and 50 Year Perspective*, Routledge, 2003.

Arrighi, Giovanni, *The Long Twentieth Century: Money, Power and the Origins of Our Times*, Verso, 1994.

Bendix, Reinhard, *Nation-Building and Citizenship: Studies of Our Changing Social Order*, New York: John Wiley & Sons, Inc., 1964.

Bernstein, Richard, Ross H. Munro, "The Coming Conflict with America", *Foreign Affairs*, Vol.76, No.2, 1997.

Pye, Lucian W., *Aspects of Political Development*, Boston and Toronto: Little,

Brown and Company, 1966.

Bergesen, Albert(ed.), *Crises in the World-System*, Sage Publications, 1983.

Bernal, Martin, *Black Athena: The Afroasiatic Roots of Classical Civilization*, Rutgers University Press, 1987.

Betts, Richard K.(ed.), *Conflict After the Cold War: Arguments on Causes of War and Peace*, Macmillan Publishing Company, 1994.

Booth, Ken and Steve Smith(eds.), *International Relations Theory Today*, Pennsylvania State University Prcss,1992.

Brzezinski, Zbigniew, John J. Mearsheimer, "Clash of the Titans" , *Foreign Policy*, Iss.146, 2005.

Burke, Peter(ed.), *Economy and Society in Early Modern Europe: Essays from Annales*, Harper and Row Publishers, 1972.

Cameron, Rondo, "The logistics of European Economic Growth: A Note on Historical Periodization" , *Journal of European Economic History*, Vol.2, Iss.1,1973.

Chase-Dunn, Christopher, Thomas D.Hall(eds.), *Core/Periphery Relations in Precapitalist Worlds*, Westview Press, 1991.

Chen, Theodore H. E., *Thought Reform of the Chinese Intellectuals*, Hong Kong University Press, 1960.

Crane, George T., Abla Amawi(eds.), *The Theoretical Evolution of International Political Economy*, Oxford University Press, 1991.

Emmanuel, Arrighi, *Unequal Exchange: a Study of the Imperialism of Trade*, New York: Monthly Review Press, 1972.

Easton, David, Schelling Corinne S.(ed.), *Divided Knowledge: Across Disciplines, Across Cultures*, Sage Publications, 1991.

Evans, Peter B., Dietrich Rueschemeyer and Theda Skocpol(eds.), *Bringing the State Back In*, Cambridge University Press,1985.

Fairbank, John King, *The Great Chinese Revolution:1800-1985*, Harper and Row Publisher, 1986.

Fernand Braudel Center, *Newsletter of Fernand Braudel Center*, No.16, August 1992.

Fernand Braudel Center, *Newsletter of Fernand Braudel Center*, No.20:

Activities,1995, November 1996.

Frank, Andre Gunder, *Dependent Accumulation and Underdevelopment*, New York: Monthly Review Press, 1978.

Frank, Andre Gunder, *World Accumulation 1492-1789*, The Macmillan Press Ltd., 1978.

Frank, Andre Gunder, *Crisis: in the World Economy*, New York: Holmes & Meier Publishers, 1980.

Frank, Andre Gunder, *Crisis: in the Third World*, New York: Holmes & Meier Publishers, 1981.

Frank, Andre Gunder, "A Theoretical Introduction to 5000 Years of World System history", *Review* (Fernand Braudel Center), Vol.13, No.2, 1990.

Frank, Andre Gunder and Barry K. Gills (eds.), *The World System: Five Hundred Years or Five Thousand*? Routledge, 1996.

Frank, Andre Gunder, *ReOrient: Global Economy in the Asian Age*, Berkeley: University of California Press, 1998.

Frank, Andre Gunder, *ReOrienting the 19th Century: Global Economy in the Continuing Asian Age* (with Robert A. Denemark), Paradigm Publishers, 2014.

Freeman, Christopher (ed.), *Long Waves in the World Economy*, Butterworth & Co.(Publishers) Ltd., 1983.

Frieden, Jeffry A., David A. Lake and J. Lawrence Broz (eds.), *International Political Economy: Perspectives on Global Power and Wealth*, Sixth Edition, W. W. Norton & Company, Inc., 2017.

Fukuyama, Francis, *The End of History and the Last Man*, Penguin Books, 1992.

Gills, Barry K., Andre Gunder Frank, "World System Cycles, Crises and Hegemonial Shifts, 1700 BC to 1700 AD", *Review*, Vol.15, No.4, 1992.

Gilpin, Robert, *U.S. Power and the Multinational Corporation:The Political Economy of Foreign Direct Investment*, New York: Basic Books, 1975.

Goldfrank, Walter L.(ed.), *The World-System of Capitalism: Past and Present*, Sage Publications, 1979.

Gourevitch, Peter, "The International System and Regime Formation: A Critical Review of Anderson and Wallerstein", *Comparative Politics*, Vol.10, No.3, 1978.

Hayhoe, Ruth and Marianne Bastid(eds.), *China's Education and the Industrialized World: Studies in Cultural Transfer*, M.E.Sharpe, Inc., 1987.

Hogan, Michael J., Thomas G.Paterson(eds.), *Explaining the History of American Foreign Relations*, Cambridge University Press, 1991.

Hopkins, Terence K., Immanuel Wallerstein (eds.), *World-System Analysis: Theory and Methodology*, Sage Publications, 1982.

Hopkins, Terence K., Immanuel Wallerstein(eds.), *Processes of the World-System*, Sage Publications, 1980.

Hopkins, Terence K., Immanuel Wallerstein, with John Casparis, et al., *The Age of Transition: Trajectory of the World-System, 1945-2025*, Zed Press and Pluto Press Australia, 1996.

Hsu, Leonard Shih-Lien, "The Sociological Movement in China" , *Pacific Affairs*, Vol.4, No.4, 1931.

Hu Shih, *The Chinese Renaissance*, New York：Paragon Book Reprint Corp., 1963.

Janos, Andrew C., *Politics and Paradigms: Changing Theories of Change in Social Science*, Stanford University Press, 1986.

Kaplan, Barbara Hockey (ed.), *Social Change in the Capitalist World Economy*, Sage Publications, 1978.

Kindleberger, Charles P., *The World in Depression 1929-1939*, Berkely: University of California Press, 1973.

Kegley, Charles W., Jr., Pat McGowan (eds.), *The Political Economy of Foreign Policy Behavior*, Sage Publications, 1981.

Krasner, Stephen D., "State Power and the Structure of International Trade" , *World Politics*, Vol.28, Iss.3, 1976.

Lambropoulos, Vassilis, *The Rise of Eurocentrism: Anatomy of Interpretation*, Princeton University Press, 1993.

Lane, Frederic C., *Profits from Power: Readings in Protection Rent and Violence-Controlling Enterprises*, Albany：State University of New York Press, 1979.

Lerner, Daniel, *The Passing of Traditional Society: Modernizing the Middle East*, The Free Press of Glencoe, 1958.

Lutz, Jessie Gregory, *China and the Christian Colleges 1850-1950*, Cornell University Press, 1971.

Lynn-Jones, Sean M. and Steven E. Miller(eds.), *The Cold War and After: Prospects for Peace*, The MIT Press, 1993.

MaGough, James P., Fei Hsiao-Tung, *The Dilemma of a Chinese Intellectual*, New York:M.E. Sharpe, Inc., 1979.

McGowan, Pat, Charles W. Kegley, Jr., *Foreign Policy and the Modern World-System*, Sage Publications, 1983.

Mearsheimer, John J., *The Tragedy of Great Power Politics*, W.W. Norton & Company, 2001.

Mearsheimer, John J., "China's Unpeaceful Rise" , *Current History*, Vol.105, Iss.690, 2006.

McNeill, William, *The Rise of the West: A History of the Human Community*, Chicago: University of Chicago Press, 1963.

Modelski, George, *Long Cycles in the World Politics*, The Macmillan Press Ltd., 1987.

Modelski, George (ed.), *Exploring Long Cycles*, Boulder: Lynne Rienner Publishers and London: France Pinter Publishers, 1987.

Moore, Barrington, Jr., *Social Origins of Dictatorship and Democracy: Lord and Peasant in the Making of the Modern World,* Boston: Beacon Press, 1966.

Palat, Ravi Arvind(ed.), *Pacific-Asia and the Future of World-System*, Westport, Connecticut: Greenwood Press, 1993.

Parsons, Talcott, *The Social System*, New York: The Free Press, 1964.

Polanyi, Karl, *The Great Transformation: The Political and Economic Origins of Our Time*, Rinehart and Company, Inc., 1957.

Prigogine, Ilya, Isabelle Stengers, *Order out of Chaos: Man's New Dialogue with Nature*, Bantam Books, 1984.

Olson, Richard, *The Emergence of the Social Science 1642-1792*, New York: Twayne Publishers, 1993.

Radtke, Kurt Werner, Tony Saich(eds.), *China's Modernisation: Westernisation and Acculturation*, Franz Steiner Verlag, 1993.

Remer, C.F., *Readings in Economics for China: Selected Materials with Explanatory Introductions*, Garland Publishing, Inc.,1980(Shanghai:The Commercial Press, 1933).

Rosenberg, Emily S., *Spreading the American Dream: American Economic and Cultural Expansion 1890–1945*, New York:Hill and Wang, 1998.

Rumley, Dennis, Tatsuya Chiba, Akihiko Takagi and Yoriko Fukushima(eds.), *Global Geopolitical Change and the Asia-Pacific: A Regional Perspective*, Avebury, 1996.

Shannon, Thomas R., *An Introduction to the World-System Perspective*, Westview Press, Inc., 1996.

Schumpeter, Joseph A., *Capitalism, Socialism and Democracy*, Harper and Brothers, 1950.

Schwartz, Benjamin, *In Search of Wealth and Power: Yen Fu and the West*, The Belknap Press of Harvard University Press, 1964.

Skocpol, Theda, *States and Social Revolution: A Comparative Analysis of France, Russia and China*, Cambridge University Press, 1979.

So, Alvin Y., *Social Change and Development: Modernization, Dependency, and World-System Theories*, Sage Publications, 1990.

Taylor, Peter J., *Political Geography: World-Economy, Nation-State and Locality* (3rd Edition), Longman Scientific & Technical, 1993.

Thompson, William R.(ed.), *Contending Approaches in World System Analysis*, Sage Publications, 1983.

Tsou Tang, *The Cultural Revolution and Post-Mao Reforms: A Historical Perspective*, The University of Chicago Press, 1986.

Wade, Robert, *Governing the Market: Economic Theory and the Role of Government in East Asian Industrialization*, Princeton University Press, 1990.

Wallerstein, Immanuel, *The Modern World-System I: Capitalist Agriculture and the Origins of the European World-Economy in the Sixteenth Century*, New York: Academic Press, 1974.

Wallerstein, Immanuel, *The Capitalist World-Economy*, Cambridge University Press, 1979.

Wallerstein, Immanuel, *The Modern World-System II: Mercantilism and the Consolidation of the European World-Economy,1600-1750*, New York: Academic Press, 1980.

Wallerstein, Immanuel, World-Systems Analysis: Theory and Methodology, with Terence K. Hopkins, and Associates, Sage Publications, 1982.

Wallerstein, Immanuel, *Historical Capitalism*, London:Verso, 1983.

Wallerstein, Immanuel, "Long Waves as Capitalist Process" , *Review*, Vol.4, No.4,

1984.

Wallerstein, Immanuel, *The Politics of the World-economy: the States, the Movements and the Civilizations*, Cambridge University Press, 1984.

Wallerstein, Immanuel, *The Modern World-System III: The Second Era of Great Expansion of the Capitalist World Economy, 1730-1840s*, San Diego: Academic Press, 1989.

Wallerstein, Immanuel, *Unthinking Social Science: The Limits of Nineteenth-Century Paradigms*, Polity Press, 1991.

Wallerstein, Immanuel, *Geopolitics and Geoculture: Essays on the changing world-system*, Cambridge University Press, 1991.

Wallerstein, Immanuel, "The World-System After the Cold war" , *Journal of Peace Research*, Vol.30, No.1, 1993.

Wallerstein, Immanuel, "The Geoculture of Development, or the Transformation of Our Geoculture?" *Asian Perspective*, Vol.17, No.2, 1993.

Wallerstein, Immanuel, *Report on an Intellectual Project: The Fernand Braudel Center 1976–1991*, Fernand Braudel Center, SUNY at Binghamton, 1991.

Wallerstein, Immanuel, *After Liberalism*, New York ：The New Press, 1995.

Wallerstein, Immanuel, *Decline of American Power: The U.S. in a Chaotic World*, New York: New Press, 2003.

Wallerstein, Immanuel, *World-Systems Analysis: An Introduction*, Duke University Press, 2004.

Wallerstein, Immanuel, *Alternatives: The U.S.Confronts the World*, Boulder: Paradigm Press, 2004.

Wallerstein, Immanuel, *The Modern World-System IV: Centrist Liberalism Triumphant, 1789-1914*, Berkeley: University of California Press, 2011.

Wallerstein, Immanuel, *Uncertain Worlds: World-Systems Analysis in Changing Times*, with Charles Lemert and Carlos Antonio Aguirre Rojas, Paradigm Publishers, 2013.

Wallerstein, Immanuel, *Does Capitalism Have a Future?* with Randall Collins, Michael Mann, Georgi Derluguian and Craig Calhoun, Oxford University Press, 2013.

Wang Zhengyi, "Inherit or Transfer? A Dilemma in Reconstructing Chinese Social

Reality”, *Review(Fernand Braudel Center)*, Vol.21, No.3, 1998.

Wilson, Dick(ed.), *Mao Tse-Tung in the Scales of History*, Cambridge University Press, 1977.

Wong Siu-lun, *Sociology and Socialism in Contemporary China*, Routledge & Kegan Paul, 1979.

二、中文参考书目

《马克思恩格斯选集》(第二卷),人民出版社 1972 年版

《列宁选集》,人民出版社 1972 年版

《毛泽东选集》(第五卷),人民出版社 1967 年版

《邓小平文选》(第二卷),人民出版社 1994 年版

《习近平谈治国理政》(第二卷),外文出版社 2017 年版

《习近平新时代中国特色社会主义思想专题摘编》,党建读物出版社、中央文献出版社 2023 年版

《中国教育年鉴:1949—1981》,中国大百科全书出版社 1984 年版

〔德〕奥斯瓦尔德·斯宾格勒:《西方的没落》,齐世荣等译,商务印书馆 1963 年版

〔美〕巴里·诺顿:《中国经济:转型与增长》,安佳译,上海人民出版社 2010 年版

〔美〕巴林顿·摩尔:《民主和专制的社会起源》,拓夫等译,华夏出版社 1987 年版

〔加〕保罗·埃文斯:《费正清看中国》,陈同等译,上海人民出版社 1995 年版

〔美〕保罗·肯尼迪:《大国的兴衰》,王保存等译,求实出版社 1988 年版

〔日〕滨下武志:《近代中国的国际契机:朝贡贸易体系与近代亚洲经济圈》,朱荫贵、欧阳菲译,中国社会科学出版社 1999 年版

蔡尚思,朱维铮:《中国现代思想史资料简编》(第一卷),浙江人民出版社 1982 年版

蔡尚思,李华兴:《中国现代思想史资料简编》(第二卷),浙江人民出版社 1982 年版

蔡尚思,姜义华:《中国现代思想史资料简编》(第三卷),浙江人民出版社 1983 年版

蔡尚思,姜义华:《中国现代思想史资料简编》(第四卷),浙江人民出版社 1983

年版
蔡尚思，李华兴：《中国现代思想史资料简编》（第五卷），浙江人民出版社 1983 年版
陈乐民：《战后西欧国际关系：1945—1984》，中国社会科学出版社 1987 年版
〔英〕D. G. E. 霍尔：《东南亚史》，中山大学东南亚历史研究所译，商务印书馆 1982 年版
邓之诚：《中华二千年史》（卷三），中华书局 1983 年版
〔美〕狄百瑞：《东亚文明——五个阶段的对话》，何兆武、何冰译，江苏人民出版社 1996 年版
丁学良：《辩论“中国模式”》，社会科学文献出版社 2011 年版
丁学良：《中国模式：赞成与反对》（增订版），香港牛津大学出版社 2014 年版
杜维明：《新加坡的挑战：新儒家理论与企业精神》，高专诚译，生活·读书·新知三联书店 1989 年版
〔法〕费尔南·布罗代尔：《15 至 18 世纪的物质文明、经济和资本主义》（第一卷：日常生活的结构：可能和不可能），顾良、施康强译，生活·读书·新知三联书店 1992 年版
〔法〕费尔南·布罗代尔：《15 至 18 世纪的物质文明、经济和资本主义》（第二卷：形形色色的交换），顾良译，生活·读书·新知三联书店 1993 年版
〔法〕费尔南·布罗代尔：《15 至 18 世纪的物质文明、经济和资本主义》（第三卷：《世界的时间》），施康强、顾良译，生活·读书·新知三联书店 1993 年版
冯桂芬：《校邠庐抗议》，中州古籍出版社 1998 年版
〔美〕费正清，刘广京编：《剑桥中国晚清史》（1800—1911 年）（上卷），中国社会科学院历史研究所编译室译，中国社会科学出版社 1983 年版
〔美〕费正清，〔美〕赖肖尔：《中国：传统与变革》，陈仲丹等译，江苏人民出版社 1992 年版
〔美〕傅高义：《邓小平时代》，冯克利译，香港中文大学出版社 2012 年版
〔德〕贡德·弗兰克：《白银资本：重视经济全球化中的东方》，刘北成译，中央编译出版社 2000 年版
〔英〕哈·麦金德：《历史的地理枢纽》，林尔蔚、陈江译，商务印书馆 1985 年版
胡乔木：《中国为什么犯 20 年‘左’倾错误》，《新华文摘》，1992 年 9 月
胡寄窗：《中国经济思想史简编》，中国社会科学出版社 1981 年版
〔美〕华勒斯坦等：《开放社会科学：重建社会科学报告书》，刘锋译，香港牛津

大学出版社 1996 年版
〔英〕霍布斯:《利维坦》,黎思复、黎廷弼译,商务印书馆 1986 年版
蒋廷黻:《中国近代史大纲》,东方出版社 1996 年版
〔英〕杰弗里·帕克:《二十世纪的西方地理政治思想》,李亦鸣等译,解放军出版社 1992 年版
〔美〕杰拉尔德·迈耶,达德利·西尔斯:《发展经济学的先驱》,谭崇台等译,经济科学出版社 1988 年版
李华兴,吴嘉勋:《梁启超选集》,上海人民出版社 1984 年版
李泽厚:《中国近代思想史论》,人民出版社 1979 年版
李泽厚:《中国现代思想史论》,人民出版社 1987 年版
〔美〕罗伯特·吉尔平:《国际关系政治经济学》,杨宇光等译,经济科学出版社 1992 年版
〔美〕罗德里克·麦克法夸尔,〔美〕费正清:《剑桥中华人民共和国史 1966—1982》(上册),金光耀等译,上海人民出版社 1992 年版
〔英〕罗纳德·哈斯·科斯,王宁:《变革中国:市场经济的中国之路》,徐尧、李哲民译,中信出版社 2013 年版
〔美〕罗斯托:《经济成长的阶段:非共产党宣言》,国际关系研究所编译室译,商务印书馆 1962 年版
〔英〕罗素:《西方哲学史》(下卷),马元德译,商务印书馆 1982 年版
钱其琛:《外交十记》,世界知识出版社 2003 年版
〔美〕乔纳森·H. 特纳:《社会学理论的结构》,吴曲辉等译,浙江人民出版社 1987 年版
〔意〕乔万尼·阿里吉,〔日〕滨下武志,〔美〕马克·塞尔登:《东亚的复兴:以 500 年、150 年和 50 年为视角》,马援译,社会科学文献出版社 2006 年版
〔意〕乔万尼·阿里吉:《亚当·斯密在北京:21 世纪的谱系》,路爱国等译,社会科学文献出版社 2009 年版
〔美〕乔治·霍兰·萨拜因:《政治学说史》(下册),刘山等译,商务印书馆 1986 年版
〔美〕R. 麦克法夸尔,〔美〕费正清:《剑桥中华人民共和国史:革命的中国的兴起 1949—1965》,谢亮生等译,中国社会科学出版社 1990 年版
〔埃及〕萨米尔·阿明:《不平等的发展:论外围资本主义的社会形态》,高铦译,商务印书馆 1990 年版
〔日〕森岛通夫:《日本为什么成功?》,胡国成译,四川人民出版社 1986 年版

〔日〕山本吉宣:《国际相互依存》,桑月译,经济日报出版社 1989 年版
〔日〕山本吉宣:《国际政治理论》,王志安译,上海三联书店 1993 年版
商务印书馆编辑部:《论严复与严译名著》,商务印书馆 1982 年版
〔美〕斯塔夫里阿诺斯:《全球通史:1500 年以后的世界》,吴象婴、梁赤民译,上海社会科学院出版社 1992 年版
〔英〕汤因比:《历史研究》(上册),曹未风译,商务印书馆 1959 年版
〔日〕田中明彦:《世界系统》,杨晶译,经济日报出版社 1990 年版
王浦劬:《中国政治学:学术发展回顾与规划(2006—2015)》,天津人民出版社 2011 年版
王拭:《严复传》,上海人民出版社 1957 年版
王正毅:《边缘地带发展论(第二版):世界体系与东南亚的发展》,上海人民出版社 2018 年版
王正毅:《国际政治经济学通论(第二版)》,北京大学出版社 2022 年版
〔英〕威廉·配第:《政治算术》,陈冬野译,商务印书馆 1978 年版
吴敬琏:《当代中国经济改革教程》,上海远东出版社 2010 年版
吴冷西:《十年论战 1956—1966:中苏关系回忆录》,中央文献出版社 1999 年版
〔美〕西里尔·E. 布莱克:《比较现代化》,杨豫、陈祖洲译,上海译文出版社 1996 年版
〔法〕谢和耐:《中国社会史》,耿昇译,江苏人民出版社 1995 年版
〔日〕信夫清三郎:《日本外交史》(上册),天津社会科学院日本问题研究所译,商务印书馆 1980 年版
〔英〕亚当·斯密:《原富》,严复译,商务印书馆 1981 年版
杨东莼:《中国学术史讲话》,东方出版社 1996 年版
姚洋:《中国经济学四十年》,商务印书馆 2019 年版
〔美〕伊曼纽尔·沃勒斯坦:《所知世界的终结:二十一世纪的社会科学》,冯炳昆译,社会科学文献出版社 2002 年版
〔美〕伊曼纽尔·沃勒斯坦等:《资本主义还有未来吗?》,徐曦白译,社会科学文献出版社 2014 年版
〔德〕于尔根·科卡,〔荷〕马塞尔·范德林登:《资本主义:全球化时代的反思》,于留振译,商务印书馆 2018 年版
俞可平主编:《中国政治学四十年》,商务印书馆 2019 年版
〔美〕约翰·F. 卡迪:《东南亚历史发展》,姚楠、马丁译,上海译文出版社 1988

年版

〔比〕约翰·思文,〔美〕罗思高:《发展转型之路:中国与东欧的不同历程》,田士超译,北京大学出版社 2008 年版

〔英〕詹姆斯·哈林顿:《大洋国》,何新译,商务印书馆 1963 年版

张静主编:《中国社会学四十年》,商务印书馆 2019 年版

张之洞:《劝学篇》,中州古籍出版社 1998 年版

〔美〕兹比格纽·布热津斯基:《大棋局——美国的首要地位及其地缘基础》,中国国际问题研究所译,上海人民出版社 1998 年版

作者简介

王正毅，1982—1993年先后在南开大学获得哲学学士（1986年）、哲学硕士（1989年）、经济学博士（1993年）学位；1994—1995年美国纽约州立大学和法国高等社会科学院博士后；1997年晋升为教授、博士生导师。现为北京大学博雅特聘教授、校学术委员会委员、社会科学学部副主任，北京大学国际关系学院学术委员会主任、国际政治经济学系系主任。主要从事政治地理学、国际政治经济学、区域化比较、世界体系与中国等方面的教学与研究。代表著作有：《现代政治地理学》《边缘地带发展论：世界体系与东南亚的发展》《世界体系论与中国》《世界体系与国家兴衰》《国际政治经济学通论》。曾获国家级、省部级和校级多项奖励，包括国务院政府特殊津贴、教育部"跨世纪优秀人才培养计划"、人力资源和社会保障部"新世纪百千万人才工程国家级人选"、教育部"长江学者特聘教授"奖励计划、北京市优秀教师、北京大学教学卓越奖等。